"十三五"国家重点出版物出版规划项目
现代机械工程系列精品教材
新工科·普通高等教育汽车类系列教材

汽车检测与诊断

主　编　郭淑清
副主编　康永明　孙凤雨　张琳琳
参　编　杜　英　朱翠娟　刘　杰
　　　　陈　云　姜　卉
主　审　都雪静

机械工业出版社

本书是"十三五"国家重点出版物出版规划项目。

本书是在新工科建设、以学生为中心、打造课程金课的教育教学理念指导下编写的。

本书共六章,内容包括汽车检测与诊断的基础知识、汽车用电系统检测与诊断、汽车发动机性能检测与诊断、汽车底盘技术状况检测与诊断、汽车燃油经济性与环保性能检测、车载网络技术及其故障诊断。检测技术侧重介绍汽车技术状况或性能的检测原理及结果分析,以使学生能够根据检测结果对汽车性能进行判断;故障诊断重点介绍汽车故障诊断的方法、故障形成的原因及故障排除流程。另外,本书设置了案例分析,以提升学生综合应用所学知识分析和解决问题的能力。

本书可作为高等院校汽车服务工程、交通运输和其他相关专业的本科教材,也可作为高职、高专、中职等学校的教材,还可供汽车检测诊断及维修行业的从业人员参考。

本书配有PPT课件,免费赠送给采用本书作为教材的教师,可登录www.cmpedu.com注册下载,或联系编辑(tian.lee9913@163.com)索取。

图书在版编目（CIP）数据

汽车检测与诊断/郭淑清主编. —北京：机械工业出版社，2021.1 (2024.12重印)

"十三五"国家重点出版物出版规划项目　现代机械工程系列精品教材

新工科·普通高等教育汽车类系列教材

ISBN 978-7-111-67535-8

Ⅰ.①汽…　Ⅱ.①郭…　Ⅲ.①汽车-故障检测-高等学校-教材②汽车-故障诊断-高等学校-教材　Ⅳ.①U472.9

中国版本图书馆CIP数据核字（2021）第030579号

机械工业出版社（北京市百万庄大街22号　邮政编码100037）

策划编辑：宋学敏　责任编辑：宋学敏　赵　帅

责任校对：刘雅娜　封面设计：张　静

责任印制：郜　敏

北京富资园科技发展有限公司印刷

2024年12月第1版第5次印刷

184mm×260mm·24.75印张·608千字

标准书号：ISBN 978-7-111-67535-8

定价：69.80元

电话服务　　　　　　　　　　网络服务

客服电话：010-88361066　　机　工　官　网：www.cmpbook.com
　　　　　010-88379833　　机　工　官　博：weibo.com/cmp1952
　　　　　010-68326294　　金　书　网：www.golden-book.com

封底无防伪标均为盗版　　　机工教育服务网：www.cmpedu.com

前言
Preface

近年来，电子技术飞速发展，汽车上电子元件的应用越来越多，汽车的结构和控制原理发生了变化，因此对汽车新技术的掌握和检测诊断提出了更高的要求。同时也产生了一些新的研究成果，有关技术标准和规范得到了进一步完善。为了使内容更全面且更适应新形势下教育教学改革的要求，满足教和学的新需要，本书在编写过程中结合了编者多年的教学经验，同时接受了同行及企业工程技术人员的宝贵意见，另外也考虑了在与毕业的学生交流的过程中获得的反馈，在编写时注意紧跟汽车检测与诊断新技术，内容丰富，语言流畅，通俗易懂。本着"精选内容、增加案例、提升思维、加强实践、培养能力"的思想，将内容的重点集中在原理分析、结果论证、方法选用及知识运用等方面，更好地激发学生学习兴趣，适合自学。

本书详细阐述了汽车检测与诊断的基础知识，全面介绍了汽车用电系统的检测方法和常见故障及诊断，着重介绍了发动机电控系统、电控自动变速器、电控助力转向系统、防抱制动系统、驱动防滑系统的检测与诊断，同时还介绍了车载网络技术及其故障诊断的内容。本书力求引用新案例、数据，着力反映本学科的前沿技术和成果；注重理论联系实际，重视能力培养，充分体现科学性、先进性和实用性，适用汽车检测与诊断技术的教学需要。为加强学生检测与诊断能力的培养，本书提供了部分实际案例，学生可扫码观看故障分析。

本书由郭淑清任主编，康永明、孙凤雨、张琳琳任副主编，杜英、朱翠娟、刘杰、陈云、姜卉参与了本书的编写。东北林业大学都雪静教授对本书进行了认真的审阅，并提出了宝贵的建议，在此表示衷心的感谢。

本书在编写过程中，参阅了相关资料，获益匪浅，在此向这些资料的作者深表谢意。由于作者水平有限，书中难免存在不足之处，敬请广大读者批评指正。

编　者

目　　录
Contents

前言

第一章　汽车检测与诊断的基础知识 ⋯⋯⋯⋯⋯⋯⋯⋯⋯⋯⋯⋯⋯⋯⋯⋯⋯⋯⋯⋯⋯⋯⋯ 1
　第一节　概述 ⋯⋯⋯⋯⋯⋯⋯⋯⋯⋯⋯⋯⋯⋯⋯⋯⋯⋯⋯⋯⋯⋯⋯⋯⋯⋯⋯⋯⋯⋯⋯⋯ 2
　第二节　汽车技术状况及汽车故障的形成 ⋯⋯⋯⋯⋯⋯⋯⋯⋯⋯⋯⋯⋯⋯⋯⋯⋯⋯⋯⋯ 6
　第三节　汽车故障树分析方法 ⋯⋯⋯⋯⋯⋯⋯⋯⋯⋯⋯⋯⋯⋯⋯⋯⋯⋯⋯⋯⋯⋯⋯⋯ 12
　第四节　汽车检测诊断标准和周期 ⋯⋯⋯⋯⋯⋯⋯⋯⋯⋯⋯⋯⋯⋯⋯⋯⋯⋯⋯⋯⋯⋯ 15
　第五节　汽车检测站 ⋯⋯⋯⋯⋯⋯⋯⋯⋯⋯⋯⋯⋯⋯⋯⋯⋯⋯⋯⋯⋯⋯⋯⋯⋯⋯⋯⋯ 20
　习题 ⋯⋯⋯⋯⋯⋯⋯⋯⋯⋯⋯⋯⋯⋯⋯⋯⋯⋯⋯⋯⋯⋯⋯⋯⋯⋯⋯⋯⋯⋯⋯⋯⋯⋯⋯ 23

第二章　汽车用电系统检测与诊断 ⋯⋯⋯⋯⋯⋯⋯⋯⋯⋯⋯⋯⋯⋯⋯⋯⋯⋯⋯⋯⋯⋯⋯ 24
　第一节　起动系统的检测与诊断 ⋯⋯⋯⋯⋯⋯⋯⋯⋯⋯⋯⋯⋯⋯⋯⋯⋯⋯⋯⋯⋯⋯⋯ 25
　第二节　发动机点火系统检测与诊断 ⋯⋯⋯⋯⋯⋯⋯⋯⋯⋯⋯⋯⋯⋯⋯⋯⋯⋯⋯⋯⋯ 34
　第三节　汽车空调系统检测与诊断 ⋯⋯⋯⋯⋯⋯⋯⋯⋯⋯⋯⋯⋯⋯⋯⋯⋯⋯⋯⋯⋯⋯ 55
　第四节　汽车前照灯检测 ⋯⋯⋯⋯⋯⋯⋯⋯⋯⋯⋯⋯⋯⋯⋯⋯⋯⋯⋯⋯⋯⋯⋯⋯⋯⋯ 68
　第五节　车速表检测 ⋯⋯⋯⋯⋯⋯⋯⋯⋯⋯⋯⋯⋯⋯⋯⋯⋯⋯⋯⋯⋯⋯⋯⋯⋯⋯⋯⋯ 78
　习题 ⋯⋯⋯⋯⋯⋯⋯⋯⋯⋯⋯⋯⋯⋯⋯⋯⋯⋯⋯⋯⋯⋯⋯⋯⋯⋯⋯⋯⋯⋯⋯⋯⋯⋯⋯ 82

第三章　汽车发动机性能检测与诊断 ⋯⋯⋯⋯⋯⋯⋯⋯⋯⋯⋯⋯⋯⋯⋯⋯⋯⋯⋯⋯⋯⋯ 83
　第一节　发动机功率的检测 ⋯⋯⋯⋯⋯⋯⋯⋯⋯⋯⋯⋯⋯⋯⋯⋯⋯⋯⋯⋯⋯⋯⋯⋯⋯ 84
　第二节　气缸密封性检测与诊断 ⋯⋯⋯⋯⋯⋯⋯⋯⋯⋯⋯⋯⋯⋯⋯⋯⋯⋯⋯⋯⋯⋯⋯ 90
　第三节　汽油机电控燃油喷射系统检测与诊断 ⋯⋯⋯⋯⋯⋯⋯⋯⋯⋯⋯⋯⋯⋯⋯⋯ 103
　第四节　柴油机燃油供给系统检测与诊断 ⋯⋯⋯⋯⋯⋯⋯⋯⋯⋯⋯⋯⋯⋯⋯⋯⋯⋯ 137
　第五节　电控柴油喷射系统检测与诊断 ⋯⋯⋯⋯⋯⋯⋯⋯⋯⋯⋯⋯⋯⋯⋯⋯⋯⋯⋯ 145
　第六节　发动机冷却系统检测与诊断 ⋯⋯⋯⋯⋯⋯⋯⋯⋯⋯⋯⋯⋯⋯⋯⋯⋯⋯⋯⋯ 150
　第七节　发动机润滑系统检测与诊断 ⋯⋯⋯⋯⋯⋯⋯⋯⋯⋯⋯⋯⋯⋯⋯⋯⋯⋯⋯⋯ 153
　第八节　发动机异响诊断 ⋯⋯⋯⋯⋯⋯⋯⋯⋯⋯⋯⋯⋯⋯⋯⋯⋯⋯⋯⋯⋯⋯⋯⋯⋯ 164
　第九节　电控汽油机常见故障诊断 ⋯⋯⋯⋯⋯⋯⋯⋯⋯⋯⋯⋯⋯⋯⋯⋯⋯⋯⋯⋯⋯ 170
　习题 ⋯⋯⋯⋯⋯⋯⋯⋯⋯⋯⋯⋯⋯⋯⋯⋯⋯⋯⋯⋯⋯⋯⋯⋯⋯⋯⋯⋯⋯⋯⋯⋯⋯⋯ 179

第四章　汽车底盘技术状况检测与诊断 ⋯⋯⋯⋯⋯⋯⋯⋯⋯⋯⋯⋯⋯⋯⋯⋯⋯⋯⋯⋯ 180
　第一节　汽车驱动轮输出功率的检测与诊断 ⋯⋯⋯⋯⋯⋯⋯⋯⋯⋯⋯⋯⋯⋯⋯⋯⋯ 181

第二节	汽车传动系统检测与诊断	193
第三节	汽车变速器检测与诊断	199
第四节	汽车转向系统检测与诊断	219
第五节	汽车制动性能检测	232
第六节	汽车行驶系统检测	273
习题		300

第五章 汽车燃油经济性与环保性能检测 … 301

第一节	汽车燃油经济性检测	302
第二节	汽车噪声和喇叭声级检测	319
第三节	汽油发动机汽车排气污染物检测	331
第四节	柴油发动机汽车自由加速烟度检测	343
习题		352

第六章 车载网络技术及其故障诊断 … 353

第一节	概述	354
第二节	CAN 总线	362
第三节	LIN 总线	369
第四节	车载网络系统具体应用	373
第五节	车载网络系统的故障检修	378
习题		386

参考文献 … 387

第一章 / Chapter 1
汽车检测与诊断的基础知识

【教学目标】

通过本章的学习，学生能够掌握汽车检测与诊断的基本知识和汽车故障产生的原因，并且能够运用所学知识判断故障类型，选取科学有效的方法进行故障诊断，初步具备分析和解决问题的能力。

【教学要求】

知识要点	能力要求	参考学时
汽车检测与诊断的基本概念、内容、类型和检测方法	掌握汽车检测与诊断的基本概念；掌握汽车检测与诊断的内容；了解汽车检测与诊断的区别、类型及目的；掌握汽车检测与诊断的方法；了解国内外汽车检测与诊断技术现状	0.5
汽车技术状况及汽车故障的形成	了解汽车技术状况变化的原因及评价指标；掌握汽车故障及其分类；掌握汽车故障形成的原因；了解汽车技术状况变化规律；能够对汽车出现的故障做简单的分析	1
汽车故障树分析方法	了解故障树的建立；掌握故障树的分析方法	0.5
汽车检测诊断标准和周期	掌握检测与诊断参数分类；掌握检测诊断参数的特性与选择；了解检测诊断参数标准及制定；掌握最佳诊断周期定义及制定原则	0.5
汽车检测站	了解汽车检测站的任务、类型；掌握汽车检测站的功能；了解汽车检测站的组成及布置形式；基本能够胜任检测站的工作	0.5

第一节 概 述

一、基本概念

(1) **汽车检测** 汽车检测是指确定汽车技术状况或工作能力的检查。

(2) **汽车诊断** 汽车诊断是指在不解体（或仅卸下个别小零件）的条件下，为确定汽车技术状况或查明故障部位、原因所进行的检查、分析和判断工作。

(3) **汽车技术状况** 汽车技术状况是指定量测得的表征某一时刻汽车外观和性能的参数值的总和。

(4) **汽车故障** 汽车故障是指汽车部分或完全丧失工作能力的现象。

(5) **故障率** 故障率是指使用到某行程的汽车，在该行程之后单位行程内发生故障的概率。

(6) **检测诊断参数** 检测诊断参数是指供检测诊断用的，表征汽车、总成及机构技术状况的参数。

(7) **检测诊断标准** 检测诊断标准是指对汽车检测诊断的方法、技术要求和限值的统一规定。

(8) **检测诊断规范** 检测诊断规范是指对汽车检测诊断作业技术要求的规定。

(9) **检测诊断周期** 检测诊断周期是指汽车检测诊断的间隔期。

(10) **检测站** 检测站是指从事汽车检测的企业及事业单位。

二、汽车检测与诊断的内容及区别

汽车检测与诊断是检查、鉴定车辆技术状况和维修质量的重要方法，也是促进维修技术发展、进行修理的重要保证，还是便于确定汽车工作能力和技术状况，以及查明故障或隐患部位和原因的方法。

1. 汽车检测与诊断的内容

(1) **汽车安全性检测** 汽车安全性检测主要是指对汽车外观、制动、转向、侧滑、灯光等安全性的检测。

(2) **汽车工作可靠性检测** 汽车工作可靠性检测是指对汽车异响、磨损、变形和裂纹的检测。

(3) **汽车动力性检测** 汽车动力性检测是指对汽车加速能力、底盘输出功率、发动机功率、转矩和油路及电路工作能力的检测。

(4) **汽车环保性检测** 汽车环保性检测是指对汽车噪声和废气排放状况的检测。

2. 汽车检测与诊断的区别

汽车检测与诊断既有联系，又有一定的区别。总的来说，汽车检测是基础，汽车诊断是检测的最终目的。

(1) **汽车检测** 汽车检测主要是对汽车性能进行检测，一般是在汽车使用过程中，对汽车的动力性、经济性、安全性和环保性等进行检查测试，以便对相关的性能做出评价，对发现的问题及时做出调整，保证汽车良好的技术状况。

第一章　汽车检测与诊断的基础知识

汽车检测是确定汽车技术状况或工作能力的技术方法，定期检测是利用现代化检测诊断设备，确定车辆技术状况的过程。如汽车行驶达到规定里程或时间后，及时进行综合性能检测，以便掌握汽车的状况，视情修理或改进，增强汽车的安全性。

（2）**汽车诊断**　汽车诊断指故障诊断，是在汽车出现故障后，通过检查、测试、分析，判断出现故障的原因与部位，并提出排除故障的方法。诊断技术是指能用于发现和分析故障元件及故障区域的技术，实际上广义的诊断包括汽车状态检测、故障检查及性能预测三个方面。

三、汽车检测与诊断的类型及目的

1. 汽车安全环保性能检测

对汽车实行定期或不定期的运行和环境维护方面的检测，目的是建立安全和监控体系，确保车辆具有符合要求的外观容貌，良好的安全性能，符合规定的尾气排放标准，保证汽车在安全高效和低污染下运行。

2. 汽车综合性能检测

对汽车实行定期和不定期的综合性能方面的检测，目的是确定运行车辆的工作能力和技术状况，查明故障或隐患的部位和原因；对维修车辆实行质量监督，建立质量监控体系，确保车辆具有良好的可靠性、动力性、经济性和排放性。同时，对车辆实行定期的综合性能检测，又是实行"定期检测、强制维护、视情修理"这一修理制度的前提和保障。

3. 汽车故障诊断

对汽车进行故障诊断，是为查明运行车辆的故障部位、故障原因而进行的检查、测量、分析和判断。诊断出故障后，通过调整和修理加以排除，以确保车辆在良好的技术状况下运行。

因此总的来说，汽车检测诊断的目的有两个：一是对显现出故障的汽车，通过检测诊断查找故障的确切部位和发生的原因，从而确定排除故障的方法；二是对汽车技术状况进行全面的检查，确定汽车技术状况是否满足有关技术标准的要求及与标准相差的程度，以决定汽车是否可以继续行驶或采取何种措施延长汽车的使用寿命。

四、汽车检测与诊断的方法

按汽车检测诊断技术的复杂程度，与汽车技术发展水平相对应的诊断方法可分为人工经验诊断、简单仪器诊断、精密仪器诊断和人工智能诊断四种。

1. 人工经验诊断

20世纪50年代以前，汽车结构较简单，电气设备较少，依靠人工经验就能完成故障诊断工作，其主要凭借检测诊断人员丰富的实践经验和一定的理论知识，利用简单工具及眼看、手摸、耳听、鼻闻等方法，边检查、边试验、边分析，进而对汽车技术状况进行定性分析或对故障部位和原因进行判断。

人工经验诊断方法的特点是不需要专用工具，可随时随地进行。但其检测诊断速度慢，准确性差，并要求检测诊断人员具有丰富的实践经验和较高的技术水平。

2. 简单仪器诊断

20世纪50年代初至70年代末，由于汽车结构越来越复杂，电气设备也在逐渐增多。

因此，在汽车故障诊断过程中就必须借助真空表、压力表、万用表和示波器等仪器对有关总成和零件进行检测，以确定其技术状态。

3. 精密仪器诊断

20世纪80年代初至90年代初，由于汽车的电子化程度越来越高，动态随机故障及控制系统功能性故障日益增多。以计算机技术为核心的各种精密仪器诊断方法被广泛应用，使车辆状态的检测水平和准确程度有了很大的提高，如各种发动机分析仪、计算机检测仪及各种电子化检测仪表等都是进行精密检测所必备的仪器。

4. 人工智能诊断

20世纪90年代开始，由于汽车的电子装备日趋增多，而且车型及其控制技术又不尽相同。因此，在汽车维修中故障诊断就成为关键性问题。应用人工智能理论与技术及现代的信息技术开发出的各种系统有助于故障诊断问题的解决。如自诊断，其基本原理是利用监测电路检测传感器、执行器及微处理器的各种实际参数，并与存储器中的标准数据进行比较，从而判断系统是否存在故障。当确定系统存在故障时，电子控制单元（ECU，简称电控单元）将故障信息以故障码的形式存入存储器，并控制警告灯发出警示信号。将该故障码从存储器中提取出来，就可获取故障的部位和原因，大大节省了查找故障的时间，并提高了诊断的准确度。

五、国内外汽车检测与诊断技术现状

1. 国外汽车检测与诊断技术现状

当前，工业发达国家的汽车检测与故障诊断达到了较高水平，在管理上实现了"制度化"，在检测指标上实现了"标准化"，在检测技术上实现了"智能化、自动化"。主要特点有：

1）检测管理制度化。在工业发达国家，汽车检测工作由交通部门统一管理，在全国各地建立了由交通部门论证的汽车检测场（站），负责新车的登记和在用车的安全检测，修理厂维修过的汽车也要经过汽车检测场（站）检测，以确定其安全性和排放符合标准。

2）检测指标标准化。工业发达国家的汽车检测有一整套的标准，可以尽量避免主观上的失误。如美国规定，修理后的汽车只有经过严格的安全与环保检测后才能出厂。

3）检测技术智能化和自动化。随着汽车防抱制动系统（ABS）、驱动防滑系统（ASR）进一步普及，现阶段的反力式制动检测台已经不能够满足汽车检测的需要。为了在室内进行相应的制动力检测，国外知名企业先后开发了相应的双轴式ABS检测台，如ABS制动检测台，可根据车辆情况自动调整轴距，进行高速的制动性能检测，并且可根据车辆配置的ABS进行电控单元通信检测。

4）发达国家政府制定了严格的新车排放法规和标准，同时为了保证新车满足排放法规和标准的要求，采取了相应的监督检验机制。如进口汽车装配线常规检验，强制抽查检验，新车出厂后的监督检验制度，在用车检测维护（I/M）制度，在用车的排放控制等。通过这些检测方法和措施，车辆从生产到报废每一个环节的排放状况都能够得到有效监管，达到了降低排放量、保护环境的目的。在检测制度上，欧洲各国对在用车的排放控制主要是通过实行年检制度来保证的。管理部门根据车辆生产年代的不同采取相应的标准。

5）国外汽车检测设备一体化、集成化。将进口汽车制动台、车速表、排放分析仪、噪声计等与四轮定位动态测定系统组合在一起，既可以测定进口汽车四轮定位参数，也可以测定底盘输出功率、发动机功率、汽车行驶状态模拟、振动、悬架、制动和速度等，具有一机

多用的测试功能,如进口汽车综合性能检测线,集成度相当高,在20m的长度内包括了车速、制动、排放、灯光、噪声等检测功能,还可以按照要求加装电涡流测功机。

6) 国外汽车检测联网系统。在发达国家,检测机构大多采用先进的计算机无线通信联网系统,如德国的计算机无线通信联网系统,保证了在一个大的检测站中所有的检测设备通过数据载体就可与计算机联网,使得检测线更具灵活性。检测线上配备的小型数据载体可由检测员携带,随检测员移动,并可以通过无线通信与检测设备上的接收平台实现快捷、可靠的数据传输,便于操作人员输入和查询信息。网络系统还可以将进口汽车制造厂商及多家检测机构连成整体,形成资源共享,加快车辆数据的更新,提高检测机构的效率。

2. 国内汽车检测与诊断技术现状

我国在进口汽车检测统一管理、技术基础规范化和进口汽车检测管理网络化等方面与发达国家相比有一定的差距,国内从事进口汽车检测工作的机构在坚持自我发展、自我完善的同时,应积极借鉴国外成功经验,加快我国进口汽车检测技术的发展步伐。

(1) **检测诊断技术水平逐步提高** 进入20世纪90年代后,随着计算机技术在我国的迅猛发展及电子控制系统等在车上的应用和普及,汽车维修检测市场上出现了大量的诊断硬件设施,同时应用计算机的汽车故障诊断专家系统软件也有了长足发展。我国自行研制生产的诊断设备已由单机发展为配套,由单功能发展为多功能,由手工操纵发展为自动或智能控制,并逐步开发出与计算机联网,满足快速、方便、准确测试要求的汽车诊断专家系统。

(2) **法规建设逐步完善,检测站遍及全国** 目前,国内已发布实施了大量有关汽车检测的国家标准、行业标准、计量检定规程等。这些标准、规程的出台,促进了汽车检测站的建设与发展,汽车综合性能检测基本做到了有法可依。在全国中等以上城市建成了许多安全性能检测站,促进了汽车诊断技术的发展。目前基本形成了全国性的汽车检测网,汽车检测与故障诊断技术发展迅速。

(3) **国内汽车检测诊断技术发展趋势**

1) 加强技术基础研究,促进法规体系建设。国内汽车检测技术发展过程中普遍对仪器设备、控制系统等"硬件"技术比较重视,而难度较大、社会效益更加明显的检测项目、检测方法、限值标准、设备要求、环境条件等基础性"软件"技术还不够完善。为了使我国汽车检测技术得以全面发展,有关部门已经开始进行汽车检测技术基础性研究,制定和修订了汽车性能要求与检测方法和限值标准,以及汽车检测设备技术条件和检定规程等技术法规。

2) 加强检测设备攻关,促进检测技术进步。国产设备虽然得到了较大发展,但与国外相比,总体技术水平还有待提高。应建立和改进一批技术开发研究中心,广泛应用计算机技术、高科技显示技术、高精度传感器技术及电子、光学、声学、理化、机械等多种原理相结合的一体化技术等,促进汽车检测设备向精密化、数字化、自动化、智能化、综合化、专家系统化方向发展。

3) 实现汽车检测的网络化管理,促进资源共享,提高管理效率。目前国内的汽车检测站已经实现计算机联网自动控制,但这种控制仅仅在各站内部实现了网络化控制方式。在今后发展中,可以分段实施网络化管理。可以先在汽车检测行业统一数据接口方式,推广站内局域网及地区广域网,然后将全国的汽车检测站联成一个网,在全国范围内实现信息等资源

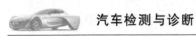

的共享，使各级主管部门可以及时了解各地区车辆的技术状况。

第二节　汽车技术状况及汽车故障的形成

由于汽车存在设计缺陷或使用环境等因素的影响，会导致汽车技术状况变差。如果不进行定期检测和维护，汽车发生故障的概率将增大，影响汽车安全行驶。汽车检测与诊断的目的之一就是通过对汽车技术状况进行全面检查和定期维护，延长汽车使用寿命。因此，掌握汽车技术状况变化的规律是非常重要的。

一、汽车技术状况

1. 汽车技术状况变化的原因

汽车在使用过程中，内部零件之间、零件与介质及摩擦产物之间、汽车与外部环境之间均存在着相互作用。因此，零件在机械负荷、热负荷和介质腐蚀的作用下，产生磨损、发热、腐蚀等一系列物理和化学的变化，导致零件尺寸、装配位置、配合间隙、表面质量发生改变，如发动机气缸活塞组的形状、曲柄连杆机构的尺寸、制动器制动蹄片的尺寸、制动蹄与制动鼓的间隙等，都会在汽车使用过程中发生变化。

2. 汽车技术状况评价指标

汽车技术状况一般用汽车使用性能指标、汽车装备的完善程度及汽车外部完好状况来进行综合评价，一些尺寸、间隙等是可以定量测得的。汽车技术状况对汽车运行的效率、安全性能和环境有一定的影响。

3. 汽车技术状况分类

汽车技术状况分为完好、不良和极限三种状况。完好技术状况是汽车各方面性能完全符合技术规定要求的状况。汽车处于完好技术状况时，不但性能发挥正常，而且外观也符合技术要求。不良技术状况是汽车有任意一项不符合技术规定的要求状况。极限技术状况是汽车的技术状况参数达到了技术文件规定的极限值的状况。

4. 影响汽车技术状况变化速度的因素

影响汽车技术状况变化速度的因素有制造质量、使用条件（气候、道路、载荷、车速）、维护情况及驾驶人的驾驶技术。

二、汽车故障及其分类

> **思考：**
> 发动机气阻、轴瓦烧损、拉缸、汽车制动距离变长等属于什么现象？它们之间有区别吗？

汽车故障是指汽车上某些装置或机构的功能丧失或性能下降。

汽车故障的分类较多，分类标准也较多，但从存在形式和发生过程的角度分，主要有以下类型。

1. 按故障是否显现分

按故障是否显现可分为功能故障和潜在故障。导致功能丧失或性能下降的故障为功能故障；系统或机构存在隐患，但目前尚未对汽车功能造成影响属于潜在故障。如汽车前轴和传动轴有裂纹，当未扩展到极限程度时，为潜在故障。但一定要足够重视潜在故障，否则会变成突发性故障。

2. 按故障发生速度分

按故障发生速度可分为突发性故障和渐发性故障。突发性故障是指发生前无任何征兆的故障，其特点是故障的发生具有偶然性，一般不能通过检测诊断来预测，这不是检测与诊断所研究的；渐发性故障则是由零件磨损、疲劳、变形、腐蚀、老化等原因使技术状况变差引起的，有一个逐渐发展的过程，能通过早期检测诊断来预测。若掌握渐发性故障的变化规律，采取适当措施，可延长汽车的使用寿命。如车轮掉入坑中使钢板弹簧折断属于突发性故障，而因气缸磨损导致的活塞敲缸是渐发性故障。

3. 按故障存在时间分

按故障存在时间可分为间歇性故障和永久性故障。间歇性故障只是在引发其产生的短时间内显现，永久性故障则只有更换某些零部件后才能排除故障。如供油系统气阻就是因为供油系统温度过高导致供油中断，当温度降低后又恢复供油；发动机拉缸属于永久性故障，必须更换缸套、活塞、活塞环等部件才能恢复其功能。

4. 按故障危害程度分

按故障危害程度可分为轻微故障、一般故障、严重故障和致命故障。

轻微故障仅需做适当调整即可排除，如怠速过高、点火不正时、气门响等。一般故障可更换易损件或用随车工具在短时间内排除，如个别传感器损坏、滤清器堵塞等。严重故障会导致主要零件严重损坏，如拉缸、轴瓦烧损等。致命故障会导致恶性重大事故，如制动失效、连杆折断、正时带断裂等。

汽车检测与诊断重点研究的是潜在、渐发和永久性的功能故障。

三、汽车故障形成的原因

汽车故障形成的内因是零件失效，外因是运行条件。零件失效指失去原设计所规定的功能。失效不仅指功能完全丧失，还包含功能降低和有严重损伤或隐患，继续使用会使零件失去可靠性和安全性。引发零件失效的主要原因是工作条件恶劣、设计制造缺陷及使用维修不当。汽车在运行过程中，在零件之间、工作介质、燃油及燃烧产物与零件之间，均存在相互作用，从而导致零件受力、发热、变形、磨损、腐蚀等，使汽车产生故障。外界环境和使用强度通过上述作用，对汽车故障的发生和技术状况的变化有一定的影响。

1. 磨损

磨损是汽车零件损坏的主要原因，也是汽车故障形成和技术状况变化的主要原因。据统计，有75%的汽车零件由于磨损而报废。因此磨损是引起汽车零件失效的主要原因之一。

磨损是指由于摩擦而使零件表面物质不断损失的现象，是摩擦副相互作用的结果。根据表面物质损失的机理，磨损分为以下四种类型。

（1）**黏着磨损** 黏着磨损是指相互作用的摩擦副间产生表面物质撕脱和转移的磨损。其发生的条件是承受载荷大、滑动速度高、润滑条件差。此时，摩擦副间产生大量热量，使表面温度升高并形成局部热点，塑性变形增大，材料强度降低，又使摩擦副间的润滑油膜遭到破坏，进一步加剧了磨损程度。如此逐渐恶化，最终形成局部热点间的"点焊"现象。"点焊"部位由于相互运动再被撕开，从而导致表面物质的撕脱和从一个摩擦表面到另一个摩擦表面的转移。

黏着磨损是破坏性极强的磨损，一旦发生，便能在短时间内对零件表面造成严重损坏，从而使相应机构的功能立即丧失。在汽车零件中，产生黏着磨损的典型实例是"拉缸"和轴瓦烧损。汽车主减速器缺少润滑油时，其锥齿轮轮齿啮合齿面很容易产生黏着磨损。

在汽车使用过程中，应注意避免黏着磨损的发生。黏着磨损的产生除与零件材料的塑性和配合表面的表面粗糙度有关外，还与工作条件（如温度、压力、摩擦速度）和润滑条件有关。因此，在汽车使用过程中，要设法防止黏着磨损的产生。

（2）**磨料磨损** 磨料磨损是零件摩擦表面与硬质颗粒或硬质凸出物之间相互摩擦引起表面材料损失的现象。有微粒作用（有外来的尘埃、沙土造成的磨损，如制动蹄的磨损；也有零件自身脱落的磨损产物造成的磨损，如发动机气缸的磨损），研磨并刮伤摩擦表面，破坏润滑油膜，从而使零件磨损速度加快。

磨料主要是来自外界空气中的尘土、油料中的杂质、零件表面的磨屑及燃烧积炭。因此，避免油料（燃油、润滑油）污染，保持"三滤"（空气滤清器、机油滤清器、燃油滤清器）的技术状况良好，能够大大减轻磨料磨损。

磨料磨损是最常见的，同时也是危害最为严重的磨损形式。统计表明，在各类磨损形式中，磨料磨损约占总消耗的50%。粒度为20~30μm的尘埃将引起曲轴轴颈、气缸表面的严重磨损，而粒度在1μm以下的尘埃同样会使凸轮挺杆副磨损加剧。

易发生磨料磨损的部位主要有气缸壁、曲轴颈、凸轮轴凸轮表面、气门挺杆等。

（3）**表面疲劳磨损** 表面疲劳磨损是疲劳和摩擦共同作用的结果，指在摩擦面间接触应力的反复作用下，因表面材料疲劳而产生物质损失的现象。其失效过程可分为两个阶段：①疲劳核心裂纹的形成；②疲劳裂纹的发展直至材料微粒的脱落，如图1-1所示。

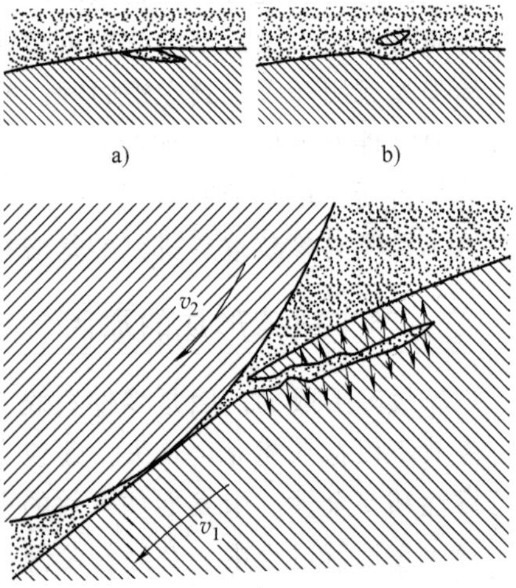

图 1-1 表面疲劳磨损示意图
a）微裂纹的形成 b）金属屑的脱落
c）润滑油浸入裂纹

在交变载荷作用下，摩擦表面产生塑性变形和裂纹并逐渐累积、扩展，润滑油渗入裂纹，而在交变压力下产生的楔入作用进一步使裂纹加深、扩展，从而导致表面材料剥落。易产生表面疲劳磨损的部位有汽车上的齿轮、滚动轴承、凸轮等。在经过一定使用时间后，摩擦面所产生的麻点或凹坑均是表面疲劳磨损的典型例子。

（4）**腐蚀磨损** 腐蚀磨损是指在腐蚀和摩擦的共同作用下导致零件表面物质损失的现

象。在腐蚀介质作用下，零件表面产生腐蚀产物。由于摩擦的存在，腐蚀产物被磨掉，腐蚀介质又接触到未被腐蚀的金属，再次产生新的腐蚀产物，使腐蚀向深处发展。腐蚀产物的不断生成和磨去，使摩擦表面产生物质损失，其磨损速度受腐蚀介质的影响。

2. 变形和断裂

零件尺寸和形状改变的现象称为变形，断裂则指零件完全破裂。变形和断裂均是零件的应力超过材料极限应力的结果。应力超过屈服强度时，零件将产生永久变形；应力超过强度极限时，零件则发生断裂。

零件变形，特别是基础件变形，改变了其与相关零件的配合关系，对机构的功能有很大影响。试验表明，由于发动机缸体变形使气缸轴线对曲轴轴线的垂直度误差在 200mm 的长度上从 0.05mm 增大到 0.18mm 时，气缸磨损增大 30%。断裂则导致功能的丧失。

（1）**变形** 从零件应力的来源看，使零件产生变形的应力有工作应力、内应力和温度应力。

零件承受外载荷时，在零件内产生工作应力。在汽车上，有许多形状复杂、厚薄不一的铸件或焊接件。这些零件在加工过程中，常会产生较大的内应力，虽然经过人工时效处理除去了大部分内应力，但仍可能有部分内应力留存下来。如铸件冷却时，外层冷却快，中心部分冷却慢，这样在外层冷却收缩后，中心部分再冷却收缩时，便会产生拉应力。在厚薄不一的接触面处，薄的部分冷却快，而厚的部分冷却慢。这样，在薄壁处冷却收缩后，较厚部分再冷却收缩时，接触面处就会产生压应力。温度应力由于零件受热不匀、温差大而产生。温度高的区域热膨胀大，温度低的区域热膨胀小，从而在温差大的区域，因膨胀变形量不同而产生拉应力。

温差不仅产生温度应力，还可能引起变形，同时温度过高还会使材料的屈服强度降低，使零件易发生永久性变形。图 1-2 所示为碳钢的屈服强度随温度而变化的情况。

以上应力在零件内部叠加，当超过材料的屈服强度时，便会导致零件变形。

（2）**断裂** 断裂也是在应力作用下产生的。按产生应力的载荷性质分类，断裂分为一次加载断裂和疲劳断裂。

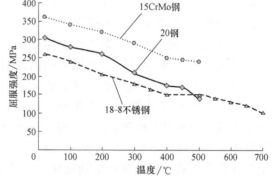

图 1-2 温度对碳钢屈服强度的影响

一次加载断裂指零件在一次静载荷或动载荷作用下发生的断裂。载荷过大时，零件内产生的工作应力过大，再加上其他形式的应力就超过了材料的强度极限，便可导致零件断裂。

实际上，汽车在正常使用时，零件发生一次加载断裂的情况很少。汽车超载过多或遇到过大的行驶阻力或动载荷时，一次加载断裂发生的概率就大。如车轮掉入坑中，钢板弹簧折断；汽车突然碰撞障碍物，传动系统零件受到阶跃载荷而断裂。

疲劳断裂是在交变载荷作用下，经历应力反复循环多次后发生的断裂。汽车零件的断裂故障中，60%~80% 属于疲劳断裂。

疲劳断裂发生在应力低于屈服强度的情况下，断裂前一般不产生明显塑性变形。断裂是在交变应力作用下产生的疲劳裂纹积累、扩展到一定程度后突然发生的。在交变应力的作用下，零件表面出现疲劳裂纹，这些裂纹通常出现在有材料缺陷或应力集中的区域。裂纹在应力的反复作用下逐渐加深和扩展，使零件强度大大降低。当受到较大载荷时，零件就会突然断裂。

汽车前轮万向节轴颈根部较易发生疲劳断裂，由于断裂前疲劳裂纹经历了较长时期的积累和发展过程，因此可采用无损检测技术在早期发现裂纹，从而避免因断裂而引发的事故。

3. 蚀损

蚀损指在周围介质的作用下产生表面物质损失或损坏的现象。按发生机理的不同，可分为腐蚀、气蚀和浸蚀。

（1）**腐蚀** 腐蚀指零件在腐蚀性物质的作用下而损坏的现象。汽车上较容易产生腐蚀的部位是有液体流经的区域，如燃料供给系统和冷却系统管道及车身、驾驶室、车架等裸露的金属件等。

（2）**气蚀** 气蚀又称穴蚀，指在压力波和腐蚀的共同作用下零件产生破坏的现象。气蚀经常发生在与液体接触并有相对运动的零件表面。如湿式气缸套外壁、水泵叶轮表面等，如图1-3所示。

气蚀产生的机理是，液体中一般溶有气体，当压力降低时，气体便会以气泡的形式析出，如果液体中某一区域的压力低于液体当时温度下的饱和蒸气压，液体也会蒸发形成气泡。当压力升高后，气泡破裂产生压力波，不断冲击与其接触的金属零件表面的氧化膜，使其破坏，导致液体对金属表面的腐蚀逐步向深层发展而形成穴坑。发动机工作时，活塞上下运动敲击缸壁产生振动。当缸

图1-3 产生气蚀的水泵叶轮

壁外表面因振动稍离开冷却液时，缸壁外表面压力降低，于是低压区液体蒸发产生气泡，并向缸壁外表面低压区集中；压力再次升高后，气泡在靠近缸壁处破裂，产生的压力波就会冲击缸壁外表面的氧化膜，使其遭到破坏。上述过程循环往复，氧化膜不断生成又不断被破坏，导致缸壁外表面形成许多麻点，直径为0.2~1.2mm。气蚀严重时，零件表面呈泡沫海绵状，甚至被穿透。

（3）**浸蚀** 由于高速液流对零件的冲刷导致其表面物质损失或损坏的现象称为浸蚀。易发生浸蚀的零件主要有发动机的进、排气门等。

浸蚀产生的机理是，在高速液流冲刷下，零件表面的氧化膜被破坏，又重新生成，如此往复进行，导致冲刷表面产生麻点、条纹或凹坑，最终使零件功能损坏。

4. 其他故障原因

零件故障的原因还有老化、失调、烧蚀、沉积等。

（1）**老化** 老化指零件由于材料受物理、化学和温度变化影响而逐渐损坏或变质的故障形式。易发生老化的部件主要是汽车上的非金属部件，如轮胎、油封、膜片等，以及电气元件，如电容器、晶体管等。一旦老化，将使零件失去应有的功能。

（2）**失调** 失调指某些可调元件或调整间隙由于调整不当，或在使用中偏离标准值而导致机构性能降低或功能丧失的故障形式。如气门间隙调整不当使发动机的配气相位发生变化，影响发动机的进、排气过程，使发动机的动力性、经济性和排放性能下降。

（3）**烧蚀** 烧蚀发生在强电流、强火花作用下，使零件正常的工作性能降低或丧失。容易发生烧蚀的汽车零部件有火花塞电极、各种照明灯泡和电子元件等。

（4）**沉积** 磨屑、尘土、积炭、油料结胶和水垢等沉积在某些零件工作表面，可引起零件工作能力降低或丧失。如空气滤清器、机油滤清器堵塞，燃烧室积炭，气缸盖、缸体和散热器冷却水道中的水垢等。

四、汽车技术状况变化规律

汽车技术状况变化的规律，按变化过程可分为渐发性变化过程和偶发性变化过程两类。渐发性变化过程是指汽车技术状况的变化与固定的变量（汽车行驶里程或使用时间）之间有严格的对应关系。偶发性变化过程是指汽车技术状况的变化受很多随机因素的影响，它们之间没有严格的对应关系。

汽车在使用过程中，各零件间虽有润滑油存在，但由于相互摩擦仍不可避免地要产生磨损，以致破坏整个机件的正常工作。随着行驶里程的增加，磨损速度变化不同；汽车零件表面质量及工况不同，各零件的磨损情况也不同。但总的来说，零件的正常磨损都有一定的规律，图1-4所示为磨损特性曲线。

磨损可分为以下三个阶段。

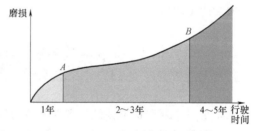

图1-4 汽车零件磨损特性曲线

（1）**走合磨损期**（第1年） 新车或经过大修后的汽车，初驶期由于零件配合副表面粗糙、凹凸不平，会产生走合性磨损。这时零件磨损很快，配合间隙迅速增大（如图1-4中曲线是陡峭的）。

（2）**正常磨损期**（2~3年） 经过走合后，各零件配合副表面粗糙度的值降低，润滑油形成油膜的能力增强。虽然汽车行驶里程上升，磨损却是缓慢均匀地增加。正常磨损也称为自然磨损（如图1-4中曲线较为平滑）。

（3）**极限磨损期**（4~5年） 汽车在行驶过程中，零件配合副的间隙不断增加，达到极限的情况下继续使用，配合副之间会产生冲击负荷，油膜不易形成。同时漏油量增加，润滑油压力降低，润滑条件恶化，磨损急剧增加。零件配合间隙很快加大，产生噪声，汽车的动力性、经济性明显下降，甚至容易出现事故（如图1-4中磨损曲线再次陡峭）。

因此，汽车行驶到4~5年时故障率会大大提高，这在很大程度上是由零部件磨损造成的。如果汽车运用合理，汽车的技术状况大多是按照汽车工作时间或行驶里程而逐渐平缓地变化。如果能够掌握其变化规律，适时维护修理，就能降低零件磨损速率，保持良好的汽车技术状况，延长汽车使用寿命。

汽车运行性能随使用时间的变化曲线如图1-5所示。汽车初始性能是在汽车生产制造时确定的，在使用过程中，随着使用时间和行驶里程的增加，汽车运行性能按指数规律下降。

合理运用和及时维护汽车，可使性能的下降速率减小，从而使汽车在整个使用期内的平均运行性能得到提高，如图 1-5 中虚线所示。

前面介绍过渐发性故障产生的过程是一个磨损逐步积累的过程，在这个过程中，由于磨损、腐蚀、变形、老化等原因，零件的强度降低、理化性能变差，使有关机构的技术状况从正常状况转化为不正常状况。当该机构某项技术性能指标低于许用标准值时，则处于故障状态。从汽车投入使用到出现故障状态所驶过的里程为正常行驶里程。

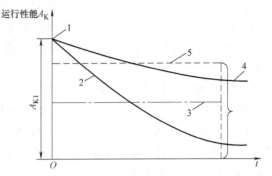

图 1-5　汽车运行性能随使用时间的变化曲线

1—汽车初始性能　2—汽车运行性能随时间变化的曲线
3—汽车实际运行性能　4—汽车合理运用对性能的影响
5—通过合理运用可以提高的实际运行性能

对于主要承受载荷并在其作用下易产生断裂故障的零件，如汽车车架、前桥、后桥、发动机曲轴及传动系统齿轮（曲轴断裂、齿轮断齿）等，如果零件强度高于外载荷引起的应力，则处于正常阶段；若由于受力变形、磨损、裂纹等使零件强度低于外载荷所引起的应力，便会产生故障。

第三节　汽车故障树分析方法

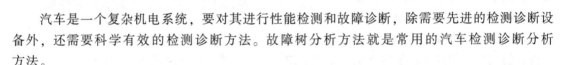

汽车是一个复杂机电系统，要对其进行性能检测和故障诊断，除需要先进的检测诊断设备外，还需要科学有效的检测诊断方法。故障树分析方法就是常用的汽车检测诊断分析方法。

所谓故障树分析，就是首先选定某一影响最大的系统故障作为顶事件，然后将造成系统故障的原因逐级分解为中间事件，直至将不能或不需要分解的基本事件作为底事件为止，这样就得到一张树状逻辑图，称为故障树。

更一般地说，故障树分析就是以故障树为基础，分析影响顶事件发生的底事件种类及其相对影响程度。故障树分析包括几个主要步骤：建立故障树、故障树的定性分析和故障树的定量分析。

故障树分析方法用于汽车检测诊断，不仅可根据汽车故障与引起故障的各种可能原因之间的逻辑关系构成逻辑图，而且能对故障原因进行定性分析，还可以在此基础上，运用逻辑代数对故障出现的可能性进行定量分析。因此，故障树分析方法是一种科学有效的故障分析方法。

图 1-6 所示为故障树分析程序图。

一、故障树的建立

1. 常用符号

建立故障树时，常将所研究的故障和引起故障的原因统称为事件，并根据事件的不同性

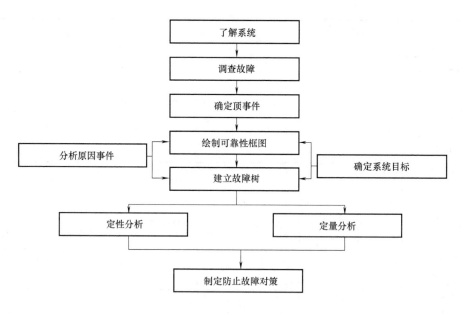

图 1-6 故障树分析程序图

质分为四类,即要分析的故障事件、暂时不分析和发生概率很小的事件、偶发性非故障事件、基本事件。汽车的各系统和零部件之间是相互联系的,因此上述事件之间也是相互联系的。事件间的关系通常有两种:"与"逻辑和"或"逻辑关系。事件性质和事件间的逻辑关系常用规定符号表示,见表 1-1。

表 1-1 常用事件性质和事件间的逻辑关系符号

符号	名称或关系	含义
矩形符号	故障事件	包括除基本事件外所有要分析的故障事件和引发故障事件的原因
圆形符号	基本事件	不能再分析的故障事件,表示故障发生的基本原因
屋形符号	非故障事件	表示事件是偶然发生的

(续)

符号	名称或关系	含义
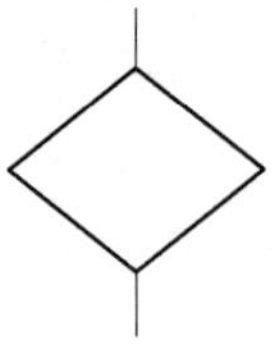 菱形符号	省略事件	表示暂时不分析或发生概率很小的事件
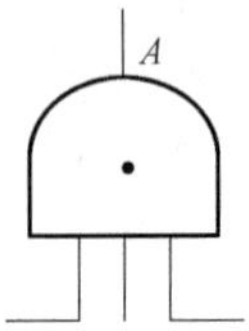 与门符号(AND)	"与"逻辑关系	事件 $x_1, x_2, \cdots, x_n$ 同时发生,事件 A 才发生
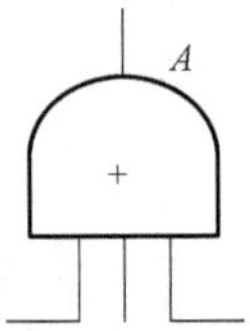 或门符号(OR)	"或"逻辑关系	事件 $x_1, x_2, \cdots, x_n$ 有一个发生,事件 A 就发生

2. 故障树的建立过程

建立故障树时,首先将所要分析的故障事件简要地写在故障树顶端,记为"T",称为顶事件;将与故障事件有直接关系的事件作为第二级事件并写在顶事件下方,记为"A";继续分析还可列出第三级、第四级等,直到列出不能再继续分析的基本事件(记为"x")为止;分析过程中暂时不分析的省略事件记为"D"。分析事件性质和各级事件间的关系,并用表 1-1 给出的符号表示,就形成了故障树。在故障树中,每一级事件都是上一级事件的直接原因,又是下一级事件的直接结果,上、下级事件间存在着"或"逻辑关系或者"与"逻辑关系。

图 1-7 所示为发动机不能起动的故障树。

二、故障树的分析方法

1. 定性分析

故障树定性分析首先找出导致系统最不希望发生的事件即顶事件的最小因数,方便有针对性地提出防止顶事件发生的措施;分析出防止顶事件发生的措施,然后分析出哪些基本事件更容易造成顶事件的发生,最后找出对系统故障影响更大的最小因数。通过建立故障树,找出导致系统故障的全部最小因数,然后通过计算分析出底事件的最小割集和最小径集,最终通过分析确定底事件的重要程度。

2. 定量分析

故障树定量分析是以故障树为基础,分析系统故障发生的概率及各底事件的重要程度,

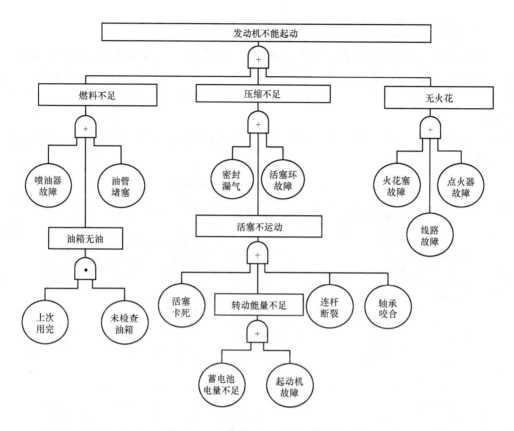

图 1-7 发动机不能起动的故障树

包括结构重要程度、概率重要程度和关键性重要程度三个不同含义的定量指标。

汽车故障的发生具有随机性，属偶然事件，其发生的可能性可用发生概率度量。故障树中的上下级事件间不是孤立的，而是以"或"逻辑关系或者"与"逻辑关系相联系的。运用概率论中"和"和"积"事件的概率计算公式，可以根据基本事件的发生概率，逐级推算，直至求出故障事件的发生概率。

若基本事件 X_1，X_2，…，X_n 任意二者间相互独立，并已知发生概率 $P(X_i)$，则"与"事件 $T=X_1X_2\cdots X_n$ 的发生概率为

$$P(T) = \prod_{i=1}^{n} P(X_i)$$

"和"事件 $T = X_1 + X_2 + \cdots + X_n$ 的发生概率为

$$P(T) = 1 - \prod_{i=1}^{n} [1 - P(X_i)]$$

第四节　汽车检测诊断标准和周期

合理选择检测诊断参数，科学制定检测诊断标准和周期，是进行汽车检测诊断的前提。

一、检测诊断参数及分类

汽车检测和诊断都是在不解体条件下进行的,这样直接测量结构参数(如磨损量、间隙等)往往是不可能的。因此,在进行汽车检测诊断时,需要找到一组与结构参数有联系,能够表征汽车、总成及机构技术状况的直接或间接标志,并通过对这些标志的测量来确定其技术状况。

检测诊断参数可分为三类:工作过程参数、伴随过程参数和几何尺寸参数。常用的汽车检测诊断参数见表1-2。

表1-2 常用的汽车检测诊断参数

检测诊断对象	检测诊断参数	检测诊断对象	检测诊断参数
发动机总成	功率(kW) 曲轴角加速度(rad/s^2) 单缸断火时功率下降率(%) 油耗(L/h) 曲轴最高转速(r/min) 废气成分(体积分数)(%)	曲柄连杆组	主油道机油压力(MPa) 主轴承间隙(按油压脉冲测量)(mm) 连杆轴承间隙(按振动信号测量)(mm)
		配气机构	气门热间隙(mm) 气门行程(mm) 配气相位(°)
气缸活塞组	曲轴箱窜气量(L/min) 曲轴箱气体压力(kPa) 气缸间隙(按振动信号测量)(mm) 气缸压力(MPa) 气缸漏气率(%) 发动机异响 机油消耗量(L/100km)	柴油机供油系统	喷油提前角(按油管脉动压力测量)(°) 单缸柱塞供油延续时间(按油管脉动压力测量)(°) 各缸供油均匀度(%) 每一工作循环供油量(mL/工作循环) 高压油管中压力波增长时间、曲轴转角(°) 按喷油脉冲相位测定喷油提前角的不均匀度、曲轴转角(°) 喷油器初始喷射压力(MPa) 曲轴最小和最大转速(r/min) 燃油滤清器出口压力(MPa)
供油系统及滤清器	燃油泵清洗前的油压(MPa) 燃油泵清洗后的油压(MPa) 空气滤清器进口压力(MPa) 涡轮压气机的压力(MPa) 涡轮增压器润滑系统油压(MPa)		
润滑系统	润滑系机油压力(MPa) 曲轴箱机油温度(℃) 机油含铁(或铜、铬、铝、硅等)量(质量分数)(%) 机油透光度(%) 机油介电常数	制动系统	制动距离(m) 制动力(N) 制动减速度(m/s^2) 跑偏、左右轮制动力差值(N) 制动滞后时间(s) 制动释放时间(s)
冷却系统	冷却液工作温度(℃) 散热器入口与出口温差(℃) 冷却风扇传动带张力(N/mm) 曲轴与发电机轴转速差(%)	传动系统	车轮驱动力(N) 底盘输出功率(kW) 滑行距离(m) 传动系噪声(dB)
点火系统	一次电路电压(V) 一次电路电压降(V) 电容器容量(μF) 断电器触点闭合角及重叠角(°) 点火电压(kV) 二次电路开路电压(kV) 点火提前角(°) 发电机电压(V)、电流(A) 整流器输出电压(V)	起动系统	在制动状态下,起动机电流(A)、电压(V) 蓄电池在有负荷状态下的电压(V) 振动特性(m/s^2)
		转向系统	主销内倾角(°) 主销后倾角(°) 车轮外倾角(°) 车轮前束(mm) 车轮侧滑量(mm/m,m/km)
行驶系统	车轮静平衡 车轮动平衡 车轮振动(m/s^2)	照明系统	前照灯照度(lx) 前照灯发光强度(cd) 光轴偏斜量(mm)

(1) **工作过程参数** 工作过程参数指汽车工作时才能输出的供测量用的物理和化学量,或能够体现汽车或总成功能的参数,如发动机功率、油耗、汽车制动距离等。由工作参数就可确定发动机或汽车某一方面的功能。

(2) **伴随过程参数** 伴随过程参数一般不能直接体现汽车或总成的功能,但能够通过其在汽车工作过程中的变化,间接反映检测诊断对象的技术状况,如振动、噪声、发热等。伴随过程参数用于复杂系统的深入诊断。

(3) **几何尺寸参数** 几何尺寸参数能够反映检测诊断对象的具体结构要素,如间隙、自由行程、角度等。

二、检测诊断参数的特性与选择

能够表征汽车技术状况的参数很多,而且同一技术性能常可采用不同参数反映。这样,为保证汽车检测诊断的方便性和所得结果的可靠性,应该通过研究检测诊断参数随汽车技术状况变化的规律,选出最适用和最有价值的检测诊断参数。具体选择时,应使诊断参数具有下列特性。

(1) **单值性** 单值性指检测诊断对象的技术状况参数(如间隙、磨损量等)在从初始值 u_0 变化到极限值 u_1 的过程中,检测诊断参数值 T 与技术状况参数值 u 一一对应,即检测诊断参数无极值:

$$\frac{dT}{du} \neq 0$$

(2) **灵敏性** 灵敏性指检测诊断参数值相对于技术状况参数的变化率 $k_t = \frac{dT}{du}$ 足够大。若同一技术状况参数可用两个不同诊断参数 T_1 和 T_2 检测诊断,则变化率大者灵敏性好,即所选检测诊断参数 T_1 应满足

$$\frac{dT_1}{du} > \frac{dT_2}{du}$$

(3) **稳定性** 稳定性指在同样的测试条件下,检测诊断参数的多次测量值应有良好的一致性。将测量值看成随机变量,其取值的稳定性及离散性可用样本方差大小衡量,即

$$\sigma_\tau(u) = \frac{\sqrt{\sum_{i=1}^{n}[T_i(u) - \overline{T}(u)]^2}}{n-1}$$

式中 $\sigma_\tau(u)$——检测诊断参数测量值的样本方差;

   $T_i(u)$——检测诊断参数的第 i 次测量值,$i=1, 2, \cdots, n$;

   $\overline{T}(u)$——检测诊断参数 n 次测量值的平均值。

(4) **信息性** 信息性指诊断参数对汽车技术状况具有的表征性。表征性好的诊断参数,能揭示汽车技术状况的特征和现象,反映汽车技术状况的全部情况。诊断参数的信息性越好,包含汽车技术状况的信息量越多,得出的诊断结论越可靠。

(5) **方便性和经济性** 方便性指用检测诊断参数实现对检测诊断对象进行检测诊断的难易程度,经济性指用检测诊断参数对检测诊断对象进行检测诊断的费用高低。

三、检测诊断参数标准

为了定量地评价汽车、总成及机构的技术状况,确定维修的范围和程度,预测无故障工作里程,必须建立诊断参数标准,提供一个比较尺度,这样,在检测到诊断参数值后与诊断参数标准值对照,即可确定汽车是继续运行还是要进行维修。

1. 检测诊断参数标准分类

汽车诊断参数标准与其他标准一样,分为国家标准、行业标准、地方标准和企业标准等。

(1) **国家标准** 国家标准指由国家有关部门制定和颁布的可用于检测诊断的技术标准。这类标准主要涉及汽车行驶安全性和对环境的影响。由于这些标准可反映汽车或汽车某机构的工作能力,因此广泛应用于汽车检测诊断中。

(2) **行业标准** 行业标准也称为部委标准,是部级制定并发布的标准,在部委系统内或行业系统内贯彻执行。

(3) **地方标准** 地方标准是省级、市级、县级制定并发布的标准,在地方范围内贯彻执行,也在一定范围内具有强制性和权威性。地方标准中的限值可能比上级标准中的限值更严格。

(4) **企业标准** 企业标准包括汽车制造厂推荐的标准、汽车运输企业和维修企业内部制定的标准及检测仪器设备制造厂推荐的参考性标准三种类型。制造厂推荐标准指由汽车制造厂通过技术文件对汽车某些参数所规定的标准,一般主要涉及汽车的结构参数,如气门间隙、配气相位、车轮定位角、点火提前角等。汽车结构参数一般在设计阶段确定,并在样车或样机的台架试验或运行试验中修正,与汽车的使用可靠性、使用寿命和经济性有关。

汽车运输企业和维修企业的标准是汽车运输企业、汽车维修企业内部制定的标准,只在企业内部贯彻执行。企业标准须达到国家标准和上级标准的要求,同时允许超过国家标准和上级标准的要求。

检测仪器设备制造厂推荐的参考性标准是检测仪器设备制造厂在尚无国家标准和行业标准的情况下制定的,作为参考性标准,以判断汽车、总成及机构的技术状况。

2. 检测诊断参数标准的组成

汽车各项诊断参数的标准,都应包括初始标准值、极限标准值和许用标准值。

(1) **初始标准值** 初始标准值相当于无故障新车和大修车诊断参数值的大小,往往是最佳值,可作为新车和大修车的诊断标准。当诊断参数测量值处于初始值范围内时,表明诊断对象技术状况良好,无需维修便可继续运行。

(2) **极限标准值** 极限标准值指汽车失去工作能力或技术性能将变差,以及行驶安全性得不到保证时所对应的参数值。此时,汽车的动力性、经济性和排放性大大降低,有关机件磨损严重,甚至可能发生机械故障。在汽车使用过程中,通过多次检测诊断,并将所得结果与极限标准值比较,可预测汽车的使用寿命。

(3) **许用标准值** 许用标准值指汽车无需维护修理可继续使用时,参数的允许界限值。当测试值超过该界限时,即使汽车还有工作能力,也不能等到下一个维修间隔里程进行养护,应适当提前对汽车进行维护和修理,否则汽车的技术经济性能将下降,故障率将上升。

随着经济的发展和技术的进步,诊断参数标准将会不断被修正,在使用各类标准时,应

第一章 汽车检测与诊断的基础知识

及时采用最新的版本。

四、检测诊断标准的制定

检测诊断标准是评价汽车技术状况的依据，因此科学合理地制定检测诊断标准的许用值，是汽车检测诊断技术的关键问题。若制定的检测诊断标准许用值不合理，就不能依据其对汽车技术状况进行正确的评价，导致或过早维护修理造成不必要的浪费，或由于维护修理不及时使汽车有故障运行，这两种情况都不能保证安全性和经济性。

制定检测标准是一项复杂的工作。首先，必须做大量试验，得到大量数据，以研究汽车技术状况变化和故障发生的规律；其次，必须掌握制定检测诊断标准的科学方法，一般地，有以下几种方法。

1. 统计方法

运用统计方法确定检测诊断参数许用标准值的基本思路是：找出相当数量的汽车，通过研究其在正常工作状况下检测诊断参数的测试值的分布情况，以适应大多数汽车为前提制定许用标准值。所制定的检测诊断参数许用标准值必须在实际中经过试用、修改后才能最后确定。

从上面的统计方法不难看出，由于所测试车辆均为有工作能力的车辆，因此根据其测试值所制定的许用标准值趋于严格确保汽车技术状况良好。在对汽车技术状况的变化规律缺乏深入研究的情况下，统计方法不失为确定检测诊断参数许用标准值的有效方法。

2. 汽车技术状况随行驶里程平稳变化时，检测诊断参数许用标准值的确定

平稳变化指检测诊断参数随行驶里程的变化曲线无交错。若不同汽车的某个检测诊断参数随行驶里程的变化情况相同，则很容易根据其初始标准值、极限标准值和每一计划检测诊断周期内参数值的增量，求出检测诊断参数的许用标准值。由于汽车结构强度、运用条件有差异，虽然汽车检测诊断参数的变化曲线无交错，但不会相同，即检测诊断参数达到极限值时，不同汽车的行驶里程不同。因此，要制定检测诊断参数的许用标准值，必须掌握该参数达到极限值时，行驶里程的分布情况。

3. 汽车技术状况不随行驶里程平稳变化时，检测诊断参数许用标准值的确定

实际上，影响汽车技术状况的因素很多，同时汽车的各系统间是相互联系的，因此汽车的技术状况或检测诊断参数并不一定随行驶里程平稳变化，技术状况良好的汽车，其某一检测诊断参数测试值可能会很差。在这种情况下，汽车无故障时检测诊断参数值的分布和有故障时参数值的分布有重叠。

五、汽车检测诊断周期

诊断周期是汽车诊断的间隔期，以行驶里程或使用时间表示。在确定诊断周期时，应满足技术和经济两方面的条件，获得最佳诊断周期。最佳诊断周期，是能保证车辆的完好率最高而消耗的费用最少的诊断周期。

确定最佳诊断周期的工作是非常重要的，它既能使车辆在无故障状态下运行，又能使维修制度中"定期检测、强制维护、视情修理"的费用降至最低，因此要重视"定期"。

1. 最佳检测诊断周期

根据技术与经济相结合的原则，所谓最佳检测诊断周期指在这样的检测诊断周期 L_d 下，

汽车的技术完好率最高而消耗费用最少，L_d 应满足以下条件：

$$\frac{d}{dL}\left[\frac{C(L_d)}{\overline{L}(L_d)}\right]=0$$

式中　$C(L_d)$——检测诊断周期为 L_d 时，诊断、维护、修理费用的均值；

$\overline{L}(L_d)$——检测诊断周期为 L_d 时，系统平均正常工作里程。

2. 制定最佳诊断周期应考虑的因素

1) 汽车技术状况在汽车新旧程度不一、行驶里程不一、技术状况等级不一，甚至还有使用性能、结构特点、故障规律、配件质量不一等情况下，制定的最佳诊断周期显然也不会一样。新车、大修后的车辆，其最佳诊断周期长，其他车则短。

2) 汽车使用条件包括气候条件、道路条件、装载条件、驾驶技术、拖挂情况、燃油及润滑材料质量等。气候恶劣、道路状况差、经常重载、驾驶技术不佳、拖挂行驶、燃油及润滑材料质量得不到保障的汽车，其最佳诊断周期短，反之则长。

3) 费用包括检测诊断、维护修理、停驶损耗的费用。若使检测诊断、维护修理费用降低，则应使最佳诊断周期延长，但汽车因故障停驶的损耗费用增加；若使停驶损耗的费用降低，则应使最佳诊断周期缩短，但检测诊断、维护修理的费用增加。

第五节　汽车检测站

随着制造工业和交通运输业的迅速发展，汽车工业已经成为当今社会的一大支柱产业，同时汽车保有量越来越大，用现代、科学、快速、定量、准确和全面的方法检测并诊断汽车的技术状况，是保证汽车更好地发挥动力性、经济性、安全性、排放性、平顺性、稳定性和可靠性等的重要方法。汽车不解体检测、诊断，大多是在检测站的检测线上实施的。汽车检测站不仅可以对汽车技术状况进行检测和监督，而且已经成为汽车制造企业、运输企业和维修企业不可缺少的重要组成部分。

一、汽车检测站的任务

《汽车运输业车辆综合性能检测站管理办法》规定，汽车检测站的主要任务如下：

1) 对在用运输车辆的技术状况进行检测诊断。

2) 对汽车维修行业的维修车辆进行质量检测。

3) 接受委托，对车辆改装、改造、报废及其有关新工艺、新技术、新产品、科研成果等项目进行检测，提供检测结果。

4) 接受公安、环保、商检、计量和保险等部门的委托，为其进行有关项目的检测，提供检测结果。

上述前两项检测任务是由运输车辆管理部门和维修管理部门，根据检测制度组织并委托的。

二、汽车检测站的类型及功能

1. 类型

1) 按服务功能可分为安全检测站、维修检测站和综合检测站三种。

2）按自动化程度可分为手动式、半自动式和全自动式三种。

3）按规模大小可分为大、中、小三种。

4）按站内检测线数可分为单线检测站、双线检测站、三线检测站等多种类型。

2. 功能

(1) 汽车安全技术检测站　汽车安全技术检测站是指在我国境内，依法接受委托，从事机动车安全技术检验，并向社会出具公正数据的机构。其任务是根据国家有关法规，定期检测车辆与安全和环境有关的项目，一般对反映汽车行驶安全和对环境污染程度的规定项目进行总体检测，并将检测结果与国家标准比较，给出"合格"或"不合格"的检测结果，而不进行具体故障的诊断和分析。汽车安全技术检测站主要承担下列检测任务：汽车申请注册登记时的初次检验；汽车定期检验；汽车临时检验；汽车特殊检验，包括事故车辆、外事车辆、改装车辆和报废车辆等的技术检验。

汽车安全技术检测站的主要检测内容包括侧滑、轴荷、制动、前照灯、喇叭声级、车速表和排放污染物等，但项目的组合、工位的设置因实际情况的不同也有差异，通常设置3~5个工位。国内采用的典型四工位安全环保检测线布置图如图1-8所示。

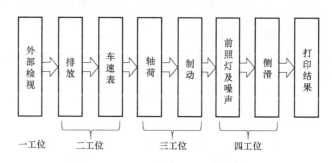

图1-8　四工位安全环保检测线布置图

(2) 汽车检修检测站　汽车检修检测站指由汽车运输企业或维修企业建立的为汽车维修业务服务的检测站。其以汽车性能检测和故障诊断为主，通过对维修前汽车进行技术状况检测和故障诊断，可以确定汽车维修附加作业、小修项目及车辆是否需要大修；同时通过对维修后的车辆进行技术检测诊断，可以监控汽车的维修质量。

维修前诊断有两种类型：确定总成、机构或系统工作能力的总体检测诊断和寻找具体故障部位及原因的深入检测诊断。如果总体检测诊断合格，并且证明还可连续工作一个周期，可不进行深入检测诊断，但技术性能不良或者安全性能检测诊断结果不合格的车辆需要进行深入检测诊断。

(3) 汽车综合性能检测站　汽车综合性能检测站指按规定的程序、方法，通过一系列技术操作行为，对在用汽车综合性能进行检测评价工作并提供检测数据、报告的社会化服务机构。其能对汽车的安全性、可靠性、动力性、经济性、噪声和废气排放状况等进行全面的检测，可代表交通运输管理部门对车辆的技术状况和维修质量进行监控，保证车辆运行安全，提高运输效率，降低运行消耗。

汽车综合性能检测站的服务功能如下：

1）依法对营运车辆的技术状况进行检测。

2）依法对车辆维修竣工质量进行检测。

3）接受委托，对车辆改装、改造、延长报废期及相关新技术、科研鉴定等项目进行检测。

4) 接受交通、公安、环保、商检、计量、保险和司法机关等部门、机构的委托，为其进行规定项目的检测。

汽车综合检测站按职能分为 A 级站、B 级站和 C 级站三种类型，其职能如下：

1) A 级站能全面承担检测站的任务，即能检测车辆的制动、侧滑、灯光、转向、前轮定位、车速、车轮动平衡、底盘输出功率、燃料消耗、发动机功率和点火系状况及异响、磨损、变形、裂纹、噪声、废气排放等状况。

2) B 级站能承担在用车辆技术状况和车辆维修质量的检测，即能检测车辆的制动、侧滑、灯光、转向、车轮动平衡、燃料消耗、发动机功率和点火系状况及异响、变形、噪声、废气排放等状况。

3) C 级站能承担在用车辆技术状况的检测，即能检测车辆的制动、侧滑、灯光、转向、车轮动平衡、燃料消耗、发动机功率及异响、噪声、废气排放等状况。

三、汽车检测站的组成及检测线布置形式

1. 检测站的组成

检测站主要由一条至数条检测线组成。对于独立而完整的检测站，除检测线外，还应包括停车场、清洗站、泵气站、维修车间、办公区和生活区等设施。

综合检测站一般由一条安全环保检测线和一条综合性能检测线组成，如图 1-9 所示。

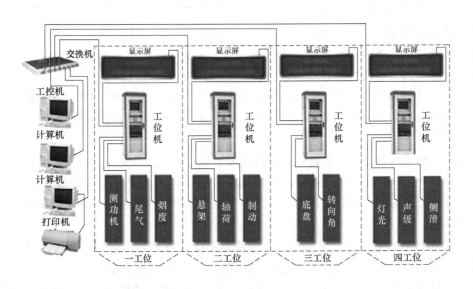

图 1-9　汽车综合检测站布置图

2. 汽车检测线的布置形式

设置在检测车间内的检测线承担检测任务，是汽车安全技术检测站的核心。

无论是安全环保检测线，还是综合性能检测线，都是由多个检测工位组成的，布置形式多为直线通道式，即检测工位按一定顺序分布在直线通道上，有利于流水作业，如图 1-8 所示。

3. 汽车检测工艺流程

汽车进站后的综合检测线工艺流程如图 1-10 所示。

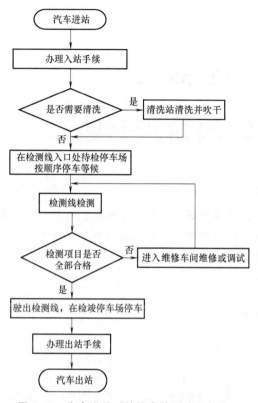

图 1-10　汽车进站后的综合检测线工艺流程

 习题

1. 汽车检测与诊断的区别是什么？
2. 汽车检测与诊断的类型有哪些？各自的作用是什么？汽车检测与诊断的目的是什么？
3. 汽车检测与诊断的方法有哪几种？各有什么特点？
4. 什么是汽车技术状况？汽车技术状况变差的原因是什么？影响汽车技术状况的因素有哪些？
5. 什么是汽车故障？汽车故障有哪些类型？汽车故障产生的主要原因是什么？汽车产生故障后有何表现？
6. 什么是故障树分析方法？如何建立故障树？
7. 什么是诊断参数？诊断参数分哪几类？并举例说明。
8. 建立汽车诊断标准的目的是什么？诊断标准分哪几类？
9. 汽车诊断参数标准值分哪几种？如何根据诊断参数标准值判断汽车技术状况？
10. 什么是最佳诊断周期？

第二章 / Chapter 2
汽车用电系统检测与诊断

【教学目标】

通过本章的学习，学生能够了解汽车用电系统的检测与诊断方法和注意事项，并且能够掌握用电系统性能检测原理和检测方法，并且能够判断系统故障的类型，选取科学有效的方法进行故障诊断，基本具备分析和解决问题的能力。

【教学要求】

知识要点	能力要求	参考学时
起动系统的检测与诊断	掌握起动机性能检测的内容及方法；了解起动机主要部件检测方法；能够对起动机常见故障诊断	1
发动机点火系统检测与诊断	掌握评价点火系统性能好坏的指标；了解点火电压波形产生过程；掌握标准点火波形各段含义、故障波形产生的原因、点火正时检测原理；掌握电子点火系统常见故障诊断方法；能够对点火系统故障进行诊断	2
汽车空调系统检测与诊断	了解空调系统性能检测方法、道路试验方法及检测过程；掌握空调系统故障诊断方法及常见故障的诊断	1
汽车前照灯检测	掌握评价前照灯性能好坏的指标；掌握前照灯检测原理；了解前照灯检测要求；掌握仪器法检测前照灯的原理；会使用仪器对前照灯性能检测并能够对检测结果进行分析	1
车速表检测	了解车速表产生误差的原因；掌握车速表检测原理和方法；了解车速表技术状况评价标准	0.5

第二章 汽车用电系统检测与诊断

汽车电气系统包括电源、用电系统、检测系统和配电系统,是汽车的重要组成部分之一,其性能直接影响汽车的动力性、经济性、可靠性、安全性、舒适性及排放性等。汽车电气系统是现代汽车发展水平的一个重要标志,其科技水平已成为衡量现代汽车档次的重要指标之一。随着科技的发展,集成电路和微型电子计算机在汽车上广泛应用,电器的数量在增加、功率在增大,产品的质量、性能在提高,结构更趋于完善。本章重点介绍汽车用电系统的性能检测与故障诊断。

第一节 起动系统的检测与诊断

> **思考:**
> 一辆排量为1.6L,行驶里程为100000km的手动汽车,发动机运转时一切正常,但熄火后重新起动时,会感到起动机运转无力,有时还会出现在"START"档没有任何反应的现象。分析此故障产生的可能的原因。

目前,大多数汽车采用电气化的起动系统,汽车电路故障在起动系统中较为常见。但是汽车起动系统发生电路故障的原因是非常复杂的,故障发生的部位也不相同,这样就给汽车起动系统的故障检测与诊断带来了较大困难。为了提高对电路故障的诊断和排除能力,首先要准确掌握起动系统电路图,这样才能对起动系统的故障进行正确、快速的排查。

一、起动系统组成

汽车起动系统发生故障时,能够迅速找到故障部位并排除故障,需要对汽车起动系统的组成非常熟悉。能够提供电能的蓄电池、起动继电器、点火开关和起动机构成了起动系统,如图2-1所示。在起动系统中,任何一个装置都是必不可少的,正是由于这些装置和部件相互配合,汽车才能正常起动。

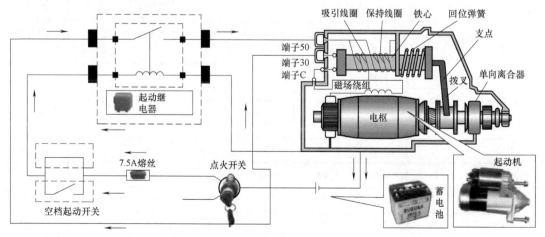

图 2-1 汽车起动系统组成

二、汽车起动机的性能试验

汽车起动机性能试验包括空载试验、制动试验和电磁开关试验。各型起动机试验方法基本相同。

1. 空载试验

试验起动机空载性能时,应先将蓄电池充足电,然后按图 2-2 所示方式接好试验电路(但不装测力臂)。接通开关 9 使起动机空转时,驱动齿轮应向外伸出,起动机应平稳运转,无振动和异响,电流表、电压表读数和转速值应满足表 2-1 所列数值要求。

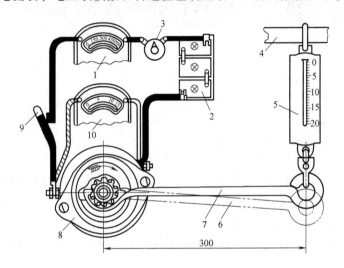

图 2-2 起动机性能试验电路

1—电流表 2—蓄电池 3—可变电阻 4—弹簧秤架 5—弹簧秤
6、7—测力臂 8—起动机 9—开关 10—电压表

表 2-1 起动机部分性能参数

型号	规格		空载特性		全制动特性			电刷
	额定电压/V	额定功率/kW	电流不大于/A	转速不小于/(r/min)	电压/V	电流不大于/A	转矩不小于/N·m	弹簧压力/N
QD124A	12	1.85	95	5000	8	600	24	
QD124B	12	1.47	90	5000	8	650	29.4	2~15
QD124F	12	1.47	90	5000	8	650	29.4	8~13
QD1211	12	1.80	90	5000	7.5	750	34	12~15
QD1225	12	0.96	45	6000	7	480	13	
QD142A	12	3.00	90	5000	7	650	25	12~15
QD25	24	3.50	90	6000	9	900	34.3	
QD27E	24	8.08	120	6000	12	1700	142	

一般而言，当蓄电池电压高于11.5V时，消耗电流应不超过90A。普通型起动机的空载转速应不低于5000r/min，减速型起动机则不应低于3000r/min。若电流大于规定值而转速低于规定值，则说明起动机装配过紧，运转阻力过大，或电枢绕组有短路或搭铁故障；若电流和转速均低于规定值，则说明电动机电路接触不良，如电刷与换向器接触不良或电刷弹簧压力不足等。

2. 制动试验

按图2-2所示方式接好电路，装上测力臂，用一个量程为20kg的弹簧秤测量起动机的最大制动力矩。试验时，接通开关使起动机运转，并快速读取电流表、电压表和弹簧秤上的读数，尽快断开开关（3~5s内完成），以免试验时间过长。

如果电流大而转矩小，则表明励磁绕组或电枢绕组短路或接地不良；如果转矩和电流都小，则表明起动机内接触电阻过大；如果试验过程中电枢轴转动，则说明单向离合器打滑。

3. 电磁开关试验

通过测试闭合电压、释放电压和开关功能可以判断电磁开关性能。

（1）**闭合电压和释放电压检测** 检测电磁开关的闭合电压时，将可调直流电源连接在电磁开关接线柱与起动机壳体之间，用万用表电阻档检测起动机电源接线柱与电动机接线柱之间的电阻，以检测电磁开关的通断（图2-3）。直流电源电压调至最低后，再逐渐调高电源电压，当万用表指示电阻由∞突变为0（电磁开关闭合）时，可调电源的电压即为电磁开关的闭合电压，电磁开关的闭合电压应符合表2-2给出的规定。

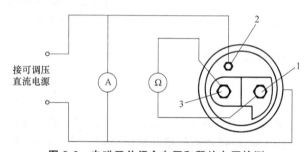

图2-3 电磁开关闭合电压和释放电压检测
1—电动机接线柱 2—电磁开关接线柱 3—电源接线柱

测得电磁开关的闭合电压后，再逐渐调低可调电源的电压，当万用表指示电阻由0突变为∞（电磁开关释放）时，可调电源的电压即为电磁开关的释放电压。电磁开关的释放电压不应高于额定电压的40%。

表2-2 电磁开关的闭合电压

环境温度/℃	标称电压/V	
	12	24
23	≤9	≤14

（2）**电磁开关性能检验**

1）吸引性能检验。如图2-4a所示，拆下起动机端子C上的励磁线圈的引线，用带夹电缆将蓄电池负极分别与端子C和起动机壳体连接。然后用带夹电缆将起动机端子50与蓄电池正极连接，此时观察驱动齿轮。若驱动齿轮向外伸出，则说明吸引线圈性能良好，否则，说明吸引线圈断路。

2）保持性能检验。如图2-4b所示，在吸引线圈检测的基础上，当驱动齿轮在伸出位置时，拆下电磁开关端子 C 上的电缆夹，此时驱动齿轮应在伸出位置保持不动，否则说明保持线圈断路或接地不良。

3) 复位性能检验。按图 2-4c 所示的方法，拆下蓄电池负极接起动机壳体的电缆夹，此时驱动齿轮应迅速回到原始位置。若驱动齿轮不能复位或复位缓慢，则说明复位弹簧损坏或性能不良。

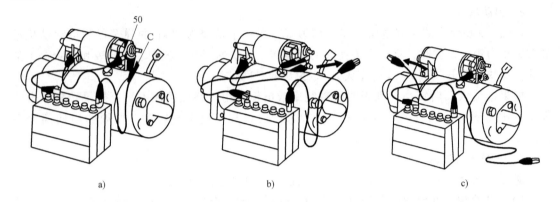

图 2-4 电磁开关性能检验

a) 电磁开关吸引性能检验 b) 电磁开关保持性能检验 c) 电磁开关复位性能检验

4. 起动继电器检测

(1) **继电器线圈电阻检测**　检查普通起动继电器线圈电阻时，可将万用表（电阻档）的两支表笔连接继电器"点火开关"接线柱 SW 与"搭铁"接线柱 E 进行检测（图 2-5a），电阻值为 (13+0.6)Ω 为正常。否则，说明继电器线圈断路或短路。

(2) **继电器触点的接触电阻检测**　将蓄电池电压加到继电器"点火开关"接线柱 SW 与"搭铁"接线柱 E，使触点闭合。此时，继电器"蓄电池"接线柱 S 与"起动机"接线柱 B 间的电阻值应小于 0.5Ω（图 2-5b）。否则，说明触点烧蚀。

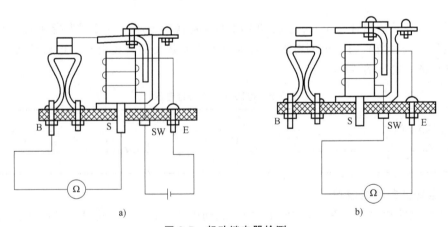

图 2-5 起动继电器检测

a) 检测继电器线圈电阻 b) 检测继电器触点接触电阻

(3) **闭合电压与断开电压测试**　如图 2-6 所示，先将变阻器的阻值调至最大，而后逐渐减小阻值。触点刚闭合时，电压表的读数即为继电器的闭合电压，其值应为 6.0~7.6V

（12V系统）或14~16V（24V系统）。再逐渐增大电阻，触点刚断开时，电压表的读数即为断开电压，其值应为3.0~5.5V（12V系统）或4.5~8V（24V系统）。

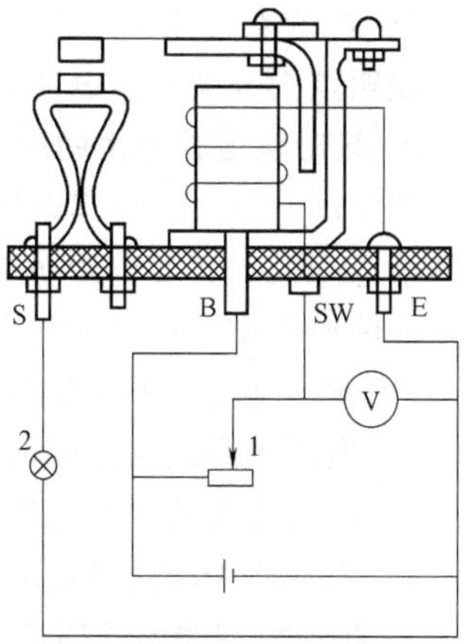

三、汽车起动机常见故障现象及其诊断

汽车起动机的常见故障现象如下：
1）接通起动开关但起动机不运转。
2）接通起动开关但起动机运转无力。
3）接通起动开关，起动机空转。
4）起动机驱动齿轮与飞轮齿圈不能啮合而发出撞击声。
5）起动发动机时，起动机发出不正常声响。

1. 接通起动开关但起动机不转的故障诊断

（1）**故障现象** 当将点火开关旋至起动档时，起动机不转。

图2-6 继电器闭合电压和断开电压测试
1—变阻器 2—试灯

（2）**故障原因**

1）蓄电池自身电压严重不足，蓄电池正负极桩接头松动或因其他杂物油渍导致接触不良，蓄电池内部损坏。

2）点火开关自身结构或起动继电器内部故障。

3）起动机电磁开关的两个触点严重烧蚀导致两触点接触不良，或因为开关上的两触点高度调整不当而导致触盘不能将两个触点接通。

4）换向器烧蚀损坏引起电动机换向器与电刷之间导电不畅。

5）电刷碳棒磨损过量引起电刷弹簧压力减小，从而导致电刷和换向器导电不良；电刷在电刷架内卡住与换向器不能接触；电刷接线故障。

6）电动机励磁绕组或电枢绕组有搭铁、短路或断路故障。

7）电枢轴的衬套磨损过多，使电动机电枢轴偏心，引起电枢铁心无法正常运转。

8）线路故障，导线断路、接触不良或连接错误。

（3）**故障诊断**

1）检查蓄电池存电是否充足和电源线路有无故障。用高效放电计等检查蓄电池技术状况，再开前照灯或按喇叭检查电源线路是否有故障。

2）检查起动系统熔丝是否被烧断，若烧断，需更换熔丝。

3）判断故障发生在起动机还是控制电路。将点火开关转到起动位置，可用试灯（或万用表）检测起动机"50"端子电压是否正常，若正常，说明起动机内部有断路、短路或搭铁故障，需拆下起动机进一步检修；若不正常，说明端子"50"至蓄电池正极之间的线路有故障。

4）检测起动继电器"起动机"端子电压是否正常，若正常，说明起动继电器与起动机之间的导线断路；若不正常，继续下一步检查。

5）检测起动继电器"点火开关"端子电压是否正常，若正常，应检查起动继电器及起动继电器的电源线和搭铁线；若不正常，继续下一步检查。

6）检测点火开关的"起动"端子电压是否正常，若正常，说明点火开关与起动继电器之间的导线断路；若不正常，继续下一步检查。

7) 检测点火开关的"电源"端子电压是否正常，若正常，说明点火开关损坏；若不正常，说明点火开关至蓄电池正极之间的线路断路，应进行检修。

2. 起动机运转无力的故障诊断

若起动开关接通后起动机能运转，则说明控制线路工作正常；起动机运转无力，说明其负载能力降低，实际输出功率减小。

故障原因主要有以下几个方面：

1) 蓄电池充电不足或有短路故障。
2) 电动机主线路接触电阻增大使起动机工作电流减小。
3) 励磁绕组或电枢绕组局部短路使起动机输出功率降低。
4) 发动机装配过紧或环境温度过低导致起动阻力矩过大。

3. 起动机空转的故障诊断

（1）**故障现象**　接通起动开关，起动机空转，不能带动发动机运转。

（2）**故障原因**

1) 单向离合器失效打滑。
2) 起动机的起动时刻过早。
3) 起动机的驱动齿轮或飞轮齿圈损坏。
4) 电磁开关铁心行程太短，驱动小齿轮与飞轮齿圈不能啮合，拨叉连接处脱开。

（3）**故障诊断**

1) 接通起动开关后，若起动机空转，说明电动机技术状况良好，但动力不能传递到发动机飞轮，一般是由单向离合器过度磨损后打滑导致的。应重点对单向离合器进行故障诊断。

2) 如果起动时只有起动机高速旋转声，但没有啮合声，则应检查单向离合器和驱动齿轮组件能否在轴上自由滑动而进入啮合位置。若不能，应检查花键与花键轴间是否卡滞或弹簧是否折断。

3) 发动机起动后，若起动机发出一阵高速旋转声，则应检查单向离合器的单向性。向正、反两个方向转动驱动齿轮，若均不滑转，说明单向离合器卡住。

4) 若起动时驱动齿轮啮合正常，起动机高速旋转但发动机不转动，则应检查单向离合器的锁止力矩。当用手转动驱动齿轮时，正、反两个方向均能转动，说明单向离合器失效。若未发现失效的离合器，可进一步检查其锁止力矩。对驱动齿轮施加表2-1中"全制动特性"栏内转矩规定值1.2倍的力矩时，单向离合器不应滑转。否则，说明离合器内滚柱磨损或轮毂楔紧边剥落。

4. 驱动齿轮与飞轮齿圈不能啮合的故障诊断

（1）**故障现象**　驱动齿轮与飞轮齿圈不能啮合而发出撞击声。

（2）**故障原因**

1) 驱动齿轮轮齿或飞轮齿圈轮齿过度磨损或损坏。
2) 驱动齿轮端面与端盖凸缘间距离过小，从而当驱动齿轮与飞轮齿圈尚未啮合或刚啮合时，电动机主电路已经接通，使驱动齿轮在高速旋转过程中撞击静止的飞轮齿圈。

（3）**故障诊断**　若每次起动都伴有强烈撞击声，则应检查驱动齿轮和飞轮齿圈上的齿顶是否已缺损；若撞击声不大但频率很高，说明齿轮不能啮合，应检查缓冲弹簧是否变软或折断。

5. 起动机发出不正常声响的故障诊断

（1）**故障现象**　起动发动机时，起动机发出"哒哒"异常声响。

（2）**故障原因**

1）电磁开关保持线圈断路或搭铁不良。

2）蓄电池充电不足或内部短路。

3）起动继电器断开电压过高。

（3）**故障诊断**　查找具体故障原因时，应先检测蓄电池电压，接通起动机时，其电压值不应低于9.6V，否则说明蓄电池充电不足或内部短路。若蓄电池技术状况良好，但接通起动开关时仍有"哒哒"声，则说明电磁开关保持线圈断路或搭铁不良。对于设置起动继电器的汽车，还可能是由于起动继电器断开电压过高。有时蓄电池充电不足也会导致类似声响，但冲击声音略弱。

四、汽车起动机主要部件的故障诊断

在使用过程中，起动机常见故障部位如图2-7所示。

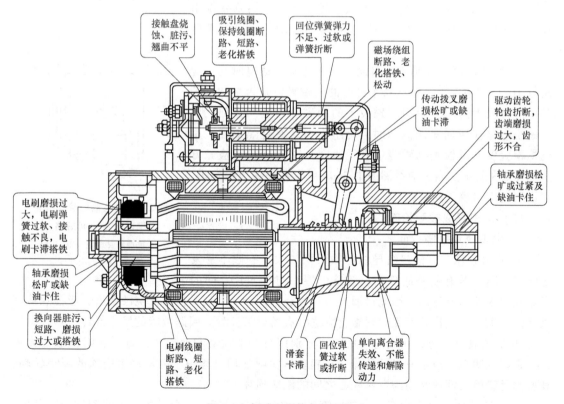

图2-7　起动机常见故障部位

1. 直流电动机的故障诊断

由以上故障现象的分析可知，在排除蓄电池技术状况不良、连接导线短路或断路、起动

开关和传动机构的故障后,主要涉及对直流电动机的故障诊断。

直流电动机的常见故障为电刷磨损,沾油及在电刷架中卡住,励磁绕组短路、断路,电枢绕组断路、短路,换向器表面拉毛等。

(1) **一般诊断** 直流电动机出现故障时,应首先检查电动机电刷和换向器的表面状态,消除电刷卡滞、表面沾油等故障。然后,用蓄电池带动起动机。

电动机完全不转时,一般为励磁电路断路;电动机运转但转动无力、转速低时,一般为励磁电路短路;若外电路接电火花很大,说明励磁绕组或电刷架有搭铁故障。

若电动机通电开始转动的一瞬间转动不均匀,应检查是否存在电枢绕组断线或换向器表面拉毛等故障;若空转正常,却不能带动发动机旋转,除应检查励磁绕组和电枢绕组的短路故障外,还应检查接地电刷搭铁是否良好;如果转子停在某一特定位置不能转动,而停在其他位置能够转动,则说明转子某一条单线圈存在断路故障。

(2) **励磁绕组故障诊断** 直流电动机线圈故障有断路、搭铁、匝间短路三种类型。

1)断路故障。将万用表的两只表笔分别接励磁绕组引线端头和正电刷,万用表测得的电阻值应接近于零,否则说明线圈断路。断路故障一般是励磁绕组与绕组或绕组与电刷引线连接部位焊点松脱或虚焊所致。

2)搭铁故障。将万用表的两只表笔分别接磁场引线端头和起动机壳体,万用表测得的电阻值应为无穷大。若万用表阻值接近于零,说明励磁绕组存在搭铁故障。励磁绕组的搭铁故障多因绝缘层击穿或被碰伤所致。

3)短路故障。在励磁绕组通过励磁电流(通电时间不应超过10s)的情况下,检查每个磁极的电磁吸力是否相同。若某一磁极吸力过小,说明该磁极上的励磁绕组匝间短路。当励磁绕组存在匝间短路故障时,绕组表面常有烧焦痕迹。用电枢检验仪可以检查励磁绕组有无匝间短路故障,其检验方法如图2-8所示。当感应线圈通电5min后,若励磁绕组发热,则说明绕组出现匝间短路。

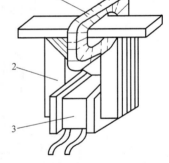

图2-8 用电枢检验仪检查励磁绕组匝间短路

1—被检励磁绕组 2—U形铁心 3—感应线圈

(3) **电枢总成故障诊断**

1)电枢绕组故障诊断。

① 断路故障。电枢绕组导线的截面积较大,一般不易发生断路故障。若有断路故障,一般是由端头与换向片之间的焊点脱焊或虚焊导致的,因此可通过外观检查来判断。发现某换向片烧蚀严重,应注意检查该换向片里端嵌线槽处有无焊料熔化痕迹,有熔化痕迹处为断路故障的发生部位。

② 搭铁故障。将万用表的两只表笔分别接触电枢铁心和换向片,万用表阻值应为无穷大,否则说明电枢绕组有搭铁故障。在起动机实际使用过程中,电枢绕组搭铁故障率较高,其原因是绕组之间或绕组与电枢铁心之间的绝缘损坏。

③ 短路故障。电枢绕组通过的电流较大将绝缘层烧坏时,会导致绕组匝间短路,此外,电刷磨损脱落的铜粉使换向片间的凹槽连通时,也会导致绕组短路。

检查电枢绕组短路故障需在电枢检验仪上进行。检查时,将电枢放在检验仪的V形架上,并在电枢铁心上部放一钢片,如图2-9所示。接通检验仪电源,同时缓慢转动电枢一周，若钢片出现跳动现象，说明电枢绕组有短路故障。因为电枢绕组的绕线均采用波形绕法，所以当换向器有一处短路时，钢片将在四个槽上出现跳动现象。

2）换向器的检测。直观检查换向器表面是否烧蚀、云母片有无凸出。换向器直径不小于标准值1.10mm，其径向圆跳动应小于0.05mm，检测方法如图2-10a所示。换向器铜片应高于云母片0.5～0.8mm（图2-10b），若换向器铜片间槽的深度小于0.2mm，则应修理。

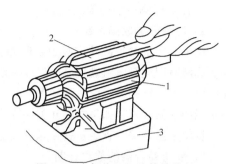

图2-9 电枢绕组短路故障诊断

1—被检电枢 2—钢片 3—电枢检验仪

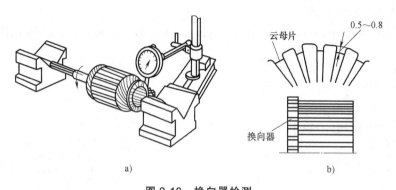

图2-10 换向器检测

a）径向圆跳动检测 b）换向器铜片检测

3）电枢轴弯曲的检测。电枢轴的径向圆跳动应不大于0.15mm，检测方法如图2-11所示。若电枢轴弯曲，则需进行冷校直。

（4）电刷与电刷架的检查 电刷的高度一般不应低于标准高度的2/3，接触面积不小于75%，电刷在电刷架内应无卡滞现象。用万用表电阻档检查绝缘电刷架绝缘性（图2-12），两绝缘电刷架与座盖间的电阻应为无穷大，而两接地电刷架与座盖间的电阻应为零。

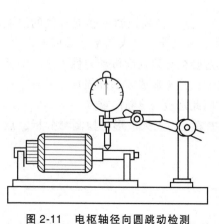

图2-11 电枢轴径向圆跳动检测

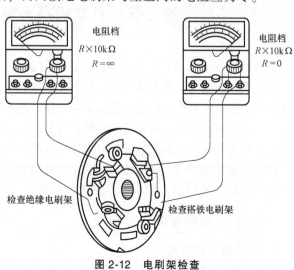

图2-12 电刷架检查

用弹簧秤测电刷弹簧的弹簧力,一般为 11.7~14.7N。

2. 电磁开关故障诊断

电磁开关的常见故障有吸引线圈和保持线圈断路、短路和搭铁,接触盘及触点表面烧蚀等。诊断时用绝缘电阻表检测电磁开关接线柱与电动机接线柱之间和电磁开关接线柱与搭铁之间的电阻,可以判断吸引线圈和保持线圈有无断路、搭铁故障(图2-13)。阻值无穷大时,说明有线圈断路故障;如果电磁开关接线柱与搭铁之间的电阻为0,则为电磁开关线圈有搭铁故障。拆解电磁开关,直观检查接触盘及触点表面烧蚀情况和回位弹簧是否失效等故障。

3. 单向离合器的故障诊断

单向离合器常见的故障是打滑、卡滞。诊断故障时按顺时针方向转动驱动齿轮,应能自由转动,而逆时针转动时则应锁止(图2-14)。如果顺时针转动时卡滞,而逆时针方向也能转动,则说明单向离合器损坏。

可以用扭力扳手检测单向离合器所能传递的最大转矩,若小于规定值,说明单向离合器打滑。

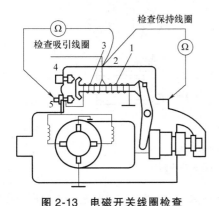

图 2-13　电磁开关线圈检查
1—保持线圈　2—电磁开关接线柱　3—吸引线圈
4—电源接线柱　5—电动机接线柱

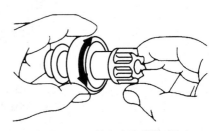

图 2-14　单向离合器检查

第二节　发动机点火系统检测与诊断

影响汽油发动机动力性、经济性和排放的最主要因素,除了精确控制可燃混合气的空燃比,提高空气质量流量和升功率外,另一个主要因素就是点火性能。点火能量不够或不点火,会导致发动机工作困难,严重时甚至不能工作。点火时间过晚会导致发动机动力性下降,油耗升高,发动机温度上升;点火时间过早,会导致发动机爆燃,甚至造成零部件损坏。另外,点火系统是汽油发动机各系统、机构中故障率较高的系统,因此是检测诊断的重点。

在不拆解的情况下,发动机点火系统的检测与诊断主要分为点火波形的检测与分析、点火正时的检测与诊断和点火系统常见故障分析。

一、点火波形检测与分析

1. 点火波形的形成

(1) **点火波形形成过程**　点火系统是利用点火线圈互感作用将低压电变为高压电,通过火花塞跳火点燃混合气做功的。

点火波形指点火电压随时间（转角）的变化关系，通过测试点火二次电压波形，可以有效地检测汽车的性能。利用点火波形可以检查短路或开路的高压线及由于积炭等引起的点火不良的火花塞。由于点火二次电压波形明显地受到各种不同发动机、燃油供给系统和点火条件的影响，因此它能够有效地检测出发动机机械部件和燃油供给系统部件及点火系统部件的故障。并且同一个波形的不同部分还能够指明在发动机所有气缸中的哪个部件或系统存在故障。

点火波形的形成过程是当一次电路晶体管接通时，一次绕组中有电流流过并随时间按指数规律增长，此时一次电压接近零；但随着一次电流的增长，一次绕组产生的磁场强度变强，一次绕组中产生自感电动势。为防止一次电流过大使点火线圈发热被破坏，通常在一次绕组中加有限流电阻。

一次电路接通时在二次电路产生互感电动势，但比较弱，波形上表现为向下的振荡波，电压为 1500~2000V。

一次电路触点（晶体管）的闭合时间越长，一次电流越大，产生的磁场越强。一次电路切断后，一次电流及磁场迅速消失，一次电压因自感而升高。由于磁场强度剧烈衰减，在二次绕组中感应出很高的感生电压，最大值可达 15000~20000V。实际上，二次电压在小于最大值时，就能将火花塞电极击穿，此时的电压称为击穿电压，通常为 4000~8000V。

电极被击穿后，一次电压和二次电压均迅速下降，在火花塞电极间形成火花放电并持续一段时间，在波形上表现为火花线，放电时间为 0.6~1.6ms。当储存在点火线圈中的能量消耗到不足以维持火花放电时，火花终了，二次电压略有上升后又剧烈下降。此后，点火线圈与电容器中的残余能量以阻尼振荡的形式耗尽，在二次电压波形上出现低频振荡波形。由于一次绕组和二次绕组的互感作用，上述高频振荡和低频振荡波形也出现在一次电压波形中。通过放电和阻尼振荡耗尽点火线圈能量后，在一次电路接通之前，一次电压稳定在蓄电池电压值，而二次电压降为零，直到一次电路接通后下一个点火循环开始。

二次侧点火波形如图 2-15 所示。

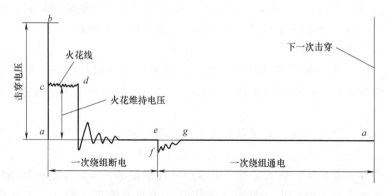

图 2-15 二次侧点火波形图

如上所述，发动机工作过程中，其点火系统低压部分、高压部分的电压变化过程是有规律的，点火系统有关元件的性能和技术状况的变化必然会反映在点火波形的变化中。因此，将实际测得的点火波形与标准的点火波形进行对比分析，可判断点火系统技术状况好坏及故障所在。

（2）点火波形各段含义　如图 2-15 所示，点火波形各段含义如下：

1）a 点：一次电路晶体管没导通，点火线圈一次电路突然断电，使二次电压急剧上升。

2）ab 段：火花塞的击穿电压，传统点火系统的击穿电压为 15000~20000V，电子点火系统可达 18000~30000kV，ab 段也称为发火线。

3）bc 段：当火花塞的间隙被击穿时，两电极间要出现火花放电，同时二次电压骤然下降，bc 段为此时的放电电压。

4）cd 段：火花塞电极间隙被击穿后，维持火花放电所需电压，一般为几千伏。这段波形通常也称为火花线。火花线应具有一定的高度和宽度，它反映了点火能量的大小，也是保证可靠点火的重要条件。

在火花塞间隙被击穿的同时，储存在二次电容 C_2（指分布电容，即点火线圈匝间、火花塞中心电极与侧电极间、高压导线与机体间等所具有的电容量总和）的能量迅速释放，故 abc 段被称为"电容放电"。其特点是放电时间极短（1μs），放电电流很大（可达几十安），所以 a、c 两点基本是在同一条垂直线上。而电容放电时，伴有迅速消失的高频振荡，频率为 10^6~10^7Hz。但电容放电只消耗磁场能量的一部分，其余磁场能量所维持的放电称为"电感放电"。其特点是放电电压低，放电电流小，持续时间长，但振荡频率仍较高，所以整个 $abcd$ 段波形称为高频振荡。

5）de 段：电火花消失，点火线圈中剩余的磁场能量在线路中维持一段衰减振荡，这段振荡也称为第一次振荡。振荡结束后，电压降到零。

6）ef 段：电子点火器输出导通使点火线圈一次电路突然闭合，一次电流开始增加，引起二次电压突然增大。值得注意的是，在 a 点，一次电流是急剧减小的，而在 e 点，电流是逐渐增加的，所以这两点感应的二次电压方向相反，而且大小也不相同。

7）fa 段：晶体管导通，因一次电流接通而引起回路电压出现衰减振荡，称为第二次振荡，并逐渐变化到零。当到 a 点时，晶体管截止，二次电路又产生点火电压。

整个波形中，a 点到 e 点对应一次电流不导通、二次绕组放电阶段，对于传统点火系统为断电器触点张开阶段；e 点到 a 点对应一次电流导通、绕组储能阶段，也是传统点火系统触点闭合时间段。触点打开和闭合段等于一个完整的点火循环。

2. 发动机点火波形分析

1）观察 efa 段，即点火线圈在开始充电时，波形的下降沿是否与标准波形一致。如果一致，表明闭合角正常，点火时刻准确；如果不一致，表明闭合角出现问题，即电容器、点火线圈出现故障。

2）观察 ab 段，即发火线，主要看发火线的高度是否符合该车技术参数，发火线的中后段是否有杂波。一般汽车在怠速时，二次电压为 10000~15000kV。如果点火电压过高，表明在二次电路中存着高电阻，如火花塞、高压线开路或损坏，火花塞电极间隙过大。如果点火电压过低，表明二次电路的电阻低于正常值，如火花塞脏污或损坏，火花塞、高压线漏电等。

3）观察 cd 段，即火花线是否近似水平，火花线的起点是否和火花放电电压一致和稳定，以及火花线是否有杂波。如果火花线近似水平，火花线的起点和火花放电电压一致且稳定，表明各缸的空燃比一致，火花塞是正常的。如果火花线的起点比正常火花放电电压低一些,说明混合气过稀;如果火花塞脏污或积炭,火花线的起点会上下跳动且火花线明显倾斜;如果火花线有过多的杂波,表明气缸点火不良,其原因是点火过早、喷油器损坏、火花塞脏污等。

4)观察 cd 段的宽度,即看火花线的火花放电持续时间是否符合该车的技术参数。火花放电持续时间长短表明气缸内混合气的浓度,火花放电持续时间过长(通常超过2ms),表明混合气过浓;相反,火花放电持续时间过短(通常少于0.75ms),表明混合气过稀。

5)观察 de 段的低频振荡,点火线圈振荡波最少为2个,最好多于3个,这表明点火线圈和电容器工作正常。

3. 点火波形的检测

(1) 点火波形检测方法 点火波形的检测是汽车不解体检测的一个重要项目,通常由汽车专用示波器检测,其检测方法如图2-16所示。

1)检测时,起动发动机,将示波器探针分别连接点火线圈的"一"接柱和接地,可测得一次电压波形。

2)将示波器的一个探针接地,另一根外接线用感应夹连接高压线,可测得二次电压波形。

3)通过按键或输入操作码可分别测得发动机的重叠波、并列波、平列波和单缸选择波。

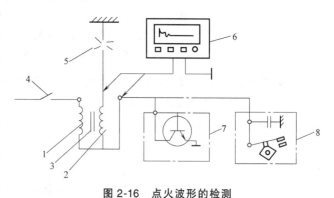

图2-16 点火波形的检测
1——次绕组 2—二次绕组 3—铁心 4—点火开关
5—火花塞 6—示波器 7—晶体管点火器 8—分电器

(2) 点火波形的类型 将不同气缸点火二次电压波形按照一定的排列方式显示在屏幕上,通过观察、比较和分析,了解发动机点火系统的技术状况,帮助检查人员发现并判断其故障所在。点火示波器采集到发动机点火信号后,可以平列波、并列波、重叠波、单缸选择波等形式显示。

1)平列波。按点火顺序从左至右首尾相接排列,优点是易于比较各缸发火线的高度,如图2-17所示。

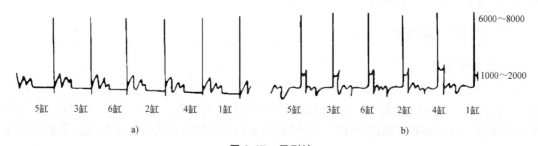

图2-17 平列波
a)标准一次平列波 b)标准二次平列波

2)并列波。按点火顺序从下至上分别排列,可以比较火花线长度和一次电路闭合区间的长度,如图2-18所示。

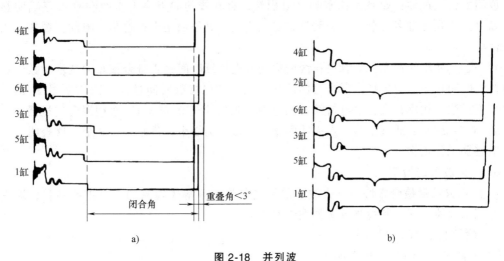

图 2-18 并列波
a) 标准一次并列波 b) 标准二次并列波

3) 重叠波。将各缸波形之首对齐重叠在一起排列，用于比较各缸点火周期、闭合区间及断开区间的差异，如图 2-19 所示。

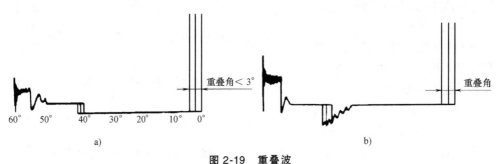

图 2-19 重叠波
a) 标准一次重叠波 b) 标准二次重叠波

4) 单缸选择波。按点火顺序逐个选出任一缸的波形进行显示，可以将横坐标拉长，以看清点火波形各阶段的变化，也可看清火花线的长度和高度。采用单缸选择波便于对火花线和低频振荡阶段进行观察和分析。

二、典型故障波形

1. 发火线故障

（1）点火电压过高 发动机点火系统各缸的点火击穿电压应符合规定。国产货车的击穿电压值一般为 6000~10000V；进口或国产轿车的击穿电压值一般为 10000~12000V；各缸击穿电压应一致，相差不超过 2000V。当转速稳定后，选择显示出各缸平列波，若点火电压高于标准值，说明高压电路有高电阻。

1) 各缸点火电压均过高。若各缸击穿电压均高于标准值，说明高电阻发生在点火线圈插孔及分火头之间，如高压断线、接触不良、分火头脏污等。

2) 个别缸点火电压过高。若只是某个缸击穿电压过高，说明该缸火花塞间隙过大，高压线接触不良或分火头与该缸高压线接触不良。

（2）**点火电压过低** 点火电压过低一般是由电路中某处漏电或短路引起的。

1）各缸点火电压均过低。若各缸点火电压均低于标准值，则可能是混合气过浓、各缸火花塞间隙过小、火花塞电极油污、蓄电池电压不足或电容器容量不足等原因造成的。

2）个别缸点火电压过低。若只是某一缸点火电压过低（图2-20），则可能是由火花塞电极脏污、间隙太小、火花塞绝缘性能差或高压短路等原因引起。

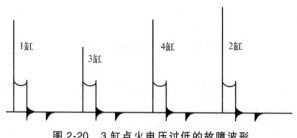

图2-20 3缸点火电压过低的故障波形

如果二次并列波击穿电压不足5000V，则说明二次绕组漏电。

（3）**多余波形** 发火线下端出现多余波形，一般反映了晶体管故障。如果二次并列波在一次电路断开处出现小平台（图2-21），则说明电容器漏电。

（4）**单缸开路电压** 当显示出各缸平列波时，拔下除1缸以外任一缸的高压线，使高压线端与搭铁部位的间隙逐渐增大，此时的点火电压值称为单缸开路高压值。从波形上看，该缸发火线应明显上升（图2-22），其电压值应是点火线圈的最高输出电压。对电子点火系统

图2-21 多余杂波的故障波形

而言，此电压值应高于30000V。否则，说明高压线、分电器盖绝缘不良或点火线圈、电容器技术状况不良。

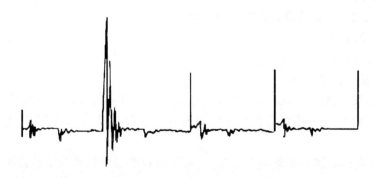

图2-22 单缸开路电压波形

（5）**单缸短路电压** 若使拔下的高压线搭铁，发火线应明显缩短，其值应低于5000V（图2-23），否则，说明分火头或分电器盖插孔电极间隙大，或分缸高压线与插孔接触不良。

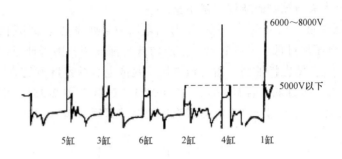

图 2-23 单缸短路电压波形

（6）转速升高电压 当屏幕上显示二次点火平列波时，如果使发动机转速突然增高，所有缸的发火线相应均匀升高，说明各缸火花塞工作正常，火花塞加速性能良好。若一个缸或几个缸的发火线不能升高，说明火花塞有积炭或电极间隙过小。若某缸高压峰值上升很高，则说明该缸火花塞电极间隙偏大或电极烧蚀。例如，当发动机转速稳定在 800r/min 左右时，突然开大节气门使发动机加速运转，此时各缸点火电压增高量不应超过 3000V，否则应更换火花塞。

2. 火花线分析

对大多数汽车发动机来说，火花持续时间在发动机转速为 1000r/min 时约为 1.5ms。火花持续时间小于 0.8ms 时就不能保证混合气完全燃烧，同时排气污染增大，动力性下降。若火花持续时间超过 2ms，火花塞电极寿命会明显缩短。通过选择并列波，可以对比各缸火花线长短及火花电压的高低，从而判断有故障的气缸。

（1）火花线过短 火花线过短的原因一般如下：
1）火花塞间隙过大。
2）分火头和分电器盖电极烧蚀或二者间隙过大。
3）高压线电阻过高。
4）混合气过稀。

（2）火花线过长 火花线过长的原因一般如下：
1）火花塞脏污。
2）火花塞间隙过小。
3）高压线或火花塞短路。

（3）火花线陡或波动 如果在火花放电过程中，火花的持续阶段较为陡峭（图2-24），说明二次电路电阻过大，可能是由二次电路开路、接触不良或火花塞间隙过大等原因造成的。

如果火花线电压有波动现象（图2-25），说明电控燃油喷射系统喷油器不喷油，引起可燃混合气浓度波动。这一故障现象可能出现在每一缸波形上，也可能出现在某一缸波形上。

（4）火花电压过低
1）如果火花电压过低，且呈现图2-26所示的情况时，可能是混合气过浓或火花塞漏电造成的。当可燃混合气过浓时，虽然点火初期的离子电离程度小，击穿电压高，但在火花持续阶段离子电离程度提高，火花电压有所降低。当火花塞漏电时，火花电压也降低。

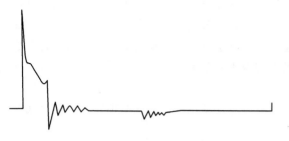

图 2-24 火花线陡的故障波形

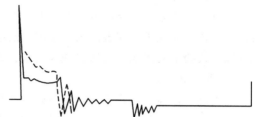

图 2-25 火花线波动的故障波形

2) 如果火花电压过低，且呈现图 2-27 所示的情况时，可能是可燃混合气过稀或气缸压力低造成的。这是由于可燃混合气过稀或气缸压力过低，都会引起可燃混合气密度降低，易产生碰撞电离现象，无需过高电压就可以将火花塞间隙击穿，故火花电压有下降现象。

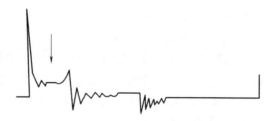

图 2-26 火花电压过低波形（一）

3) 如果火花电压过低，且呈现图 2-28 所示的情况时，可能是火花塞中有积炭或间隙太小造成的。由于积炭是具有电阻的导体，消耗了一部分电能，引起火花电压降低。火花塞间隙太小，也会引起点火电压降低。

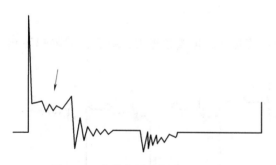

图 2-27 火花电压过低波形（二）

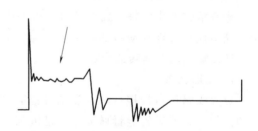

图 2-28 火花电压过低波形（三）

3. 低频振荡区分析

发动机点火系统技术状况良好时，其低频振荡区应有 5 个以上可见脉冲；高功率线圈所产生的脉冲将多于 8 个。振荡脉冲数少且振幅也小的原因如下：

1) 点火线圈短路。
2) 电容器漏电。
3) 点火线圈一次电路插头或线路连接不良，阻值过大。

若振荡脉冲数过多，则表明电容器容量过大。

对于无电容器的点火系统，低频振荡区异常时，仅表示点火线圈技术状况不正常。

4. 闭合区分析

对于电子点火系统而言，闭合区的波形虽然与传统点火系统相似，但反向电压和击穿电压是由晶体管导通和切断一次电流产生的。因此这两处波形异常是由晶体管技术状况不良造成的。电子点火系统闭合区波形的长度、形状与传统点火系统不同，主要表现在：闭合区在高发动机转速时拉长，闭合段内有波纹或凸起；有的电子点火系统在闭合区结束前，先产生一条锯齿状的上升斜线，而后出现发火线，以上均属于正常情况。

5. 闭合角检测

点火控制器控制一次绕组导通的时间换算成在对应发动机转速下的曲轴转角，称为闭合角。闭合角控制也称点火线圈通电时间控制。

利用初级并列波可方便地观测各缸的闭合角，闭合角的大小应在以下范围内：

1）3缸发动机：60°～66°。
2）4缸发动机：50°～54°。
3）6缸发动机：38°～42°。
4）8缸发动机：29°～32°。

当发动机转速高时，适当增大闭合角。在蓄电池电压高时，减小通电时间，以限制点火线圈形成过大的一次电流，避免点火线圈因温度过高而损坏。在蓄电池电压低时，则适当增加点火线圈一次电路通电时间，以保证能形成足够大的一次电流。

6. 重叠角检测

各缸点火波形首端对齐，最长波形与最短波形长度之差所占的凸轮轴转角称为重叠角。重叠角不应大于点火间隔的5%，即：

1）4缸发动机重叠角≤4.5°。
2）6缸发动机重叠角≤3°。
3）8缸发动机重叠角≤2.25°。

重叠角的大小反映多缸发动机点火间隔的一致程度，重叠角越大，则点火间隔越不均匀。这不仅会影响发动机的动力性、经济性，还影响发动机运转的稳定性。

7. 波形倒置

点火线圈正负极接反时，发动机也能起动，但点火消耗的能量增大。这是因为火花塞工作时，中心电极的温度较旁电极高，电子从中心电极向旁电极运动较容易，反之较难。点火线圈正负极接线正确时发火线向上，极性接反时发火线向下，如图2-29所示。

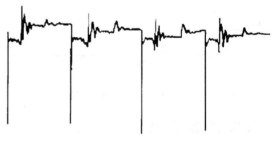

图2-29 波形倒置

三、发动机点火正时的检测

点火正时指正确的点火时间，一般用点火提前角（曲轴转角）表示。从点火开始到活塞到达上止点，曲轴转过的角度称为点火提前角。调整正确的点火时刻称为"点火正时"。点火正时对发动机的性能影响很大，最佳的点火提前角并非定值，是随发动机转速、负荷及汽油辛烷值等因素的改变而变化的。在计算机控制的电子点火系统中，各种传感器将关于发动机工作情况的信息传输给电控单元（ECU），ECU计算出正确的点火时间，以控制晶体管的导通或截止，控制点火线圈一次电流的接通与切断，实现对点火时刻的调节。计算机控制点火时刻，除了根据发动机转速和负荷外，还与温度、海拔、爆燃倾向等因素有关。

点火提前角的检测方法有经验法、频闪法和缸压法。

1. 经验法

起动发动机并运转到正常工作状态，进行无负荷加速试验。猛踩加速踏板时，若发动机加速不良并有爆燃声，则为点火过早；若发动机加速不良且声音发闷，甚至排气管有"突突"声，则为点火过迟。无负荷加速试验的准确度较低，若要准确检查，应在底盘测功机上加一定负荷进行试验或进行道路试验。

进行道路试验时，应选择坚硬的平坦路面，将全车运转至正常热状态后，高档位低速行驶，然后突然急加速，若发动机有轻微的爆燃声并且随车速的提高逐渐消失，则点火时间正常；若爆燃声很大，且在高速下长时间不消失，则为点火时间过早；若无爆燃声但加速困难，甚至排气管有"突突"声，则为点火时间过晚。

2. 频闪法

（1）**检测仪器** 频闪法点火正时仪主要由闪光灯、点火脉冲传感器、整形装置、延时触发装置和显示装置等构成，如图2-30a所示。其基本工作原理建立在频闪原理的基础上，即如果在精确的确定时刻，相对转动零件的转角，照射一束短暂（约$\frac{1}{5000}$s）的频率与旋转零件转动频率相同的光脉冲，由于人们视觉的生理惯性，似乎觉得零件是不动的，如图2-30b所示。

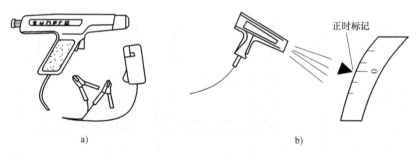

图2-30 正时仪及点火正时检测示意图
a）正时仪 b）检测示意图

用频闪法制成的点火正时仪，既可以制成有单一功能的便携式，又可以与具有其他功能的仪器构成多功能综合式。其指示装置既可以是指针式，也可以是数字式，有的还带有打印功能。指示装置具有测速并显示瞬时转速的功能时，可在规定转速下测得发动机的点火提前角。

（2）**点火正时仪的检测原理** 在发动机飞轮或曲轴带轮上，一般都刻有正时标记，在与之相邻的壳体上也刻有标记。曲轴旋转至活动标记与固定标记对齐时，1缸活塞刚好到达上止点。如果用1缸的点火信号触发闪光灯，并使之发出短暂的光脉冲，当用闪光灯照射刻有活动标记的飞轮或曲轴带轮时，若发动机转速稳定，则活动标记与闪光灯在光学上是相对静止的，活动标记似乎不动。当闪光灯在1缸点火信号发生的同时闪光时，1缸活塞尚未到达上止点，活动标记与固定标记未对齐，此时两标记之间所对应的发动机曲轴转角即为点火提前角，如图 2-31 所示。

为了测出点火提前角的大小，点火正时仪具有延时触发电路，并可用电位计来改变延时常数，使闪光滞后于 1 缸点火一定的时间发生。此时，当闪光照射在活动标记上时，发现随着延时常数增大，活动标记距离固定标记越来越近。当两标记对齐时，延时常数所对应的发动机曲轴转角即为点火提前角。

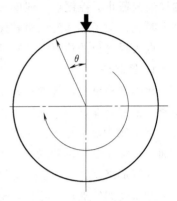

图 2-31 飞轮及壳上的标记和点火提前角

测试时，将点火脉冲传感器串接或外卡在 1 缸高压线上，传感器输出的 1 缸点火信号电脉冲经过整形后，进入延时装置。延时装置是一个单稳态延时可调的电路。如果此时延时电路处于非延时状态，即延时常数为零，则延时电路即刻输出一极窄的矩形脉冲，直接使闪光灯触发装置工作，闪光灯闪光。此时，1 缸点火脉冲、延时电路脉冲和闪光灯触发信号处于同一时刻（图 2-32a）。若在闪光灯下，活动标记与固定标记重合，说明提前角为零；若点火提前角不为零，则活动标记位于固定标记之前某个曲轴转角。设点火提前角为 θ，则

$$\theta = 6nt$$

式中　θ——点火提前角（°）；
　　　n——发动机转速（r/min）；
　　　t——转过 θ 角的时间（s）。

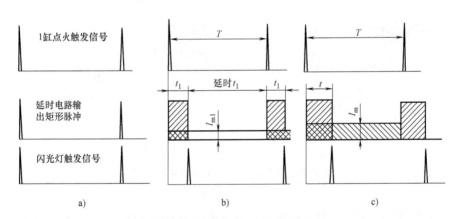

图 2-32 点火、延时、闪光信号示意图

1 缸点火信号脉冲频率 f（Hz）与发动机转速 n（r/min）之间的关系为

$$n = 120f$$

从而

$$\theta = 720ft$$

稳定转速下，f 为常数，故只需测出转过 θ 角的时间 t，即可得到点火提前角。

改变延时电路电位计电阻值 R 至 R_1，以改变延时电路的时间常数。此时延时电路输出一个矩形脉冲，脉冲宽度对应时间 t_1，该矩形脉冲的后沿微分产生触发闪光灯工作的脉冲，所以此时闪光灯发光延迟了时间 t_1（图 2-32b）。在闪光灯下，活动标记向固定标记靠拢，

转过的角度为 $\theta_1 = 6nt_1$。代表延时电路矩形脉冲宽度的平均工作电流为 I_{m1}，t_1 与 I_{m1} 成正比。因此，θ 也与 I_{m1} 成正比。继续改变电位计电阻值，直到活动标记与固定标记重合。此时闪光灯延时时间 t 与提前角 θ 成正比，也与矩形脉冲的平均工作电流 I_m 成正比，如图 2-32c 所示。因此，在稳定转速下，电流 I_m 的大小可表示点火提前角，经标定后，可在显示屏上或表针上直接显示出用曲轴转角表示的点火提前角的值。延时电路输出的电流值为

$$I_m = K\frac{t}{T} = Kft = K'\theta \tag{2-1}$$

式中　K——结构常数；

　　　T——1 缸点火周期；

　　　K'——换算系数，$K' = \dfrac{Kf}{6n}$。

式（2-1）说明，点火提前角 θ 的大小只取决于延时电路输出的电流值 I_m，而与转速无关。这是由于转速增加，转过 θ 角所需的时间 t 和 1 缸点火周期均相应缩短，比值不变。

（3）点火正时的检测方法

1）准备工作。

① 仪器准备。将正时仪的两个电源夹接到蓄电池的正、负极上，再将点火脉冲传感器串接在 1 缸火花塞与高压线间或外卡在 1 缸高压线上。将正时仪的电位计调到初始位置，打开开关，正时仪应闪光，指示装置应指示零位。

② 发动机准备。擦拭飞轮或曲轴带轮上的正时标记使之清晰可见，发动机运转至正常工作温度。

2）检测步骤。

① 使发动机怠速稳定运转，打开正时仪并使之对准正时标记。

② 调整电位计旋钮，使活动标记与固定标记对齐，此时所显示的读数即为怠速工况下的点火提前角。

③ 用同样的方法可测出不同工况下的点火提前角。

发动机怠速运转时，离心式点火提前装置和真空式点火提前装置未起作用或起作用很小，此时测得的点火提前角为初始点火提前角。若测出的各工况下的点火提前角符合规定，说明初始点火提前角调整正确，同时说明离心式点火提前装置和真空式点火提前装置工作正常。也可对各种工况下的离心点火提前角和真空点火提前角进行测试。拆下分电器真空提前装置的真空软管，用在真空提前装置不起作用时各种转速下的点火提前角减去初始点火提前角，即可得到在各种转速下的离心点火提前角。在连接真空提前装置真空软管的情况下，用在同样转速下测得的点火提前角减去离心点火提前角和初始点火提前角，又可得到真空点火提前角。

④ 如果需要检测并调试汽车在实际运行中的点火提前角，则应在采用汽车底盘测功机模拟汽车的实际运行工况的条件下进行检测。

⑤ 检测完毕，关闭正时仪，退回电位计，取下外卡式传感器和两个电源夹。

检测电控燃油喷射发动机的点火提前角时，一般应先将发动机舱盖下的点火正时检测接线柱搭铁，使计算机控制点火提前不起作用，首先检测基本提前角，检测完毕后再将搭铁线拆除。

电控燃油喷射发动机的点火提前角一般是不可调的，检测的目的是判断发动机电子控制系统是否存在故障，便于确定是微处理器损坏还是传感器失效。

3. 缸压法

（1）**检测原理** 发动机运转过程中，当某缸活塞到达压缩行程上止点时，气缸内压力最高，用缸压传感器检测出这一时刻，同时用点火传感器检测出同一缸的点火时刻，二者所对应的曲轴转角即为点火提前角。

用缸压法制成的点火正时仪，由缸压传感器、点火传感器、处理装置和指示装置等构成，检测原理如图2-33所示。

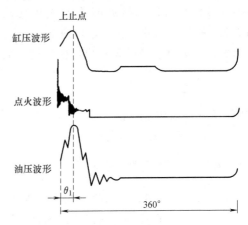

图2-33 缸压法检测缸压、点火、供油提前角原理图

（2）**检测方法** 用缸压法检测发动机点火提前角的步骤如下：

1）运转发动机使其达到正常工作温度后停机。

2）拆下某缸的火花塞，将缸压传感器装在火花塞孔内。

3）将拆下的火花塞固定在机体上使之搭铁，并将点火传感器接在火花塞上，连接该缸的高压线。此时，该缸火花塞可缸外点火。

4）起动发动机并运转，由于被测缸不工作，因而缸压传感器输出的缸压信号反映气缸压力大小，其最大值产生在活塞压缩终了上止点，连接在该缸火花塞上的点火传感器输出点火脉冲信号或点火电压波形信号。从检测仪指示装置上获得该缸从出现点火信号到最高缸压所对应的曲轴转角，即点火提前角。

5）按仪器使用说明书的要求操作，可从指示装置上测得怠速、规定转速或任一转速下的点火提前角。对具有打印功能的正时仪，在按下打印键后，还可打印出检测结果。

缸压法与频闪法相同，可测得初始点火提前角和不同工况下的总提前角、离心提前角、真空提前角及计算机控制电子点火系统的基本点火提前角。

检测点火正时时，一般仅需实测一个缸的点火提前角，其他各缸的点火提前角是否符合要求，则取决于点火间隔。点火间隔可从示波器屏幕上显示的重叠波和并列波上得到，然后根据被测缸的点火正时和各缸的点火间隔，推算出其他各缸的点火提前角。当测得的点火提前角与被测缸的点火提前角相等时，此时被测缸的点火提前角可以认为是被测发动机的点火提前角。

四、电子控制点火系统故障诊断

1. 故障诊断注意事项、方法和步骤

（1）**电子控制点火系统故障诊断的注意事项**

1）在发动机运转或接通点火开关的情况下，不要拆掉蓄电池的连线，发动机正常运转时，也不允许不接蓄电池。只有在切断点火开关的条件下才可拆下蓄电池的连线。另外，在拆下蓄电池的连线或拔下计算机插头之前，应先调出故障码，否则在拆下蓄电池的连线后，计算机中存储的故障码将会消失，这将增大故障诊断的难度。

2）点火开关接通时，不可断开任何电控系统设备和连接导线、插拔集成电路芯片。在跨接起动其他车辆或用其他车辆跨接本车时，必须先断开点火开关，然后拆装跨接线。

3）对电子控制点火系统进行故障诊断时，应使用高阻抗的检测仪表。

4)尽量不用试灯法去测试与电控单元相连的任何电器元件,以免因过流而损坏微处理器和有关传感器,禁止用搭铁试火或拆线试火的方法对电路进行检查。

5)检测电控单元或更换芯片时,操作人员要将身体接地,以防止人体静电对微处理器产生损伤。

6)在电控发动机上进行电弧焊接时,应切断控制系统的电源。

(2)电子控制点火系统故障诊断方法

1)直观诊断。电子控制点火系统发生故障时,应先对与故障现象相关的部位、部件及连接导线进行外观检查。查找各个插接器是否有污损、插接不到位而引起的接触不良;检查电线是否断路,或是否因磨损而引起线间或与搭铁短路;检查各个传感器和执行器是否有零件松动、丢失、变形、卡住、磨损超过极限等机械故障;发动机工作时是否有异响,点火器、点火线圈温度是否正常;询问用户故障发生过程及现象等。由于电子控制点火系统结构原理复杂,工作可靠性也较高,除因电子元器件本身损坏导致故障外,大多数故障是由线路短路、断路、插接器接触不良造成的,而与电控系统无关,直观诊断法可以比较容易地发现这些故障,结合经验诊断方法,可以达到较好的诊断效果,是一种简单且基本的故障诊断方法。

2)自诊断。电子控制点火系统一般都有自诊断功能,因此当电子控制点火系统出现故障时,应首先利用汽车的自诊断功能调取存储在电控单元内的故障码,根据故障码及其含义,可快速对电控系统自身故障的范围作出初步判断并进一步排除故障,因此自诊断是电子控制点火系统电控部分的主要故障诊断方法。但这种方法不能诊断电控系统范围以外的发动机故障,如点火线圈、高压配电器等高压电路元器件及高压电路的故障。自诊断所能诊断的部位和故障码的具体含义可查阅汽车生产厂提供的说明书或维修手册,故障码可通过车上的诊断接口利用专用的解码器或人工调码的方法读取。

3)仪器诊断。仪器诊断是利用通用仪器仪表(如万用表、示波器等)或专用诊断仪器设备(如发动机综合分析仪、解码器、点火分析仪、正时仪等)对电子控制点火系统故障进行检测、分析和诊断。仪器诊断可对故障元器件性能参数、各主要测试点信号及整个点火系统进行检测,也可对特性曲线及波形进行定性、定量分析,从而对故障部位做出快速准确的判断,可以大大提高对点火系统故障的诊断效率。但现代化的诊断仪器设备价格相对较高,同时要求操作人员对系统的结构和电路原理、控制电路特点必须要有一定的了解。

(3)电子控制点火系统故障诊断步骤

1)首先确定故障位于电子控制部分还是高压电路部分。从分电器盖上拔下中央高压线,并使其端部距离气缸体5~7mm,然后起动发动机,如果线端有强烈的高压火花出现,说明故障在高压电路部分,可进一步检查分电器至各气缸的配电装置及火花塞等有无故障。如无火花或火花很弱,则说明包括点火线圈、点火器在内的电子控制系统有故障。

2)点火线圈不能产生二次高压时,应在电子点火器的点火信号输入端检查ECU提供的点火脉冲信号(IG_1信号)是否正常。即用示波器或万用表检查发动机起动旋转时是否有5~10V的点火触发信号。如果信号正常,则为电子点火器或点火线圈及其电路出现故障,而点火控制系统基本正常。

3)如果点火脉冲信号不正常,则点火控制系统有故障。应首先检查ECU及有关传感器的工作电压是否符合要求,搭铁线是否断路或接触不良;再检查曲轴基准位置传感器(点火基准传感器)和曲轴转角与转速传感器及其有关电路是否正常,安装位置是否合适,连接导线和插接件有无不良,是否能够产生足够的信号电压。如果 ECU 及有关传感器工作电压符合要求,曲轴基准位置传感器和曲轴转角与转速传感器及其有关电路也正常,并能够产生足够的信号电压,则可初步认为 ECU 中的微处理器出现故障,可更换同型号微处理器确认。

4)若确认是点火控制系统故障,即点火控制系统及其有关传感器和电路发生故障,一般自诊断系统的故障警告灯将会点亮,这时应充分发挥自诊断系统的功能以便进一步缩小故障范围。若自诊断系统的故障警告灯没有点亮,则应该从其他方面查找故障原因。

发动机电子控制点火系统故障诊断流程如图 2-34 所示。

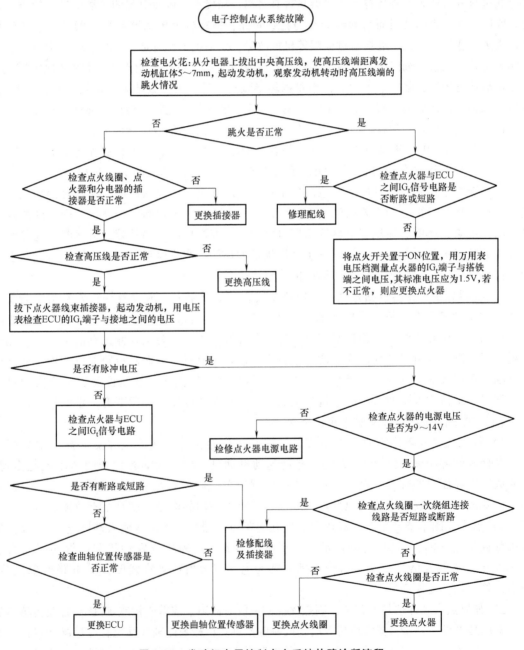

图 2-34　发动机电子控制点火系统故障诊断流程

2. 电子控制点火系统主要部件故障诊断

(1) 传感器故障诊断 发动机工作时，ECU 根据曲轴转角与转速传感器、曲轴基准位置传感器、节气门位置传感器、进气歧管绝对压力传感器输出的电压信号，确定发动机转速和负荷，通过查找和计算确定发动机的基本点火提前角。同时根据发动机空气流量传感器、进气温度传感器、冷却液温度传感器、爆燃传感器输出的信号及其他开关信号，对发动机的点火提前角进行修正。因此，各种传感器技术状况的好坏决定着输出信号能否反映发动机的工作状况和工作条件，对于发动机的点火控制过程有重要的影响。由于传感器输出信号是发动机精确控制点火过程的依据和基础，所以传感器故障诊断是发动机电子控制点火系统故障诊断的基础和重要内容。

在现代发动机集中控制系统中，电子控制点火系统仅是电子控制系统的子系统。上述各传感器大多与电控燃油喷射系统等电子控制系统共用。传感器故障诊断的方法主要有故障码检查、外观检查、电阻检测、电压检测及输出信号波形检测等，详见第三章。

(2) 电子点火器故障诊断

1) 主要故障原因。一些汽车电子控制点火系统具有单独的电子点火器（或称点火控制模块），电子点火器不能正常工作的原因有两方面：

① 线路连接故障。插接器松动、锈蚀，电源电路、搭铁电路短路或断路，使点火控制模块电源异常、输入信号异常或输出信号异常，从而导致点火控制模块不能正常工作，并使电子控制点火系统工作异常或不工作。

② 点火控制模块内部故障。点火控制模块内部电路异常或元器件烧坏等而使电路不能正常工作，从而导致电子点火电路不工作或工作异常。

2) 故障诊断。由于功能较多的点火控制模块的输入、输出端子较多，故障诊断比无触点电子控制点火系统中使用的电子点火器复杂，可采用如下的检查方法来判断点火控制模块是否有故障。

① 端子电压检测法。首先直观检查插接器有无松动、插接器各端子有无锈蚀和弯曲等。如果直观检查正常，则接通点火开关，测量相关端子的直流电压，并与标准值比较。如果电压有异常，则说明连接电路或电子点火器有故障。例如，测量电源端子电压异常，则需检修电源端子所连接的线路；测量搭铁端子电压不为 0，则需检修搭铁线路；输出端子电压异常（向传感器提供电源端子），则说明电子点火器内有故障。

② 端子电阻检测法。拔下电子点火器插接器，用绝缘电阻表检测插头相关端子的电阻，并与标准值比较。如果电阻异常，说明线路或点火控制模块有故障。例如，检测搭铁端子与搭铁的电阻不为 0，就需修理搭铁线路。

③ 波形检测法。用示波器检测点火控制模块各输入控制信号的电压波形和输出电压波形。如果输入电压波形正常而输出电压波形不正常，则应更换点火控制模块。

④ 替换法。用技术状况良好的点火控制模块替代被检测控制模块，如果能正常工作，则说明原点火控制模块有故障，应予以更换。

(3) 电子控制器故障诊断

1) 主要故障原因。电子控制点火系统的许多故障与点火电子控制器（ECU）有关，ECU 不能正常工作的原因主要有以下两方面：

① 连接线路异常。ECU 电源线路、搭铁线路接触不良或短路；传感器信号输入线路断

路或短路；传感器信号输入端子或执行器控制信号输出端子所连接的部件异常，导致ECU不能正常工作。

② 控制器内部故障。控制器内部可能出现故障如下：

a）ECU稳压电源电路短路或断路、元器件烧坏等而使ECU电源异常，导致ECU不能正常工作。

b）ECU内部各传感器电源电路短路或断路、元器件烧坏等使相关传感器不能产生信号或信号异常。

c）ECU中的中央处理器（CPU）、存储器、接口电路等芯片或电路烧坏，使控制系统不能工作或工作不良。

d）执行器的驱动电路断路、短路或元器件烧坏使执行器不能正常工作。

2）故障诊断方法。当故障码指示出是ECU故障，或通过故障分析和相关的检测步骤，最后怀疑ECU有故障时，一般通过如下方法予以确认：

① ECU各端子电压检测。用万用测量ECU各电源端子的电压（一些ECU电源端子需在点火开关接通时测量），所测值应等于蓄电池电压，如果电压过低，则应检查电源电路。某些传感器电源由ECU内部的电源稳压电路提供，电压一般为5V左右。用万用表测量ECU的传感器电源端子电压，若电压异常，则说明ECU内部电路有故障。

② 排除法。通过对ECU插接器各端子电压和（或）电阻进行测量及对有关部件进行检测，排除了所有被测线路和部件的故障可能性后，如果故障现象仍存在，则需更换ECU。

③ 替代法。用性能良好的ECU替代被测ECU，若故障现象消失，则说明原ECU损坏，需予以更换。

（4）**点火线圈故障诊断** 电子控制点火系统点火线圈的常见故障主要有一次绕组或二次绕组断路、短路或搭铁，绝缘盖破裂漏电，附加电阻烧断等。故障诊断步骤如下：

1）外观检查。检查点火线圈的外表，若绝缘盖破裂或外壳破裂，因容易受潮而失去点火能力，应更换。

2）线圈电阻检查。电子控制点火系统的点火线圈一次绕组的电阻比较小，部分汽车使用干式点火线圈。

检查一次绕组的电阻时，将万用表两只表笔分别接"+"和"-"，所测值应满足规定。若电阻无穷大，说明一次绕组断路。

检查二次绕组的电阻时，将万用表一只表笔接点火线圈的高压插孔，另一只表笔接"+"和"-"中任意一个端子，所测值应满足规定。若阻值无穷大，说明二次绕组断路；若阻值过小，说明二次绕组短路。断路或短路时都应更换点火线圈。

用万用表测量点火线圈任一接线柱与外壳间的电阻，其阻值不应小于$50M\Omega$，否则说明线圈绝缘不良。

3）发火强度试验。点火线圈的发火强度可在汽车电气万能试验台上的三针放电器上进行试验。

（5）**火花塞故障诊断** 火花塞工作在高温、高压的环境中，且有汽油、机油及混合气燃烧产物的侵蚀，因而故障率相对较高。常见故障有火花塞烧损、火花塞有沉积物、火花塞间隙过大或过小。诊断方法如下：

1）直观检查。查看火花塞的电极和绝缘体外观，正常工作的火花塞绝缘体裙部呈浅棕色或灰白色。

2）检查、调整火花塞电极间隙。用规定厚度的塞尺插入火花塞电极间，稍有阻力即为适当。火花塞间隙应符合规定。由于电子控制点火系统的二次电压高且较为稳定，因此为提高有效点火能量，火花塞间隙比传统点火系统的大。

（6）**高压导线故障诊断**　电子控制点火系统由于高压回路的工作电压较高，相比于传统的点火系统，其高压导线比较容易损坏。常见的故障有导线绝缘层破损漏电、阻尼电阻有故障或断路等。

1）直观检查。直观查看高压导线外表是否断裂、磨损，查看连接火花塞端保护套有无断裂、脆化等情况。

2）测量高压导线的电阻。用万用表电阻档测量高压导线的电阻，其值应符合规定。如果电阻值无穷大或不在规定的范围内，需更换。

五、电子控制点火系统常见故障诊断

电子控制点火系统常见的故障主要有发动机不点火、火花弱、点火正时不准、点火性能随工况变化等。

1. 发动机不点火

（1）**故障现象**　发动机不能起动且无任何着车迹象，无高压火花。

（2）**故障原因**

1）点火线圈、点火器损坏。

2）曲轴基准位置传感器和曲轴转角与转速传感器及其电路出现故障。

3）ECU 故障。

（3）**故障诊断步骤**

1）从分电器上拔出中央高压线对缸体做跳火试验，观察是否有火花产生，若有火花，检查分电器至各缸的分火装置及高压线、火花塞等有无故障；若无火花，则进行下面 2）中的检查。

2）检查点火线圈及"+"接线柱电源电压，若不正常，则检查电源电路，更换点火线圈；若正常，则进行下面 3）中的检查。

3）检测点火器及其电源电压，若电压不正常，则检查电源电路，更换点火器；若正常，则进行下面 4）中的检查。

4）检查从 ECU 输出的 IG_t 信号，若信号正常，则检查 ECU 至点火器之间的电路；若信号不正常，则进行下面 5）中的检查。

5）检查曲轴基准位置传感器和曲轴转角与转速传感器及其电路，若电路不正常，则换修曲轴基准位置传感器和曲轴转角与转速传感器及其电路；若正常，则更换 ECU 后再进行测试。

2. 火花弱

（1）**故障现象**　跳火试验高压火花弱，发动机起动困难，急速不稳，排气冒黑烟，加速性能及中高速性能较差。

（2）**故障原因**

1）点火器、点火线圈不良。

2）高压线电阻过大。

3）火花塞漏电或积炭。

4）点火系统供电电压不足或搭铁不良等。

（3）**故障诊断** 该故障一般与点火控制系统关系较小，应重点检查点火器和点火线圈工作状况是否良好；供电电压是否正常，各插接件及导线连接是否牢固，点火器搭铁是否可靠；检测高压线电阻是否过大；清除火花塞积炭，更换漏电的火花塞。

3. 点火正时不准

（1）**故障现象** 发动机不易起动，怠速不稳；发动机动力不足，冷却液温度偏高；发动机易爆燃等。

（2）**故障原因**

1）初始点火提前角调整不当。

2）曲轴基准位置传感器和曲轴转角与转速传感器不良或安装位置不正确。

（3）**故障诊断** 应首先检查初始点火提前角，按规定予以调整。影响发动机点火正时的主要部件是曲轴基准位置传感器、曲轴转角与转速传感器，因此应特别检查信号转子是否有变形、歪斜，信号采集与输出部分安装有无不当，装置间隙是否合适等。

对于点火提前角控制系统故障，若故障灯已点亮，应先用原车的故障自诊断操作程序调出故障码，再根据故障码的含义排除其故障。应重点检查发动机冷却液温度传感器、爆燃传感器。另外，进气歧管压力传感器、空气流量传感器、节气门位置传感器不良也会造成点火正时不准。

4. 点火性能随工况变化

（1）**故障现象** 低速时工作正常，高速时失速；温度低时正常，温度高时不正常；刚起动时正常，工作一段时间后出现故障等。

（2）**故障原因**

1）曲轴基准位置传感器、曲轴转角与转速传感器安装松动。

2）线束插接器接触不良。

3）电子点火器热稳定性差。

4）点火线圈局部损坏或软击穿，高压线电阻过大等。

（3）**故障诊断** 检查各有关部件安装有无松动；电路连接是否牢固、可靠；检查点火器、点火线圈温度是否异常；检查或更换高压线、火花塞等。

六、帕萨特轿车点火系统故障诊断与排除

1. 帕萨特1.8T发动机点火系统技术数据

帕萨特1.8T发动机点火系统技术数据见表2-3。

表2-3 帕萨特1.8T发动机点火系统技术数据

发动代码	AEB
点火正时	由ECU确定,不能调整
点火系统	带4个点火线圈的单线圈点火系统
火花塞	紧固力矩为30N·m

(续)

火花塞插头	电阻约 2000Ω
点火顺序	1-3-4-2
电子燃油喷射系统（Motronic）最高限速	(6800±40) r/min

2. 帕萨特点火系统故障诊断与排除

当车辆不能起动，确定是否是点火系统的故障时，首先确定有无高压火花。若无火花，说明电子控制点火系统有故障，应对电子控制点火系统的主要组成部件进行检查。

(1) 点火线圈的检测

1) 确定气缸缺火或失火的过程。发动机运转时，逐个拔下喷油器的供电插头并观察发动机的运转状况，或比较各缸火花塞并检查电极是否被烟熏黑。

当某缸被确定有故障后，应将便携式万用表（电阻档）同火花塞的导线拉头相接，电阻规定值约为2000Ω。若没达到规定值，应更换火花塞插头；若达到规定值，应将有故障气缸的火花塞与另一气缸火花塞互换，若故障顺着火花塞转移，应更换火花塞。若同一缸仍有故障，应将有故障气缸的点火线圈与另一个气缸点火线圈互换，若故障顺着点火线圈转移，应更换点火线圈。若同一缸仍有故障，检测点火线圈的搭铁连接。

2) 检测点火线圈的搭铁连接。检测3针插头上的端子4a到发动机搭铁的导线是否断路或对正极短路，如图2-35所示，需要时，排除导线的故障。若对地连接正常，应检测到点火线圈的供电电压。

3) 检测到点火线圈的供电电压。将便携式万用表（电压档）串接到插头的端子15与搭铁之间，打开点火开关，其电压规定值约为蓄电池的电压。若没达到规定值，应检查线束；若达到规定值，应检测点火线圈的工作状况。

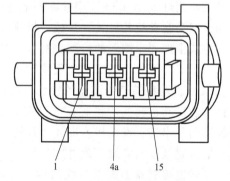

图 2-35 点火线圈插头端子

4) 检测点火线圈的工作状况。从输出放大器上拔下4针的插头，打开点火开关，将二极管检测灯 V.A.G1527 串接在插头的端子1、2、3、4与接地之间，二极管检测灯应亮，如图2-36所示。若没有达到规定要求，应关闭点火开关。拔下相应点火线圈的3针插头，如图2-35所示，检测输出放大器到相应点火线圈插头（放大器插头端子1、2、3、4分别对应气缸1、3、4、2的点火线圈）的端子之间的导线是否断路，必要时排除导线故障。

5) 点火线圈输出放大器的检测。从4个喷油器上拔下供电导线的插头（保证在测试过程中没有燃油喷出是很重要的，因为若有燃油喷出会损坏三元催化转化器。为此须拔下喷油器的供电插头）。从输出放大器上拔下5针的插头，将二极管检测灯V.A.G1527串接在输出放大器插头的端子1、2、3、4与接地之间（图2-37），起动起动机几秒钟。此时二极管检测灯应闪亮（短时脉冲）。若没达到规定值要求，应关闭点火开关。

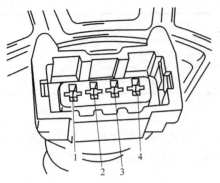 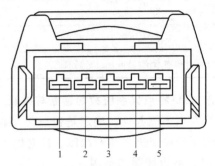

图 2-36 输出放大器插头端子（一）　　　　图 2-37 输出放大器插头端子（二）

将检测盒 V.A.G1598/22 与 ECU 的线束相接，如图 2-37 所示，检测输出放大器的 5 针插头到 ECU 的导线（输出放大器插头端子 1、2、3、4、5 分别与检测盒 V.A.G1598/22 端子 77、70、2、78、71 对应）是否断路或对正极或负极短路。必要时，排除导线的故障。

若导线没有故障，将 5 针插头插到输出放大器上，将 4 针插头从输出放大器上拔下。将二极管检测灯 V.A.G1527 串接在蓄电池的正极与输出放大器上的 4 针插头的任意一个端子之间，起动起动机几秒钟，二极管检测灯应闪亮。

完成全部 4 个端子的检测，每次二极管检测灯都应闪亮。如果检测某个端子或多个端子时，二极管检测灯不闪亮，应更换输出放大器。

（2）发动机转速传感器的检测　　发动机转速传感器是转速传感器与参考点传感器的复合体。若发动机转速传感器 G28 没有信号输出，发动机不能起动。发动机正在运行时，G28 的输出信号出错，发动机立即停止运转。检测发动机转速信号时，在做检测前应确保传感器的安装位置及插头安装正确并定位可靠。

从转速传感器上拔下导线的插头（灰色），将便携式万用表 V.A.G1526 的电阻档串接到插头的 1 号和 2 号端子之间，如图 2-38 所示，其电阻规定值为 450~1000Ω。若没达到规定值，应更换发动机转速传感器；若达到了规定值，将便携式万用表 V.A.G1526（电阻档）串连在 2 和 3 号（地）端子或串接在 1 和 3 号（地）端子间，其电阻规定值为无穷大（开路）。若未满足规定要求，应更换转速传感器；若满足规定要求，则按下述方法检测传感器到 ECU 的导线连接。

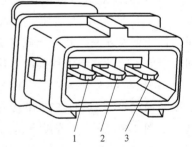

图 2-38 发动机转速传感器端子

将检测盒 V.A.G1598/22 与 ECU 的线束相接，检测 3 针插头（转速传感器的）到 ECU 的导线是否断路或对正极或负极短路，导线电阻的最大值为 1.5Ω，必要时排除导线的故障。

（3）爆燃传感器的检修

1）拔下爆燃传感器 1（G61）或爆燃传感器 2（G66）的 3 针插头，如图 2-39 所示。

2）在爆燃传感器插头上测量端子 1 和 2、1 和 3、2 和 3 的电阻，其阻值应为无穷大。

3）检查 ECU 至 3 针插座之间的导线的导通性及导线之间是否短接。若导线中无故障，松开爆燃传感器，并重新以 20N·m 的力矩旋紧。进行一次试车行驶后，然后查寻故障存储器是否有故障码，若仍有故障，更换爆燃传感器。

（4）霍尔式传感器的检测　霍尔式传感器指示1缸点火位置，若霍尔式传感器不起作用，爆燃控制被关闭，点火正时稍微延迟，因为信号不再分配到各气缸。即使无霍尔式传感器作用信号，发动机可继续运转并可重新起动。当检测出霍尔式传感器有故障时，ECU就在曲轴转一周时控制各缸都点火。在曲轴转一周内喷射系统混乱对燃油喷射没有任何显著的影响，发生这一现象时，燃油是在进气门关闭时喷射的，而不是在进气门打开时，这仅对混合气形成的质量有较小的影响。

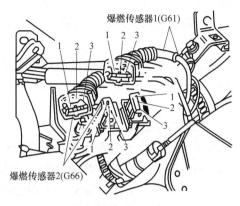

图2-39　拔下爆燃传感器的3针插头

1）检测霍尔式传感器的工作状况。拉下霍尔式传感器导线插头的橡胶护套，从后部将二极管检测灯V.A.G1527串接到霍尔式传感器插头的1号和2号端子之间（不得从霍尔式传感器上拉下线束插头）。这时应注意线束插头的端子在插头的背面有编号。起动发动机几秒钟，发动机的每个工作循环之后二极管检测灯应短时闪亮。若二极管检测灯不闪亮，应检测霍尔式传感器的供电电压。

2）检测霍尔式传感器的供电电压。从霍尔式传感器上拔下线束的插头，打开点火开关，将便携式万用表V.A.G1526（电压档）串接到插头的1号端子与发动机搭铁之间，其电压规定值为4.5~5.5V。

3）检测霍尔式传感器的信号输出线。将便携式万用表V.A.G1526（电压档）串接在插头的2号端子与发动机搭铁之间，打开点火开关，其电压规定值为蓄电池电压。

4）检测霍尔式传感器的地线连接。将便携式万用表V.A.G1526（电阻档）串接到插头的3号端子与发动机搭铁之间，其规定值为导通时导线电阻值最大为1.5Ω。如果满足规定要求但二极管检测灯不闪亮（用电阻档串接在1号和2号端子之间，不拔下导线的插头，起动发动机），应更换霍尔式传感器。如果不满足规定的要求，应检测线束的连接。

5）检测从霍尔式传感器到ECU的导线。将检测盒V.A.G1598/22与ECU的线束相接，检测从霍尔式传感器到ECU的导线是否断路或对正极或地短路（霍尔式传感器插头端子1、2、3分别与检测盒插座端子62、76、67对应），必要时排除导线的故障。

第三节　汽车空调系统检测与诊断

汽车空调系统一般由制冷系统、暖风系统、通风系统、空气净化系统等组成，其作用是保证乘坐的舒适性。

一、汽车空调系统的性能检测

1. 汽车空调系统定性检查

起动发动机，将空调风量开关置于最高档，温度调节至最低档，按下A/C开关，运转

2~3min 后按以下方法进行定性检查：

(1) **用手感检测** 压缩机吸入管有冰手的感觉，而排出管有烫手的感觉，两管之间有明显的温差。

(2) **在储液干燥器检视窗观察** 储液干燥器内应是透明的，用手感觉储液干燥器进、出口管道的温度应均匀一致（约50℃），若储液干燥器内部有堵塞，起节流作用，则出口温度较低。

(3) **用手感比较**

1）冷凝器流入管的温度应比流出管的温度高。

2）膨胀阀前后应有明显的温差，前热后冷。

3）冷凝器流出管至膨胀阀输入端之间高压区的管道及部件温度应均匀一致。

4）膨胀阀流出口至压缩机吸入口的管道应有冰手感觉且不结霜，即使结霜也应随即融化，只能看到化霜后的小水珠。

5）冷风出口有冰凉的感觉。

2. 汽车空调系统定量检查

在环境温度为20~35℃的条件下，起动发动机并运转至正常工作温度，按下 A/C 开关，将空调风量开关置于最高档，温度调节至最低档，打开车门，使发动机在转速为2000r/min 的条件下运转15~20min，其高、低压力和中央出风口的温度应在规定的范围。

压力表的指示值和中央出风口的温度随环境温度变化：

1）环境温度为30℃时，高压为1.176~1.470MPa，低压为0.196~0.294MPa。

2）蒸发器入风口风温为24℃时，中央出风口的温度应为12℃。

3. 汽车空调制冷系统的性能试验

在制冷系统所有的检修工作结束之后，应进行制冷系统性能试验，试验时最低环境温度应为21℃左右。具体试验步骤如下：

1）连接好压力测试装置和转速表。

2）起动发动机，使压缩机转速保持在2000r/min 左右。

3）使空调系统处于最大制冷状态，即风量开关置于最高档，温度调节至最低档。

4）打开所有车门、车窗及发动机舱盖，并将干球温度计（也可用玻璃棒温度计）放在冷风出口处和冷风装置的风机进风口处。普通干球温度计由两支玻璃棒温度计组成，其中一支温度计包上湿纱布，测出湿球温度。

5）发动机运转15min 左右，各温度及高、低压力指示值应符合标准。

① 正常的制冷效果应使车厢内外保持8~10℃的温差，若温差很小，则表明制冷量不够。

② 正常工作时，冷凝器入口温度为70℃，出口温度为50℃；蒸发器表面温度在不结冰的前提下越低越好；储液干燥器应为50℃左右，且上下温度应一致。

4. 汽车空调整车性能检测

整车空调性能检测是指将空调装置安装在汽车上后测定车厢内的降温、采暖、保温性能，测定车内气流分布，了解空调机组的运行情况及空调机组对汽车性能的影响。试验方法分道路试验和室内模拟试验两种。

道路试验按试验目的不同，可概括为以下六类：

1）汽车空调系统舒适性道路试验。

2）汽车空调系统可靠性道路试验。
3）汽车空调系统对整车动力性能影响的道路试验。
4）汽车空调系统对整车燃料经济性影响的道路试验。
5）汽车空调系统对发动机冷却系统影响的道路试验。
6）汽车空调系统对车内噪声影响的道路试验。

由于试验目的不同，各个试验所要求的工况条件也不相同，包括路面状况、环境气象条件、车辆运行状态等，但必须保证所使用的车辆各项技术指标符合该车型设计的技术要求，车辆载荷、乘员数量、使用的燃料、轮胎压力等与整车设计要求一致。

（1）**汽车空调系统舒适性道路试验**　汽车空调系统的舒适性是汽车性能的一个重要标志，也是人们评价汽车空调系统的水平和档次的一项主要指标。所以，汽车空调系统的舒适性道路试验成为整车道路试验的重点项目之一。

舒适性道路试验对气候条件要求很高，这种条件靠自然气候很难保证，只能选择近似的气候条件，如晴天少云、阳光直射、风速较小等。

（2）**汽车空调系统可靠性道路试验**　汽车空调系统的可靠性是汽车空调系统使用的先决条件，该项试验的目的在于获得振动和加速度两项指标对空调系统的影响，以及空调系统对整车的影响。汽车在不平坦道路上行驶时，振动冲击对空调系统的影响与空调系统本身的结构、在汽车上的固定方式、路面条件及车速等有关。

（3）**汽车空调系统对整车动力性能影响的道路试验**　汽车空调系统对整车动力性能影响的道路试验，主要通过对使用和不使用空调系统进行对比，分析空调系统对整车动力性的影响。试验过程中应保证空调系统在最大风量下正常工作。该项试验主要考核空调系统的运行对最大车速和加速性能的影响。

（4）**汽车空调系统对整车燃油经济性影响的道路试验**　汽车空调系统对整车燃油经济性的影响主要表现在发动机油耗量的增加。作为使用与不使用空调的对比试验，一般只做道路油耗试验和等速油耗试验即可。

（5）**汽车空调系统对发动机冷却系统影响的道路试验**　汽车空调系统对发动机冷却系统影响的道路试验，一般选择爬长坡或加挂拖车的方法进行。使用汽车空调装置必将增加发动机的负荷，直接影响发动机冷却液进出口温度。

进行该项试验时空调系统全开，车辆选用较高档位连续爬坡，考核空调运行对发动机冷却液出口温度升高的影响程度。

（6）**汽车空调系统对车内噪声影响的道路试验**　该项试验测取使用和不使用空调时车内噪声声压级，以考核空调运行对车内噪声的影响程度。

二、汽车空调道路试验方法

下面以长途运输空调客车为例，介绍汽车空调系统舒适性道路试验方法。

长途运输空调客车空调系统的整车性能试验，包括制冷系统、采暖系统和除霜系统等的性能试验。

1. 制冷系统性能试验

（1）试验目的

1）检查和测定客车空调制冷系统在炎热气候条件下使用时，车厢内部降温及保温性能、安全环保条件和舒适程度。

2) 检查非独立式制冷系统各装置在特殊使用工况下的运行性能和对客车基本性能的影响。

(2) 试验条件

1) 车辆条件。车辆技术状况良好，车厢内的乘员数不得少于额定乘员数的 80%，而且不得以装载相等质量的物体代替。

2) 气候条件。晴天少云、有日光直射、太阳辐射强度不低于 $4.6J/(cm^2·min)$，气温不低于 35℃；气压在 95~102kPa 之间；风速不大于 5m/s。

3) 道路条件。路面纵坡不大于 3%，且应平坦、干燥、硬实、树荫少，试验路段长度不小于 50km。

(3) 试验仪器设备

1) 综合气象仪、太阳辐射仪、多点温度计。

2) 压力表、风速风向仪、干湿球温度计。

3) 声级计、发动机转速表。

4) 坡度仪、微风测速仪、秒表。

5) 检漏仪、粉尘采样仪。

6) CO 分析仪和 CO_2 分析仪等。

(4) 试验方法

1) 测量出风口的温度、风速和风量。

① 关闭客车所有门窗，制冷装置开至最高档（对于非独立式制冷装置，客车发动机需控制在额定转速下），所有冷风出风口处于最大出风位置。

② 开机 10min 后，在 2min 内测出并记录各出风口中心点处的冷风温度和速度，由此既可得出各风口的最大温度差和风速差，也可根据各出风口的平均风速和出风口的截面积与数量，求出制冷装置的最大送风量。

③ 测量与计算数据记录在有关表格中。

2) 测量停车噪声。

① 试验条件。

a) 选择宽敞、空旷的场地，在测点中心 25m 半径范围内，不得有较大的反射物。

b) 场地的本底噪声不得大于 60dB（A）。

c) 用声级计（置于 "A" 计权网络，"快" 档）测量时，关闭客车所有门窗，制冷装置和通风换气装置都开最高档。

d) 非独立式制冷装置的压缩机转速稳定在 2000r/min。

e) 车内除驾驶人和测试人员外，不得有其他人。

② 车外噪声测量。

a) 测点位于距压缩机组中心点 5m、距地面 1m 处，与机组间除本车车身外应无其他遮挡物。

b) 该测点重复测量两次，记录每次测量结果及其平均值。

③ 车内噪声测量。

a) 测点分别在压缩机中心位置的地板上方 1.2m 处、车顶回风口中心位置的地板上方

1.2m处、通风换气装置中心位置的地板上方1.2m处三点,各测点重复测量两次,记录每次测量结果及各测点的平均值。

b) 当单独测量通风换气装置的噪声时,应将制冷系统关闭,并且将所有通风换气装置调至最高档,然后重复两次分别测出各通风换气装置的噪声。记录每次测量结果。

3) 客车制冷系统降温与保温能力试验。

① 测温点布置。

A类测温点:各出风口的中心点。

B类测温点:回风口测温点。在回风口平面下200mm的中心线前后等距两点,若回风口位于车厢地板上,则取回风口中性平面内前后(或左右)等距两点。

C类测温点:座椅处测温点。上部测点设在垂直方向距座垫表面上方635mm,水平方向距靠背250mm处,下部测点设在座椅前沿距地板50mm高度处,两种测点均设于单人至三人座椅纵向中心点,而多人座椅则均布两点,如图2-40所示。

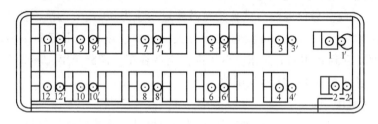

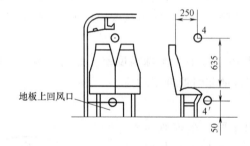

图2-40 车内座椅处测点分布(一)

D类测温点:温差测温点。客车纵向中心平面内的前后轴中心点,与轴间中心点距地板400mm、1000mm、1600mm高处的9点,如图2-41所示。

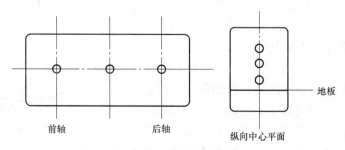

图2-41 车内座椅处测点分布(二)

② 试验准备。在布置测温点的同时,进行外界环境气候参数的测量。

a）用综合气象仪及太阳辐射仪，测量记录试验前后的大气温度、湿度、气压、风向、风速和太阳辐射强度。

b）取算术平均值作为外界环境平均气候参数。

c）将客车停放在阴凉处，门窗全开，人员下车，使车内外平衡。

③ 降温能力试验。

a）乘员的座位应坐满，立即起步，当车速稳定在20km/h时，关闭门窗，制冷装置全开，开始记录第一次有关回风口、座椅上下部和车厢纵向中心平面内各测点的温度，并按下秒表记时。

b）前10min每隔2min记录一次，10～30min每隔5min记录一次。

c）非独立式制冷装置还需加测发动机冷却液出口温度。

d）完成后，将客车掉头，按上述方法重做一次回程试验。

e）按上述方法做稳定车速分别为40km/h、60km/h的降温能力试验。

④ 保温能力试验。做保温能力试验是在做稳定车速为40km/h的降温能力试验时，自第30min时关闭制冷装置，每隔2min测量记录有关回风口、座椅上下部和车厢纵向中心平面内各测点的温度，直到第40min为止。对于高档空调客车，需测至第45min为止。然后，将客车掉头，按上述方法重做一次回程试验。

4) 车内相对湿度测定。

① 在蒸发器吸入口（回风口）处布置干湿球温度计，在蒸发器排气口布置干球温度计，使冷气直接接触温度计的感温部，其测定与降温能力试验同时进行。测量时间、次数也与降温能力试验相同。

② 计算去、回程所测排气口与吸气口的干湿球温度差，并利用湿空气线图求出吸入口的相对湿度，从而求出同一时刻车内的相对湿度平均值。

③ 将有关数据记录下来。

5) 车内风速测试与降温能力试验。车内风速测试与降温能力试验两者同时进行，通风换气装置和制冷装置都应开最高档，在第10～12min之间，用微风测速仪，分别在单人至三人座椅纵向中心点和多人座椅均布两点的垂直方向距座垫表面上方635mm、水平方向距靠背250mm处，测量一次空气流动速度，并求出上、下部平均风速和最大风速的差值，结果记录在有关表格中。

6) 通风换气量测量。将测点布置在换气扇出风口三个面积相等的同心圆环各自面积等分线与相互垂直的两条直径线的交点上，总共有12个测点，如图2-42所示。在紧贴换气扇出风口的平面上，用微风测速仪测出各测点的风速，并取其算术平均值作为换气扇出风口的风速，结果记录在有关表格中。

7) 车内行驶噪声测量。

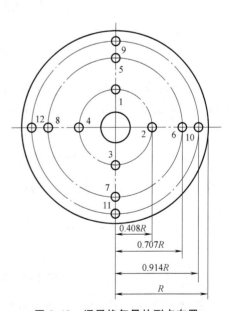

图 2-42 通风换气量的测点布置

① 车辆在平直、干燥并有足够长度的硬路面上行驶。

② 测试时，关闭客车所有门窗，车内除驾驶人和测试人员外，不得有其他人员。

③ 车内的本底噪声不得大于 70dB（A）。

④ 车速应稳定在（50±2）km/h。

⑤ 当制冷装置和通风换气装置开最高档时，用声级计的"慢"档，"A""C"计权网络，在客车纵向中心平面内地板上方 1.2m 处的前、后、中三点，分别测两次，取其算术平均值，结果记录在表格中。

⑥ 关闭制冷装置和通风换气装置，用同样的测试方法分别测两次，取其算术平均值，结果记录在表格中。

8) 车内空气洁净度的测量。车内空气洁净度的测量包括粉尘测量和 CO 与 CO_2 的测量。

① 粉尘测量。

a) 关闭客车所有门窗，制冷装置和通风换气装置全开。

b) 车速稳定在（50±2）km/h，行驶 1h 后起动测试仪器，包括流量为 50L/min 的抽气机，阻流率不低于 90%、直径为 40mm、在干燥器内放置不少于 24h 的滤膜及感量为 0.1mg 的分析天平。

c) 在客车纵向中心线中点、距地板 1.2m 处，采样 1h，往返各测一次，取算术平均值。

d) 按下式计算粉尘浓度，并将数据记录在表格中：

$$C = \frac{m - m_0}{q_v t} \times 10^3$$

式中　C——粉尘浓度（mg/m^3）；

　　　m——采样后的滤膜质量（mg）；

　　　m_0——采样前的滤膜质量（mg）；

　　　q_v——进入滤膜的含尘空气流量（L/min）；

　　　t——采样时间（min）。

② CO 与 CO_2 测量。将仪器预热 30min，做好调零及标定工作。

a) 关闭客车所有门窗，制冷装置和通风换气装置全开，乘员人数不得少于额定人数的 80%。

b) 车速稳定在（50±2）km/h，行驶 1h 后起动测试仪器，包括能使被测气体测量值在全量程 50%~90% 之间、标定气体浓度在仪器量程的 60%~80% 之间的 CO 分析仪和 CO_2 分析仪，控制流量为 0.5L/min 的流量仪。

c) 在客车纵向中心平面内的前后轴线距地板 1.2m 处开始测量，往返各测量一次。

d) 按下式计算车内 CO 或 CO_2 的浓度，并将数据记录在有关表格中：

$$C = \gamma n$$

式中　C——CO 或 CO_2 的浓度（mg/m^3）；

　　　γ——CO 或 CO_2 的浓度换算成标准状态时的换算系数；

　　　n——仪器指示的格数。

2. 采暖系统性能试验

(1) 试验目的

1) 检查和测定空调客车在严寒条件下使用时，采暖系统的采暖能力、安全环保条件和乘员的舒适程度。

2）检查和测定采暖系统的连续运行稳定性。

（2）试验条件

1）车辆条件。车辆技术状况良好，车内乘员应不得少于额定乘员数的80%，且不能以装载相同质量的物体代替。

2）气候条件。晴天或阴天、环境温度为-15~-10℃，风速不大于5m/s。

3）道路条件。平坦、硬实、无积雪、车流量较小的公路。

（3）试验方法

1）各出风口的温度和风速、风量测量。

① 关闭客车所有门窗，暖风装置开最高档（对于余热式暖风装置，应控制发动机在额定转速下）。

② 开机10min后，在2min内，用微风测速仪和干湿球温度计、多点温度计，分别测出并记录各出风口中心点的温度和风速。由此可得出各出风口的最大温度差和风速差，并求出暖风装置的最大送风量（利用采暖热风进行除霜的客车，测量时应关闭除霜装置）。

2）采暖系统和通风换气装置的工作噪声测量。

① 客车停驶，关闭所有门窗，车内除驾驶人和测试人员外，不得有其他人员。

② 暖风装置和通风换气装置开最高档，余热式采暖系统发动机转速稳定在额定范围内。

③ 本底噪声不得大于60dB（A）。

④ 采暖系统的工作噪声测点设置与制冷系统性能试验的车内行驶噪声的测点相同。通风换气装置工作噪声的测点设于装置中心距地板上方1.2m处，数量与通风换气装置的数量相同。

⑤ 各测点重复测量两次，每次测量结果和各测点的平均值记录在有关表格中。

⑥ 测量通风换气装置噪声时，暖风装置停止工作，所有通风换气装置开最高档，分别测出各通风换气装置的噪声。

3）采暖能力和保温能力试验。

① 布置测温点。

A类测温点：暖风出风口表面中心点。

B类测温点：回风口表面中心点（若回风口为多面体，选最大回风面中心点）。

C类测温点：座椅上部测点（座椅座垫表面上方635mm与水平方向距靠背250mm的交点处，单人座椅和双人座椅设在座椅中部一点，多人座椅均布于座椅中两点）、座椅下部测点（座椅前沿距地板50mm处，单人座椅设在座椅前端靠近走道一侧，双人座椅和多人座椅则上下部测点对应），各测点在车内的分布如图2-43所示。

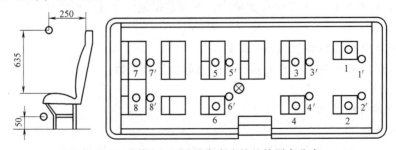

图2-43 采暖、保温试验车内座椅处的测点分布

D类测温点：客车纵向中心平面内的前后轴中心点与轴间中心点距地板 400mm、1000mm、1600mm 处的 9 点。

② 试验准备。

a）所有测点应避开暖风出口。

b）用综合气象仪，测量记录试验前后的大气温度、湿度、气压和风向、风速，取算术平均值作为外界环境平均气候参数。

c）与此同时，打开客车所有门窗，人员全部下车，使车内外温度平衡，暖风装置预热 10min，发动机温度保持在正常范围。

③ 采暖能力试验。

a）按额定座位坐满乘员，记录各测点的初始温度。

b）然后关闭客车门窗，起动暖风装置，将暖风调节到最大效果位置（除霜装置正常工作）。

c）汽车起步，开始计时试验，并用直接档（无直接档时用传动比接近的档位）以（50±2）km/h 的速度稳定行驶。

d）试验开始后，每隔 5min 测量、记录一次 B、C、D 类测温点的温度，试验总时间为 40min。

④ 保温能力试验。

a）保温能力试验是在做采暖能力试验进行到第 40min 时，关闭暖风装置后接着进行的，每 2min 测量记录一次 B、C、D 类测温点的温度，直至第 50min 为止。

b）对于高档空调客车，则须测量至第 55min 为止。客车掉头做采暖能力的回程试验时，也须再做一次保温能力的回程试验。

c）测试结果记录在有关表格中。

⑤ 车内相对湿度测定、车内风速测定、通风换气测定和车内空气洁净度测量等试验的方法与前述有关试验相同。

⑥ 急速和连续运行稳定性试验。对于余热式暖风装置，还需做急速和连续运行稳定性试验等附加试验。做急速稳定性试验时，停车，发动机急速运转，暖风装置和暖风换气装置开最高档，每隔 10min 测量一次发动机冷却液出口温度，并观察暖风装置工作情况。连续运转 1h 结束，将数据记录在有关表格中。做连续运行稳定性试验时，在规定的道路上，乘员人数不得少于额定乘员数的 80%，暖风、除霜装置开最高档，客车以正常车速连续行驶 4h，每隔 30min 测量一次发动机冷却液出口温度和 C、D 类测温点的温度，同时观察暖风装置工作情况。将数据记录在有关表格中。

3. 除霜系统性能试验

（1）试验目的 检查和测定空调客车在严寒条件下使用时，前风窗玻璃除霜装置的技术性能。

（2）试验条件 除霜系统性能试验应在无日光照射、气温为 $-15 \sim -10$℃、风速不大于 5m/s 的气候条件下进行。试验车辆应处于良好的技术状态，其除霜装置应调整到最大工作状态，利用采暖热风除霜的暖风装置应工作正常。试验道路应是平坦、硬实、无积雪、车流量较小的公路。

（3）试验仪器 试验仪器除测量范围为 $-50 \sim 50$℃ 最小刻度为 0.5℃ 的多点温度计、可暂停式秒表、综合气象仪、风速仪、发动机转速表、照相机、描绘除霜图形的特种笔外，还需要造霜用的喷枪，其喷嘴直径为 1.7mm、工作压力为（350±20）kPa，液流量为 395mL/min，距喷嘴 200mm 处形成的喷射锥直径为（300±50）mm。

（4）**试验方法** 试验前后分别用综合气象仪测试大气温度、湿度、气压和风速、风向，取算术平均值作为外界环境平均气候参数，并将数据记录在表格中。试验前，需打开客车所有门窗，使车内外温度平衡，还需用含甲醇的酒精或其他类似去污剂，清除前风窗玻璃内外表面上的油污，待干后用清洗剂进一步擦拭，最后再用干棉布擦净。

试验时，在规定的环境温度下，关闭所有门窗，用喷枪以（350±20）kPa 的工作压力，使前风窗玻璃整个外表面生成 $0.44g/cm^2$ 的均匀冰霜层。喷射时，喷嘴距玻璃表面 200～250mm。然后开动除霜装置，当前风窗玻璃上的冰霜融化至最低能见度时，客车开始行驶，随着除霜面积的增大，逐步提高行驶速度。行驶过程中，每隔 5min 在前风窗玻璃内表面，描绘一次除霜面积踪迹图或拍摄照片，记录驾驶区上、中、下部温度及驾驶人对视野的反应。与此同时，测量各除霜喷口的风速。试验进行 40min 后或除霜面积达到稳定状态时，即可结束试验。

将试验数据记录在表格中，并将描绘的各次除霜面积再描绘在方格纸上，计算其在前风窗玻璃除霜性能要求面积中所占的百分比。

对利用发动机余热进行除霜的客车，除测试上述数据外，还应测试发动机冷却液进、出口的温度，绘制发动机冷却液温度变化曲线等。

三、汽车空调系统的故障诊断

制冷系统的故障，经常用系统内各部位的压力进行分析，制冷效果、制冷剂泄漏也是分析事故的重要依据。电气系统方面的故障常表现为电气元件损坏、熔丝烧断、触头接触不良、过载烧坏、电动机不工作等，这些故障使制冷循环停止，并且常伴有异味、过热等现象。机械元件出现异常一般为压缩机、鼓风机、带轮、离合器、膨胀阀、轴封、热交换器、轴承、阀片等出现故障。

1. 基本判断

基本判断方法是指根据看、听、摸等方式直观感觉到故障的部位。

（1）**看**

1）首先查看仪表板上的压力、冷却液温度、油压及各性能指示灯是否显示正常。

2）观察冷凝器、蒸发器及管路连接处是否有油污，若有则说明有制冷剂和冷冻机油泄漏。

3）观察系统部件和管路接头处是否有结霜、结冰现象。

4）从储液干燥器视液窗观察制冷剂的量。

（2）**听** 听压缩机、送风机、排风机是否有异常声音。作为维修人员，还应当仔细了解、听取驾驶人对故障现象的描述。

（3）**摸** 开启制冷系统 15～20min 后，用手触摸系统部件，感受其温度。

1）压缩机进、排气管应有明显温差。

2）冷凝器进、出口管应有温差，出口管温度应低于进口管温度。

3）储液干燥器进、出口温度的比较：进口温度与出口温度相等时，表示冷气系统正常；

进口温度低于出口温度时，表示制冷剂不足；进口温度高于出口温度时，表示制冷剂过多。

4）膨胀阀进、出口温差明显。

> **注意：**
> 在用手触摸高压区部位时要防止烫伤。如果压缩机高、低压侧之间没有明显温差，则说明制冷剂泄漏严重。

2. 压力表组检测

制冷系统工作时，内部压力变化与温度是密切相关的，这正是进行仪表诊断的依据。可根据压力的变化情况，进一步诊断出系统可能出现故障的原因及部位。对于制冷系统而言，歧管压力表组是最常用的工具。

（1）**诊断方法** 首先将压力表组的高、低压手动阀关闭，然后将压力表组的高、低压软管分别连接到系统的高、低压检修阀上，并利用系统内制冷剂压力排除管内空气。起动空调系统，待压力表指示稳定后即可读取压力值。

（2）**诊断标准**

1）R134a空调系统压力正常范围：

① 低压侧：0.15~0.25MPa。

② 高压侧：1.37~1.57MPa。

2）R12空调系统正常工作压力范围：

① 低压侧：0.15~0.20MPa。

② 高压侧：1.45~1.50MPa。

根据车型不同，测试工况不同，压力范围略有差异。

四、汽车空调系统常见故障诊断

1. 系统不制冷

（1）**故障现象** 起动发动机并稳定在1500r/min左右运行2min，打开空调开关及鼓风机开关，冷气口无冷风吹出。

（2）**故障原因**

1）熔断器熔断，电路短路。

2）鼓风机开关、鼓风机或其他电器元件损坏。

3）压缩机驱动带松旷、断裂，密封性差或其电磁离合器损坏。

4）制冷剂过少或无制冷剂。

5）储液干燥器（或积累器）、膨胀阀滤网（或膨胀管）、管路堵塞。

6）膨胀阀感温包损坏。

（3）**故障诊断** 空调系统不制冷分鼓风机不工作出风口无风、鼓风机工作正常两方面，而鼓风机工作正常，又可能有压缩机工作、压缩机不工作两种现象。

系统不制冷的故障诊断流程如图2-44所示。

2. 系统制冷不足

（1）**故障现象** 空调系统长时间运行，车厢内温度能够下降，但出风口吹出的风不冷，

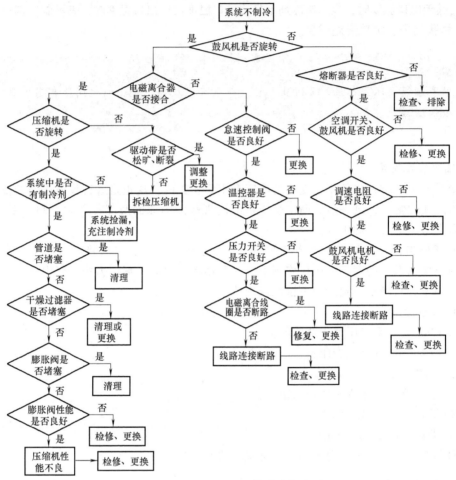

图 2-44 系统不制冷的故障诊断流程

没有清凉舒适的感觉。

（2）**故障原因** 当外界温度为 34℃ 左右，出风口温度为 0~5℃ 时，车厢内温度应达到 20~25℃。若达不到此温度，说明空调系统有故障。凡是引起膨胀阀出口制冷剂流量下降的因素，均可以导致系统制冷不足。此外，系统高低压侧压力、温度超过或低于标准值也会引起制冷不足。所以，引起制冷不足的主要是制冷剂、冷冻机油和机械方面的原因：

1）制冷剂注入量过多，引起高压侧散热能力下降，导致制冷效能不良。

2）制冷剂和冷冻机油脏污，使储液干燥器膨胀阀发生堵塞，导致通向膨胀阀的制冷剂流量下降，引起制冷不足。

3）制冷剂和冷冻机油中水分过多，导致膨胀阀节流孔出现冰堵，制冷能力下降。

4）系统中含空气过多，使冷凝器散热能力下降。

5）由于压缩机密封不良漏气、驱动带松弛打滑、电磁离合器打滑等导致压缩机排气温度和压力降低，出现制冷不足。

6）冷凝器表面积脏污过多、冷凝器变形等，导致冷凝器散热能力降低。

7）膨胀阀开度调整过大，蒸发器表面结霜，膨胀阀感温包包扎不紧或外面的隔热胶带松脱，造成开度过大，导致系统制冷不足。另外，膨胀阀开度过小，使流入蒸发器的制冷剂减少，也会引起制冷不足。

8）送风管堵塞或损坏。

9）温控器性能不良，使蒸发器表面结霜，冷风通过量减少，引起制冷不足。

10）鼓风机开关、调速电阻、鼓风机电机、继电器、线路等工作不良，导致冷风量减少。

（3）**故障诊断** 系统制冷不足的故障诊断流程如图2-45所示。

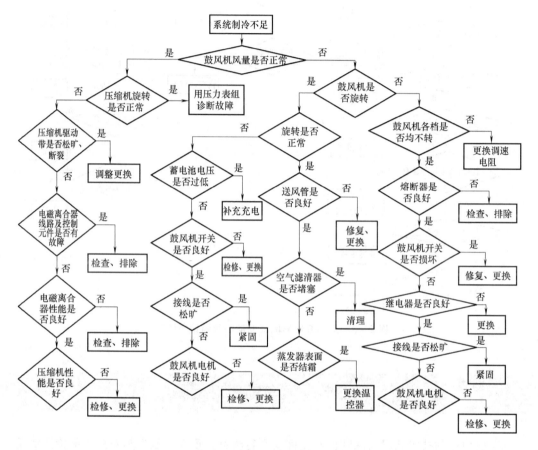

图2-45 系统制冷不足的故障诊断流程

3. 空调系统异响或振动

（1）**故障现象** 空调系统进行工作时，发出异常的声响或出现振动。

（2）**故障原因**

1）压缩机驱动带松动、磨损过度，带轮偏斜，驱动带张紧轮轴承损坏等。

2）压缩机安装支架松动或压缩机损坏。

3）冷冻机油过少，使配合副出现干摩擦或接近干摩擦。

4）由于间隙不当、磨损过度、配合表面有油污、蓄电池电压低等造成电磁离合器打滑。

5）电磁离合器轴承损坏，线圈安装不当。

6）鼓风机电机磨损过度或损坏。

7）系统制冷剂过多，工作时产生噪声。

（3）**故障诊断**　空调系统异响或振动的故障诊断流程如图 2-46 所示。

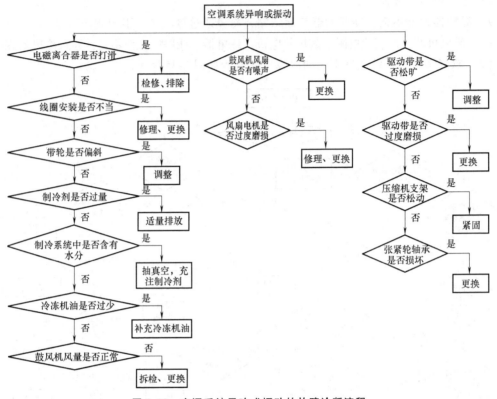

图 2-46　空调系统异响或振动的故障诊断流程

第四节　汽车前照灯检测

汽车前照灯的技术状况对保证汽车夜间安全行驶意义重大，是汽车安全性能检测的重要项目。若前照灯发光强度不足，则夜间行车时会使驾驶人对前方道路情况辨认不清；若前照灯光束照射方向不当，将可能在与对面来车交会时造成对方驾驶人眩目。另外，前照灯在使用过程中，会逐步老化，反射镜也会受到污染而使其聚光性能变差，导致前照灯亮度不足。以上这些因素都可能导致事故发生，因此，前照灯的发光强度和光束照射方向被列为必检的安全项目。在汽车上，前照灯的安装一般为二灯制或四灯制。二灯制前照灯均为远、近光双光束灯，对称安装在汽车前部两侧；四灯制前照灯则每侧两只，装在外侧的两只是远、近双光束灯，装在内侧的两只是远光单光束灯。

一、前照灯的检测指标

汽车前照灯的检测指标为发光强度和光束照射位置。

1. 发光强度

发光强度是光线在给定方向上发光强弱的度量，其单位为坎德拉，用符号 cd 表示。

按国际标准单位的规定，若一光源在给定方向上发出频率为 5.40×10^{14} Hz 的单色辐射，且在此方向上的辐射强度为每球面度 $\frac{1}{683}$ W，则此光源在该方向上的发光强度为 1cd。

2. 光束照射位置

如果将前照灯最亮处视为光束的中心，则它对水平、垂直坐标轴交点的偏离即表示它的照射方位的偏移，其偏移的尺寸就是光束照射方位的偏移值，也称为光轴的偏斜量。

前照灯的光束照射位置会影响驾驶人夜间行车的视野和汽车前方路面的照明程度，以及迎面来车驾驶人的视觉。因此，在前照灯发光强度足够的情况下，正确的光束照射位置能使驾驶人在夜间行驶、会车时看清前方的路面，确保行车安全。

二、前照灯的配光特性

前照灯的远光是夜间照明用的，当无迎面来车或不尾随其他车辆时希望灯光照得远，并使路面有足够亮度。前照灯的近光是会车用的，要求光束倾向路面右侧，以避免使对面来车的驾驶人产生眩目。因此，前照灯发出的光线应满足一定的分布。配光特性是用等照度曲线表示的明亮度分布特征，也称为光形分布特征。

前照灯配光有美国汽车工程师学会（SAE）标准和欧洲经济委员会（ECE）标准两种，GB 4599—2007《汽车用灯丝灯泡前照灯》所规定的配光标准与 ECE 标准一致。两种配光方式的远光灯配光特性基本相同，区别在于近光灯的照射位置和防眩目的方法。其配光特性应满足的要求是远光具有良好照明，近光具有足够照明和不眩目。

1. SAE 配光方式

SAE 配光方式如图 2-47 所示，远光灯丝位于反射镜焦点处，所发出的光线经反射后沿光学轴线平行射向远方；近光灯丝位于焦点之上，所发出的光线经反射后，大部分向下倾斜，从而下部较亮而上部较暗，所形成的光形分布水平方向宽，垂直方向窄。若等照度曲线左右对称，不偏向一边，上下扩展不太宽，就是好的配光特性。SAE 配光方式的近光照射在屏幕上的光斑没有明显的明暗截止线。

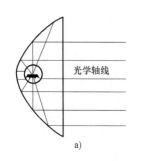
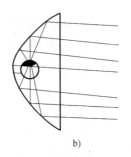
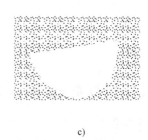

图 2-47　SAE 配光方式

a）远光　b）近光　c）近光照在屏幕上的光斑

2. ECE 配光方式

ECE 配光方式也称欧洲配光方式，如图 2-48 所示。其远光配光与 SAE 配光方式相同，但近光灯丝位于反射镜焦点之前，且在灯丝下设一遮光屏。这样，近光光线只落在反射镜上

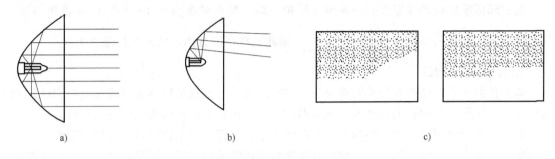

图 2-48 ECE 配光方式
a) 远光　b) 近光　c) 近光照在屏幕上的光斑

半部分而向下反射。照到屏幕上时，可看到具有明显的明暗截止线和明暗截止线转角点的光斑。

ECE 近光配光方式有两种：一种在配光屏幕上，明暗截止线的水平部分在 V-V 线（即汽车纵向中心平面在屏幕上的投影线）的左半边（图 2-49），右半边为与前照灯基准中心高度水平线 h-h 成 15°角向上偏斜；另一种称为 Z 形配光方式，其明暗截止线的左半部分在 h-h 线下 25cm 处，右半部分则与水平线成 45°角向上倾斜，与 h-h 线重合后成为水平线，明暗截止线在屏幕上呈 Z 字形。我国前照灯的近光灯采用的是 Z 形配光方式，其配光性能在 GB 4599—2007《汽车用灯丝灯泡前照灯》中做了具体规定。

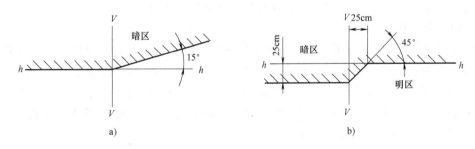

图 2-49 ECE 近光配光方式
a) 第一种方式　b) 第二种方式

三、前照灯安全检测的要求

1. 基本要求

1) 在正常使用条件下，机动车前照灯光束照射位置应保持稳定。

2) 装有前照灯的机动车应有远、近光变换装置，并且当远光变为近光时，所有远光灯应能同时熄灭。同一辆机动车上的前照灯不允许左右远、近光灯交叉开亮。

3) 所有前照灯的近光都不允许眩目。

4) 汽车装用的前照灯应符合 GB 4599—2007《汽车用灯丝灯泡前照灯》的规定。

2. 前照灯光束照射位置要求

1) 检测前照灯的近光光束照射位置时，前照灯在距离屏幕 10m 处，乘用车前照灯近光光束明暗截止线转角或中点的高度应为 (0.7~0.9)H（H 为前照灯基准中心高度，下同），其他机动车（拖拉机运输机组除外）应为 (0.6~0.8)H。机动车（装有一只前照灯的机动车除外）前照灯近光光束水平方向位置向左偏应小于或等于 170mm，向右偏应不超过 350mm。

2) 在检测前照灯远光光束及远光单光束灯照射位置时，前照灯照射在距离 10m 的屏幕上，其屏幕光束中心离地高度，对乘用车为 (0.85~0.95)H（但不得低于前照灯近光光束明暗截止线转角或中点的高度），对其他机动车为 (0.8~0.95)H。机动车（装有一只前照灯的机动车除外）前照灯远光光束水平位置要求，左灯向左偏应小于或等于 170mm，向右偏应不超过 350mm，右灯向左或向右偏均应不超过 350mm。

3) 机动车装用远光和近光双光束灯时以调整近光光束为主，对于只能调整远光单光束的灯，调整远光单光束。

4) 机动车每只前照灯的远光光束发光强度应达到表 2-4 给出的要求，测试时，其电源系统应处于充电状态。

表 2-4 前照灯远光光束发光强度最小值要求　　　　　　　　　　（单位：cd）

机动车类型	检查项目			
	新注册车		在用车	
	两灯制	四灯制	两灯制	四灯制
最高设计车速小于 70km/h 的汽车	10000	8000	8000	6000
其他汽车	18000	15000	15000	12000

注：四灯制是指前照灯具有四个远光光束，采用四灯制的机动车，其中两只对称的灯达到两灯制的要求时视为合格。

四、用检测仪检测前照灯的发光强度和光束照射位置

各种类型前照灯检测仪的检测原理基本相同，都是采用能将吸收的光能转变成电流的光电池作为传感器，按照前照灯主光轴照射光电池产生电流的大小和比例，来测量前照灯发光强度和光轴偏斜量。

1. 发光强度检测原理

当受光距离 S 为一定值时，光源的发光强度 L 与被照面上的照度 E 有对应关系。因此，只要测得受光物体被照面上照度的大小，即可测得光源的发光强度。

被照面上的照度可用光电池的光生伏特效应检测。当被照面上装有光电池时，受光照射后，其光照越强，照度越大，则光电池产生的电动势就越大，据此可测得被照面上的照度，而后计算求得光源的发光强度。汽车前照灯检测仪采用这一原理来检测前照灯的发光强度。

发光强度检测电路由光度计、光电池和可变电阻构成，如图 2-50 所示。当前照灯在规定距离处照射光电池时，光电池产生与受光强弱成正比的电流，使光度计的指针偏转，经标定后，其指针偏转量便可反映前照灯的发光强度。电路中的可变电阻用于调整光度

计指针零位。常用光电池的主要类型是硒光电池（图2-51），当受到光线照射时，金属薄膜和非结晶硒的受光面与背光面之间产生电位差。因此，若在金属膜和铁底板上装上引出线，将其用导线与电流表连接，电路中就会产生电流，电流流过电流表时电流表指针会产生摆动。

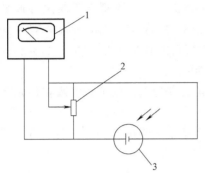

图2-50　发光强度检测原理图

1—光度计　2—可变电阻　3—光电池

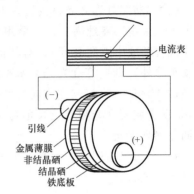

图2-51　硒光电池结构及工作原理

2. 光束中心偏斜量检测原理

光束中心偏斜量检测电路由两对光电池组成（图2-52），左右一对光电池 S_L、S_R 上接有左右偏斜指示计，用于检测光束中心的左右偏斜量；上下一对光电池 S_U、S_B 接有上下偏斜指示计，用于检测光束中心的上下偏斜量。当光电池受到前照灯照射时，各光电池分别产生电流，若前照灯的光束中心有偏斜，则四个光电池受到的光照度不等，从而产生的电流也不相等。光电池 S_L、S_R 所产生的电流差值，使左右偏转指示计的指针偏摆；S_U、S_B 光电池所产生的电流差值，使上下偏转指示计的指针偏摆，从而可测出前照灯光束中心的偏斜量。若通过适当的调节机构，调整光线照射光电池的位置，使 S_L、S_R 和 S_U、S_B 每对光电池受到的光照度相同，此时每对光电池输出的电流相等，两偏斜指示计的指针指向零位，其调节量反映了光束中心的偏斜量。

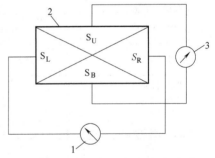

图2-52　光束中心偏斜量检测原理

1—左右偏斜指示计　2—光电池
3—上下偏斜指示计

五、常用前照灯检测仪的结构和工作原理

常用汽车前照灯检测仪有自动追踪光轴式、聚光式、屏幕式和投影式等类型。

1. 自动追踪光轴式前照灯检测仪

自动追踪光轴式前照灯检测仪采用受光器自动追踪光轴的方法检测汽车前照灯的发光强度和光轴偏斜量，一般检测距离为3m。自动追踪光轴式前照灯检测仪如图2-53所示，其受光器的结构如图2-54所示。在受光器聚光透镜的上下与左右装有4个光电池，受光器内部也装有4个光电池，分别构成主、副受光器，透镜后中央部位装有中央光电池。

第二章 汽车用电系统检测与诊断

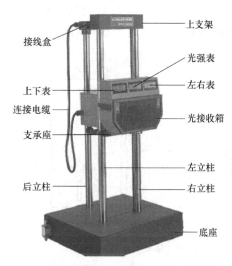

图 2-53 自动追踪光轴式前照灯检测仪

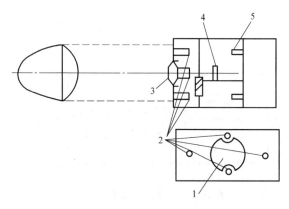

图 2-54 自动追踪光轴式前照灯检测仪受光器的结构
1、3—聚光透镜　2—主受光器光电池
4—中央光电池　5—副受光器光电池

检测时，前照灯的光束照射到检测仪的受光器上。此时，若前照灯光束照射方向偏斜，则主、副受光器的上下光电池或左右光电池的受光量不等，由其电流的差值控制受光器上下移动的电动机运转，或使控制箱左右移动的电动机运转。通过传动机构牵动受光器上下移动或使底座在轨道上左右移动，直到受光器上下、左右光电池受光量相等为止。在追踪光轴时，受光器的位移方向和位移量由光轴偏斜指示计指示，指示的数值即为前照灯光束的偏斜方向和偏斜量，发光强度由光度计指示。

2. 聚光式前照灯检测仪

聚光式前照灯检测仪由支架、行驶部分、仪器箱、仪器升降调节装置和对正器组成。检测时，检测仪位于前照灯前1m处。行驶部分装有三个带槽的轮子，可在导轨上运动以迅速对正。仪器箱是检测仪的主体部分，转动升降手轮可使仪器箱的中心与被测车辆前照灯的基准中心高度保持一致。仪器箱顶部的对正器用于观察仪器与被测车辆的相互位置是否对正。检测仪的光度指示装置由电源开关、电源欠压指示、光度表和三个按键开关及三个调零按钮组成。按远光1号键可测0~40000cd的发光强度，按远光2号键可测0~20000cd的发光强度，按近光键可测0~1000cd的发光强度，调零按钮用于调零。聚光式前照灯检测仪如图2-55所示，其光度指示装置如图2-56所示。

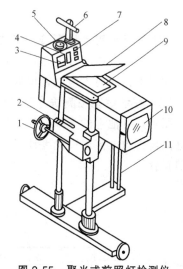

图 2-55 聚光式前照灯检测仪
1—仪器箱升降手轮　2—仪器箱高度指示标
3—光度表　4—光束照射方向参考表
5—光束照射方向选择指示旋钮　6—对正器　7—光度选择按键　8—观察窗盖
9—观察窗　10—透镜　11—仪器移动手柄

聚光式前照灯检测仪的检测方法有以下三种：

（1）**移动反射镜检测法** 前照灯的灯泡通过聚光透镜、反射镜将光线照射在光电池上，如图 2-57 所示。转动光轴刻度盘可使反射镜的安装角发生变化。当调整反射镜使光轴偏斜指示器的指针指向零位时，可从光轴刻度盘读得光轴的偏斜量，光度计也同时指示发光强度。

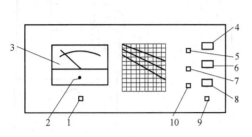

图 2-56　光度指示装置

1—欠压指示灯　2—光度调零旋钮　3—光度表
4—远光 1 号键　5—远光 1 号调零旋钮　6—远光
2 号键　7—远光 2 号调零旋钮　8—近光键　9—电
源开关　10—近光调零旋钮

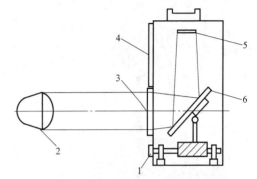

图 2-57　移动反射镜检测法

1—光轴刻度盘　2—前照灯　3—聚光透镜
4—光轴偏斜指示器　5—光电池　6—反射镜

（2）**移动光电池检测法**　转动光轴刻度盘，使光电池上下、左右移动，直到左右偏斜指示计和上下偏斜指示计的指针均指向零，如图 2-58 所示。此时，从光轴刻度盘即可读得光轴的偏斜量，同时光电池输出的电流通过光度计指示发光强度。

（3）**移动透镜检测法**　通过移动光轴检测杠杆调节聚光透镜的方位，从而使通过聚光透镜照到光电池上的光线最强，如图 2-59 所示。此时，光轴偏斜指示器的指针指示值为零。光电池输出的电流通过光度计指示发光强度，光轴刻度盘与光轴检测杠杆联动，从而指示轴的偏斜量。

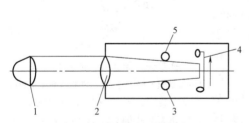

图 2-58　移动光电池检测法

1—前照灯　2—聚光透镜　3—光轴刻度盘（左右）
4—光电池　5—光轴刻度盘（上下）

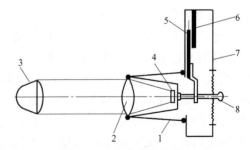

图 2-59　移动透镜检测法

1—插接器　2—聚光透镜　3—前照灯　4—光电池　5—指针
6—光轴刻度盘　7—外壳　8—光轴检测杠杆

3. 屏幕式前照灯检测仪

屏幕式前照灯检测仪将汽车前照灯的光束照射到屏幕上，以此来检测其发光强度和光轴偏斜量，通常测试距离为 3m。

屏幕式前照灯检测仪如图 2-60 所示，固定屏幕上装有可左右移动的活动屏幕，活动屏幕上装有能上下移动的内部带光电池的受光器。检测时，通过找准器摆正车辆、前照灯与检测仪的相对位置，移动受光器和活动屏幕，使光度计的指示值最大，指示值即为发光强度值，该位置即为主光轴照射位置，从装在屏幕上的两个光轴刻度尺上即可读取光轴偏斜量。

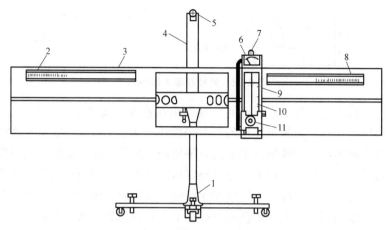

图 2-60 屏幕式前照灯检测仪

1—底座 2、8—光轴刻度尺（左右） 3—固定屏幕 4—支架 5—车辆摆正找准器 6—光度计
7—对正前照灯找准器 9—移动屏幕 10—光轴刻度尺（上下） 11—受光器

4. 投影式前照灯检测仪

投影式前照灯检测仪将前照灯光束的影像映射到投影屏上，以检测发光强度和光轴偏斜量。检测时，测试距离一般为 1~3m。此类前照灯检测仪应用较广。

投影式前照灯检测仪如图 2-61 所示，其光接收箱内部结构如图 2-62 所示。检测时，先用对准瞄准器找准车辆与仪器的相对位置，被检前照灯的光束经透镜汇聚后进入光接收箱，

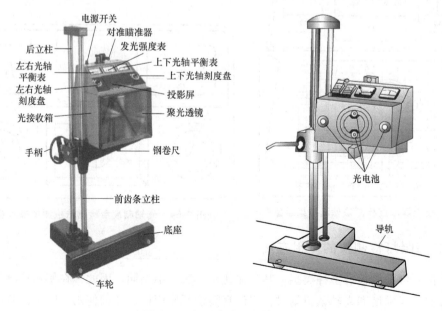

图 2-61 投影式前照灯检测仪

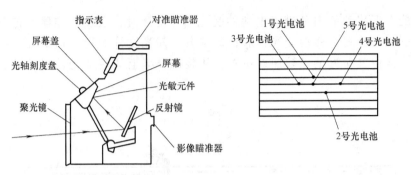

图 2-62　光接收箱内部结构

由反射镜将光束反射到投影屏上。投影屏上对称布置着 5 个光电池。3 号、4 号光电池检测水平方向光分布情况，其平衡输出连接到左右光轴平衡表；1 号、2 号光电池检测垂直方向光分布情况，其平衡输出分别连接到上下光轴平衡表；5 号光电池检测发光强度，其输出连接到发光强度指示表。旋转左右或上下光轴刻度盘，可改变反射镜的角度，从而使每个光轴平衡指示表的指示值为零。此时，光轴刻度盘所指示数值就是前照灯检测仪上标有表示光轴偏斜量的刻度线，根据前照灯光束影像在投影屏上所处的位置，可直接读取光轴的偏斜量。

根据投影式前照灯检测仪光轴偏斜量的检测方法的不同，可将其分为投影屏刻度检测法和光轴刻度盘检测法两种。

（1）**投影屏刻度检测法**　如图 2-63 所示，投影屏刻度检测法是在投影屏上刻有表示光轴偏斜量的刻度线，根据前照灯影像中心在投影屏上所处的位置，即可直接读出光轴偏斜量。

（2）**光轴刻度盘检测法**　如图 2-64 所示，光轴刻度盘检测法是转动上下与左右光轴刻度盘，使前照灯光束影像中心与投影坐标原点重合，然后从光轴刻度盘上读取光轴偏斜量。

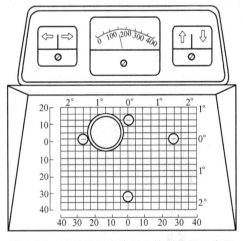

图 2-63　投影屏刻度检测法检测结果示意图

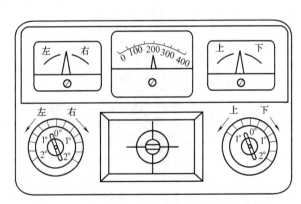

图 2-64　光轴刻度盘检测法检测结果示意图

六、前照灯检测仪的使用方法

汽车前照灯检测仪有多种类型，其具体使用方法各不相同。因此，在使用检测仪检测汽车前照灯的发光强度和光轴偏斜量时，应认真阅读所使用检测仪的使用说明书，掌握正确的使用方法，使检测结果准确、可靠，一般使用方法如下所述。

1. 被检测汽车的准备
1) 消除前照灯上的污垢。
2) 轮胎气压符合规定。
3) 蓄电池处于充足电状态。
4) 被测汽车空载,允许乘坐一名驾驶人。

2. 检测仪的准备
1) 检测仪在不受光的条件下,检查光强和光轴偏斜角指示表的显示是否为零。否则,应首先调零。
2) 检查聚光透镜的镜面上有无污物。若有,可用柔软的布或镜头纸擦拭干净。
3) 检查水准器的技术状况,若水准器无气泡,应按说明书要求调整。
4) 检查导轨是否沾有泥土等杂物。若有,应清扫干净。

3. 汽车前照灯的检测步骤
汽车前照灯检测仪有多种类型,其具体使用方法各不相同,应根据检测仪使用说明书规定的步骤进行检测。下面以投影式和自动追踪光轴式前照灯检测仪为例介绍其检测步骤。

(1) 投影式前照灯检测仪的检测步骤
1) 将汽车驶近检测仪,并使汽车纵轴线尽可能与导轨保持垂直,使前照灯与光接收箱保持规定的距离。
2) 用车辆摆正瞄准器使检测仪与汽车对正。
3) 使汽车发动机处于怠速状态,变速器置于空档,电源处于充电状态。
4) 开启前照灯,移动检测仪使光束照射到光接收箱上并确保上下、左右光轴偏移指示计的指针指到零位。
5) 观察投影屏上前照灯影像位置,必要时转动光轴刻度盘测出光轴的偏移量。
6) 读取光度计的指示值,该值即为被测前照灯的发光强度。
7) 变换前照灯开关至近光,观察屏幕上的光束投影,检查近光配光性能。

(2) 自动追踪光轴式前照灯检测仪检测步骤
步骤1)~步骤3)与使用投影式前照灯检测仪的检测步骤相同。
4) 打开前照灯,接通检测仪电源,通过操纵开关调整光接收箱的上下与左右位置,使前照灯光照射到光接收箱上。
5) 按下控制盒上的检测开关,测定指示灯亮,仪器进入检测状态,光接收箱随即追踪前照灯光轴,仪器将自动测定光轴偏移量和发光强度,并由各指示仪表直接显示检测结果。
6) 按控制开关使检测仪退出检测工作状态。

七、前照灯检测仪使用注意事项

1) 按使用说明书要求,正确安装设备(如场地要求、检测距离要求、平行度要求、垂直度要求、高度要求等)。
2) 正确连接电源和各种线缆。前照灯检测仪在检测时要在前照灯间移动,因此线缆应有足够长度和适当防护措施。

3）仪器使用前，应检查各指示器的零位是否漂移，受光器的受光面是否蒙尘或受到污染，对自动追踪光轴式前照灯检测仪的追踪性能应做周期性校准。

4）要避开外来光线的影响。对于四灯制的车辆，检测时应将同侧的两只前照灯遮住一只再进行检测，然后再检测另一只。

5）按所使用检测仪说明书的要求，制定相应操作规范，正确操作检测仪。

6）应注意检测仪使用过程中的维护。应保持仪器的立柱表面清洁，每天加适量润滑油，以利滑行；应保持导轨表面洁净，去除沙粒、油泥、小石子等；定期对前照灯检测仪进行校准。

第五节　车速表检测

有关统计资料表明，在重大交通事故中，约有40%是由驾驶人违章超速行驶造成的。理论和试验表明，汽车的制动距离与汽车制动初速度的二次方成正比。制动时汽车的行驶速度越高，汽车的制动距离越长，这是车速越高越容易发生事故的原因。因此，汽车在行驶中，驾驶人根据道路、气候、环境、交通流量状况正常控制车速是行车安全的关键。

因此，为了保障行车安全，车速表的指示误差被列为汽车安全检测中的必检项目之一。

一、车速表误差形成的原因

车速表误差形成的主要原因有如下三点：

1. 车速信号传递误差

汽车车速表主要有电磁式和电子式两大类。电磁式车速表通常通过蜗轮蜗杆和软轴将变速器输出轴的转速传递给车速表的主动轴，而后转换为车速信号。电磁式车速表传递车速信号的可靠性较高，一般不会产生误差。电子式车速表一般通过安装在变速器处的各种车速传感器（光电式、霍尔式、磁阻式等）获得反映汽车车速的脉冲信号，再由电子电路驱动车速表。若传感器性能变差、老化、损坏，或驱动电路性能不良、存在故障，则会使车速信号在传递中产生误差，从而使车速表出现指示误差。

2. 车速表本身故障或损坏

电磁式车速表是利用磁电互感作用，通过指针摆动来显示汽车行驶速度的。车速表内有可转动的活动盘、转轴、轴承、齿轮、游丝等零件和磁性元件。在使用过程中，这些零件的自然磨损及磁性元件的磁性变化，都会造成车速表的指示误差。而电子式车速表通常是一个电磁式电流表，用于接收驱动电路送来的车速信号，其接收的平均电流与车速成正比，并驱动车速表指针偏摆，指示相应的车速。由于无需软轴传动，其性能一般较为稳定，但当电磁式电流表失效或性能变差时，也会造成车速表的指示误差。

3. 车轮滚动半径的变化

汽车行驶速度可用下式计算：

$$v = 0.377 \frac{rn}{i_g i_0} \tag{2-2}$$

式中　v——汽车行驶速度（km/h）；
　　　r——车轮滚动半径（m）；
　　　n——发动机转速（r/min）；
　　　i_g——变速器传动比；
　　　i_0——主减速器传动比。

由式（2-2）可知，汽车实际行驶速度与车轮滚动半径成正比，即汽车实际行驶速度会因为车轮滚动半径的变小而变小，反之则变大。轮胎磨损、气压不足或气压过大都会引起车轮滚动半径的变化，从而导致车速表指示值误差。

二、车速表检测的基本原理

车速表的检测方法有道路试验法和室内台架试验法两种。用道路试验法检测时，汽车以不同车速等速通过某一预定长度的试验路段，测出通过该路段的时间，然后计算出实际车速，将实际车速与车速表指示值进行对比，即可测出不同车速下车速表的指示误差。车速表的室内台架试验可以在滚筒式车速表试验台上进行。测量时，被测汽车的车轮置于车速表试验台的滚筒上，由汽车车轮驱动滚筒旋转或由滚筒驱动汽车车轮旋转，由试验台的测量装置测出汽车的实际行驶速度（试验台滚筒线速度），然后与汽车车速表指示值对比，便可测出车速表误差值。

三、车速表检测设备

按有无驱动装置，车速表试验台分为标准型、电动机驱动型和综合型三类。

1. 标准型车速表试验台

标准型车速表试验台由速度测量装置、速度指示装置和速度警告装置等组成，本身没有动力驱动装置。试验台滚筒的旋转由被测车辆的驱动轮驱动，如图2-65所示。

（1）**速度测量装置**　速度测量装置由滚筒、举升器和速度传感器等组成。

滚筒装置由左右对称布置的4个滚筒构成，滚筒直径为185~370mm，通过滚动轴承安装在框架上，且两个前滚筒用联轴器连接在一起，以防试验时汽车驱动轴差速器齿轮滑转。

举升器设置在前、后滚筒之间，以方便车辆进出试验台。举升器和滚筒制动装置联动，当举升器升起时，滚筒便被制动从而不能转动。

速度传感器安装在滚筒的一端，用于将滚筒转速信号转化成电信号送至速度指示装置。

（2）**速度指示装置**　速度指示装置接收速度传感器的电信号，根据滚筒圆周长和滚筒转速算出汽车的实际速度，并在指示仪表上显示，单位是km/h。

（3）**速度警告装置**　速度警告装置用于提示汽车实际车速已达到检测车速（40km/h）。试验时，当汽车实际速度达到检测车速时，速度警告装置发出警告，提示检测员立刻读取驾驶室内车速表的指示值，以便与实际车速对比，判断车速表指示值是否在规定范围内。

标准型车速表试验台结构简单、价格便宜、应用广泛，但只适合检测车速表的车速信号取自变速器输出轴的车辆。对于车速信号取自从动轮的车辆，必须采用电动机驱动型车速表试验台检测。

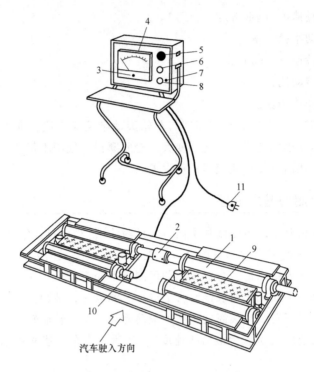

图 2-65 标准型车速表试验台
1—滚筒 2—联轴器 3—零点校正螺钉 4—速度指示仪表 5—蜂鸣器 6—警告灯 7—电源灯 8—电源开关 9—举升器 10—速度传感器（测速发电机式） 11—插头

2. 电动机驱动型车速表试验台

电动机驱动型车速表试验台由电动机驱动滚筒旋转，电动机通过离合器与滚筒相连。离合器的接合与分离，可起到传递和中断动力的作用。除此之外，其他组成结构基本与标准型车速表试验台相同，如图 2-66 所示。测试时，离合器接合，电动机驱动滚筒转动，滚筒带动从动车轮旋转，试验台车速测量装置测出实际车速（试验台滚筒线速度），比较汽车车速表指示值和实际车速值，便可测出车速表指示误差。离合器分离时，电动机驱动力被中断，此时电动机驱动型车速表试验台与标准型车速表试验台的功能相当。

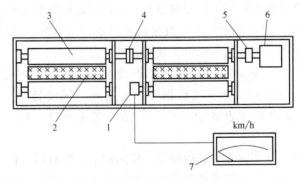

图 2-66 电动机驱动型车速表试验台
1—测速发电机 2—举升器 3—滚筒 4—联轴器 5—离合器 6—电动机 7—速度指示仪表

电动机驱动型车速表试验台检测范围广，几乎能检测各种车辆的车速表，但个别四轮驱动汽车和具有驱动防滑控制装置的汽车等除外。

3. 综合型车速表试验台

综合型车速表试验台通常是具有测速功能的多功能试验台（如汽车底盘测功机、汽车惯性滚筒式制动试验台等），可以对车速表进行检测。

对于综合型车速表试验台来说，车速表检测一般不是它的主要功能，而仅仅是它的一个附加功能。

四、车速表的检测方法

车速表的检测，应严格根据车速表试验台的使用说明书进行。其一般检测步骤如下所述。

1. 检测前的准备

（1）车速表试验台的准备

1）检查车速表试验台导线的连接情况，不能出现接触不良或断路情况。

2）滚筒在静止状态接通电源时，试验台指示仪表指针应指示零位，否则应调零。

3）检查举升器，使其能正常的接合、分离。

4）滚筒表面应清洁，清除滚筒表面的水、油、泥、砂等杂物。

（2）被检车辆的准备

1）检查轮胎气压，使其在标准范围内。

2）确保轮胎上无水、油、泥、砂等杂物。

2. 车速表检测方法

1）接通试验台电源，升起举升器。

2）被检车辆驶入车速表试验台，并使车轮停于两滚筒之间，然后降下举升器，至车轮和举升器托板完全脱离。

3）用挡块抵住试验台滚筒之外的一对车轮的前方，以防检测时汽车驶出发生意外。

4）使用标准型车速表试验台检测时，起动汽车，挂最高档，踩下加速踏板，使驱动轮平衡运转。使用电动机驱动型车速表试验台检测时，接合试验台离合器，汽车变速器挂空档，松开汽车驻车制动器，然后起动电动机，使滚筒带动车轮一起旋转。

5）当试验台速度表的指示值（实际车速）达到检测车速 40km/h 时，读取汽车车速表的指示值；或当汽车车速表的指示值达到检测车速时，读取试验台速度表的指示值（实际车速）。

6）使用标准型车速表试验台检测时，轻踩汽车制动踏板，使滚筒停止转动。使用电动机驱动型车速表试验台检测时，关闭电动机电源，轻踩汽车制动踏板，使滚筒停止转动。

7）升起举升器，去掉挡块，汽车驶离车速表试验台，切断试验台电源。

五、车速表检测标准及检测结果分析

1. 检测标准

根据 GB 7258—2017《机动车运行安全技术条件》，车速表指示车速 v_1(km/h) 与实际车速 v_2(km/h) 之间符合下列关系式：

$$0 \leq v_1 - v_2 \leq \frac{v_2}{10} + 4$$

即当车速表指示车速 v_1 为 40km/h 时,实际车速 v_2 在 32.8~40km/h 的范围内为合格;或当实际车速 v_2 为 40km/h 时,车速表指示车速 v_1 的读数在 40~48km/h 的范围内为合格。

2. 检测结果分析

汽车车速表的示值误差超出合格范围时,还需找出误差产生的原因,以便对汽车车速表进行更换或维修,使其达到检测标准。

轮胎尺寸和气压会引起车速指示误差。若轮胎磨损严重,则应在更换新轮胎之后,同时轮胎气压在标准范围内时对车速表进行检测。车速表的部件磨损、老化或损坏之后,会造成车速表的指示误差,应及时更换磨损过大、使用时间过久和损坏的部件。若轮胎和尺寸均满足要求,但检测时车速表指示误差仍过大,则说明车速信号的接收或传递部分存在故障。

习题

1. 为什么要进行汽车起动机的空载和制动试验?如何操作?
2. 如何检测汽车起动机电磁开关和起动继电器性能?
3. 进行起动机不转或运转无力的故障分析。
4. 说明点火系统二次电压波形形成过程,并指明波形各段的含义。为什么用点火波形判断点火系统性能?点火系统出现故障一般反映在波形上哪些阶段?
5. 什么是重叠角?检测重叠角的意义是什么?
6. 点火正时检测方法有几种?说明各自的检测原理及检测方法。
7. 点火系统常见故障有哪些?检测方法有哪几种?以发动机不点火故障为例说明点火系统检测步骤。
8. 评价空调系统技术状况的参数有哪些?检测项目有哪些?如何检测?
9. 空调系统常见故障有哪些?
10. 评价汽车前照灯性能的参数有哪些?检测原理是什么?前照灯检测仪有哪几种类型?说明投影式和自动追踪光轴式前照灯检测仪的检测原理。
11. 检测汽车前照灯时应该注意哪些问题?如何分析检测结果?
12. 说明车速表的检测标准,并说明车速表产生误差的原因。
13. 检测车速表的设备有哪些?检测方法有几种?

第三章 Chapter 3

汽车发动机性能检测与诊断

【教学目标】

通过本章的学习,学生能够了解评价汽车发动机性能好坏的指标,能够掌握发动机各系统检测原理和检测方法,并能够运用所学知识判断发动机各系统的故障类型,选取科学有效的方法进行故障诊断,达到分析和解决问题的能力。

【教学要求】

知识要点	能力要求	参考学时
发动机功率检测	了解用发动机输出功率评价汽车动力性标准;掌握发动机无负载测功检测原理和检测方法;了解发动机输出功率类型;掌握发动机单缸功率检测方法	1
气缸密封性检测与诊断	了解评价气缸密封性好坏的指标;掌握气缸压缩压力、气缸漏气量(率)、进气管真空度的检测方法和结果分析;了解曲轴箱窜气量的检测原理和检测方法;能够正确分析气缸密封性差的原因	1
汽油机电控燃油喷射系统检测与诊断	了解电控发动机故障诊断原理和一般程序及诊断方法;理解空燃比与燃油喷射系统的关系;掌握燃油系统压力的检测方法及结果分析;掌握主要传感器的检测方法及结果分析;了解电控单元(ECU)的检测方法;掌握电动燃油泵的检测方法及常见故障;掌握喷油器的波形各段含义、产生故障波形的原因及喷油器的检测方法及常见故障诊断;能够对燃油喷射系统故障进行正确分析	4
柴油机燃油供给系统检测与诊断	了解混合气质量与燃油供给系统的关系;理解燃油喷射过程及压力变化;掌握高压油管内压力波形及故障波形分析;掌握供油正时的检测方法	2
电控柴油喷射系统检测与诊断	了解共轨式电控柴油喷射系统技术状况的检测方法;掌握共轨压力故障诊断方法;掌握主要传感器的检测与诊断;掌握故障自诊断的方法	2
发动机冷却系统检测与诊断	掌握冷却系统的检测内容、检测方法及常见故障的诊断	1
发动机润滑系统检测与诊断	了解评价润滑系统性能好坏的指标;了解润滑系统压力、消耗量的检测方法及结果分析;掌握机油品质的检测原理、检测方法及结果分析;能够正确分析润滑系统常见故障	2
发动机异响诊断	了解异响的性质、特征及影响异响的因素;掌握异响的诊断方法和典型异响的分析	1
电控汽油机常见故障诊断	掌握电控汽油机故障诊断方法及常见故障诊断程序;能够对电控汽油机出现的故障进行正确分析	1

思考：

有一辆丰田皇冠轿车，发动机型号为 2JZ-GE，总行程 25 万 km。故障现象是怠速正常，踩下加速踏板，发动机中、低转速时加速性能良好，但当转速达到 4000r/min 时，发动机不能提速，严重"喘气"。分析产生此故障的可能的原因。

第一节 发动机功率的检测

发动机功率分为额定功率和有效功率。额定功率是指发动机在额定转速下发出的总功率，是由制造厂标定的，也称标定功率。

发动机功率的评价指标有指示功率和有效功率。发动机有效功率是指发动机输出轴上发出的功率，是发动机一项综合性能指标。通过该指标可以定性分析发动机的技术状况，确定发动机是否需要大修或鉴定发动机的维修质量。通过该指标还可以定量获取发动机的动力性。

一、发动机功率检测方法

根据外界提供阻力矩的情况，发动机功率检测方法分为有负荷测功和无负荷测功两种。

1. 有负荷测功

有负荷测功指在发动机节气门开度一定、转速一定和其他参数保持不变的稳定状态下，在测功机上测定功率的方法，也称稳态测功。测功机测出发动机的转速和转矩，然后通过计算获得功率：

$$P_e = T_e n / 9550 \tag{3-1}$$

式中 P_e——发动机有效功率（kW）；

T_e——发动机有效转矩（N·m）；

n——发动机转速（r/min）。

稳态测定发动机最大有效功率是在节气门全开的情况下，由测功机给发动机施加一定负荷，测出额定转速及相应转矩，然后计算出功率。

有负荷测功的特点是测试结果准确可靠，但需要大型、固定安装的测功机，费时费力且成本较高，多用于发动机设计、制造及院校和科研部门。

2. 无负荷测功

采用无负荷测功时，外界负载为零，只利用曲轴飞轮等旋转部件的惯性力矩来平衡发动机的输出转矩。因无负荷测功时，发动机节气门开度和转速等都是变化的，因此又称为动态测功。

无负荷测功的方法是当发动机在怠速或处于空载某一低速下运转时，突然全开节气门，使发动机克服惯性和内部阻力而加速运转，用其加速性能的好坏直接反映最大功率的大小。因此，只要测出加速过程中的某一参数，就可得出相应的最大功率。无负荷测功的特点是不需要外加负荷，又不需要大型设备，既可以在台架上进行，也可以就车进行，因而提高了检测速度和方便性。虽然其测量精度较差，但该方法适用于在用车发动机的检测，故一般运输企业、维修企业和检测站采用较多。

二、发动机功率检测标准

根据 GB 7258—2017《机动车运行安全技术条件》，发动机功率应大于或等于标牌（或产品使用说明书）标明的发动机功率的 75%；根据 GB/T 3799.1—2005《商用汽车发动机大修竣工出厂技术条件 第 1 部分：汽油发动机》和 GB/T 3799.2—2005《商用汽车发动机大修竣工出厂技术条件 第 2 部分：柴油发动机》，商用汽车发动机大修竣工出厂时，在标准状态下，发动机额定功率和最大转矩不得低于原设计标定值的 90%。

三、发动机无负荷测功原理

当发动机与传动系统分开时，将发动机从怠速或某一低速急加速至节气门最大开度，此时发动机产生的动力要克服各种阻力矩和本身运动件的惯性力矩，所剩余的有效转矩迅速使发动机加速到空载最大转速。对于某一结构的发动机，其运动件及附件的转动可以认为是一定值，因而只要测出发动机在指定转速范围内急加速时的平均加速度，即可得知发动机的动力性，或者说通过测量某一定转速时的瞬时加速度，就可以确定发动机功率的大小。

根据检测方法的不同，无负荷测功分为瞬时功率检测和平均功率检测。瞬时功率是指发动机在加速运转时某一转速所对应功率，平均功率是指发动机在加速运转时，某一转速范围内的平均功率。

1. 瞬时功率检测原理

将发动机的所有运动部件等效地看成是一个绕曲轴旋转的回转体。没有外界负荷的发动机，在怠速情况下突然踩下加速踏板时，发动机发出的动力除克服各种机械阻力矩外，其有效转矩全部用来加速发动机运动部件，其加速时的惯性阻力矩为该工况下的唯一负载。根据刚体转动微分方程，发动机有效转矩和角加速度间的关系为

$$T_e = J\frac{d\omega}{dt} = J\frac{\pi}{30}\frac{dn}{dt} \tag{3-2}$$

式中　T_e——发动机有效转矩（N·m）；

　　　J——发动机运动部件对曲轴轴线的当量转动惯量（kg·m²）；

　　　n——发动机转速（r/min）；

　　　$\dfrac{d\omega}{dt}$——曲轴的角加速度（rad/s²）；

　　　$\dfrac{dn}{dt}$——曲轴转速变化率（rad/s²）；

　　　ω——曲轴的角速度（rad/s）。

将式（3-2）代入式（3-1）得

$$P_e = \frac{\pi J}{9550 \times 30} n \frac{dn}{dt}$$

令

$$C = \frac{\pi J}{9550 \times 30}$$

则

$$P_e = Cn \frac{dn}{dt}$$

由于在动态测试时,发动机的进气、燃烧状况与稳态时不同,其有效功率相对小于稳态测功时的有效功率,因此,引入修正系数 k,则有

$$P_e = kCn \frac{dn}{dt}$$

令

$$C_1 = kC$$

则

$$P_e = C_1 n \frac{dn}{dt}$$

结论1:发动机在加速过程中某一转速下的功率,与该转速及转速变化率成正比。因此,只要测出加速过程中的转速及其对应的转速变化率,即可求得该转速下的发动机功率。实际应用中,通常通过测取发动机额定转速下的功率,来评定发动机的动力性。

2. 平均功率检测原理

根据动能原理,发动机驱动曲轴转动所做的功等于曲轴旋转动能的增量,即

$$W_A = \frac{1}{2} J (\omega_2^2 - \omega_1^2) \frac{1}{1000}$$

式中　　W_A——发动机所做的功(kJ);

ω_1——曲轴起始角速度(rad/s);

ω_2——曲轴终止角速度(rad/s)。

设曲轴角速度加速过程测定区间 $\omega_1 \sim \omega_2$ 对应的发动机转速为 $n_1 \sim n_2$,加速经历的时间为 Δt,则发动机在 Δt 时间内的平均功率为

$$P_{em} = \frac{W_A}{\Delta t} = \frac{1}{1000} \frac{J(w_2^2 - w_1^2)}{2\Delta t}$$

将 $\omega = \frac{\pi}{30} n$ 代入,则有

$$P_{em} = \frac{1}{1000} \frac{J}{2\Delta t} \left(\frac{\pi}{30}\right)^2 (n_2^2 - n_1^2)$$

令

$$C_2 = \frac{1}{2} J \left(\frac{\pi}{30}\right)^2 \left(\frac{n_2^2 - n_1^2}{1000}\right)$$

则有

$$P_{em} = C_2 \frac{1}{\Delta t}$$

结论2:发动机在加速过程中的平均功率与加速时间成反比。

由于测得的一定转速范围内的平均功率,测试值与实际值存在差异,因此,需通过有负荷测功的方法进行修正。

四、无负荷测功的误差分析

无负荷测功误差较大有以下主要原因。

1. 发动机运动部件的当量转动惯量 J 的误差

当量转动惯量 $J(\mathrm{kg \cdot m^2})$ 用于模拟发动机所有运动部件对曲轴的转动惯量,不可避免会存在误差。

2. 无负荷测功的阻力负载

除发动机的惯性阻力外,发动机加速过程中的阻力负荷还包括:
1) 运动部件的摩擦阻力。
2) 驱动发动机附件的阻力。
3) 进、排气过程的泵吸损失等。

这些阻力都随相应部件、机构的技术状况而变化,不是定值。若不考虑其变化或将其视为定值,则会导致测试误差较大、重复性较差、可比性不好。

3. 变工况修正系数 K_1、K_2

无论是瞬时功率测试还是平均功率测试,都是在节气门突然打开的急加速变工况条件下进行的,测试过程中的混合气形成、发动机燃烧状况和热状况等与有负荷测试时不同,其功率测试值偏小,因此引入了修正系数 K_1、K_2,对检测结果进行修正。

4. 人为因素的影响

不同人操作对无负荷加速测功的结果影响很大。测试时,踩加速踏板的快慢、开始踩加速踏板的时刻所引起的测试误差可高达 20%。因此,测功时,踩加速踏板的速度和力度要均匀,重复性要好。

五、发动机综合性能分析仪的使用方法

发动机综合性能分析仪(无负荷测功仪)是传感技术、动态数据采集技术和信号处理技术在发动机检测领域应用的高科技机电一体化产品,它具有多项功能,且通用性较强,其功能之一是在不解体的条件下,对汽车发动机进行无负荷测功。下面以某公司的 EA2000 发动机综合性能分析仪为例,说明用仪器进行无负荷测功的方法。

1. 测试前的准备

(1) 检测仪的准备
1) 接通电源,打开检测仪总开关、计算机和显示器开关,暖机 20min。
2) 在发动机不工作和点火系统关闭的情况下,将检测仪转速传感器、1 缸点火信号传感器连接到被测发动机上。
3) 检测仪电源线必须可靠接地。
4) 在测试电控燃油喷射发动机时,除检测仪电源接地外,检测仪地线还必须与发动机共地,测试人员必须随时与汽车车身接触。

(2) 发动机的准备
1) 调整发动机配气机构、供油系统和点火系统,使之处于技术良好状态。
2) 预热发动机至正常工作温度(80~90℃)。
3) 调整发动机怠速运转,使之在规定范围内运转。

2. 无负荷功率的测试

1）点击计算机屏幕上"EA2000"快捷键，仪器开始自检，自检过程中显示绿色的传感器表明已经连接好，显示红色的传感器表明未连接或传感器有故障。

2）选择无负荷测功功能。

3）设定起始转速 n_1（略高于发动机怠速）和终止转速 n_2（发动机额定转速）。

4）输入被测发动机的当量转动惯量 J。

5）当驾驶人准备好后，操作人员按下检测按钮，显示器开始倒计时 5s 的显示。

6）当倒计时至零时，迅速踩下加速踏板，发动机转速迅速升高，当达到设定的发动机终止转速时，松开加速踏板，使发动机回到怠速工况。

7）计算机自动判断发动机转速，当发动机转速大于起始设定转速时，计算机开始计算发动机输出功率，并显示；当发动机转速大于设定终止转速时，自动停止检测，此时屏幕上会出现三条波形及数据。

8）按存储键存储检测的波形及数据。

9）按打印键可打印波形。

10）为保证测试结果可靠，一般重复三次，取其平均值评价发动机动力性。

3. 测试时注意事项

1）发动机当量转动惯量 J 值要准确。仪器生产厂家提供的 J 值多为发动机台架试验测得，试验时通常不带散热风扇和空气滤清器，与就车测试时不同。因此，必须使用规定的就车测试的发动机当量转动惯量 J 值。

2）发动机加速区间的转速 n_1、n_2 选取要适当。通常起始转速 n_1 高于发动机怠速转速，终止转速 n_2 取额定转速。

3）检测时，踩加速踏板的速度和力度要均匀，重复性要好。

4）无负荷测功的结果仅是发动机动力性的一个方面，不能全面评价发动机的动力性。

5）无负荷测功的精度不高，作为发动机维修后的质量判断较为有效。

4. 发动机功率检测结果分析

若发动机功率偏低，应首先检查燃料供给系统和点火系统技术状况，若两系统工作正常而功率仍低，应结合气缸压力和进气管真空度来进行检查，判断是否为机械故障。其典型故障的原因和排除方法见表 3-1。

表 3-1 影响汽油发动机功率的典型故障分析

故障现象	故障原因
压缩不良	活塞环磨损或烧蚀,活塞和气缸磨损 气门与气门座不密封 一个或几个气门弹簧折断
气缸充气不良	气缸垫烧坏,窜气 气门间隙调整不当 空气滤清器堵塞 消声器堵塞
发动机过热	散热风扇传动带松旷或有油污 冷却系统有污垢
爆燃、回火、冒黑烟	点火过早或过迟 混合气过浓或过稀

六、各缸功率均衡性检测

各缸功率均衡性是判断发动机技术状况的另一个重要指标，是发动机检测诊断的一个重要内容。各缸功率均衡性可通过单缸功率检测和单缸断火后转速变化的情况来评价。

发动机输出功率应等于各缸功率之和，当测得的发动机有效功率偏低时，测试发动机每个缸的功率，可以发现功率低的原因和部位。

1. 无负荷测功仪检测单缸功率

首先测出发动机整机功率，再测出某缸断火情况下的发动机功率，两功率之差即为断火气缸的功率。采用将各缸轮流断火的方法，测试发动机各个缸功率，可以判断各缸工作状况是否良好。

各缸功率相同，则说明发动机各缸功率均衡性好；若某缸断火后，测得的功率没有变化，则说明该缸功率为零，该缸之前没有参与工作；若发动机某缸功率偏低，则一般是该缸高压线、分线插座或火花塞技术状况不佳、气缸密封性不良。

2. 单缸断火后转速变化检测单缸功率

发动机在一定转速下运行时，若某缸突然断火，则发动机的指示功率减小，导致克服原转速的功率不够，从而使发动机重新平衡运转的转速降低。因此，可以利用在单缸断火情况下测得的发动机转速下降值，来评价各缸的工作状况。

通常在发动机各缸工作都正常的情况下，以某一平衡转速下单缸断火时发动机转速下降的平均值作为诊断标准。各缸轮换断火时，转速下降幅度大且基本相同，由此说明各缸工作状况良好，各缸功率均衡性好；若各缸转速下降的幅度差别很大，则说明各缸功率均衡性差，有些缸工作不正常；若某缸转速下降的幅度较标准值小，说明其单缸功率小，该缸工作状况不良；若某缸转速下降值等于零，则说明其单缸功率为零，该缸不工作。

当某缸断火或断油后，发动机依旧以原来的转速运转或转速下降幅度不大，则说明该缸不工作或工作状况不良。

缸数多的发动机不适宜做该检测，因为气缸数越多，单缸断火后的转速下降值就越小，测量误差就越大，判断各缸工作性能的难度就越大。

> **需要注意：**
>
> 1) 进行断火试验时，发动机转速下降的程度与起始转速有关。试验表明，若发动机起始转速为1000r/min，正常情况下，某缸不工作时发动机转速下降平均值见表3-2。检测时，单缸断火后的转速下降值应符合诊断标准，且最高和最低下降值之差不大于转速下降平均值的30%。

表3-2 发动机单缸断火后转速下降平均值

气缸数	平均转速下降值/(r/min)	允许偏差/(r/min)
4缸	100	±20
6缸	70	±10
8缸	45	±5

> 2) 对于汽油机，由于某缸断火后，进入该缸的汽油混合气不参与燃烧，汽油会洗刷气缸壁上的润滑油膜，使气缸磨损加剧；同时流入油底壳的汽油会稀释机油。因此，断火试验不宜时间过长或频繁进行。

> **需要强调的问题：**
> 1）无负荷测功通常情况下测量的是发动机的额定功率。
> 2）数据库中未涉及的发动机，无法实施无负荷测功（转动惯量等参数未知）。

第二节 气缸密封性检测与诊断

汽车发动机的使用寿命由其技术状况所决定，其中，气缸活塞组技术状况中最重要的一项就是气缸密封性。

要想保证发动机缸内压力正常并有足够的动力输出，首先应该保证气缸密封良好。汽车发动机密封结构主要包括气缸垫、气缸体、气缸盖、气门和活塞组等部件。在使用过程中，由于磨损、烧蚀、结胶、积炭等原因，气缸活塞组的技术状况变差，从而使气缸密封性不良。

气缸密封性差会导致汽车加速不良，发动机起动困难甚至不能起动，车辆爬坡能力下降，很难达到最高车速。同时，出现排烟增多且有异常气味，燃油与机油消耗增加等故障现象。气缸密封性的评价指标有气缸压力、气缸漏气率、进气管真空度、曲轴箱窜气量等。就车检测时，只要检测上述指标中的一项或两项，就能表明气缸密封的程度。

一、气缸压力检测

气缸压力是指四冲程发动机压缩终了时上止点的压力。测量发动机气缸的压力，可以诊断气缸、活塞组的密封情况，以及活塞环、气门、气缸垫密封性是否良好和气门间隙是否适当等。气缸密封性良好是保证发动机气缸压力正常的基本条件。

气缸压力与发动机的热效率和平均指示压力有直接关系，发动机输出的转矩和功率取决于各缸内的平均压力。若气缸密封性差，则发动机的动力性、经济性和排放性能都将下降。气缸压力是评价气缸密封性最为直接的指标，用气缸压力表检测气缸压力，由于该仪表具有结构简单、小巧轻便、价格低廉和使用可靠等优点，因而在汽车维修企业中应用广泛。根据所用仪器的不同，气缸压力的检测有用气缸压力表检测和用气缸压力检测仪检测。

1. 气缸压力表检测法

（1）气缸压力表的结构和原理　气缸压力表是一种气体专用压力表，一般由压力表头、导管、单向阀和接头等组成，如图3-1所示。压力表头多为鲍登管，其驱动元件是一根扁平的弯曲成圆圈状的管子，一端为固定端，另一端为活动端。活动端通过杠杆、齿轮机构与表头指针相连。当气体进入弯管时，弯管伸直。于是，通过杠杆、齿轮机构带动表头指针摆动，在表盘上指示出气体压力的大小。气缸压力表的接头有两种形式，一种为螺纹管接头，可以拧紧在火花塞或喷油器螺纹孔内，另一种为锥形或阶梯形的橡胶接头，可以用手压紧在火花塞或喷油器孔上。接头通过导管与压力表头相连通。

导管也有两种，一种为软导管，另一种为金属硬导管。软导管适用于螺纹管接头与压力表头的连接，硬导管适用于橡胶接头与表头的连接。气缸压力表导管上还装有能通大气的单向阀。当单向阀处于关闭位置时，可保持压力表指针的测试状态以便于读数。当单向阀处于打开位置时，可使压力表指针回零以便于重新测试。

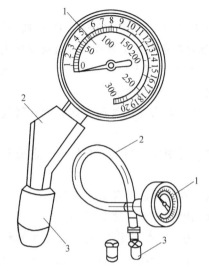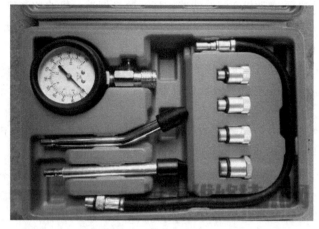

图 3-1　气缸压力表

1—表头　2—导管　3—接头

（2）气缸压力表使用方法

1）发动机正常运转，使冷却液温度达到75℃以上。

2）拆下发动机空气滤清器，用压缩空气吹净火花塞或喷油器周围的脏物，拆下全部火花塞或喷油器，并按气缸顺序放置。

3）对于汽油发动机，还应将点火系统二次高压总线从分电器端拔下并可靠搭铁，以防止电击或着火。然后，将气缸压力表的橡胶接头插在被测缸的火花塞或喷油器孔内，扶正压紧。

4）将节气门（带有阻风门的还包括阻风门）置于全开位置，用起动机转动曲轴3～5s（不少于四个压缩行程），待气缸压力表指针指示并保持最大压力后停止转动。取下气缸压力表，记录读数，按下单向阀使气缸压力表指针回零。

5）按上述方法依次测量各缸，每缸测量不少于2次，每缸测量结果取算术平均值。

6）就车检测柴油机气缸压力时，应使用螺纹管接头的压力表。如果被检柴油机要求在较高转速下测量，则除受检气缸外，其余气缸均应工作（喷油器不能拆下）。其他检测条件和检测方法同汽油机。

（3）检测结果分析　如果气缸压力的测量结果高于原设计值，并不一定表明气缸密封性好，要结合使用和维修情况进行分析。这种情况有可能是燃烧室内积炭过多、气缸衬垫过薄或缸体与缸盖结合平面经多次修理加工过甚造成的。

如果气缸压力测量结果低于原设计值，说明气缸密封性降低，可由该缸火花塞或喷油器孔注入少量机油，然后用气缸压力表再次测量气缸压力，进行深入诊断并记录。如果：

1）第二次测量结果比第一次高，并接近标准压力，表明是气缸、活塞环、活塞磨损过度或活塞环对口、卡住、断裂及缸壁拉伤等原因造成了气缸不密封。

2）第二次测量结果与第一次相近，仍比标准压力低，表明进排气门或气缸衬垫不密封。

3）若两次测量结果均表明某相邻两缸压力都相当低，说明两缸相邻处的气缸衬垫烧损窜气。

以上仅为气缸组不密封部位的故障分析或判断，并不能十分有把握地确定。

为了准确地测出故障部位，可在测量完气缸压力后，针对压力低的气缸采用以下方法进行诊断：

拆下发动机空气滤清器，打开散热器盖、机油加注口盖和节气门，用一条长约 3m 的胶管，一头接在压缩空气气源（压力在 600kPa 以上）上，另一头通过锥形橡皮头插在该气缸火花塞或喷油器孔内。用手摇把摇转发动机曲轴，使被测气缸活塞处于压缩终了上止点位置，然后将变速器挂入低速档，拉紧驻车制动器，打开压缩空气开关，注意倾听发动机漏气声。

如果在空气滤清器处听到漏气声，说明进气门关闭不严；如果在排气消声器处听到漏气声，说明排气门关闭不严。

如果在散热器加液口处看到有气泡冒出或听到漏气声，说明气缸衬垫密封性差，造成气缸与水套沟通。

如果在相邻气缸火花塞口处听到漏气声，说明气缸衬垫在该两缸之间烧损窜气。

如果在机油加注口处听到漏气声，说明气缸活塞配合副磨损严重，密封性差。

（4）**影响检测结果的因素** 用气缸压力表检测气缸压力，虽然应用广泛，但存在测量误差大的缺点。研究表明，气缸压力的测量结果不仅与气缸内各处的密封程度有关，还与曲轴的转速有关。某发动机气缸压力与曲轴转速的关系如图 3-2 所示。从图中可以看出，只有当曲轴转速超过 1500r/min 以后，气缸压力曲线才变得比较平缓。但在低转速范围内，即在检测条件中由起动机带动曲轴达到的转速范围内，即使较小的转速变化 Δn，也能引起气缸压力测量值较大的变化 Δp。不同型号的发动机，由起动机带动曲轴的转速不可能一致，即使同一型号的发动机，由于蓄电池、起动机和发动机的技术状况不一，其检测转速也不可能完全一致。这就出现了检测转速是否符合规定值的问题。这是用气缸压力表检测气缸压力误差大的主要原因之一。

因此在检测气缸压力时，应该用转速表监测曲轴转速，这是发现问题，获得正确结果的重要保证。用气缸压力表检测气缸压力的另一个缺点是需要将所有的火花塞或喷油器拆下，逐缸进行，费时费力。

2．气缸压力检测仪检测法

气缸压力检测仪主要有压力传感器式气缸压力检测仪、起动电流式气缸压力检测仪、起动电压降式气缸压力检测仪等，用于评价各缸气缸压力的均衡情况。

（1）**用压力传感器式气缸压力检测仪检测** 先拆下被测缸的火花塞，旋上仪器配置的压力传感器，用起动机转动曲轴 3~5s，由传感器获取气缸的压力信号，经放大后送入模拟数字转换器（A/D 转换器）进行模数转换，再送入显示装置，即可测得气缸压力。

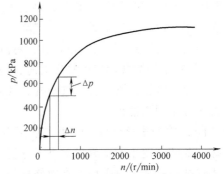

图 3-2　气缸压力与曲轴转速的关系

（2）**用起动电流式气缸压力检测仪检测** 发动机起动时的阻力矩主要由气缸与活塞之间及曲柄连杆机构产生的摩擦力矩、惯性力矩和各缸在压缩行程受压气体的反力矩三部分组成。摩擦力矩、惯性力矩可认为是常数，而受压气体的反力矩是随各气缸压力变化的波动量。

起动机带动发动机曲轴旋转所需要的转矩是起动电流的函数，起动电流的变化与气缸压力的变化间存在着对应的关系，而起动转矩又与气缸压力成正比。因此，为了比较各气缸压力是否均衡，可以测量起动过程中起动电流的变化以评价各气缸的压力。

利用 EA2000 发动机综合性能分析仪，在用电流传感器测出起动过程中起动电流的变化的同时，用压力传感器测出任一气缸压力值，则其他各缸的气缸压力值可按其起动电流波形峰值计算而得，波形如图 3-3a 所示。从图中可以看出，起动电流波形上的峰值与各气缸压力的最大值有关。如果将起动电流各峰值与各气缸压力最大值相对应，只要找准一个缸号，即可按点火顺序找出其他各缸的对应关系。在起动电流波形上，凡是峰值高的气缸压力也高，峰值低的气缸压力也低，为评价各缸气缸压力的均衡性带来了方便。在测量起动电流波形的同时，用压力传感器测出任一缸（如 1 缸，如图 3-3b 所示）的气缸压力值，则其他各缸压力值或百分比就可按电流波形幅度计算出来。

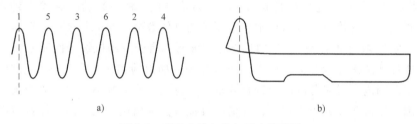

图 3-3　起动电流与气缸压力波形图

a）起动中流波形　b）单缸气缸压力波形

一些发动机综合性能分析仪将起动电流的波形变成柱状图来显示各缸的气缸压力，非常直观。其中，EA2000 型发动机综合性能分析仪就是如此。该分析仪在选择"起动机及发电机"项后，进入起动电流检测功能。

按下"检测"键，起动发动机，分析仪自动发出全部断油指令，屏幕显示出发动机转速、起动电流，同时绘制起动电流曲线和相对气缸压力的柱状图，通过检测起动电流而间接检测相对气缸压力变化量（%）。某汽油机相对气缸压缩压力的检测结果如图 3-4 所示。

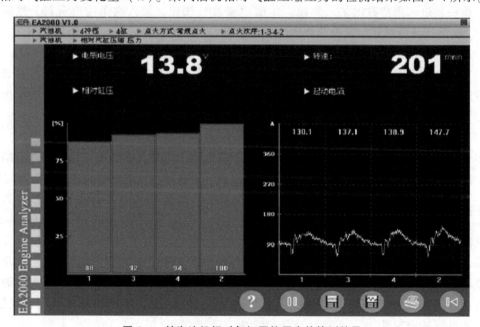

图 3-4　某汽油机相对气缸压缩压力的检测结果

(3) 用起动电压降式气缸压力检测仪检测

1) 检测原理。起动机工作电流 I_S 与蓄电池端电压 U 的关系为

$$U = E - I_S R$$

式中　E——蓄电池电动势（V）；

　　　R——蓄电池内阻（Ω）。

因此，由气缸压缩空气阻力矩引起的起动机工作电流波动会导致蓄电池端电压的波动。起动电流增大时，端电压降低，即起动电流与电压降成正比。如前所述，起动电流峰值与气缸压力成正比，因此起动时蓄电池的电压降也与气缸压力成正比。所以，可以通过测量蓄电池的起动电压降检测气缸压力。

2) 检测方法。根据上述原理制成的气缸压力检测仪，称为起动电流式或起动电压降式气缸压力检测仪。有的检测仪可以显示各缸压力的具体数值，并能与标准值对照；有的仅能定性显示"合格"或"不合格"；有的只能显示波形；有的发动机综合性能分析仪将起动电流的波形变成柱状图来显示各缸的压力，非常直观。如果检测时显示的各缸波形振幅一致，峰值又在规定范围内，说明各缸压力符合要求；若各缸波形振幅不一致，对应某缸电流峰值低于规定范围，则说明该缸压力不足，应借助其他方法测出该缸压力的具体数值以便分析判断。至于各缸波形峰值对应的缸号，一般是通过点火传感器或喷油传感器（柴油机）确定1缸波形位置，其他缸的波形位置按点火次序确定。

不同类型的发动机综合性能分析仪的检测方法也略有差异。下面以EA2000型发动机综合性能分析仪为例，说明发动机气缸压力的检测方法。

1) 将发动机运转至正常工作温度（冷却液温度达70~90℃）后停机。

2) 接通电源，打开分析仪总开关、显示器开关、主机开关，预热仪器。

3) 按仪器使用说明书给定的方法，连接好测试线和传感器。

4) 启动检测程序。启动检测仪综合性能检测程序，其主机将进入系统自检画面，通过系统自检后，进入用户数据录入界面，单击"修改"按钮，录入汽车用户资料，然后单击"确定"按钮，显示屏就出现检测程序主、副菜单。

5) 用鼠标选择"起动机及发电机"，进入起动电流检测功能。

6) 按下"检测"键，起动发动机，分析仪自动发出全部断油指令，仪器屏幕将显示发动机转速、起动电流，同时绘制出起动电流曲线和相对气缸压力的柱状图，从而检测出各缸压力及其变化量。

7) 根据需要打印检测结果。

用发动机综合性能分析仪检测气缸压力，不需拆装火花塞或喷油器，且能同时检测各个气缸，因而其检测速度快，效率高，适用于发动机一般技术状况的定性检查。

二、气缸漏气量（率）检测

气缸的漏气量（率）也可用来评价气缸密封性。检测气缸的漏气量（率）时，发动机不运转，活塞处于压缩行程上止点。其基本检测原理是，将具有一定压力的压缩空气从火花塞或喷油器孔充入气缸，检测活塞处于上止点时气缸压力的变化情况，以此表征气缸的密封性。气缸漏气量（率）不仅反映气缸活塞摩擦副的磨损状况，还反映进排气门、气缸垫、气缸盖和气缸的密封性。

1. 气缸漏气量检测原理

气缸漏气量检测仪如图 3-5 所示。测试时,拆下发动机的火花塞,使所测气缸的活塞处于上止点位置,并将检测仪的充气嘴安装在所测气缸的火花塞孔上。外接气源的压力应相当于气缸压力,一般为 0.6~0.8MPa,其具体压力值由进气压力表显示;压缩空气进入漏气量检测仪后,经调压阀调压至某一确定压力 p_1(0.4MPa),然后经过校正孔板上的量孔及快换管接头、充气嘴进入气缸。当气缸密封不严时,压缩空气就会从不密封处泄漏,使校正孔板量孔后的空气压力下降为 p_2。该压力值由测量表显示,其压力变化情况 p_1-p_2 即可反映气缸的密封程度。p_1 和 p_2 的关系为

$$p_1-p_2=\frac{\rho Q^2}{2\varphi^2 A^2}$$

式中　Q——空气流量（m^3/s）;

　　　A——量孔面积（m^2）;

　　　ρ——空气密度（kg/m^3）;

　　　φ——流量系数,$\varphi=\frac{1}{\sqrt{1+\varepsilon}}$,$\varepsilon$ 为量孔局部阻力系数。

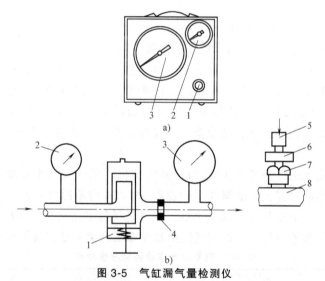

图 3-5　气缸漏气量检测仪

a) 检测仪面板示意图　b) 检测仪结构示意图

1—减压阀　2—进气压力表　3—测量表　4—校正孔板　5—橡胶软管　6—快换管接头　7—充气嘴　8—气缸盖

当校正孔板量孔面积和结构一定时,A 和 φ 为常数;而进气压力 p_1 及测试时的环境温度一定时,空气密度 ρ 也为常数。因此,校正孔板量孔后的压力 p_2（由测量表指示）取决于经过量孔的空气流量 Q。显然,空气流量 Q（漏气量）的大小与气缸的密封程度有关。当气缸、活塞、活塞环和气门、气门座等处磨损过大或因发生故障密封不好时,漏气量 Q 越大,测量表指示压力 p_2 越低于进气压力 p_1。因此,根据测量表压力下降值即可判断气缸的漏气程度,从而评价气缸的密封性。

2. 气缸漏气率检测原理

检测气缸漏气率时,无论用哪种仪器和使用哪种检测方法,其基本原理与检测气缸漏气

量相同。所不同的是，气缸漏气量的测量表以 kPa 或 MPa 为单位，而气缸漏气率测量表的标定单位为百分数。即密封仪器出气、漏气量为 0 时，测量表指示值为 0%；而打开仪器出气口，表示气缸内压缩空气完全漏掉，测量表指针指示值为 100%。测量表指示值在 0%~100% 之间均匀分度，以百分数表示。这样，将原表盘的气压值标定为漏气的百分数，就能直观地指示气缸的漏气率。

气缸的磨损情况，可根据活塞在压缩行程不同位置时的气缸漏气率间接测量得到。首先测定在压缩行程开始，进气门关闭后气缸的漏气率；然后，在曲轴每旋转 10° 的位置测量一次，直到活塞到达上止点位置为止，从而得到活塞在气缸内不同位置时的气缸漏气率。所测结果与新发动机气缸漏气率所测结果比较，即可得到气缸的磨损情况。同时，将所测发动机的气缸漏气率与已达到大修极限的同类型发动机的漏气率进行对比，便可大致估计所测发动机的使用寿命。

通过气缸漏气量（率）检测，发现某一气缸的密封性不良后，可进一步在进气管、排气消声器出口、散热器加液口和机油加注口等处，倾听有无漏气声，判断气缸的漏气部位。当活塞到达压缩行程上止点位置时，若在进气管处能听到漏气声，说明进气门密封不良；在排气管处能听到漏气声，表明排气门密封不良；若在散热器加液口处有漏气声并出现气泡，则是气缸垫漏气。

3．气缸漏气量（率）检测标准

对于气缸漏气量（率），目前尚无统一的检测诊断标准，气缸漏气量（率）检测标准应根据发动机种类、缸径、磨损情况等通过试验确定。对于缸径为 102mm 左右的汽油机，用 QLY-1 型气缸漏气量检测仪检测时，在确认进、排气门和气缸垫密封良好的前提下，当测量表将初始压力设为 400kPa 时，若测量表上的压力指示值大于 0.25MPa，说明密封性较差，其原因是气缸活塞配合副的技术状况较差。当气缸密封性不良时，应进一步观察漏气部位，找出故障原因。

气缸漏气率检测标准可参考表 3-3。对于新发动机，在排气门开始关闭至活塞到达上止点的整个过程中的不同位置，气缸漏气率一般在 3%~5% 的范围内；若大修竣工后，发动机气缸漏气率超过 10%，则表明大修质量不佳。当气缸漏气率达到 30%~40% 时，若能确认气缸衬垫、气缸盖等处都不漏气，则说明气缸活塞摩擦副的磨损已接近极限值。

表 3-3 气缸漏气率检测标准参考表

气缸密封状况	仪器读数值(%)	气缸密封状况	仪器读数值(%)
良好	0~10	较差	20~30
一般	10~20	需换环或镗缸	30~40

气缸漏气量（率）的检测过程虽然比较复杂、费时，但检测全面，指示直观，比用气缸压力检测值反映气缸密封性精确。

4．气缸漏气量（率）检测步骤

气缸漏气量（率）检测步骤如下：

1）将发动机预热至正常工作温度。

2）用压缩空气吹净火花塞周围，清除脏物，而后拧下所有气缸的火花塞，并在火花塞孔上装好充气嘴。

3）接好压缩空气源，在检测仪出气口堵塞的情况下，用调压阀调节进气压力，使测量表指针指示 0.4MPa。

4）安装好活塞定位盘（图 3-6），使分火头旋转至 1 缸跳火位置（此时 1 缸活塞到达上止点，1 缸进、排气门均处于关闭状态），然后转动定位盘使刻度 1 对准分火头尖端（分火头也可用专用指针代替）。

5）为防止压缩空气推动活塞使曲轴转动，变速器挂高速档，拉紧驻车制动器。

6）将 1 缸充气嘴接上快换管接头，向 1 缸充入一定压力的压缩空气，此时测量表上的压力读数或漏气率百分比读数便可反映该缸的密封程度。

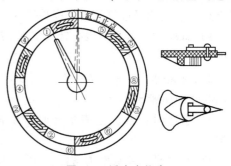

图 3-6　活塞定位盘

7）转动曲轴，使分火头（或指针）对准活塞定位盘上下 1 缸刻度线，按以上方法检测下一缸的漏气量（率）。

8）按以上方法和点火次序检测其余各缸的漏气量（率）。为使检测结果可靠，各缸应重复检测一次。

三、发动机进气管真空度检测

进气管真空度是衡量发动机技术状况的综合参数，发动机进气管真空度随气缸活塞组的磨损情况而变化，并与配气机构零件状况及点火系统和供油系统的调整有关。利用真空表或示波器来检测汽油机进气管的真空度，可以表征气缸活塞组和进气管的密封性。

1. 影响进气管真空度的因素

进气管真空度指进气管内的进气压力与外界大气压力之差。通过检测发动机进气管真空度来评价发动机的气缸密封性，主要是针对汽油机而言。

汽油机负荷采用"量"调节，即依靠节气门开度变化控制进入气缸的混合气的量，以改变发动机输出功率。怠速时，节气门开度小，进气节流作用大，进气管真空度较高；节气门全开时，进气管真空度较小。由此可知，进气管真空度首先取决于发动机的工作状态。检测进气管真空度，大多是在怠速条件下进行的。

2. 用真空表检测进气管真空度

（1）**真空表的组成**　真空表主要由表头和软管组成，如图 3-7 所示。软管一头固定在真空表上，另一头可方便地连接在进气管上的检测孔上（真空助力或真空控制装置从进气管取真空的孔，即可作为检测孔）。

表头的量程为 0~101.325kPa（旧式表头量程：公制为 0~760mmHg，英制为 0~30inHg）。

（2）**检测步骤**

1）将发动机预热至正常工作温度。

2）将真空表软管与进气管上的检测孔连接。

3）将变速器置于空档，发动机怠速稳定运转。

4）在真空表上读取真空度读数。

5）必要时，改变节气门的开度，通过观察

图 3-7　真空表的结构

进气管真空度的变化情况判断相关故障。

（3）检测结果分析 分析进气管真空度检测结果，可以判断发动机的技术状况和故障。以下是一些汽油机进气管真空度检测的典型实例。

1）急速时，若真空表指针稳定在 57~70kPa 之间（图 3-8a），则表明气缸密封性正常。此外，真空度与海拔有关，海拔每升高 500m，真空度相应降低 4~5kPa。

2）急速时，若真空表指针跌落 3~23kPa（图 3-8b），而且指针有规律地摆动，则表明气门与气门座密封不良。

3）急速时，若真空表指针时常快速跌落 10~16kPa（图 3-8c），则表明气门与导管卡滞。

4）急速时，若真空表指针在 33~74kPa 范围内缓慢摆动，且随发动机转速升高摆动加剧（图 3-8d），则表明气门弹簧弹力不足。

5）急速时，若真空表指针较正常值低 10~13kPa，且缓慢地在 47~60kPa 范围内摆动（图 3-8e），则表明气门导管磨损严重。

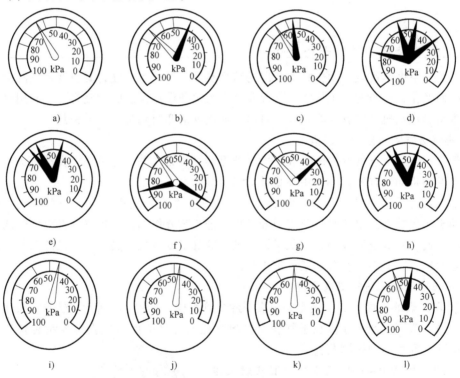

图 3-8 真空表测试结果

6）当发动机转速升至 2000r/min 左右时，突然关闭节气门，若真空表指针迅速跌落至 6kPa 以下，而当节气门关闭时，若指针不能回复到 83kPa（图 3-8f），则表明活塞环失效。当快速开启节气门时，若指针不低于 6kPa，则表明活塞环工作状况良好。

7）急速时，若真空表指针从正常值突然跌落至 33kPa，随后指针又恢复至正常值，在发动机运转过程中，真空表指针总是这样来回摆动（图 3-8g），则表明气缸窜气。

8）急速时，若真空表指针不规则跌落（图 3-8h），则表明发动机的混合气过稀；若真空表指针缓慢摆动，则表明发动机的混合气过浓。

9）怠速时，若真空表指示值比正常值低 10~30kPa，但很稳定（图 3-8i），则表明进气歧管衬垫漏气。

10）怠速时，若真空表指针稳定地指示在 47~57kPa 之间（图 3-8j），则表明发动机点火过迟。

11）怠速时，若真空表指针稳定地指示在 27~50kPa 之间（图 3-8k），则表明发动机气门开启过迟。

12）怠速时，若真空表指针缓慢地在 47~54kPa 之间摆动（图 3-8l），则表明火花塞电极间隙太小，一次电路触点接触不良。

3. 用示波器观测进气管真空度波形

用示波器观测进气管真空度波形，同样会起到分析、判断气缸密封性和诊断相关机件故障的作用。一般的发动机综合性能分析仪都具有这种功能。

(1) 检测步骤

1）将发动机运转至正常工作温度。

2）将分析仪真空度传感器的橡胶软管通过三通接头连接到发动机的真空管上，电控燃油喷射发动机的真空软管一般在发动机总成顶部。

3）使发动机转速稳定在规定转速（1700r/min 左右）。

4）在示波器主菜单下的副菜单上选择"进气管内真空度"，进入进气管真空度检测状态。

5）按下检测界面下方的"检测"按钮，分析仪高速采集进气管真空度值，并显示被检发动机的进气管真空度波形。

6）对进气管真空度波形进行观测、分析和判断。

7）再按下"检测"按钮，高速采集结束。

8）必要时可按下"F4"按钮，检测仪提供 4 缸、6 缸或 8 缸发动机的进气管真空度标准波形。其中，4 缸发动机进气管标准波形如图 3-9a 所示。除此之外，可检测进气门开启不良、进气门漏气、排气门开启不良和排气门关闭不严等故障波形。

9）按"F2"按钮可对数据进行存储，按"F3"按钮可进行图形存储，按"F6"按钮可进行图形打印，按"F1"按钮返回主菜单。

(2) 标准波形与故障波形分析

1）标准波形。从 4 缸波形看，由于 4 缸发动机在工作过程中 2 个缸活塞上行，2 个缸活塞下行，只不过 2 个缸的工作相位相差 180°，所以 4 缸发动机的标准波形为较光滑的波浪曲线。

2）故障波形。往复活塞式发动机工作过程分为进气、压缩、做功和排气四个过程，由于进气过程是四个工作过程中的一个过程，所以进气行程是间歇的，这必然引起进气压力的脉动。同时，与进气有关的机械性能信息，如配气机构、气门与活塞环密封等部件的参数变化也必然会反映到进气管真空度波形中来，所以可以通过分析进气管真空度波形来检测配气机构的故障。几个典型故障波形分析如下：

图 3-9b 所示为第 4 缸进气门严重漏气时的波形。进气门严重漏气的波形特点为波形相位正确，某缸在进气过程中波形较大，进气真空度较小，且该缸在排气过程中进气管真空度变化也较大，说明是该缸在进气过程中进气管真空度变化较大引起的。

图 3-9c 所示为第 4 缸排气门烧裂时的波形。4 缸排气门烧裂（严重漏气）不仅会影响本缸进气时刻的进气压力，还会在其排气过程中影响正在进气的气缸的进气压力（由于进气缸的进排气门有一定的重叠角）。其波形特点是相位均匀，两较高波峰之中有更高的波峰。

图 3-9d 所示为第 4 缸排气门摇臂磨损时的波形。由于摇臂磨损，排气门间隙（一般为 0.30~0.40mm）增大，排气门升程不足，使 1 缸进气压力增长较快。波形特点为各缸波形大小相差不多，个别波峰中有尖峰。

图 3-9e 所示为第 4 缸进气门轻微漏气时的波形。进气门轻微漏气的波形特点为个别波形较小，各缸的波形均匀。由此可断定是小波形后的气缸进气门轻微漏气所致。

图 3-9f 所示为第 2 缸进气门黏滞或进气门挺杆磨损时的波形。其特点为相位不均，两波峰之中有尖峰。

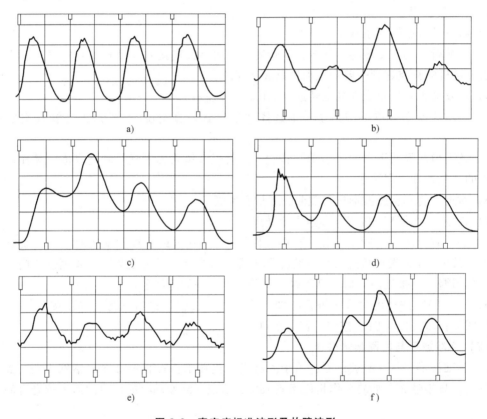

图 3-9 真空度标准波形及故障波形

a) 4 缸发动机进气管标准波形　b) 第 4 缸进气门严重漏气时的波形　c) 第 4 缸排气门烧裂时的波形
d) 第 4 缸排气门摇臂磨损时的波形　e) 第 4 缸进气门轻微漏气时的波形
f) 第 2 缸进气门黏滞或进气门挺杆磨损时的波形

4. 几个典型工况测试及分析

(1) **起动测试**　为了使测试结果精确，需保持发动机在热车时进行测试。若发动机因故障无法起动，也可在冷车时测量，但精度会降低。测量时关闭节气门，切断点火系统，连接真空表于节气门后方的进气歧管上，起动发动机，观察真空表数值应在 11~21kPa 之间。

如果真空表数值低于10kPa，可能原因是发动机转速过低（起动机无力）、活塞环磨损（密封不严）、节气门卡滞或烧蚀、进气歧管漏气、怠速旁通气路过大等。

（2）**怠速测试** 一台性能良好的发动机怠速运转时，真空表数值应稳定在60~70kPa之间。

1）如果真空表数值低于正常值且稳定，可能的原因是点火正时延迟、配气正时延迟（过松的正时带或正时链条）、凸轮轴升程不足。

2）如果真空表数值从正常值下降而又返回，有节奏地来回摆动，可能的原因是个别气门卡滞或某一凸轮轴严重磨损。如果真空表数值在52~67kPa之间摆动，可能的原因为气门弹簧硬度不够。如果真空表数值在38~61kPa之间来回摆动，原因通常是气门漏气、气缸垫损坏、活塞损坏、缸筒拉伤。

（3）**背压测试** 排气系统内阻力越大，其压力就越高，这一压力被称为背压。

1）真空表接于节气门后的进气歧管内，起动发动机怠速运转并记录真空表数值，提高发动机转速至2500r/min，此时真空表数值应等于或接近怠速时的数值。让节气门快速回到怠速状态，此时真空表数值应先快速增加然后又回落。也就是说，从起初高于怠速时读数约17kPa的读数，快速回落到原始的怠速时的读数。

2）如果发动机转速为2500r/min，真空表数值逐渐低于怠速数值，或发动机转速在从2500r/min猛然降到怠速时，真空表数值没有增加，说明排气系统内背压过高，其排气阻力过大。可能是转换器堵塞，排气管与消声器堵塞。

5. 进气管真空度检测标准

根据GB/T 3799.1—2005《商用汽车发动机大修竣工出厂技术条件 第1部分：汽油发动机》的规定，在正常工作温度和标准状态下，发动机怠速运转时，进气管真空度符合原设计规定，其波动范围：6缸汽油发动机一般不超过3kPa，4缸汽油发动机一般不超过5kPa。

进气管真空度受海拔影响，检测时应根据当地海拔修正检测标准。进气管真空度是一个综合性指标，能检测多种故障现象，而且检测时不需要拆下火花塞，因此是比较实用、快速的检测方法，不足之处是往往不能确定故障的具体原因。

【案例3-1】
一辆富康988轿车，停放了一个晚上，第2天早晨无法起动，发动机转动正常，但无起动迹象。经测试高压火花发现有强烈的火花输出，拔下喷油器插头，插入试灯，起动发动机时，试灯闪亮，确定电控系统基本正常。卸下火花塞，发现4个火花塞上面沾满汽油，已经"淹缸"了。更换4个火花塞之后试车，发动机有起动迹象，随后再无任何反应。再次拆检火花塞，发现上面仍有汽油，经过多次更换火花塞，依然如此，卸下4个火花塞起动发动机，逐缸测量气缸压力，气缸压力均在820kPa以上，分别检查燃油品质、配气正时，仍未确定故障原因。

（扫码看故障分析）

【案例3-2】
一辆丰田科罗娜轿车，发动机怠速不稳，冒黑烟，在起步时需连续抖动加速踏板才能起步，当车速达到40km/h后加速性能好转。接车后几乎将所有的电控部件都进行了更换，已反复修理多次但是故障依旧。

（扫码看故障分析）

(扫码看故障分析)

【案例3-3】

一台 D 型汽油机只能怠速运转，冒黑烟，加速熄火，并有回火现象，故障灯点亮，检出故障码：P0105（进气压力传感器 MAP 电路故障）；P0130（氧传感器 O_2 电路故障）。

四、曲轴箱窜气量检测

检测曲轴箱窜气量，也是检测气缸密封性的重要方法。气缸活塞组配合副磨损，间隙增大，或活塞环对口、断裂及拉缸时，窜入曲轴箱的气体量将会增加，发动机动力性会随之下降。在发动机确定的工况下，曲轴箱窜气量可反映气缸活塞组总的技术状况和磨损程度。以曲轴箱窜气量作为诊断参数，可间接了解气缸活塞组结构参数的变化状况，并诊断其故障。曲轴箱窜气量与发动机的负荷、转速及曲轴箱的密封性有关，在测定这项参数时，应注意密封曲轴箱和选择适当的发动机负荷与转速范围。

1. 窜气曲轴箱气体的通道

发动机工作时靠吸入混合气压缩后点燃做功产生动力，从压缩到燃烧过程会产生很高的压力。被压缩的气体会从活塞和缸体的缝隙、活塞环开口、活塞环和缸体的缝隙等窜出去进入曲轴箱。活塞和缸体、活塞环和缸体之间都不是完全密封的，有一定间隙，活塞环为了解决热胀冷缩问题还留有开口缝隙，这些地方都会有被压缩和燃烧的气体泄漏。曲轴箱和缸体、缸盖上的气门室盖是连通的，这些气体就会在发动机内流动，习惯上称曲轴箱窜气。

随发动机工作，窜气量会增多，因此必须将气体排放出去，否则会影响发动机动力且可能损坏发动机。因此，检测发动机工作状态下单位时间内窜入曲轴箱的气体量，可评价气缸活塞配合副的密封性。

2. 曲轴箱窜气量的检测方法

实际上，曲轴箱窜气中主要包含四种成分：汽油蒸气、机油蒸气、燃烧后的废气、各种气体混合后经化学反应产生的其他气体。由于这些气体具有温度高、量小、脉动、污浊的特点，因而检测的难度较大。

检测时采用曲轴箱窜气量检测仪（图3-10）。曲轴箱窜出的废气经集气头、软管输送到气体流量计，并测出单位时间流过气体流量计的废气流量。目前，曲轴箱窜气量检测仪使用微压传感器，当废气流过取样探头孔道时，在测量小孔处产生负压，微压传感器检测出负压并将其转换成电信号。流过集气头孔道的废气流量越

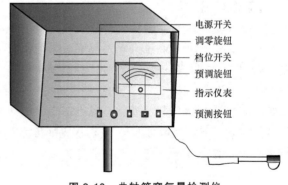

图3-10 曲轴箱窜气量检测仪

大，测量小孔处产生的负压越大，微压传感器输出的电信号越强。该信号输送到仪表箱，由仪表指示出废气流量大小，反映曲轴箱窜气量的大小。

曲轴箱窜气量的检测也可采用专用气体流量计进行。图3-11所示的玻璃气体流量计由

U形管式压力计、流量孔板、刻度板和通往曲轴箱的胶管等组成。使用前，先将曲轴箱密封（堵住机油尺口、曲轴箱通风进出口等），再用胶管从机油加注口处将曲轴箱内的废气导出，接入气体流量计。当气体流过流量孔板时，由于两边存在压力差，使压力计水柱移动，直到气体压力与水柱落差平衡为止。压力计通常以流量进行度量，因而由压力计水柱高度可以确定窜入曲轴箱的气体量。流量孔板刻有不同直径的小孔，可以根据窜入曲轴箱气体量的大小选用。该种仪器可测量 1～130 L/min 范围内的曲轴箱窜气量。

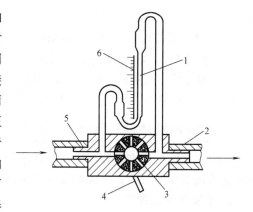

图 3-11　玻璃气体流量计简图

1—压力计　2—通大气管　3—流量孔板
4—流量孔板手柄　5—通曲轴箱胶管
6—刻度板

检测步骤如下：

1) 打开电源开关，按仪器使用说明书的要求对检测仪进行预调。

2) 密封曲轴箱，即堵住机油尺口、曲轴箱通风进出口等，将取样探头插入机油加注口内。

3) 起动发动机，待其预热至正常工作温度且运转平稳后，仪表指示值即为发动机曲轴箱在该转速下的窜气量。

曲轴箱窜气量除了与气缸活塞组的技术状况有关以外，还与发动机的转速和负荷有关，因而检测时发动机必须加载。发动机加载最好在底盘测功机上进行。底盘测功机的测功装置就是加载装置，可方便地通过滚筒对驱动车轮加载。

3. 曲轴箱窜气量检测标准

据资料统计，新发动机曲轴箱窜气量为 15～20L/min，磨损后的发动机则高达 80～130L/min。所以，根据发动机工作时单位时间内窜入曲轴箱的气体量，可以评价气缸密封程度。

对曲轴箱窜气量，还没有制定统一的检测标准，同时，由于曲轴箱窜气量大小还与缸径大小和气缸数有关，也很难将众多车型发动机的曲轴箱窜气量综合在一个检测标准内。维修企业和汽车检测站应积累具体车型发动机的曲轴箱窜气量检测数据资料，经分析整理制定企业标准，作为检测依据。表 3-4 给出的曲轴箱单缸平均窜气量可作为判断发动机技术状况的参考标准。

表 3-4　曲轴箱单缸平均窜气量

发动机技术状况	曲轴箱单缸平均窜气量/(L/min)	
	汽油机	柴油机
新发动机	2～4	3～8
需大修的发动机	16～22	18～28

第三节　汽油机电控燃油喷射系统检测与诊断

燃油喷射是将燃油以雾状喷入进气总管、进气道或气缸内，然后与空气混合形成可燃混合气。汽油机电控燃油喷射系统（EFI）则利用系统中各传感器监测到的发动机运行状态参数计算出喷油器的通电时间，从而对喷油器的喷油时刻、喷油量进行精确控制。

汽油机电控燃油喷射系统能实现混合气空燃比的高精度控制，使发动机在各种工况下的空燃比达到最佳值，在各种运行工况下均能获得最佳浓度的混合气，从而实现提高功率、降低油耗、减小排气污染等目标。因此，电控燃油喷射系统技术状况好坏对发动机性能有很大影响。

一、电控发动机故障诊断原则和一般程序

电控发动机的许多故障与电控燃油喷射系统有关，还与发动机的电控点火系统及其他有关系统的技术状况有关。因此必须对其进行综合诊断才能确定故障部位和故障原因。

1. 故障诊断的原则

（1）**先机械后电控原则** 出现故障时，应首先确定是发动机机械故障还是电控系统故障。先排除机械故障，再检测诊断电控系统故障。

（2）**先外后内原则** 先从简单的外部接口部位及线路外观检查，确认正常后，再检查内部故障。

（3）**先检查后诊断原则** 先检查是否有故障码，若有，先读取故障码，之后查找故障部位和原因。

（4）**根据故障现象诊断原则** 虽然有故障码，但不一定可靠，还应根据故障现象进行诊断。

2. 检修注意事项

电控燃油喷射系统工作可靠，故障很少，在一般检修中不要轻易拆检。特别是ECU，只有在确定发动机本身及点火系统等无故障时，才可对电控燃油喷射系统进行检修。检修发动机电控系统时，为了避免错误操作对人员和车辆造成损害，应注意以下主要问题：

1）拆卸前应清楚发动机电控系统结构、原理和检修方法。

2）拆卸电源线前应先读取故障码，记录需要的信息。

3）点火开关接通时，不允许拆开任何12V电器线路，以防线圈自感产生的瞬时电压损坏ECU或传感器。

4）拆开线束插接器时，不可盲目用力硬拉。安装时注意插接到位。

5）ECU一般不易损坏，也不易维修，所以不要随意拆检。

6）对ECU进行检测诊断，要采取措施将人体静电屏蔽。

7）对电路或元件进行检查时，除特殊指明外，须用高阻抗数字万用表检查电压、电阻和电流。

8）不能用"刮火"的方法来检测电路通断。

9）应注意保持各线束插接器清洁、连接可靠。

10）安装蓄电池时注意正负极不能接反。

11）不能使用除标准电压蓄电池以外的任何起动电源来起动发动机。

12）进气系统管路不能有裂纹、漏气。

> **注意：**
> 对发动机电控系统结构不熟悉或无生产厂家的详细维修资料时，切勿修理电控燃油喷射系统。

3. 故障诊断流程

电控燃油喷射系统的故障诊断流程如图 3-12 所示。

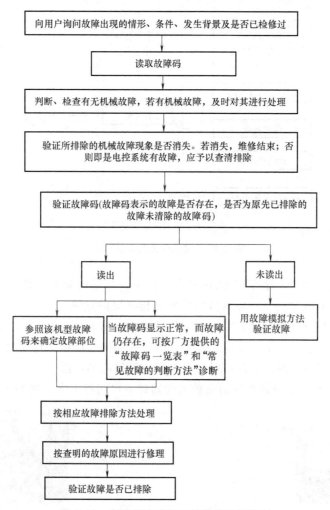

图 3-12 电控燃油喷射系统故障诊断流程

二、电控汽油机故障诊断方法

电控汽油机装有故障自诊断系统，可以利用故障码诊断故障，给越来越复杂的电控系统的故障诊断带来了方便。但是，对于没有故障码的故障，应采用传统的方法，即先询问汽车用户有关问题，采用外观检查、基本检查、进入故障诊断表、故障征兆模拟试验等方法，诊断并排除故障。

1. 故障自诊断

电控汽油机发现故障时，只要显示故障码，首先就进行故障自诊断。

（1）自诊断系统（OBD）概述

1）自诊断系统基本原理。自诊断系统即随车诊断系统，其基本原理如图 3-13 所示。一般装有电控单元的汽车，都具有自诊断系统。当系统出现故障时，自诊断系统将故障部位、

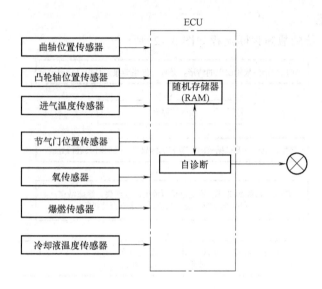

图 3-13 故障自诊断系统原理

类型以故障码的形式记忆并储存在 ECU 的存储器中，并以灯光或声音进行提示。因此，从 ECU 的存储器中读取故障码，可以为故障诊断和排除提供方便。

2）自诊断系统的故障诊断插座。OBD-Ⅱ（On Board Diagnostic-Ⅱ）车载诊断系统是普遍采用的故障自诊断系统。由于采用了统一诊断模式和诊断插座、相同的数据信息和故障码及含义，因此只要用一台解码器即可对各种车辆进行检测和诊断。

OBD-Ⅱ诊断插座一般安装在发动机舱内和驾驶室仪表板下方，如图 3-14 所示。

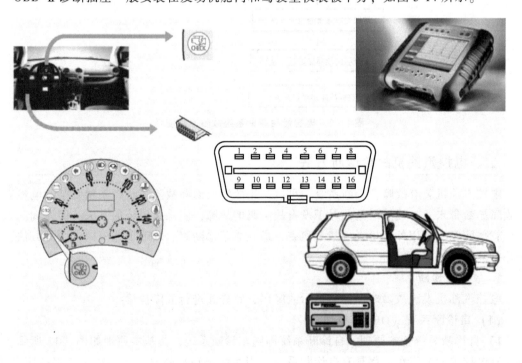

图 3-14 OBD-Ⅱ诊断插座及在车上位置

OBD-Ⅱ诊断插座共有16个端子,其中7个是关键性的端子,如电源、搭铁、资料传输线等,其余9个端子由汽车生产厂根据需要选用。各端子代码及用途见表3-5。

表3-5 OBD-Ⅱ诊断插座各端子代码及用途

端子代码	含义	端子代码	含义
1	供制造厂使用	9	供制造厂使用
2	SAE-J1850 资料传输	10	SAE-J1850 资料传输
3	供制造厂使用	11	供制造厂使用
4	车身搭铁	12	供制造厂使用
5	信号回路搭铁	13	供制造厂使用
6	供制造厂使用	14	供制造厂使用
7	ISO-9141 资料传输	15	ISO-9141 资料传输
8	供制造厂使用	16	接蓄电池正极

3)自诊断系统故障警告方式。车型和生产厂家不同,故障显示的方式也不同。有用发动机警告灯显示的,有用红、绿发光二极管显示的,还有用数码管显示的。

大多数汽车在组合仪表板上设有发动机警告灯,用于故障警告和就车显示故障码。发动机起动前点火开关打开时,该灯应点亮,进行自检;若灯不亮,说明灯泡或灯的电路有故障。发动机起动后,转速高于500r/min时,警告灯熄灭,说明发动机工作正常。如果在汽车运行过程中,警告灯突然亮起,说明ECU检测到电控系统故障,从而发出警告信号。另外,根据警告灯闪烁的规律,也可将存储器中存储的故障码显示出来。故障码1~9通过单独短闪烁显示,故障码10~41通过一系列的长闪烁和短闪烁显示,长闪烁的次数表示十位数字,短闪烁的次数表示个位数字。故障排除后,消除故障码,警告灯不再点亮。图3-15所示为某型车辆上的自诊断系统在故障码为11和12及正常时警告灯闪烁规律。

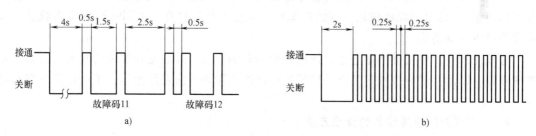

图3-15 故障码为11和12及正常时警告灯闪烁规律
a)故障时 b)正常时

用红、绿发光二极管(LED)显示故障码时,采用一个LED灯,指示方式与故障警告灯显示方式相同。采用两个LED灯,一红一绿,红灯显示十位数,绿灯显示个位数。采用4个LED灯,分别代表数字1、2、4、8。自诊断系统被触发后,点亮的LED灯所代表的数字之和,即为故障码。

(2)故障自诊断模式

1)静态测试模式。点火开关打开,发动机处于静止状态下进行检测诊断,该模式主要用于提取存储器中的间歇性故障码和在静态下发生故障的故障码。

2)动态测试模式。点火开关打开,发动机处于运转状态(包括汽车路试)下进行检测诊断,该模式主要用于提取存储器中动态下发生故障的故障码或进行混合气成分的检测分析。

二者相比,动态状态下不仅可以显示静止状态下的故障,还可以检测出静止状态下不能发现的故障,同时检测灵敏度高。在动态测试模式下读取发动机故障码时,一定要严格执行操作步骤,否则将检测出错误的故障码或无法进行诊断。

(3) **故障自诊断的基本程序**

1)读取故障码。

① 用跨接线连接诊断插座有关的插孔,进入故障自诊断系统。通过驾驶室组合仪表板上故障警告灯或 LED 的闪烁,读取故障码,如丰田、日产、三菱、马自达、福特、宝马、标致等品牌汽车。

② 转动 ECU 控制装置上的"诊断开关"进入故障自诊断系统,读取故障码。

③ 用点火开关 ON-OFF-ON-OFF-ON 循环动作的方法进入故障自诊断系统,读取故障码,如克莱斯勒公司生产的电控汽车。

④ 用读码器、故障诊断仪、扫描仪、示波器、专用检测仪等仪器进入故障自诊断系统,并读取故障码。

车型不同,进入故障自诊断系统读取故障码的具体方法也所有不同。具体读取故障码时,应按照被诊断车型所规定的方法进入故障自诊断系统,就车读取故障码或通过解码器等专用设备显示读取的故障码。

2)分析判断故障。读取故障码后,应从汽车制造厂提供的故障码表中查得该故障码的内容说明等信息,然后按这些信息和诊断流程图及电路检查顺序,确认和排除故障。

3)清除故障码。电控系统的自诊断系统排除故障后,必须清除故障码。清除故障码有两种方法:对于大多数汽车,一般将蓄电池负极拆下或将相关的熔断器拔下 10~30s(视车型不同而定),即可清除故障码;有的汽车反复将点火开关打开、关闭达到规定次数后,故障码即可被自动清除。

应该注意到,使用拆卸蓄电池负极清除故障码的方法,其他电控系统的故障码也会一并被清除掉。因此,最好按汽车维修手册规定的清除故障码方法进行操作,不可轻易拆卸蓄电池负极。

2. 电控汽油机故障诊断的传统方法

(1) **基本检查** 在对发动机电控系统进行诊断时,为了确定故障的性质,可先对汽车进行外观检查,再按发动机电控系统的检查程序进行检查。

外观检查也称目视检查,目的在于发现并消除从发动机外部能看到的破损、脱落、老化和泄漏问题,特别要注意检测管、线和插接件的连接情况,必要时进行路试来感知汽车的运行状况,发现问题及时消除。

基本检查主要指对蓄电池电压、曲轴转动情况、发动机起动情况、怠速运转情况、空气滤清器堵塞情况、进气管与气缸密封性、点火正时、燃油压力、高压线跳火和火花塞技术状况等进行的检查与测量。

(2) **使用故障诊断表检查** 当发动机电控系统的故障既不能在基本检查中得到结果,又不能在故障码中得到确认时,可以按照故障诊断表中编号的顺序进行故障诊断和排除。

汽车维修手册中一般都列有故障诊断表，表中列出了故障征兆、怀疑部位和诊断次序。只要按其诊断次序检查指定部位，一般能诊断出故障并排除，因而使用故障诊断表诊断常见故障十分有效和实用。

（3）**疑难故障诊断与故障征兆模拟试验**　有些故障的征兆不明显，而故障又确实存在，这就成为故障诊断中最难以处理的情况，称为疑难故障（一些偶发性故障或间歇性故障）诊断。对于疑难故障，诊断时可查阅汽车维修手册中的疑难故障诊断表，根据其上的检查要点和顺序进行。必要时可进行故障征兆模拟试验，再现故障出现的环境和条件，全面分析判断，进行故障诊断。故障征兆模拟试验也适用于故障自诊断系统诊断故障的程序和方法。

进行故障征兆模拟试验前，应尽可能缩小发生故障的线路、插接器、传感器、执行器或相关部件的范围，以缩短试验和诊断的时间。

在汽车静止发动机运转的情况下，进行发动机故障征兆模拟试验，主要有 4 种方法：

1）振动法。用来模拟汽车行驶时的振动，便于使易松动部位的故障再现。

2）加热法。用来模拟发动机工作时某一部位的温度，便于故障再现。

3）淋水法。用来模拟雨、雪、雾的高湿度环境，便于故障再现。

4）电负荷满载法。用来模拟汽车使用全部用电负荷时的工作情况，便于故障在用电满负荷或超负荷情况下再现。

（4）**进行对比试验**　对比试验是用性能良好的同一型号新部件，替换怀疑有故障旧部件的一种试验，若替换后故障排除，说明原旧部件有故障。

三、电控燃油喷射与空燃比

无论哪种类型的汽油机电控燃油喷射系统，都必须根据发动机的工况供给气缸高质量的混合气，只有这样，发动机才能正常工作并具有良好的动力性和经济性。因此，空燃比是电控发动机燃油喷射系统的综合检测项目之一。

1. 汽油机的排气成分与混合气空燃比的关系

在保证发动机动力性的前提下，获得最佳经济性和排放净化，是发动机燃油供给系统技术状况好、供给可燃混合气质量高的表现。随着世界各国制定的汽车排放法规逐渐严格，汽车排放废气中的成分及含量也逐渐成为评价混合气质量的重要指标。

在一定转速和节气门开度下，发动机空燃比或过量空气系数与发动机排放废气的成分及含量间存在一定关系，如图 3-16 所示。由图可知，当空燃比低时，混合气较浓，燃油在燃烧过程中缺氧，一部分未燃烧的燃油排出，HC 排放量较高；当空燃比高时，混合气较稀，若稀到一定程度，就会发生缺火现象，未燃烧的 HC 经排气管排出，HC 排放量也增大。CO 生成的主要原因是空燃比低，空燃比低时，混合气浓，燃油缺氧燃烧会产生大量 CO；空燃比高时，燃油在高氧含量状态下燃烧，排气中的 CO 含量降低。由图 3-16 可知，CO 含量与空燃比的大小有明显的对应关系，因此可通过检测废气中 CO 的含量来判断空燃比的大小。汽车排气中的含氧量是电

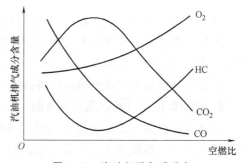

图 3-16　汽油机排气成分与空燃比的关系

控燃油喷射式发动机监测空燃比、控制排放量、保护三元催化转化器正常工况的重要信号，排气中氧的含量与空燃比也有明显的对应关系，但变化趋势与CO含量的变化趋势相反。

2. 混合气空燃比的分析方法

如果排出的废气中CO、HC的含量很高，CO_2和O_2的含量很低，表示空燃比过小，混合气过浓；如果HC、O_2的含量高，而CO、CO_2的含量均较低，表明空燃比过大，混合气过稀。

O_2的含量是最有用的诊断分析依据之一。发动机技术状况正常时，装有三元催化转化器的发动机所排出的废气中氧的含量在1.0%~2.0%（质量分数）之间。氧含量小于1.0%时，说明空燃比过小，混合气太浓，不利于完全燃烧；氧含量大于2.0%时，说明空燃比过大，混合气过稀，易导致缺火。

由于发动机排气成分与空燃比具有直接关系，因此可在使用气体分析仪对发动机排放进行监测的条件下，对其进行调整，改善混合气质量，使其达到各工况下的最佳空燃比，以提高发动机的动力性、经济性和排放性能。

电控燃油喷射系统的电控喷油信号和燃油压力可反映电控燃油喷射系统的技术状况。若所测电控燃油喷射系统不能提供满足使用工况要求的适宜浓度可燃混合气，可进一步对电控燃油喷射系统的喷油信号、喷油压力和汽油泵的技术状况进行检测。

四、燃油压力的检测

燃油压力和进气歧管压力的高低决定喷油器供油压力的高低，因此直接影响混合气的浓度。同时，通过检测发动机运转时燃油管路内的油压，可以判断电动燃油泵、油压调节器有无故障，以及汽油滤清器是否堵塞等。燃油压力的检测步骤如下：

1. 燃油压力表的连接

检测电控燃油喷射系统燃油压力时应采用量程为1MPa左右的专用压力表，并将其正确连接在系统的油路中。

连接前，首先卸掉系统压力，方法是松开油箱上的加油盖，释放油箱中的蒸气压力，并检查油箱内的燃油量。然后，起动发动机，拔下燃油泵继电器或其线束插接器，使发动机自行熄火。如此重复2~3次，直到不能起动为止。用上述方法使燃油系统压力充分释放后，关闭点火开关，接上燃油泵继电器或其线束插接器。检查蓄电池电压，拆下蓄电池负极搭铁线。

以上准备工作完成后，将专用压力表连接在油路中，燃油供给系统有油压检测孔时可直接将油压表接在油压检测孔上；无油压检测孔时，可断开进油管，用三通管接头将油压表安装在系统的管路中，如图3-17所示。

连接后，重新装上蓄电池负极搭铁线。

2. 燃油供给系统静态压力的检测

用导线在检测插座上短接电动燃油泵端子和电源端子，接通点火开关使电动燃油泵运转，其压力表读数即为系统的静态燃油压力，正常油压约为300kPa。若油压过低，应检查油路有无渗漏，检查电动燃油泵、汽油滤清器和燃油压力调节器等；若油压过高，应检查燃油压力调节器。

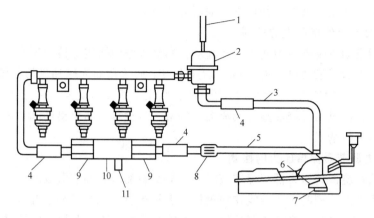

图 3-17 压力表在多点燃油喷射系统中的连接

1—进气歧管 2—燃油压力调节器 3—回油管 4—软管 5—输油管 6—燃油泵 7—燃油泵滤网
8—燃油滤清器 9—管接头 10—三通管接头 11—接压力表

3. 发动机运转时燃油压力的检测

起动发动机,使发动机怠速运转,其压力表读数即为发动机怠速运转时的燃油压力。正常值为 250~310kPa,若偏低,一般是由于油泵滤清器堵塞或油泵老化导致其电阻值变大,油泵电阻正常为 1~5Ω,老化后变为几十欧姆。

缓慢踩下加速踏板,至节气门全开,其压力表读数即为节气门全开时的燃油压力,其值一般是在怠速时的基础上增加 20kPa 左右。

使发动机怠速运转,拔下燃油压力调节器上的真空软管,并用手堵住,此时压力表读数应与节气门全开时的燃油压力基本相等。电控燃油喷射系统的供油压力和供油量见表 3-6。

表 3-6 电控燃油喷射系统的供油压力和供油量

类型	测试项目		压力值/MPa	测试条件
多点喷射电控燃油喷射系统	系统压力		0.25~0.35	燃油泵运转或怠速
	调节压力		0.20~0.26	
	系统保持压力	10min 后	>0.2	熄火后开始计时
		20min 后	>0.15	
	燃油泵压力		0.5~0.7	燃油泵运转
	燃油泵保持压力		0.35	燃油泵运转
	燃油泵供油量/(L/min)		1.2~2.6	燃油泵运转
单点喷射电控燃油喷射系统	系统压力		0.07~0.1	燃油泵运转或怠速
	调节压力		0.10	
	调节保持压力		0.05	
	燃油泵压力		0.30	燃油泵运转
	燃油泵供油量/(L/min)		0.83~1.5	燃油泵运转

若测得的燃油压力过低,则应检测燃油系统有无泄漏,燃油泵滤网、燃油滤清器和燃油管路是否堵塞,并检查燃油泵和燃油压力调节器。若测得的燃油压力过高,应检测回油管路

是否堵塞，真空软管是否破裂，并检查燃油压力调节器。

4. 燃油供给系统保持压力的检测

保持压力指发动机熄火后为便于再次起动，燃油管路中所应保持的压力。测得发动机怠速运转的燃油压力后，发动机熄火，5min 后压力表上的读数即为燃油供给系统的保持压力。该压力应大于或等于 147kPa。若保持压力过低，则发动机难以起动或不能起动。保持压力过低时，应检查燃油供给系统油路有无泄漏，并进一步检测燃油泵出油阀、燃油压力调节器回油阀及喷油器密封情况。

5. 燃油压力调节器保持压力的检测

当燃油供给系统保持压力低于标准值时，可能是燃油压力调节器故障，应检测燃油压力调节器的保持压力。检测时，用导线在检测插座上短接燃油泵端子和电源端子，接通点火开关使燃油泵运转 10s 左右，关闭点火开关，拔去燃油泵检测插座上的短接导线。夹紧燃油压力调节器回油管上的软管 4（图 3-17），堵住回油通道。5min 后压力表上的压力读数即为燃油压力调节器的保持压力。

若燃油供给系统保持压力低于标准值时，而燃油压力调节器保持压力大于燃油供给系统保持压力，则说明燃油压力调节器回油阀泄漏，应更换燃油压力调节器；若燃油压力调节器保持压力仍然与燃油供给系统保持压力相同，则说明保持压力过低的原因可能是燃油泵、喷油器、油管泄漏。

6. 燃油泵最大压力和保持压力的检测

当燃油供给系统的保持压力及运转时燃油压力低于标准值时，可能是燃油泵故障。因此，必要时需检测燃油泵的最大压力和保持压力。检测时，夹紧通往喷油器的软管 4（图 3-17），堵住燃油的输出通道；用导线在检测插座上短接电动燃油泵端子和电源端子。然后，接通点火开关使燃油泵运转 10s 左右，此时压力表指示的压力即为燃油泵的最大压力。关闭点火开关，拔掉燃油泵检测插座上的跨接线 5min 后，压力表上的压力值即为电动燃油泵的保持压力。

车型不同，燃油泵的压力和保持压力的标准值也不同。通常，燃油泵的最大压力为 490～640kPa，保持压力应大于 340kPa。

7. 拆卸压力表

各项油压检查完毕后，将压力表拆下，具体步骤如下：

1) 释放燃油系统的油压。
2) 拆下蓄电池负极搭铁线。
3) 拆下压力表。
4) 重新装好油管接头。
5) 接好蓄电池负极搭铁线。
6) 再重新建立燃油系统的油压。
7) 检查油管各处有无漏油。

（扫码看故障分析）

【案例 3-4】

一辆桑塔纳轿车已行驶 10 万 km，据驾驶人反映，最近发动机总是怠速过高，耗油量过大。

五、汽油机电控燃油喷射系统主要传感器的检测与诊断

传感器是安装在发动机各部位的信号采集装置,其功能是监测反映发动机运行状态的各种参数,并将其转变为电信号输送给ECU,据此确定喷油时刻、喷油量。因此传感器检测是电控燃油喷射系统故障诊断的基础。同时,大多数传感器是电控发动机的ECU共用的,因此传感器检测也是电控发动机点火系统及其他有关系统故障诊断的基础。

1. 空气流量传感器检测

空气流量传感器是电控燃油喷射系统重要的传感器,对发动机电控燃油喷射系统的工作性能影响较大,所以必须进行检测与诊断。

空气流量传感器类型多样,有叶(翼)片式、卡门涡旋式、热线式及热膜式。其中,叶(翼)片式、卡门涡旋式是体积流量型,热线式和热膜式能够由电子元件直接测量进气气流的质量流量,避免了海拔变化引起的测量误差,是质量流量型。质量流量型传感器内部没有运动部件,气流流动阻力很小,工作性能稳定,响应速度快,测量精度高,所以目前被广泛应用于发动机电子控制系统中。

(1) **卡门涡旋式空气流量传感器检测** 卡门涡旋式空气流量传感器的输出方式是数字式的,但它与其他的数字式输出空气流量传感器有所不同,通常数字式空气流量传感器在空气流量增大时频率也随之增加。在加速时,卡门涡旋式空气流量传感器与其他数字式空气流量传感器的不同之处在于它不但频率增加,而且脉冲宽度也改变。

1) 电路连接及常见故障。根据其检测空气流量方式的不同,可分为反光镜检测式和超声波检测式两种。反光镜检测式空气流量传感器电路连接方法如图3-18所示。信号处理电路将频率信号输入ECU后,ECU便可计算出进气量的大小。发动机转速越高,吸入气缸的进气量越大,产生涡流的频率就越高。

常见故障有发光器件与光电器件损坏、反光镜及板簧等脏污或有机械损伤、内部集成电路损坏,这些故障导致发动机起动困难、急速不稳、油耗增加。

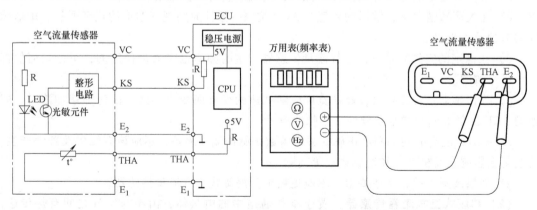

图3-18 反光镜检测式空气流量传感器电路连接

2) 检测方法。

① 电阻检测方法。检测时,点火开关置于"OFF",拔下传感器的导线插接器,用万用表电阻档测量端子THA和端子E_2之间的电阻,电阻值应符合规定,见表3-7。

表 3-7　卡门涡旋式空气流量传感器各端子间电阻和电压

端子	标准电阻/Ω	温度/℃	端子	标准电压/V	条件
THA-E$_2$	10~20	-20	THA-E$_2$	0.5~3.4	进气温度为 20℃
	4~7	0		4.5~5.5	点火开关置于"ON"
	2~3	20	KS-E$_1$	2.0~4.0 脉冲发生	急速
	0.9~1.3	40	VC-E$_1$	4.5~5.5	点火开关置于"ON"
	0.4~0.7	60			

② 电压检测方法。插好空气流量传感器的导线插接器，用万用表电压档测量空气流量传感器端子的电压，其电压值应符合规定（表3-7）。

③ 输出信号波形检测方法。正确连接波形测试设备，起动发动机，在不同转速的情况下进行试验，注意应将较多的时间用在测试发动机性能有问题的转速段内，观看波形测试设备。卡门涡旋式空气流量传感器输出信号波形如图3-19所示。

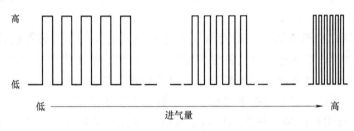

图 3-19　卡门涡旋式空气流量传感器输出信号波形

波形分析：

a）确认在任何给定的运行工况下，波形的重复性和精确性在幅值、频率、形状和脉冲宽度等几个方面的关键参数都是相同的。

b）确认在稳定转速的空气流量情况下，空气流量能产生稳定的频率。

c）在大多数情况下，波形的幅值为5V。按照一致性原则观察波形的正确形状、矩形脉冲的方角及垂直沿。

d）在稳定的空气流量下，空气流量传感器产生的频率也应该是稳定的，不论是何值都应该是一致的。

e）当传感器正常工作时，脉冲宽度应随加速的变化而变化。这是因为加速加浓时，能够向ECU提供非同步加浓及额外喷油脉冲信号。

f）波形可能有的问题和不正确的关键参数是脉冲宽度缩短，不应该有峰尖及圆角产生，这些都会影响发动机性能和造成排放等问题。

g）如果波形不符合上述要求，则应更换卡门涡旋式空气流量传感器。

（2）热膜式空气流量传感器　置于空气通道中的电热体，由于与空气之间有热传递，其温度会有所下降。空气流量大，带走的热量多，维持电热体温度所需的电流大，反之，空气流量小，所需的电流则小。因此，可用电流的变化量来测量进气量。

1）电路连接及常见故障。

① 电路连接。当空气流经温度补偿电阻（R_t）和热膜电阻（R_H）时，热膜电阻和温度补偿电阻冷却，温度降低，阻值减小。当热膜电阻的阻值减小时，电桥就会失去平衡，控制

电路将增大供给热膜电阻的电流，使其温度保持恒定。电流增加值的大小取决于热膜电阻冷却的程度，即取决于流过流量传感器的空气量。其电路连接及电桥电路如图3-20所示。

② 常见故障。热膜脏污、热膜损坏和热敏电阻性能不良。

2）检测方法。

① 电阻测试。

a）线束性测试：将数字万用表档位设置在200Ω档，分别测试空气流量传感器（各端子分布如图3-21所示）3、4、5号端子对应至ECU的12、11、13号端子的电阻，各端子及其含义见表3-8，与ECU的连接如图3-22所示，所有电阻都应低于1Ω。

表3-8 热膜式空气流量传感器各端子及含义

热膜式空气流量传感器端子号	含义
1	空
2	+12V 电源
3	负信号线
4	+5V 电源
5	正信号线

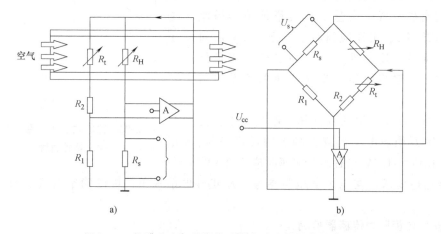

图 3-20 热膜式空气流量传感器电路连接及电桥电路

a）电路连接 b）电桥电路

R_t—温度补偿电阻 R_H—热膜电阻 R_s—信号取样电阻 R_1、R_2—精密电阻
U_{cc}—电源电压 U_s—信号电压 A—控制电路

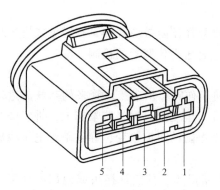

图 3-21 热膜式空气流量传感器各端子分布

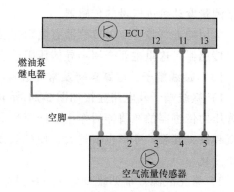

图 3-22 热膜式空气流量传感器各端子与ECU的连接

b）线束短路性测试：将数字万用表电阻档设置在200kΩ档，测量空气流量传感器端子2与ECU端子11、12、13间的电阻应为∞。测量空气流量传感器端子与ECU端子之间的电阻：3-11、13；4-12、13；5-11、12间电阻均应为∞。

测试各条线束的导通性，应关闭点火开关，拔下传感器插头与ECU插接器，用数字万用表分别测量各线束间的电阻，相连导线电阻应小于1Ω，不相连导线电阻应为∞。

② 电压测试。

a）电源电压测试：打开点火开关，将数字万用表调至直流20V档，红色表针插入空气流量传感器的2号端子，黑色表针搭铁在发动机进气管壳体上，起动发动机时应显示12V；再将红色表针插入4号端子，此时应显示5V。

b）信号电压测试：有离车测试和就车测试。

离车测试：取一个空气流量传感器，将12V电压或蓄电池电压加在空气流量传感器电器插座管脚4上，用万用表直流20V档测量空气流量传感器插座管脚3和管脚5，应有1.5V左右电压。用吹风机向空气流量传感器吹入冷空气或热空气，测量空气流量传感器插座管脚3和管脚5，电压应瞬时上升至2.8V后回落。若不满足上述条件，可以判定空气流量传感器有故障。输出电压与空气流量的关系如图3-23所示。

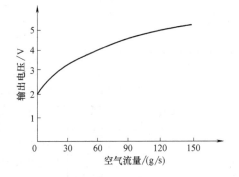

图3-23 热膜式空气流量传感器输出特性曲线

就车测试：起动发动机待其温度达到工作温度，用数字万用表电压档测管脚5的反馈信号，急速时电压应为1.5V左右，急加速时应为2.8V。若不符合上述要求，在电源电压与参考电压正确的前提下，可以确定空气流量传感器已损坏。

2. 进气歧管压力传感器检测

在压力型（D型）燃油喷射系统中，进气歧管压力传感器将发动机进气歧管内绝对压力（真空度）转换成电压信号，与发动机转速信号一起输送到ECU，ECU根据进气歧管内绝对压力和发动机转速信号计算出空气流量，作为确定喷油器基本喷油量和点火时间的依据。由此可知，与空气流量传感器直接检测发动机进气量不同，进气歧管压力传感器是一种间接测量发动机进气量的传感器。

常用的进气歧管压力传感器有电阻应变计式、半导体压阻效应式和真空膜盒式进气歧管压力传感器。这里主要介绍半导体压阻效应式进气歧管压力传感器的检测。

(1) 接线端子、电路连接及常见故障

1）接线端子及电路连接如图3-24所示。发动机工作时，从进气歧管来的空气流过进气歧管压力传感器的滤清器后作用在硅膜片上，硅膜片产生变形。进气流量越大，进气歧管压力就越高，硅膜片变形也就越大，使扩散在硅膜片上电阻的阻值改变，导致单臂电桥输出的电压变化。

2）常见故障：常见故障有硅膜片损坏、集成电路损坏、真空管接头或内部漏气等，这些故障会使发动机急速不稳、加速困难、油耗上升。

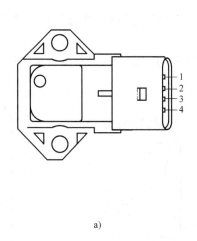
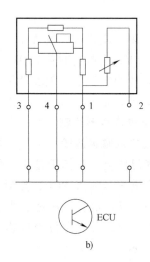

图 3-24 压阻效应式进气歧管压力传感器接线端子及电路连接

a) 接线端子 b) 测量电桥

1—搭铁 2—进气温度信号 3—5V 电压 4—进气压力信号

(2) 检测方法

1) 电源电压检测方法。点火开关置于"ON",用万用表检测传感器电源端子 3 与搭铁端子 1 之间的电源电压,应为 5V 左右。

2) 输出信号电压检测。点火开关置于"ON",在发动机不运转时,用万用表电压档检测传感器输出端子 4 与搭铁端子 1 之间的信号电压,应为 3.8~4.2V;而当发动机怠速运转时,信号电压应为 0.8~1.3V;若加大节气门开度,信号电压应随节气门开度的增大而升高,如图 3-25 所示。

3) 输出信号波形检测。关闭附属电气设备,发动机怠速稳定后,进行加速和减速试验,输出信号电压应在 1.25~4.5V 范围内变化,其变化波形如图 3-26 所示,图中 CH1 指通道,1V/div DC 指直流电,纵坐标每格为 1V,500ms/div 表示横坐标每格为 500ms。

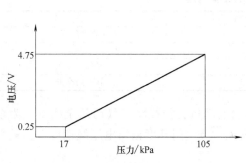

图 3-25 进气歧管绝对压力与信号电压间的关系

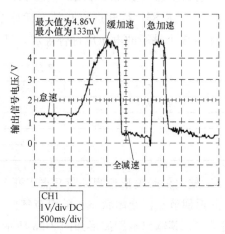

图 3-26 进气歧管压力传感器输出信号电压波形

波形分析：

① 通常，压阻效应式进气歧管压力传感器的输出信号电压在急速时为1.25V，当节气门全开时略低于5V，全减速时接近0V。

② 当传感器输出电压不能随发动机真空值变化时，发动机将不能正常工作。

③ 如果出现不正常的信号波形，则应更换传感器。

3. 节气门位置传感器检测

（1）**电路连接及常见故障** 节气门位置传感器安装在节气门体上，其作用是将节气门开度的大小转变为电信号输入ECU，然后，ECU根据发动机不同工况对混合气浓度的需求控制喷油时间。可变电阻式节气门位置传感器电路连接如图3-27所示。

节气门位置传感器的常见故障有传感器电位器滑片与电阻接触不良、急速触点接触不良等，导致发动机急速不稳、加速困难等。

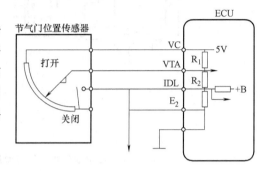

图3-27 可变电阻式节气门位置传感器电路连接

（2）**检测方法**

1）急速触点导通性检测方法。用万用表检测IDL与E_2之间的电阻值。当节气门全闭时，急速触点IDL与E_2之间的电阻应为0；当节气门全开时，急速触点IDL与E_2之间的电阻应为∞。

2）电阻检测方法。用万用表测量输出电压信号端子VTA和传感器电源端子VC与搭铁E_2之间的电阻值。当节气门全闭时，VTA与E_2之间的电阻为0.21~0.36kΩ；当节气门全开时，VTA与E_2之间的电阻应为4.8~6.3kΩ。节气门处于任意状态下，VC与E_2之间的电阻应为3.1~7.2kΩ。

3）传感器线束导通性检测。断开点火开关，拔下ECU和传感器线束插头，用万用表测量两插头上相应端子之间导线的电阻值，其值均应小于0.5Ω。

4）电压检测。打开点火开关，插好节气门位置传感器的插接器，ECU插接器上IDL、VC、VTA 3个端子的电压应符合规定，见表3-9。

表3-9 节气门位置传感器电压

端子	标准电压/V	条件
IDL-E_2	9~14	节气门开
VC-E_2	4.0~5.5	—
VTA-E_2	0.4~0.8	节气门全闭
	3.8~4.5	节气门全开

5）输出信号波形检测。断开点火开关，不起动发动机，慢慢将节气门从全闭变化为全开，并返回节气门全闭状态，随着节气门开度的增大，节气门开度输出电压线性增大。重复上述操作，其输出电压波形如图3-28所示。

4. 温度传感器检测

发动机上的温度传感器包括进气温度传感器、冷却液温度传感器、排气温度传感器、燃油温度传感器等。冷却液温度传感器一般安装在缸体冷却液通道或节温器上，将冷却液温度转换为电压信号并输送至ECU，以修正喷油量和点火时刻。进气温度传感器安装在空气流量传感器或进气管道内，监测进气温度，ECU根据进气温度高低修正进气量，进而修正喷油量。

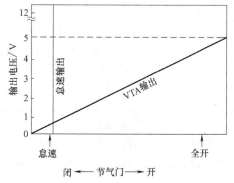

图3-28　组合式节气门位置传感器的输出特性

（1）电路连接及常见故障

1）电路连接。温度传感器的电路连接如图3-29所示。ECU内部串联一个分压电阻，ECU向热敏电阻和分压电阻组成的分压电路提供一个稳定的电压，传感器输入ECU的信号电压等于热敏电阻上的分压值，电压会随热敏电阻阻值的变化而变化。ECU根据接收到的信号电压值，计算求得对应的温度值，从而进行实时控制。

2）常见故障。如果信号中断，就会导致发动机起动困难、怠速不稳、排放超标等。

（2）检测方法

1）电阻检测方法。将冷却液温度传感器置于盛有热水的容器内加热（图3-30），或将进气温度传感器用电吹风机加热。用万用表检测传感器两端子间的电阻，所测值应符合标准（表3-10）。

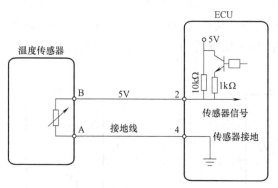

图3-29　温度传感器电路连接

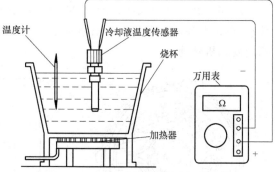

图3-30　冷却液温度传感器检测

表3-10　温度传感器电阻检测标准

温度/℃	0	20	40	60	80
冷却液温度传感器电阻值/kΩ（丰田车系）	4.0~7.0	2.0~3.0	0.9~1.3	0.40~0.70	0.20~0.40
进气温度传感器电阻值/kΩ（4G64发动机）	5.3~6.7	2.3~3.0	1.0~1.5	0.52~0.68	0.3~0.42

2）电压检测方法。拔下温度传感器插接器，点火开关置于"ON"，用万用表检测传感器两端子间电压，其值应在4.7~5.0V之间（电源电压）。

插好温度传感器,点火开关置于"ON",用万用表测量传感器或ECU两端子间的电压信号,其值应符合标准(表3-11)。

表3-11 温度传感器电压检测标准(4G64发动机)

温度/℃	0	20	40	80
冷却液温度传感器电压值/V	3.2~3.8	2.3~2.9	1.3~1.9	0.3~0.9
进气温度传感器电压值/V	3.2~3.8	2.3~3.0	1.0~1.5	0.3~0.42

5. 曲轴位置传感器检测

曲轴位置传感器用来检测发动机转速、曲轴位置(转角)信号及各缸压缩行程上止点信号,以控制喷油和点火时刻,与空气流量传感器一样,是发动机集中控制系统中重要的传感器。

为了有效提高发动机的性能,需选取特定的喷油时刻、点火时刻,而这些时刻都是相对曲轴转角位置而言的。因此,在发动机控制系统中必须设有曲轴位置传感器。

曲轴位置传感器的结构随车型不同而不同,可分为磁感应式、霍尔式和光电式三大类,通常安装在曲轴前端、飞轮上或分电器内。

(1)磁感应式曲轴位置传感器

1)电路连接及常见故障。

① 电路连接。电路连接如图3-31所示。其中 N_e 信号用于检测发动机转速。其信号发生器由具有24个齿的信号转子(2号正时转子)及 N_e 感应线圈组成。当转子旋转时,信号齿与感应线圈的凸缘部(磁头)的空气间隙发生变化,导致磁场变化而产生感应电动势。转子转动一圈,感应线圈将产生24个交流脉冲信号,其中一个周期的脉冲相当于30°曲轴转角(15°凸轮轴转角)。N_e 信号两个信号脉冲(60°曲轴转角)所经历的时间可作为基准确定发动机转速。

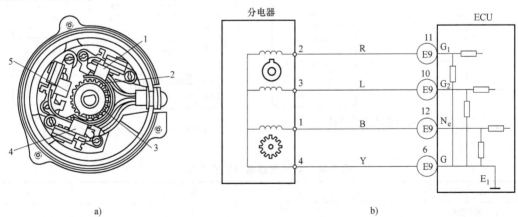

图3-31 磁感应式曲轴位置传感器结构和电路连接
a)结构 b)电路
1—G_1 感应线圈 2—2号正时转子 3—1号正时转子
4—G_2 感应线圈 5—N_e 感应线圈

G信号的作用是检测活塞上止点位置并判别气缸,其信号发生器由G信号转子(1号正时转子)及对称的两个感应线圈 G_1 和 G_2 组成。曲轴每转两圈,G_1 和 G_2 感应线圈各产生一个脉冲信号,其中一个信号与 1 缸活塞位于上止点的时刻相对应。以此为基准,再根据 N_e 信号和各缸工作顺序确定其他缸曲轴的工作位置。

② 常见故障。传感器插接器或内部接触不良或短路,感应线圈短路或断路,传感器安装松动或间隙不当。

2) 检测方法。

① 电阻检测方法。用万用表检测传感器 N_e、G_1 和 G_2 三个信号端子与搭铁端子间的电阻,其值应符合标准要求(表 3-12)。

表 3-12 磁感应式曲轴位置传感器的电阻值

端子	条件	电阻/Ω
G_1-G	冷态 热态	125~200 160~235
G_2-G	冷态 热态	125~200 160~235
N_e-G	冷态 热态	155~250 190~290

② 传感器绝缘性检测方法。测量传感器信号正极、信号负极与屏蔽端子之间的电阻,其值应为∞,否则说明传感器线圈绝缘不良或搭铁短路。

③ 输出信号检测方法。起动发动机并怠速运转,用示波器检测传感器输出信号波形,如图 3-32 所示(图中 BTDC 表示"上止点前")。该信号对应于 1 缸或 4 缸压缩上止点前一定角度。ECU 接收到宽脉冲信号时,便可知道 1 缸或 4 缸上止点位置即将到来,具体为哪一缸的上止点,则需根据凸轮轴位置传感器输入的信号来确定。

传感器输出信号的幅值随转速升高而升高,而且幅值、频率和形状在一定的条件下应相似,相邻两脉冲时间间隔相等。如果检测到的波形不符合要求,则需更换传感器。

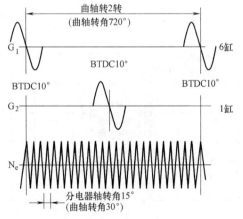

图 3-32 曲轴位置传感器输出信号波形

(2) 霍尔式曲轴位置传感器

1) 产生的霍尔电压脉冲信号,经霍尔集成电路放大整形后,送给 ECU。霍尔电压脉冲信号频率反映了发动机转速的快慢,而以 1 缸活塞到达上止点的时刻为基准,可以判断各缸活塞的工作位置。霍尔式曲轴位置传感器与 ECU 的电路连接如图 3-33 所示。

2) 检测方法。

① 电源电压检测方法。拔下传感器插接器,点火开关置于"ON",用万用表测量端子 A 与端子 C 间的电压,所测电压值应等于电源电压(或规定电压)。若电源电压为 0,则断开点火开关,用万用表检测端子 A 与 ECU 插头端子 7 之间的电阻,阻值应小于 0.5Ω。若阻值为∞,说明电源线断路;若电源电压为 0,但电源线路良好,说明 ECU 故障。

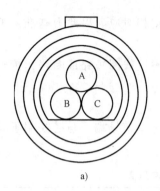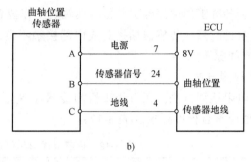

图 3-33 霍尔式曲轴位置传感器接线端子和电路连接

a) 接线端子 b) 传感器电路

② 电阻检测方法。点火开关置于"OFF",拔下曲轴位置传感器导线插接器,用万用表跨接在传感器侧的端子 A-B 或 A-C,万用表显示读数应为∞(开路)。

③ 输出信号电压检测方法。起动发动机怠速运转,用万用表测量 B-C 端子间的电压值,其值应在 0.3~5V 之间脉动变化。输出信号电压波形应如图 3-34 所示。

(3) 光电式曲轴位置传感器　用万用表检查传感器信号输出端子与接地端子间的电压。发动机起动时,电压应为 0.2~1.2V;发动机怠速运转期间,应为 1.8~2.5V。用示波器检测信号电压波形应如图 3-35 所示。

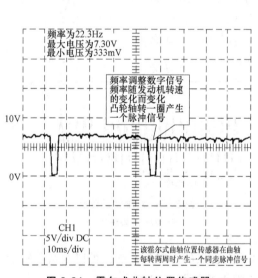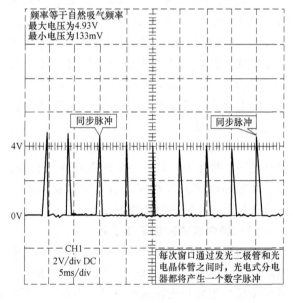

图 3-34 霍尔式曲轴位置传感器输出信号电压波形

图 3-35 光电式曲轴位置传感器输出信号波形

6. 氧传感器

氧传感器是电控发动机实现闭环控制的重要传感器,安装在排气管中。其功能是检测排气中的氧含量,向 ECU 反馈相应电压信号,ECU 根据氧传感器反馈的空燃比信号控制喷油量,调整可燃混合气空燃比。常用的氧传感器有氧化锆氧传感器和氧化钛氧传感器。

(1) 氧传感器常见故障 氧传感器常见故障：因有铅中毒、积炭；内部线路接触不良或电路短路、断路等。氧传感器发生故障将使电控汽油喷射系统失去排气管中氧浓度的反馈信号，发动机排放量及油耗增大。

(2) 氧传感器类型

1）氧化锆氧传感器。

① 氧化锆氧传感器的输出特性如图 3-36 所示。

当供给发动机的可燃混合气较浓时，排气中氧含量较少、CO 浓度较大。在催化剂铂的作用下，氧几乎全部与 CO 发生氧化反应生成 CO_2 气体，使锆管外表面上氧浓度为 0。由于锆管内表面与大气相通，氧浓度很大，因此锆管内、外表面之间的氧浓度差较大，两个铂电极之间的电位差较高，约为 0.9V。

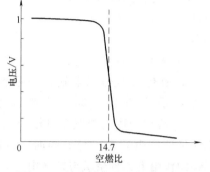

图 3-36 氧化锆氧传感器输出特性

当供给发动机的可燃混合气较稀时，排气中氧含量较多、CO 浓度较小，即使 CO 全部与氧发生化学反应，锆管外表面上还有多余的氧存在。因此，锆管内、外表面之间氧的浓度差较小，两个铂电极间的电位差较低，约为 0.1V。

当空燃比接近理论空燃比时，排气中的氧和 CO 含量都很少。在催化剂铂的作用下，氧与 CO 的化学反应从缺氧状态急剧变化为富氧状态。由于氧浓度差急剧变化，因此铂电极之间的电位差急剧变化，使传感器输出电压从 0.9V 急剧变化到 0.1V。

要准确地保持混合气浓度为理论空燃比是很难的。实际上的反馈控制只能使混合气在理论空燃比附近一个狭小的范围内波动，故氧传感器的输出电压在 0.1~0.9V 之间不断变化（通常每 10s 内变化 8 次以上）。

② 氧化锆氧传感器电路和接线端子如图 3-37 所示。

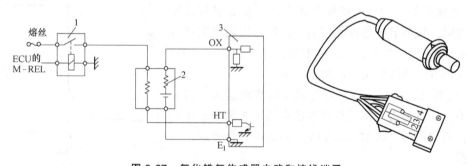

图 3-37 氧化锆氧传感器电路和接线端子
1—主继电器 2—氧传感器 3—ECU

③ 检测方法。

a) 电阻检测。关闭点火开关，拔下氧传感器插头，用万用表测量插接器插头中加热器端子与搭铁端子间的电阻，所测值应在 4~40Ω 范围内变化，一般为 12Ω。

b) 反馈电压检测。拔下氧传感器线束插接器插头，对照被测车型的电路图，从氧传感器反馈电压输出端引出一条细导线。插好插接器后，在发动机运转时从引出线上测量反馈电压。发动机以 2500r/min 的转速运转时，反馈电压应在 0~1V 的范围内以 0.45~0.5V 为中心上下快速变化，且在 10s 内反馈电压的变化次数不少于 8 次。若少于 8 次或电压保持不变，则表明氧传感器有故障,需检修。

若氧传感器电压始终在 0.7~1.0V 之间,表示混合气过浓;若始终保持在 0.1~0.3V 之间,表示混合气过稀;若始终保持在 0.45~0.5V 之间,表示氧传感器未工作。

c) 输出信号波形检测。发动机预热后怠速运转 20s,将踩速踏板从怠速踩至节气门完全打开 5、6 次(注意不要超速),定位屏幕上的波形,应如图 3-38 所示,否则应更换氧传感器。

2) 氧化钛氧传感器。

① 氧化钛氧传感器输出波形特性。当可燃混合气较浓时(空燃比小于 14.7),排出的废气中氧含量较少,二氧化钛呈现低阻状态。与此同时,在催化剂铂的作用下,剩余氧与排气中的 CO 产生化学反应,生成 CO_2,将排气中的氧进一步消耗掉,从而大大提高了传感器的灵敏度。当发动机的可燃混合气较稀时(空燃比大于 14.7),排出的废气中氧含量较多,氧化钛管外表面的氧浓度较大,二氧化钛呈现高阻状态。混合气空燃比约为 14.7(过量空气系数约为 1)

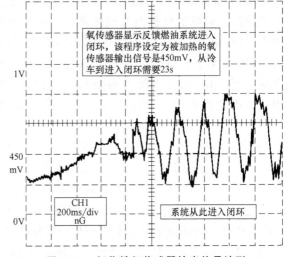

图 3-38　氧化锆氧传感器输出信号波形

时产生突变。因此,氧化钛氧传感器的信号源相当于一个可变电阻,其阻值与空燃比的关系如图 3-39 所示。

② 检测方法。

a) 电阻检测。如果加热线电压正常,检查氧传感器内加热电阻。拔下氧传感器线束插头,用万用表电阻档测量氧传感器端子 1 与端子 2 间的电阻,其值应为 1~5Ω,若不符合标准,则说明电路断路或短路。

b) 反馈电压检测。拔下氧传感器的线束插头,打开点火开关,用万用表检测氧传感器插头端子 3 和端子 4 间的电压,其值应为 (0.45±0.05)V。如果不符合要求,应检查线路。

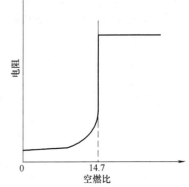

图 3-39　氧化钛氧传感器输出特性

c) 输出信号波形检测。起动发动机,转速在 2500r/min 运转时,用示波器观察氧传感器输出信号波形,如图 3-40 所示。如果与标准波形不符,说明氧传感器有故障。

3) 宽量程氧传感器。采用稀薄燃烧的发动机,要求氧传感器能够在一个较宽的空燃比范围内(15≤空燃比≤23)对汽车排放的氧浓度进行连续检测。

① 极限电流型氧传感器。极限电流型氧传感器是以二氧化锆(ZrO_2)氧浓度差电池型氧传感器为基础加以改进而成的。在 ZrO_2 氧浓度差电池型氧传感器的 ZrO_2 组件两端加上一定电压时,会造成氧离子的移动而产生电流,其电流与排放气体氧浓度成正比。极限电流型氧传感器就是利用这一特性,连续检测出稀薄燃烧区的空燃比。

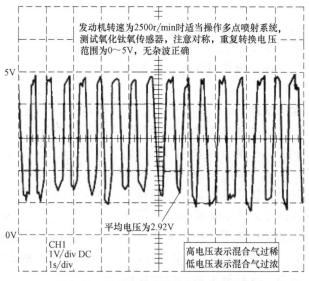

图 3-40　氧化钛氧传感器输出信号波形

极限电流的大小与继续增加的电压无关,而取决于氧的扩散速率,并与被测环境中的氧分压成正比。因为传感器的输出电流与外界氧分压呈线性关系,因而它能连续检测出稀薄燃烧区的空燃比,其工作特性如图 3-41 所示。

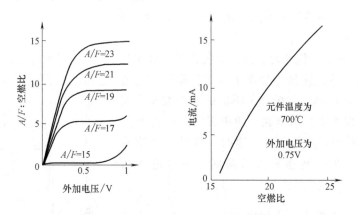

图 3-41　极限电流型氧传感器的工作特性

② 双电池极限电流型氧传感器。极限电流型氧传感器主要用于稀薄燃烧发动机,而在理论空燃比附近及在浓燃烧区域产生的信号极其微弱,不能用于反馈控制。对于整个浓燃烧和稀薄燃烧范围的空燃比控制,可以采用双电池极限电流型氧传感器。

双电池极限电流型氧传感器的工作特性如图 3-42 所示。这种广域氧传感器的特点是工作曲线平滑,输出电流 I_p 正比于尾气中的氧浓度,能够连续检测 10～59 这一极宽的空燃比范围(相当于过量空气系数为 0.7～4.0),可以更好地保证发动机在整个空燃比范围内的平稳运行。

宽量程氧传感器不同于传统氧传感器,其产生的不是阶跃函数性质的响应,而是连续递增的信号,控制精度高。

7. 爆燃传感器

爆燃传感器将发动机爆燃信号——气缸体振动的压力波，转变为电信号传给ECU，由ECU控制推迟点火时刻，避免产生爆燃。爆燃消失后，控制系统使点火提前角逐步恢复。

(1) 电路连接及常见故障

1) 爆燃传感器与ECU的连接如图3-43所示。爆燃控制是一个闭环控制系统，发动机工作时，ECU根据各传感器信号，从存储器中查寻相应的点火提前角控制点火时刻，控制结果由爆燃传感器反馈到ECU输入端，再由ECU对点火提前角进行修正。爆燃传感器的信号输入ECU后，ECU便将积分值与基准电压进行比较。当积分值高于基准电压时，ECU立即发出指令，控制点火时刻推迟，每次推迟

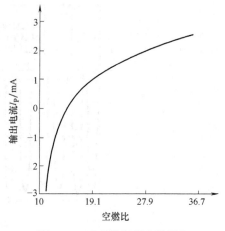

图3-42 双电池极限电流型氧传感器工作特性

0.5°~1.0°曲轴转角，修正速度为0.7°/s左右，直到爆燃消除。爆燃强度越大，点火时间推迟越多。当积分值低于基准电压时，说明爆燃已经消除，ECU又递增一定量的点火提前角控制点火，直到再次产生爆燃为止。

2) 爆燃传感器的常见故障有内部元件损坏、内部元件接触不良或搭铁等。爆燃传感器故障将使发动机爆燃不能及时消除，油耗和排气污染上升。

(2) 检测方法

1) 电阻检测方法。检测时，点火开关置于"OFF"，拔出传感器的插接器，测量1号端子与2号端子间的电阻，所测值应大于1.0MΩ。爆燃传感器的3个端子之间不应有短路（电阻为零）或断路（电阻无穷大）现象。

2) 电压检测方法。发动机急速时，信号电压应在0.3~1.4V之间；在高转速和大负荷时，信号电压可达5.1V。

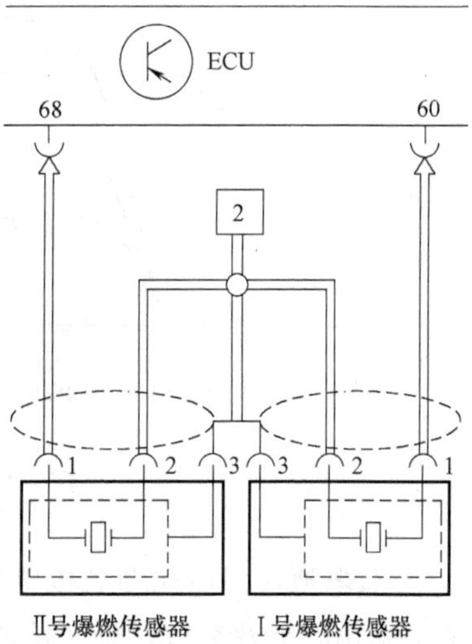

六、电控汽油机ECU检测

ECU的作用是根据自身存储的程序对汽车各传感器输入的各种信息进行计算、处理、判断，然后输出指令，控制有关执行器动作，使发动机处于最佳状态工作，并具有自诊断功能。

图3-43 爆燃传感器与ECU的连接

一般来说，不应轻易判断ECU出现故障，原则上是故障灯亮起后用解码器读取故障码，然后逐个排除问题。ECU出现故障时用解码器会出现两个现象，一是解码器直接读出ECU故障码，二是读不出故障码。用解码器的数据去全面测试，如果确实是所有数据都不符合，再下结论，因为ECU一般是不容易出故障的。

ECU工作一般比较可靠，故障率很低。但随着汽车行驶里程和使用年限的增加（里程超过15万km，使用年限达到6~8年，尤其是运行环境条件恶劣时）也可能出现故障。如

个别集成块老化、损坏，电阻、电容失效，固定脚螺栓松动及电子元件焊接头松脱等，都会引起ECU控制功能失效或控制系统工作不良，从而造成发动机起动困难、怠速不稳、动力性差、油耗增大及排放超标等。

1. 注意事项

用万用表检测ECU端子的电压和电阻时，应注意以下问题：

1）检测前，检查汽车电子控制系统及其他电气系统的熔断器、熔丝及有关线束插头是否良好。点火开关处于开启位置时，蓄电池电压不应低于11V。

2）检测时，必须使用高阻抗的万用表（大于10MΩ），最好使用汽车专用万用表。

3）测量各端子的电压，应在微处理器与线束插接器处于连接的状态下进行，万用表测试表笔应从线束插头的导线一侧插入微处理器各端子。

4）测量各端子电阻，应先拔下微处理器的线束插接器。若要拔下微处理器的线束插接器测量各控制线路，则应先拆下蓄电池负极搭铁线。

5）检测时，应先将微处理器连同线束一同拆下，在线束插接器处于连接的状态下，分别在点火开关关闭、开启及发动机运转状态下，测量微处理器各端子与搭铁端子之间的电压。也可以拔下微处理器线束插接器，测量各控制线路的电阻，从而确定控制线路是否正常。

6）连接ECU线束插头时，将拨杆推到底，以便可靠地锁紧；从ECU上连接或断开针状端口时，不要损坏针状端口，要确认ECU上的针状端口没有弯曲或断裂。测量ECU信号时，注意不要使测试表笔搭接，表笔的意外搭接将会导致短路，损坏ECU内的功率晶体管。

2. 电压检测方法

1）用万用表检测蓄电池的电压，其值应大于或等于11V，否则充电后再测量。

2）从汽车上拆下微处理器，但保持线束插接器与微处理器处于连接状态（即不拔下线束）。

3）将点火开关置于"ON"。

4）将万用表置于电压档。

5）依次将万用表测试表笔从线束插头的导线一侧插入，测量微处理器各端子与搭铁端子之间的电压。

6）记录各端子与搭铁端子间的电压值，并与标准值比较，若测得的电压与标准值不符，则说明微处理器或控制线路有故障。

3. 电阻检测方法

1）从汽车上拆下微处理器。

2）拔下导线插接器。

3）参照ECU各端子的分布图［丰田花冠（1NZ-FE发动机）各端子如图3-44所示］，

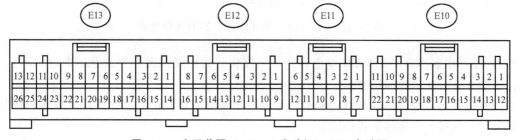

图3-44　丰田花冠（1NZ-FE发动机）ECU各端子

用万用表测量导线插接器各端子间电阻值。注意：不要触碰微处理器的接线端子，应将测试表笔从导线侧插入导线插接器中。

4）记录所测电阻值，并与标准值相比较，从而确定微处理器控制线路是否正常。

4．ECU 电源电路的检查

以丰田（1ZR-FE 发动机）ECU 电源电路为例（图 3-45），电源电路检修的步骤如下：

1）用万用表检查 104 号端子与车身的搭铁情况，若不正常，维修或更换线束或插接器。

2）用万用表检查 28 号端子的电压，应为蓄电池电压，否则转至第 11）步。

3）检查 EFI MAIN 熔丝，若不正常应更换。

4）检查 EFI No.1 熔丝，若不正常应更换。

5）用万用表检查 EFI MAIN 继电器，若不正常应更换。

6）用万用表检查 EFI MAIN 继电器到 EFI No.1 熔丝间的连接情况及导线是否短路和断路，若不正常，维修或更换线束或插接器。

7）用万用表检查 EFI No.1 到 1 号或 2 号端子间的连接情况及导线是否短路和断路，若不正常时，维修或更换线束或插接器。

8）用万用表检查 EFI MAIN 继电器到蓄电池间的连接情况及导线是否短路和断路，若不正常，维修或更换线束或插接器。

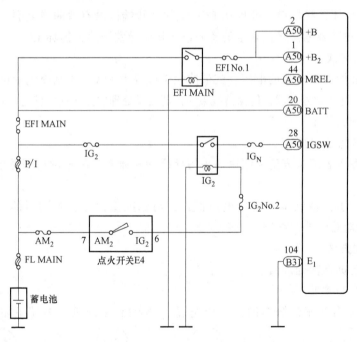

图 3-45　丰田（1ZR-FE 发动机）ECU 电源电路

9）用万用表检查 EFI MAIN 继电器到车身搭铁间的连接情况和导线是否断路，不正常时，维修或更换线束或插接器。

10）用万用表检查 EFI MAIN 继电器到 44 号端子间的连接情况及导线是否短路和断路，不正常时，维修或更换线束或插接器。

11）检查 IG_N 熔丝，若不正常应更换。

12) 检查 IG_2 熔丝，若不正常应更换。

13) 用万用表检查 IG_2 继电器，若不正常应更换。

14) 用万用表检查 IG_N 熔丝到 28 号端子间的连接情况及导线是否短路和断路，不正常时，维修或更换线束或插接器。

15) 用万用表检查 IG_2 继电器到 IG_N 熔丝间的连接情况及导线是否短路和断路，不正常时，维修或更换线束或插接器。

16) 用万用表检查 IG_2 继电器到蓄电池间的连接情况及导线是否短路和断路，不正常时，维修或更换线束或插接器。

17) 用万用表检查 IG_2 继电器与车身搭铁间的连接情况及导线是否短路和断路，不正常时，维修或更换线束或插接器。

18) 检查 IG_2 No.2 熔丝，若不正常应更换。

19) 用万用表检查 IG_2 继电器与 IG_2 No.2 熔丝间的连接情况及导线是否短路和断路，不正常时，维修或更换线束或插接器。

20) 用万用表检查 IG_2 No.2 熔丝与点火开关间的连接情况及导线是否短路和断路，不正常时，维修或更换线束或插接器。

21) 用万用表检查点火开关总成，若不正常，更换点火开关总成。

22) 检查 AM_2 熔丝，若不正常应更换。

23) 用万用表检查点火开关与 AM_2 熔丝间的连接情况及导线是否短路和断路，不正常时，维修或更换线束或插接器。

七、电控燃油喷射系统电动燃油泵检测与诊断

电控燃油喷射系统的执行元件能否正常工作，直接影响发动机的动力性、经济性和排放性能，因此对其进行技术状况的检测、故障的诊断，并最终实现发动机工作效能的提高是很有必要的。电控汽油机燃油喷射系统执行元件主要是电动燃油泵和喷油器，常见故障主要是线路接触不良、短路、断路和元器件损坏，因此，对其技术状况进行检测时，可借助万用表检测其电阻、电压值，进行定量分析；还可通过示波器获取波形进行直观分析，确定其工作状态，保证发动机可靠运行。

1. 带燃油泵控制单元的燃油泵控制电路

带燃油泵控制单元的燃油泵控制电路如图 3-46 所示。蓄电池电源经主易熔线、20A 熔丝、EFI 主继电器进入燃油泵控制单元的 +B 端子，通过 FP 端子向燃油泵供电。根据发动机 ECU 的 FPC 端子和 D_1 端子的信号，燃油泵控制单元控制 +B 端子与 FP 端子的连通回路，以改变输送给燃油泵的电压，从而实现对燃油泵转速的控制。发动机高速、大负荷工作时，ECU 的 FPC 端子向燃油泵控制单元发出指令，使 FP 端子向燃油泵提供 12V 的电压，燃油泵以高速运转。当发动机低速、小负荷工作时，ECU 的 FPC 端子向燃油泵控制单元发出指令，使 FP 端子向燃油泵提供较低的电压（一般为 9V），燃油泵以低速运转。D_1 是燃油泵控制单元给 ECU 的反馈线端子信号，也称为 D_1 故障监控信号。

ECU 的电源端子 +B 和燃油泵控制单元端子 FP 分别有导线与诊断座上的相应端子相连，以便于对燃油泵进行检查。

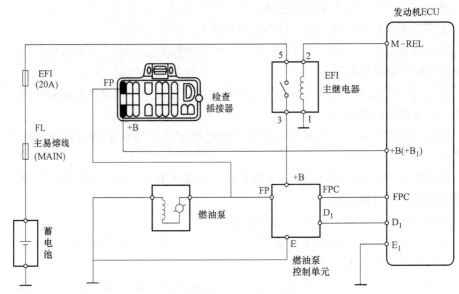

图 3-46　带燃油泵控制单元的燃油泵控制电路

2．电动燃油泵常见故障

燃油泵及其控制电路的常见故障有燃油泵不工作、泵油压力不足、油压不能保持等。引起这些故障的原因可能是燃油泵电机故障、燃油泵继电器故障、插接器松动、线路和熔断器烧断及燃油泵控制单元损坏等。

3．故障诊断方法

（1）就车检查

1）用专用导线将燃油泵控制单元 FP 端子和 +B 端子跨接到 12V 电源上。

2）点火开关置于"ON"，但发动机不起动。

3）旋开燃油箱盖能听到燃油泵的工作声音，进油软管应有压力。

4）若燃油泵不工作，应检查燃油泵电路、导线、继电器、易熔线和熔丝有无断路。

（2）电阻检测　释放燃油系统压力，并关闭用电设备。拆下燃油泵后，测量燃油泵端子 +B 和端子 FP 之间电阻，其值应为 $2\sim3\Omega$，而端子 E 和端子 D_1 之间的搭铁电阻为零。用蓄电池直接给燃油泵通电，应能听到燃油泵高速旋转的声音（注意通电时间不能太长）。

（3）电压检测

1）检测燃油泵控制单元各接线端子的电压。跨接端子 +B 与端子 FP，燃油泵应工作，不工作证明燃油泵故障。跨接后工作正常，需要测 FPC 线，起动时、高速或大负荷时电压应为 4~6V，怠速或小负荷时电压应为 2~3V，若无电压，表明燃油泵控制单元或 FPC 线开路。

2）无高速时检测。

① 测 FPC 线起动，高速或大负荷时电压应为 4~6V，若一直为 2~3V，证明燃油泵控制单元故障。

② 若 FPC 正常，再测 FP 线，怠速和小负荷时电压应为 9V 左右，高速或大负荷时电压应为 12V，若一直为 9V，证明燃油泵故障。

(4) 供油压力和供油量检查　起动发动机运转，测试燃油压力值。急速时燃油压力应为 0.19~0.24MPa；正常运转时，燃油压力应为 0.26~0.31MPa；发动机熄火 5min 后，剩余压力不低于 0.15MPa。在带有汽油滤清器的情况下，燃油泵供油量应为 700~1000mL/min。

(5) 通电检测　用蓄电池直接给燃油泵通电，应能听到燃油泵电机高速运转的声音（注意通电时间不能太长）。

【案例 3-5】
一辆韩国现代轿车，在炎热天气条件下行驶一段时间（约 30min）后，出现发动机动力不足、行驶无力的现象，并曾经自行熄火且起动困难，而在阴雨天行驶正常。

（扫码看故障分析）

【案例 3-6】
某 4S 店接收一辆丰田花冠轿车，据车主反映该车起动后在很短时间内迅速熄火，再次尝试仍不能起动，请根据故障现象和诊断情况，主要从燃油泵方面分析故障原因，设计诊断工艺流程。

（扫码看故障分析）

八、喷油器的检测与诊断

思考：
喷油器好坏对汽车行驶有什么影响？

喷油器的作用是按照 ECU 的指令（喷油脉冲信号）将准确计量的燃油适时地喷入进气道内，使之与空气形成可燃混合气。喷油器发生堵塞、不能开启、喷出的燃油不能良好雾化时，都会造成发动机运转不稳甚至不能运转；当喷油器发生滴漏等故障时，还会造成油耗过大甚至排气冒黑烟等现象。

因此，对喷油器及其控制电路进行检修是电控发动机维修的一项重要内容。

1. 喷油器的控制和驱动方式

ECU 可通过控制喷油器的电源或搭铁来实现对喷油器的控制，控制电路如图 3-47 所示。在发动机工作时，ECU 根据各种传感器输入的信号，确定合适的喷油时刻和喷油脉冲宽度，并向喷油器提供搭铁信号使喷油器开始喷油，切断搭铁信号使喷油器停止喷油。

喷油器的驱动方式分为电流驱动与电压驱动两种。电流驱动只适用于低电阻喷油器（2~5Ω）；电压驱动既可用于低电阻喷油器，又可用于高电阻喷油器（12~17Ω）。

一般来说，电流驱动喷油器的迟滞时间最短，其次为电压驱动低电阻型，电压驱动高电阻型的最长。

2. 喷油器检测方法

喷油器及其电路故障将会导致发动机不能起动、起动困难、急速不稳或加速不良，所以应对喷油器及其电路进行检测，检测方法如下：

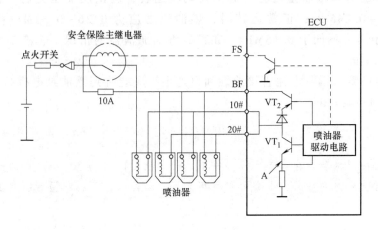

图 3-47 喷油器控制电路

(1) 用听诊法检查喷油器是否工作

1) 在发动机运转时喷油器应能发出有节奏的响声，若某缸喷油器的工作声音小或没有声音，则该缸喷油器工作不正常。

2) 断开怀疑有故障缸的插头，起动发动机怠速运转，观察发动机的转速和抖动情况。

(2) 用解码器进行检测

1) 将解码器与汽车故障诊断接头建立连接。

2) 打开解码器。

3) 进入故障诊断模块。

4) 读取故障码。

(3) 用万用表检查喷油器插头线束

1) 检查电源线电压，如图 3-48 所示。

① 关闭点火开关。

② 拔下待检缸的喷油器插头。

③ 打开点火开关。

④ 用万用表电压档测供电线处电压，标准值为 12V 左右。

2) 检测电源线通断，如图 3-49 所示。

① 关闭点火开关，断开蓄电池负极。

② 断开 J623 插头。

③ 用万用表导通档测量 2 号端子与 T60/32 端子之间线束的导通情况。线束之间标准电阻值应小于 0.5Ω。

3) 检测搭铁线是否搭铁。

① 关闭点火开关，将待检缸喷油器插头拔下。

② 将试灯一侧接 1 号端子，另一侧接 2 号端子，如图 3-50 所示。

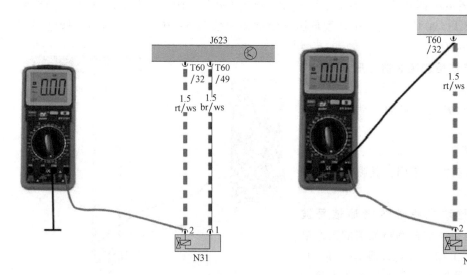

图 3-48 检查喷油器控制电路电源线电压　　图 3-49 检测喷油器控制电路电源线通断

③ 打开点火开关，起动发动机，正常情况下，试灯应该闪烁。

4）检测 1 号端子与 49 号端子间通断。

① 关闭点火开关，并断开蓄电池负极。

② 断开 J623 插头。

③ 用万用表导通档测量 1 号端子与 49 号端子之间线束的导通情况，如图 3-51 所示。线束电阻值应小于 0.5Ω。

（4）用万用表检查喷油器电阻

1）关闭点火开关，拔下待检缸的喷油器插头。

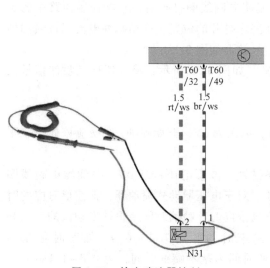 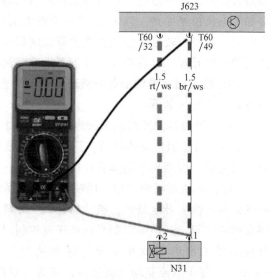

图 3-50 检查喷油器控制　　　　图 3-51 检查喷油器控制电路 1 号
电路电源线搭铁　　　　　　　　端子与 49 号端子通断

2）用万用表电阻档测量喷油器1号端子与2号端子间的电阻，如图3-52所示。高电阻型电阻为12~17Ω（20℃），电压驱动型低阻抗喷油器阻值为3~5Ω，电流驱动型低电阻型喷油器阻值为2~3Ω。

（5）**用示波器检测喷油器波形**

1）关闭点火开关，连接示波器。

2）打开点火开关，起动发动机，急速运转，观察波形。

3. 波形分析

因喷油器驱动方式不同，其喷油信号波形也不同。

（1）**电压驱动式喷油器喷油信号波形** 电压驱动是指通过控制喷油器的工作电压来控制喷油器工作。在电压驱动回路中，使用高电阻喷油器时可将蓄电池电压直接加在喷油器上；而使用低电阻喷油器时，必须在回路中加入附加电阻，将蓄电池电压分压后加在喷油器上，防止电磁线圈电流过大，发热而烧坏。

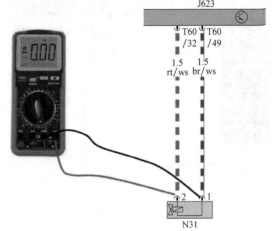

图3-52 测量喷油器的电阻

电压驱动较电流驱动的构成回路简单，但加入附加电阻使回路阻抗加大，导致流过线圈的电流减小，喷油器上产生的电磁力降低，针阀开启延迟时间长。其喷油器标准喷油信号波形如图3-53a所示。

（2）**电流驱动式喷油器喷油信号波形** 在电流驱动回路中无附加电阻，低电阻喷油器直接与蓄电池连接。由于无附加电阻，回路阻抗小，ECU向喷油器发出指令时，流过喷油器线圈的电流增加迅速，大电流使针阀迅速打开，喷油迟滞时间缩短，响应性更好。如果喷油器长时间大电流通电，就有可能烧坏喷油器的电磁线圈，因而在电流驱动方式的回路中，增加了电流控制回路。当ECU以一个较大的电流使电磁线圈打开后，它能控制回路中的工作电流，用一个较小的电流使喷油器针阀保持在完全打开的位置，或用脉冲电流保持喷油器针阀的有效开度。电流驱动式喷油器标准喷油信号波形如图3-53b所示。

（3）**喷油器标准喷油信号波形各线段的含义** 如图3-53所示，喷油器标准喷油信号波形各线段的含义如下：

1线：喷油器关闭时的系统电压信号，12V。

2线：喷油信号到达时刻，晶体管完全导通，电压为0V，开始喷油。2线应该光滑、平顺、无毛刺，否则功率晶体管性能不良。

3线：喷油器喷油阶段。因喷油器控制回路搭铁，波形电压接近0V，喷油器电磁线圈电流由零迅速上升至最大，喷油器针阀全开喷油。对于电压驱动式喷油器，该波形对应的时间为喷油时间，当燃油控制系统能正确控制混合气浓度时，喷油时间将根据发动机的工况和氧传感器输出电压发生变化。通常情况下，急速时的脉宽为1~6ms，加速时脉宽为6~30ms。对于电流驱动式喷油器，该波形对应的时间为基本喷油时间，为0.8~1.1ms。在实际工作的波形中，由于电流增强时喷油器电磁线圈所产生的感应电压的影响，3线向右逐渐向上弯曲也属正常现象。若3线波形脉宽变大，说明混合气过浓，有积炭，急速过高。若

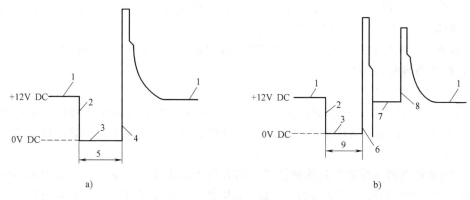

图 3-53 喷油器标准喷油信号波形

a）电压驱动式喷油器标准喷油信号波形 b）电流驱动式喷油器标准喷油信号波形

此段波形异常，可能是喷油器驱动电路接地不良。

4 线：喷油信号截止时刻，喷油器驱动电路断开，结束喷油，喷油器线圈因电流突变产生感应电压。电压尖峰高度与线圈匝数、喷油器电流有关。最高电压应不低于 35V。在图 3-53a 中，喷油开始信号 2 至喷油截止信号 4 所对应的时间就是电压驱动式喷油器的总喷油时间。

5 线：喷油持续时间。

6 线：基本喷油时间结束，开始限流。在 6 时刻，喷油器针阀已达到最大开度，故只需较小电流即能维持喷油器针阀开启，以便转入加浓补偿喷油期。此时，ECU 起动电流限制，减小驱动电路电流。由于电流迅速减小，喷油器电磁线圈感应出较高的电压脉冲，约为 35V。

7 线：加速、大负荷、大气压修正加浓补偿喷油期，喷油器处于限流状态，其功率晶体管不停地导通与截止，使通过喷油器电磁线圈的电流约为 1A，其喷油器针阀处于开启状态，喷油器进行加浓补偿喷油，所对应的时间为加浓补偿喷油时间。此时，电压与电源电压接近，若波形异常，则表明晶体管工作不良。

8 线：喷油信号截止时刻，喷油器驱动电路断开，结束喷油，电流突变产生感应电压，幅值约为 30V。总的喷油时间是从 2 至 8 所对应的时间。

9 线：电流驱动型喷油器基本喷油时间。

4. 喷油器常见故障及诊断

汽油发动机的喷油器是一种精密部件，在使用过程中，喷油器会因为自身运动而磨损，汽油中所含的杂质也会堵塞或锈蚀喷油器的针阀。电控汽油喷射系统相当一部分故障是由喷油器堵塞、卡滞、泄漏等引起的。

（1）**电磁式喷油器常见故障** 喷油嘴积炭堵塞而造成泄漏或喷射状况不良，电磁线圈损坏而不能工作。喷油器出现故障会造成发动机不能起动，运转不平稳，排气有喘振、冒黑烟，热车难起动，动力不足等故障。

（2）**喷油器堵塞的故障诊断**

1）若怠速时发动机运转不平稳，排气有喘振现象，动力不足，说明喷油器有堵塞的可能。

2）逐个给喷油器加 12V 电压（脉冲式），不允许按住不放（不超过 1s），否则会烧坏喷油器，喷油后，油压下降，说明没有堵塞。

3）听响声看喷射状况。良好的喷油器喷射雾化好，且声响干脆，否则说明工作不良。

(3) **喷油器泄漏故障诊断**

1）若发动机冒黑烟，冷车不易起动，说明喷油器密封不严，有泄漏。

2）拆下喷油器，观察喷油器泄漏情况。一般来说，当系统油压正常时，喷油嘴应湿润，而无滴油发生；喷油嘴的泄漏不能超过每分钟 2 滴，否则说明喷油器因堵塞而造成泄漏，应进行清洗。

(4) **喷油器电磁线圈阻值的检测诊断**　用万用表测电磁线圈的电阻，高电阻喷油器电阻为 13~17Ω，低电阻喷油器电阻为 2~3Ω，若阻值不在规定范围内，说明喷油器电磁线圈损坏，必须更换喷油器。

(5) **喷油量检测**　用带流量测试功能的喷油器清洗机检测喷油器的喷油量，并观察燃油雾化情况。在规定转速下，喷油器的喷油量应满足规定值，标准喷油量为 70~90mL/15s，各喷油器的喷油量误差不超过 9mL/15s。检测喷油量后，检查喷油器喷油嘴处有无漏油，要求每 3min 漏油不多于 1 滴。

(6) **喷油信号波形诊断**　发动机综合性能分析仪在显示喷油信号波形的同时，可以将喷油脉宽用数字显示。喷油脉宽指喷油信号开始至喷油信号截止所经历的时间，该时间由 ECU 根据各种传感器输送的有关发动机的空气流量、进气歧管压力、转速、节气门开度、进气温度、冷却液温度等信号计算确定。喷油脉宽越大，喷油量越大。当检测到的喷油脉宽与标准波形不同时，表明喷射系统存在故障。通过改变发动机的工况、工作条件可以观测喷油信号波形的变化，从而诊断电控燃油喷射系统的故障。检测方法如下：

1）检测时，首先按照说明书的要求将专用示波器或发动机综合性能分析仪的检测线通过专用插头与喷油器的插接器相连，将变速杆置于空档，再起动发动机，使发动机运转至正常工作温度。

2）在怠速、高速及加速时观察喷油信号波形，在正常情况下，喷油脉宽应随转速提高和节气门开度加大而相应增大。否则，可能是喷油器、燃油喷射控制系统及氧传感器存在故障。

3）在高速稳定运转时，通过改变混合气浓度来观察喷油信号波形。当使混合气变浓时，若喷油脉宽变小，则系统正常；当使混合气变稀时，若喷油脉宽变大，则系统正常。若混合气浓度变化，喷油脉宽没有变化，则可能是喷油器、燃油喷射控制系统及氧传感器存在故障。

4）使发动机在 2500r/min 的转速下稳定运转时，若可以观察到许多被测波形上的喷油脉宽在稍宽与稍窄间来回变换，且变换时间范围为 0.25~0.5ms，则说明燃油喷射控制系统能使混合气在正常浓、稀之间转换，喷油器工作正常。若喷油脉宽没有任何变化，则可能是喷油器、燃油喷射控制系统及氧传感器存在故障。

由此可见，观察并分析喷油器波形，不仅可以观测出喷油器的技术状况，还可以分析、判断燃油供给系统工作是否正常。

在发动机怠速工况下检测喷油信号时，由于总喷油脉宽变化很小，因此不易准确判断 ECU 的加浓补偿功能。因此，在底盘测功机上模拟运行工况来检测喷油信号，可以有效地对 ECU 的喷油补偿功能进行全面检测，有利于正确判断电控喷油系统的控制作用。

第四节　柴油机燃油供给系统检测与诊断

柴油机燃油供给系统的作用是根据柴油机各种工况的需要，将适量的柴油在适当的时间以合理的空间形态喷入燃烧室，即对燃油喷入量、喷油时间和油束的空间形态三方面进行有效控制。柴油机燃油供给系统的技术状况对于混合气的形成及燃烧过程的组织具有重要作用，是对发动机的动力性和燃油经济性影响较大的因素，因此有必要对其技术状况进行检测。

一、混合气质量检测

测试柴油机排放废气的烟度，根据空燃比或过量空气系数与烟度的关系可以对混合气质量进行分析评价。

在一定工况下，发动机的过量空气系数取决于进入气缸的空气量和喷油器的喷油量。对柴油机来说，过量空气系数 α 只能通过改变供油量进行调整，即 α 主要与供油量的大小有关。柴油机所排放废气的烟度由供油量、喷油泵和喷油器的调整，以及容积效率和喷雾质量决定。一般情况下，柴油机每一工况对应于一确定的 α 值（称冒烟界限）。低于该值时，混合气过浓，燃烧不完全，烟度增大。若进气系统工作状况正常，则由冒烟界限决定了柴油机在各种工况下的极限供油量。由于在不同转速下，冒烟界限有所不同，因此不同转速下的极限供油量也会有所不同。如果在任何转速下，喷油泵、喷油器的供油量均略低于极限供油量，则可以为柴油机提供浓度适宜的可燃混合气，柴油机排放废气的烟度就较低。

柴油机排放废气中 CO 浓度（体积分数）和烟度与过量空气系数的关系如图 3-54 所示。

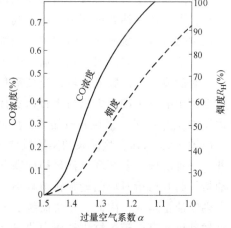

图 3-54　柴油机排放废气中 CO 浓度（体积分数）和烟度与过量空气系数的关系

由图 3-54 可知，烟度与过量空气系数几乎成线性关系。因此，可根据测得的柴油机排放废气的烟度值反映混合气质量好坏及过量空气系数是否适当；同时，可在对排放烟度值进行监测的条件下，对喷油泵的循环供油量进行精确调整。如果柴油机的气缸压力和所用的燃油质量均正常，则发动机怠速时烟度大，说明怠速循环供油量过大；如果额定转速时烟度大，则说明额定循环供油量过大；如果大负荷运转时烟度大，则说明校正加浓供油量过大。所以，在对柴油机排放废气的烟度进行检测的同时，对柴油机燃油供给系统进行调整，可以改善可燃混合气质量，提高柴油机的动力性、燃油经济性和排放性能。

二、柴油机燃油喷射过程及压力变化

在有负荷情况下通过实测获得的高压油管内压力 p 和喷油器针阀升程 S 随凸轮轴转角 θ 变化的关系曲线如图 3-55 所示。由于高压柴油在油管内流动时以波动方式传播，使高压油

管内靠近喷油泵端和靠近喷油器端的压力并不完全相同，因此分别给出了燃油喷射过程中两端的压力变化曲线。

图 3-55 中，高压油管中的压力 p_0、p_{max}、p_b、p_r 分别表示针阀开启压力、最高压力、针阀关闭压力和油管中的残余压力。整个燃油喷射过程中，高压油管中的压力变化可分为三个阶段。

第 I 阶段为喷油延迟阶段，对应于从喷油泵泵油压力上升到超过高压油管内的残余压力 p_r，燃油进入油管使油压升高到针阀开启压力 p_0 的一段时间，即喷油泵供油始点至喷油器喷油始点的一段时间。若针阀开启压力 p_0 过高、高压油管渗漏、出油阀偶件或喷油器针阀偶件不密封使残余压力 p_r 下降，以及增加油管长度或增加高压供油系统的总容积，均会使喷油延迟阶段增长。

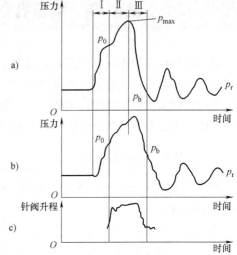

图 3-55　高压油管内压力曲线和针阀升程曲线

a) 喷油泵端压力曲线　b) 喷油器端压力曲线　c) 针阀升程曲线

第 II 阶段为主喷油阶段，由于喷油泵柱塞继续上行，因而高压油管内压力继续升高，直到喷油泵回油孔打开。该阶段长短取决于喷油泵柱塞的有效供油行程，并随发动机负荷大小而变化，负荷越大，则该阶段越长。

第 III 阶段为自由膨胀阶段，当柱塞有效行程结束，出油阀关闭后，尽管燃油不再进入油管，但由于油管中的压力仍高于针阀关闭压力 p_b，燃油会继续从喷油孔中喷出。若油管中最大压力 p_{max} 不足，则该阶段缩短，反之该阶段延长。

由图 3-55 可知，喷油泵的实际供油阶段为第 I、第 II 阶段，喷油器的实际喷油阶段为第 II、第 III 阶段。若循环供油量即柱塞有效行程一定，则第 I 阶段延长和第 III 阶段缩短时，喷油器针阀开启所对应凸轮轴转角减小，喷油量减小；反之，若第 I 阶段缩短，第 III 阶段延长，则喷油量增大。因此，压力曲线上三个阶段的长短会对发动机工作的状况产生影响。对多缸发动机而言，若各缸供油压力曲线上的 I、II、III 段长短不一致，则对发动机工作性能的影响会更大。

三、柴油机供油压力波形检测

柴油机喷油泵和喷油器的技术状况决定了燃油的喷射质量，从而对柴油机的工作性能有很大影响。在不解体的情况下，可以通过燃油喷射过程中高压油管中的压力变化检测柴油机燃油供给系统的技术状况。因为当燃油供给系统某一主要零部件工作不良时，必然会对燃油喷射过程产生影响，其供油压力波形也会发生变化。因此，根据对测得的供油压力波形与标准波形进行比较，就可以判断燃油供给系统的技术状况和故障原因。

1. 油压传感器及其安装

检测高压油管中的压力波形时，要将非电量的供油压力信号转变成电信号。常用压电式油压传感器来获取油压信号。

检测时，传感器以一定预紧力卡在喷油泵与喷油器之间的高压油管上。柴油机工作时，油管在高压油脉冲的作用下产生微小膨胀,挤压外卡式油压传感器内的压电传感元件,产生压电电荷,经放大器放大后输入检测系统进行油压分析。

安装串接式油压传感器时,需要拆下高压油管,让其串接在喷油泵与喷油器之间。柴油机工作时,油压传感器的压电元件直接将高压油管内的油压信号转换为电信号对外输出。串接式油压传感器灵敏度高,但安装比较麻烦。

2. 供油压力波形的检测

采用柴油机专用示波器和发动机综合性能分析仪等,均能在柴油机不解体情况下,检测各缸高压油管中的压力波形和喷油器针阀升程波形。通过波形分析,不但可以得到最高压力 p_{max}、针阀开启压力 p_0、针阀关闭压力 p_b,还可以判断喷油泵、喷油器故障和各缸喷油过程的均匀性。常用的检测仪器有 CFC-I 型发动机综合性能分析仪、QFC-4 型发动机综合性能分析仪、EA2000 型发动机综合性能分析仪等。其检测步骤如下:

1)检测时,检测仪器经预热、自校、调试后,将串接式油压传感器按使用要求安装在高压油管与喷油器之间,或将传感器按要求卡在高压油管上。

2)运转预热发动机,使其工作温度正常,并使发动机在检测工况下稳定运转(一般转速为 800~1000r/min)。

3)按使用说明书的要求通过按键选择,屏幕上即可出现被测发动机的供油压力波形。因此可测出各缸高压油管内的最高压力 p_{max}、残余压力 p_r、针阀开启压力 p_0、针阀关闭压力 p_b 等。

4)将测得的实际压力波形与标准波形进行比较,就可以判断柴油机燃油供给系统的技术状况和故障原因。

3. 供油压力波形选择

高压油管内的压力波形可以根据需要和观测方便,通过按键选择用全周期单缸波、多缸平列波、多缸并列波和多缸重叠波四种方式。

1)全周期单缸波(图 3-56)指喷油泵凸轮轴旋转 360°时某单缸高压油管中的压力变化波形。

2)多缸平列波(图 3-57)是以各缸高压油管中的残余压力为基线,按发火次序将各缸压力波形从左到右首尾相接所形成的波形,利用该波形可比较各缸的 p_0、p_{max}、p_b 的大小是否一致。

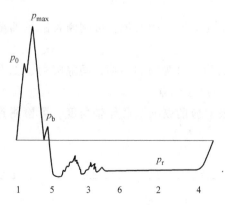

图 3-56 全周期单缸波

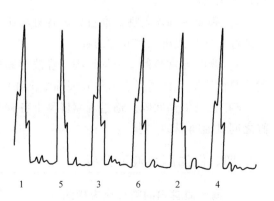

图 3-57 六缸平列波

3）多缸并列波（图3-58）指将各缸压力波形首部对齐，按发火次序在垂直方向上自下而上展开所形成的波形，通过比较各缸压力波形三阶段面积的大小，即可判断各缸喷油量的一致性。

4）多缸重叠波（图3-59）指将各缸压力波形首部对齐重叠在一起所形成的波形，利用重叠波可比较各缸压力波形的高度、长度、面积和各缸 p_0、p_{max}、p_b、p_r 的一致性。

用发动机综合性能分析仪检测柴油机燃油供给系统时，还可打印发动机转速值、最大压力 p_{max}、残余压力 p_r 和压力波形。

将测得的柴油机实际供油压力波形与标准供油压力波形进行比较，即可评价柴油机燃油供给系统的技术状况。

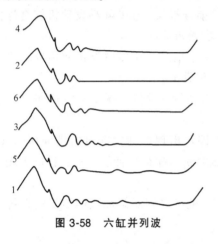

图3-58 六缸并列波

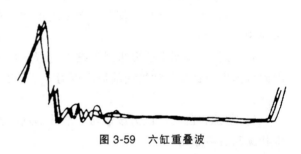

图3-59 六缸重叠波

4. 柴油机燃油供给系统的主要检测项目

柴油机燃油供给系统的主要检测项目有：

1）观测压力波形。以全周期单缸波、多缸平列波、多缸并列波、多缸重叠波等不同形式，观测各缸高压油管中的压力波形。

2）观测针阀升程波形。不仅可观测到喷油器针阀升程与喷油泵凸轮轴转角对应关系的波形，还可观测针阀升程与高压油管中压力变化对应关系的波形。

3）检测瞬态压力。即测出高压油管内的最高压力 p_{max}、残余压力 p_r、针阀开启压力 p_0 和针阀关闭压力 p_b。

4）判断供油均匀性。通过比较各缸高压油管中压力波形的面积，可判断各缸供油量的一致性，并能找出工作异常的缸。

5）观测异常喷射。根据针阀升程波形和压力波形，可观测到停喷、间隔喷射、二次喷射、喷前滴漏、针阀开启卡住和喷油泵出油阀关闭不严等故障。

6）检测供油间隔。通过观测屏幕上各缸并列波对应的喷油泵凸轮轴角度，可检测到各缸之间供油间隔的大小。

四、供油压力波形分析

1. 高压油管内的瞬态压力检测

使柴油机以800～1000r/min的转速稳定运转，通过示波器选择，使屏幕上出现稳定的被测缸的全周期单缸波,调节示波器上的电位器,使亮点沿全周期单缸波形移动,亮点所在位置的瞬态压力由示波器指示。由此可分别测出高压油管内喷油器针阀开启压力 p_0、针阀关闭压力 p_b、最高压力 p_{max} 和残余压力 p_r。当发动机空转且循环供油量很小时,有时 p_0 与 p_{max} 相等,即针阀开启压力等于油管内最大压力。

为使柴油机有良好的工作性能,在各缸供油压力波形曲线上观测到的最高压力 p_{max}、针阀开启压力 p_0、针阀关闭压力 p_b 和油管中的残余压力 p_r 应基本相等,并符合规定要求。表 3-13 列出了常见车型的喷油器供油压力(喷油器针阀开启压力)。若供油压力低于规定值,应在专用喷油器试验台上对喷油器进行测试。

表 3-13 常见柴油车的供油压力

车型或发动机型号		供油压力/MPa	车型或发动机型号		供油压力/MPa
EQ6100		22	五十铃	TXD50	9.8
EQ6105		18.5		TD72LD	
黄河 JN162		21		TD50A-D	
太脱拉	T138	16.66	日野	KL 系列	11.8
	T148			KM400	
	T815		三菱扶桑		11.8
斯太尔 91 系列		22.5	日产 GWL50P		19.6
东风 6102QB		19.5	依发 H6		9.8
红岩 6140		21.5	沃尔沃	GB88	18.1
斯柯达	760	13.7		N86-44S	15.4
	760R		斯堪尼亚 L1105		19.6
斯柯达 RT		17.2			

2. 各缸供油量一致性检测

在各缸压力 p_0、p_{max}、p_b、p_r 基本一致的前提下,可通过波形比较来检测各缸供油量的一致性。波形比较时,先将发动机转速调至中高速,之后利用多缸并列波或多缸重叠波比较各缸油压波形的一致性。若波形三个阶段的重叠较好,说明各缸供油量比较一致;若某一缸波形窄,则说明该缸供油量小;若某一缸波形宽,则说明该缸供油量大。

柴油机的起动供油量往往等于或大于额定供油量。检查起动供油量时,应将加速踏板踩到底,此时喷油泵的操纵臂靠在高速限制螺钉上,然后观察或测量供油拉杆是否能处在供油方向上的极端位置,若不能应进行调整。但起动供油量调整得太大,也会造成柴油机起动困难。

3. 针阀升程波形检测

观测针阀升程波形时,应拆下所测缸喷油器的回油管,并旋入针阀传感器。当传感器触杆被顶起时,将传感器锁紧,使发动机在中等转速下运转,按使用要求通过按键选择,使屏幕上出现六条并列线,被测缸的针阀升程波形则会显示在屏幕上相应并列线上(图3-60)。必要时,可将该缸针阀升程波形和压力波形同时显示在屏幕上,以便对照观测。

观测针阀升程波形可对针阀开启、关闭时刻是否正确做出判断。由于喷油器隔次喷射、二次喷射、针阀卡住不喷射或喷油泵不供油引起的不喷射、针阀抖动等都会反映在针阀升程波形上，因此根据针阀升程波形还可以对上述异常喷射现象做出正确判断。其中，隔次喷射或不喷射在喷油量较小的怠速或低速情况下发生较为频繁。此时，压力波形峰值 p_{max} 和残余压力 p_r 均会发生变化，针阀升程波形表现为时有时无或升程时大时小。

4. 各缸供油间隔检测

利用发动机综合性能分析仪、示波器检测各缸供油间隔时，应在观测针阀升程波形之后接着进行，仍保持原来的操作键位。观测时，通过操作有关旋钮使屏幕上的并列线首端与屏幕左边的横标尺零线对齐，而尾端处于屏幕右边横标尺的60°（喷油泵凸轮轴转角）左右。读取各线所占屏幕横标尺度数，即为各缸实际供油间隔。若各并列线的长度不相等，其中最短并列线与最长并列线之间的重叠区所占凸轮轴转角，称为喷油泵重叠角。重叠角越小越好，即各缸供油间隔越小越好。

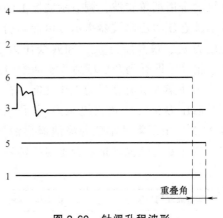

图 3-60　针阀升程波形

柴油机按工作顺序的各缸供油间隔（凸轮轴转角）可用下式计算：

$$\theta_g = \frac{360°}{\tau}$$

式中　θ_g——供油间隔（°）；
　　　τ——发动机缸数。

可以看出，6缸柴油机的各缸供油间隔为60°凸轮轴转角，而4缸、8缸柴油机的各缸供油间隔分别为90°和45°凸轮轴转角。

各缸供油间隔之差也可以用曲轴转角表示。根据规定，实际供油间隔与标准供油间隔相比，其误差应在±0.5°曲轴转角的范围内。

如果各缸供油间隔不符合要求，可通过调整喷油泵柱塞与滚轮之间的调整螺钉高度或更换不同厚度的调整垫块，直到符合要求。

5. 典型故障波形

将所测供油压力波形与典型供油压力波形进行比较，可判断喷油泵或喷油器故障，使用发动机综合性能分析仪测得的常见故障波形如下：

（1）**喷油泵不泵油或喷油器在开启位置卡住不能关闭**　当喷油泵柱塞弹簧折断或因其他原因而使喷油泵不泵油或泵油很少时，高压油管内的压力很低；喷油器针阀在开启位置卡住不能落座关闭时，高压油管内同样不能建立起足够高的供油压力，此时的故障波形如图 3-61 所示。

（2）**喷油器在关闭位置不能开启**　产生该故障的主要原因是针阀开启压力调整过高或喷油器针阀被高温烧蚀而卡住。此时，喷油泵正常供油但喷油器不喷油，反映在油压波形曲线上，则曲线光滑无抖动，如图 3-62 所示。

（3）**喷油器喷前滴漏**　产生喷前滴漏的主要原因是喷油器针阀密封不严，或者针阀磨损过度，或污物粘在针阀密封表面。在油压波形曲线上，表现为压力上升阶段有两个抖动点，如图 3-63 所示。

图 3-61 喷油泵不泵油

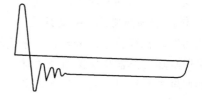

图 3-62 喷油器在关闭位置不能开启

（4）**高压油管密封不严** 高压油管密封不严时，油压波形曲线残余压力部分呈窄幅抖动并逐渐降低，如图 3-64 所示。

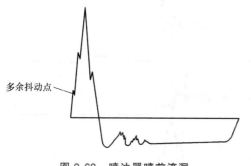

图 3-63 喷油器喷前滴漏

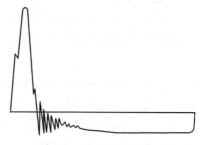

图 3-64 高压油管密封不严

（5）**隔次喷射** 隔次喷射指某次喷射后，油管内残余压力低，而下次初级供油量又很小，高压油管中产生的油压不足以使喷油器针阀开启，于是燃油储存在油管中，直到第 2 次供油时针阀才开启，使两次供油一次喷出。隔次喷射一般在供油量较小、喷油器弹簧压力较高时发生。反映在油压波形曲线上，则残余压力部分上下抖动，如图 3-65 所示。

五、柴油机供油正时检测

供油正时指喷油泵正确的供油时刻，可用供油提前角表示。供油提前角指喷油泵的柱塞开始供油时，该缸活塞距压缩行程上止点所对应的曲轴转角。供油提前角的大小对柴油机的工作性能有很大影响。柴油喷入气缸

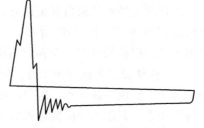

图 3-65 喷油器隔次喷射

后过一段时间才能燃烧，喷油泵向喷油器供油时，由于高压油管的弹性变形、压力的升高和传递过程均会使喷油器喷油的时刻滞后于喷油泵供油的时刻。因此，要使活塞在通过压缩行程上止点附近气缸内出现最高爆发压力，以获得最佳燃烧效率，喷油泵必须在上止点前开始供油。供油提前角过大时，气缸内燃油的速燃期在上止点前发生，活塞到达上止点前，气缸内压力升高速率过大或出现压力峰值，将使发动机工作粗暴、功率下降、油耗增加、加速无力，同时会因补燃增多而使发动机过热。供油提前角的最佳值，应能使发动机在供油量和转速一定的情况下获得最大功率和最小油耗。柴油机的最佳供油提前角应能随转速和负荷的变化而变化。转速升高或供油量增大时，供油提前角也应相应增大。喷油泵上装有供油提前角调节器，可在初始供油提前角的基础上，随转速变化而自动调节。

尽管凭经验可对柴油机的供油提前角进行粗略检查并校正，但供油提前角的精确检测必

须借助仪器。常用的检测方法有缸压法和频闪法两种。

1. 供油提前角检测——缸压法

使用发动机综合性能分析仪，采用缸压法可快速检测发动机某缸的供油提前角。其基本原理是用缸压传感器确定某缸压力最大点，用油压传感器确定该缸的供油时刻。二者之间所对应的曲轴转角即是该缸供油提前角的数值，如图3-66所示。

检测时，拆下所测缸的喷油器，并在其座孔上安装缸压传感器；将油压传感器按要求串接在所测缸的喷油器和高压油管之间，使喷油器向外喷油；将发动机转速稳定在规定转速（800~1000r/min），根据仪器使用说明书的要求选择按键，即可在屏幕上显示出所测缸供油提前角的检测值。

2. 供油提前角检测——频闪法

根据频闪原理制成的柴油机供油正时仪，其组成、工作原理和使用方法与汽油机点火正时仪相同。

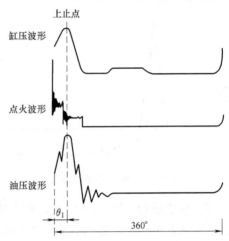

图3-66 缸压法检测供油、点火提前角原理图

检测时，油压传感器串接在1缸高压油管与喷油器之间或外卡于高压油管，使油压脉冲信号转变为电信号，并触发正时灯闪光。闪光一次，则1缸供油一次，二者具有相同频率。正时灯对准1缸压缩终了上止点标记，闪光时，可看到供油提前角标记位于固定标记之前，说明1缸供油时，活塞尚未到达上止点，供油时刻在活塞到达上止点前。调整电位计，使频闪时刻延迟于供油时刻，逐渐使供油提前角标记接近固定标记，并使两标记对齐，如图3-67所示。闪光延迟的时间即为供油提前的时间，变换为供油提前角数值后，在指示装置上显示出来。

1缸供油提前角检测出来后，如果按工作顺序，各缸供油间隔相等，则各缸的供油提前角均等于1缸供油提前角。所以，必须检测各缸间的供油间隔，以确定各缸的供油提前角是否符合要求。各缸供油间隔的检测方法如前所述。

柴油机的供油提前角应符合原厂规定。可在供油正时仪监控下边检测边调整，以使供油提前角达到规定值。

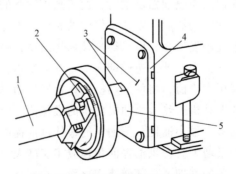

图3-67 喷油泵1缸开始供油标记

1—驱动轴　2—联轴器刻度线　3—正时标记　4—喷油器轴承盖　5—联轴器

第五节　电控柴油喷射系统检测与诊断

与传统柴油机相比，采用电控技术的现代柴油机可以实现更为复杂的控制规律，具有燃油经济性更高、排放污染更低、工作更可靠、运转更稳定、低温起动更容易等优势。

> **思考：**
> 一辆装有自然吸气直喷式（SDI）柴油机的大众捷达汽车，发动机无法起动，通过故障检测仪进行诊断，判定是发动机转速传感器故障，分析如何确认故障原因以及排除方法。

一、共轨式电控柴油喷射系统技术状况检测

共轨式电控柴油喷射系统的技术状况可用燃油喷射压力、喷油量、喷油提前角和喷油持续时间等评价。

共轨式电控柴油喷射系统的测试仪器有万用表、汽车专用示波器和故障诊断仪，检测评价指标的方法如下：

1. 喷油压力测试

在喷油系统中，反映工作状态信息量最多的是压力信号。进行喷油压力测试时，起动发动机并改变加速踏板位置，使转速发生变化。

1）用示波器测试燃油压力控制阀端子间信号波形，并测试输出信号电压波形，如图 3-68 所示。

2）用故障诊断仪读取数据流，分析不同燃油压力（50MPa、80MPa 和 120MPa）下控制信号的占空比，并与标准值（表 3-14）进行比较。

3）检测固定的控制频率值，应为 260Hz（周期 T 为 3.87ms）。

4）使用故障诊断仪进行进气压力、空气流量及进气温度数值设置，然后改变发动机转速，测试在发动机不同负荷下的喷射压力。

测量数据应符合如下规律：发动机进气量和转速一定时，负荷增大，燃油压力应增大；当进气温度和转速一定时，进气量增大，燃油压力应增大；当进气量一定时，转速增大，燃油压力应增大。

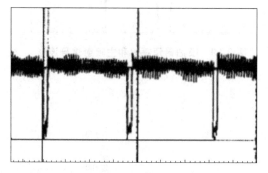

图 3-68　燃油压力控制阀输出信号波形

表 3-14　占空比标准值

燃油压力/MPa	占空比（%）
50	42.8
80	35.7
120	14.5

2. 喷油量测试

ECU 随着发动机运行工况的变化调整燃油喷射量。减速时，切断燃油喷射系统的工作；发动机温度超过 105℃ 时，减少燃油喷射量；通过切断燃油喷射或降低燃油压力，使发动机转速降至 5000r/min；当发动机转速超过 5400r/min 时，切断低压电动油泵和喷油器电路。测试步骤如下：

1）起动发动机，检测发动机转速为 5000r/min 时是否断油。

2）踩下加速踏板，检测发动机转速超过 5400r/min 时燃油泵是否工作。

3）松开加速踏板，检测减速时是否断油。

4）观察示波器上的燃油喷射控制信号。用示波器检测喷油器 1、2 号端子间的信号波形，发动机转速为 1000r/min 时，示波器显示的喷油器预喷射和主喷射信号波形如图 3-69 所示。将燃油分为两次喷射，主要是为了降低燃烧噪声和碳烟排放量。同时，预喷射与主喷射间安排恰当时间间隔，可以有效减少氮氧化物的产生。

3. 喷油脉宽测试

以玉柴 YC6112 型车用柴油机为例，在 BD850 油泵试验台上进行喷油试验。图 3-70 所示为柴油机在怠速工况下实测到的喷油脉冲（带预喷射）信号。图 3-71 所示为共轨压力为 50MPa 时的喷油脉宽的变化曲线。

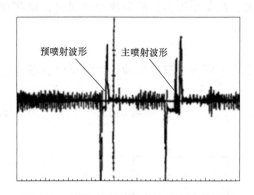

图 3-69 喷油器预喷射和主喷射信号波形

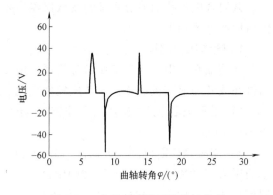

图 3-70 怠速时实测喷油脉冲信号

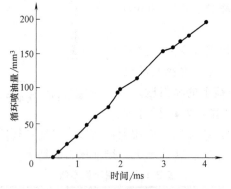

图 3-71 喷油量随喷油脉宽变化规律图

4. 喷油提前角和喷油时间测试

使用故障诊断仪检测预喷射和主喷射的喷油提前角和喷油时间（喷油量）。当温度为

95℃时，发动机在不同转速下的喷油提前角和喷油时间见表3-15。

试验表明，随发动机转速提高，预喷射、主喷射提前角增大，预喷射、主喷射之间的时间间隔缩短。

表3-15 发动机在不同转速下的喷油提前角和喷油时间

发动机转速/(r/min)	喷油提前角/(°)		喷射时间/ms	
	预喷射	主喷射	预喷射	主喷射
1000	22.2	3.70	0.26	0.75
2000	35.6	5.38	0.183	0.65
3000	41.02	7.62	0.14	0.54

二、电控柴油机共轨压力控制子系统故障诊断

共轨压力控制子系统包括共轨压力控制阀、高压油泵、共轨组件、电控喷油器、压力限制阀和流量限制阀等。

1. 喷油泵故障诊断

(1) 柱塞与柱塞套的检查

1) 检查柱塞与柱塞套的滑动性能。将柱塞与柱塞套保持在与水平线约成60°角度的位置，从几个方向拉出柱塞，能自动慢慢滑下即为合格。

2) 检查柱塞与柱塞套的密封性能。堵住柱塞套顶部和侧面的进油孔，拉出柱塞，应感觉到明显的吸力；放松柱塞时，能立即缩回原位即为合格。

3) 检查柱塞套缺口与柱塞下凸块的配合间隙，若间隙超过0.08mm，必须进行修整或更换。

4) 检查柱塞与柱塞套的摩擦面的磨损或刮伤情况，若不符合要求，应予成套更换。

(2) 出油阀及阀座的检查

1) 出油阀及阀座密封性检查。堵住出油阀下部的孔，轻轻地从上向下压出油阀，当离开上端时，若出油阀能自行弹回，即为合格。

2) 若出油阀及阀座磨损过甚或有伤痕，应予成套更换。

3) 弹簧镀层脱落和表面有磨损、裂纹等，应予以更换；弹簧上下座应平整。柱塞下端凸缘的顶面与弹簧下端的下表面之间应有一定的间隙，若无间隙应更换。

(3) 其他检查

1) 挺柱的检查。检查挺柱与泵体座孔和其他有关零件的配合间隙及磨损情况，间隙超过规定或磨损过度时，应修理或更换。

2) 凸轮轴及轴承的检查。检查凸轮轴弯曲度，若弯曲度超过0.05mm，应冷压校正。检查凸轮轴安装油封处的轴颈，若磨损过度，且深度超过0.10mm，需修复或更换。检查滚动轴承外径与轴承盖和调速器轴承座孔是否为过盈配合，若松动，应更换或修复。

2. 电控喷油器故障诊断

(1) 电磁阀诊断

1) 电磁线圈电阻检测。用万用表检查喷油器电磁阀电磁线圈的电阻，阻值应符合规定，标准值为0.3~1.0Ω。若不满足规定，则说明电磁线圈断路或短路。

2) 电磁阀衔铁动作检查。电控喷油器的喷油量及喷油正时均由电磁阀的通电时刻决定，因此必须对电磁阀中的电磁线圈的技术状况进行检查。

当电磁阀正常工作时，即衔铁运动时，电磁阀的等效电感变小，电磁阀驱动电流升到一定值后上升速度明显加快，出现一个拐点，该点即为电磁阀衔铁动作的时刻。当电磁阀的衔铁不运动时，电磁阀的等效电感不变，驱动电流上升速度没有明显变化。因此，通过检测电磁阀驱动电流的变化率，可以检测电磁阀衔铁是否正常吸合，如图3-72所示。

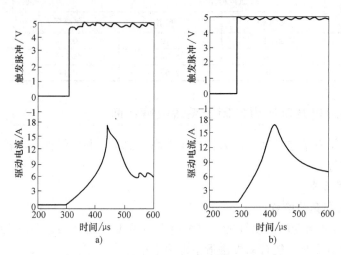

图3-72 不同情况下电磁阀驱动电流波形
a）正常 b）电磁阀衔铁未吸合

线束连接不良或电磁阀线圈断裂等均会造成电磁阀驱动回路断路。当此故障发生时，即使电磁阀驱动电路正常工作，也会由于没有形成电流回路，电磁阀中的驱动电流为零，电磁阀不工作。

（2）喷油器的诊断方法

1）喷油压力测试。以60次/min的频率按压试验器手柄，观察喷油器喷油过程中压力表上的读数。各缸喷油器的喷油压力应相同，并应符合制造厂的规定，如6120柴油机的喷油压力应为（17.5±0.3）MPa。

2）密封性检查。按压手压泵手柄到压力上升至16.0MPa，然后以约10次/min的频率均匀按压手柄直到压力上升至17.2MPa，开始喷油。在这段时间内，喷孔允许略微潮湿，但不允许有滴油现象，否则表明锥面密封不佳。以低于标准喷油压力2.0MPa的油压保持20s，喷油器端部不得有滴漏和湿润现象。也可以用油压降落的速度来反映油针与喷油器圆锥结合部分的密封性。

3）喷油器喷油质量检查。在标准压力范围内时，以60~70次/min的速度摇动手柄，喷射出来的柴油应是锥角适当的均匀雾状油束，没有油流或油滴。

3. 压力控制阀故障诊断

在专用试验器上测试压力控制阀的开启压力。当共轨压力变化时，压力控制阀的工作情况如图3-73所示。开启压力通常在140~230MPa的范围内变化，压力控制阀测试结果如图3-74所示。

4. 共轨组件故障诊断

1）压力传感器输出信号电压测试。发动机工作时，因燃油压力不同，压力传感器输出的信号电压在0.5~4.5V之间变化。

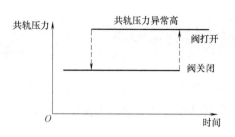

图 3-73　压力控制阀工作情况　　　　图 3-74　压力控制阀测试结果

2）限压阀开启压力测试。限压阀控制共轨中的油压，压力过高时开启油孔卸压，其开启压力应符合规定，一般为 150MPa。

3）注意事项。禁止自行拆卸共轨压力传感器，因拆卸有泄漏的危险；高压油轨是敏感的液压元件，禁止敲击、碰撞，严禁拆卸油轨上的传感器、限压阀、流量限制阀等部件；高压油轨是高精度的部件，对清洁度有严格要求，所有油管接头的保护套在运输、搬运、存储过程中必须完好无损，只能在装配前拆封。禁止以任何流体或气体清洗或冲刷高压油轨部件。

三、电控系统主要传感器故障诊断

1. 转速传感器故障诊断

转速传感器是磁感应式传感器，安装在飞轮上部。发动机曲轴转动时，由于磁通量发生变化，使传感器产生电信号。

拔下转速传感器插头，用万用表测量插头端子间电阻，测试结果应符合规定，一般为 1100~1600Ω，否则应更换。

若转速传感器电阻符合规定但转速控制不良，则应检查插头至 ECU 的线束是否短路或断路，若没有问题，则应更换 ECU。

2. 凸轮轴位置传感器故障诊断

1）检查接线和位置传感器是否对搭铁短路。用万用表检查其两端电阻值，额定值为 1200Ω。

2）发动机停止运转时，拔出位置传感器进行观察，若传感器有机械损坏，则应更换。发动机停止运转时，压下位置传感器，直到限制位置停止，进行功能检查。

3）连接传感器和发动机 ECU 接口，进行功能检查。

其他传感器和 ECU 的故障诊断方法与电控汽油喷射系统相应传感器和 ECU 的诊断方法基本相同。

四、电控柴油机的故障自诊断

现代电控柴油机都具有故障自诊断功能。当出现故障时，自诊断系统将故障部位、类型以故障码的形式记忆并储存在 ECU 的存储器中，同时发出警告。因此，电控柴油机发现故障时，只要显示故障码，就应该首先进行故障自诊断，根据故障码指示的故障原因和部位进行诊断和排除。

与电控汽油机的自诊断系统相比，电控柴油机的自诊断系统的输入信息、控制对象有所不同，但基本控制原理相似。因此，电控柴油机故障自诊断也分为读取故障码、分析判断故障、清除故障码 3 个步骤。但故障自诊断分析的具体方法因车型而定。

第六节　发动机冷却系统检测与诊断

发动机冷却系统的作用是使发动机在所有工况下都保持在适当的温度范围内，既要防止发动机过热，又要防止冬季发动机过冷。在发动机冷起动后，还要保证发动机迅速升温，尽快达到正常的工作温度。

如果冷却不足，导致发动机过热，会使发动机工作过程恶化，零件强度降低，机油变质，零件磨损加剧，最终导致发动机动力性、经济性、可靠性及耐久性全面下降。

如果过度冷却，则会使散热损失及摩擦损失增加，冷凝在气缸壁上的燃油流到曲轴箱中稀释机油，导致零件磨损加剧，排放恶化，发动机工作粗暴，功率下降及燃油消耗量增加。因此，需要对冷却系统的技术状况进行检测。

一、发动机冷却系统检测

1. 冷却系统密封性能检测

目前，汽车发动机普遍采用压力循环水冷系统。当长期使用后，由于其密封性变差，导致冷却液渗漏。冷却液渗漏分为外部渗漏和内部渗漏：外部渗漏是指冷却液在密封不严处直接渗漏到发动机外部，常见的渗漏部位有冷却系统各软管接头、散热器及其盖阀、冷却液泵及密封垫等；内部渗漏是指冷却液通过冷却水道的裂纹或密封不严处直接渗漏到发动机内部油底壳或燃烧室，常见的渗漏部位有缸体、缸盖裂纹处，气缸密封垫等。当发动机冷却液过少而导致过热时，应检查冷却系统的密封性。

（1）直观检查

1）外漏的直观检查。

① 发动机停机时，直观检查冷却系统各部件有无冷却液渗漏的痕迹，主要查找冷却系统各软管接头、散热器及其盖阀、冷却液泵及其密封垫等。

② 发动机以中等转速运转时，观察有无冷却液滴漏现象。此时，由于冷却液有一定的压力，更容易泄漏。大多数冷却液为黄色或绿色，所以发动机运转时，容易观察其是否外漏。

应特别注意散热器盖及其密封垫的检查，若其密封性差，则发动机工作时易使冷却液蒸发逸出或漏出。

2）内漏的直观检查。

① 发动机停机，拔出机油尺观察。若发动机油为白色或有水泡，则说明冷却液内部渗漏严重。

② 发动机运转时，若排气管的排气中有水雾，则说明冷却液有内部渗漏。

③ 发动机运转时，拆下散热器盖查看加液口，若有高温气体涌出或有大量气泡，则说明冷却液内部渗漏。

（2）压力试验　发动机不工作时，将发动机冷却系统压力试验仪装到散热器加液口上并保持密封。然后，用试验仪的手动泵向散热器内加压至 50~100kPa，观察压力表指针变化情况。若压力表指针保持不动，表明系统密封良好，无冷却液渗漏；若压力表指针缓慢回落，表明冷却系统密封不良，冷却液有轻微渗漏；若压力表指针迅速回落，表明冷却液严重渗漏。

当压力下降时,若没有任何外部渗漏,可以将发动机运转至正常工作温度后,再加压至48kPa,并使发动机怠速运转。若此时压力上升,则表明冷却系统有内部渗漏。

检查散热器盖的密封性和排气阀的开启压力。散热器盖的压力上升到120~150kPa时,排气阀必须打开,否则应更换。

2. 散热风扇及温控开关检测

采用散热风扇的发动机冷却系统中,其散热风扇的驱动电动机是由温控开关根据冷却液的温度控制的,一般有两档转速。冷却液温度高时,散热风扇转速快;冷却液温度低时,散热风扇转速慢,甚至停转。

(1) 散热风扇高温不转的检查

1) 发动机停机后用手转动散热风扇,若运转正常,说明无机械故障。

2) 若冷却液温度很高(100℃),但散热风扇不工作,应检查熔断器。若熔断器完好,则应停机检查温控开关和电动机的功能。

3) 直接连接温控开关插接器内的12V电源线和电动机接线,可判断温控开关及电动机的故障。若连接后散热风扇开始运转,说明电动机功能正常;若高温时连接温控开关插接器后散热风扇仍不转,则说明温控开关损坏。

(2) **温控开关功能的检测** 温控开关的主要检测内容为散热风扇低、高速时的导通及断开温度是否符合要求。检测时,将散热风扇的温控开关(热敏)放入正在加热的水中,并用温度计测量水温变化,同时用万用表测量温控开关导通及切断时的温度。第1档,当水温达到93~98℃时应导通,当水温达到88~93℃时应断开;第2档,当水温达到105℃时导通,而当水温达到93~98℃时断开。否则,说明散热风扇的温控开关有故障。

3. 节温器性能检测

节温器能随冷却液温度的变化,自动调节流经散热器的冷却液流量,从而使冷却液温度保持平衡。若节温器性能不佳或存在故障,则发动机冷却液温度可能过高或过低。节温器的常见故障有主阀门不能开启或开启和全开的温度过高,主阀门关闭不严。前者导致冷却液不能有效地进行大循环,使发动机过热,后者将造成发动机升温缓慢,使发动机工作温度过低。此外,随着节温器性能的逐渐衰退,主阀门的开度将逐渐减小,进而造成进入大循环的冷却液流量减少,发动机将逐渐过热。节温器性能的检测方法如下。

(1) 就车检测法

1) 在冷却液温度升高过程中检查。冷车时,使发动机运转并观察冷却液温度表的指示情况。若发动机工作时,冷却液温度很快升高,而当升至80~90℃后,即达到主阀门开启时刻的温度后,升温明显减慢,则说明节温器性能正常;若发动机工作时,温度上升很慢,长时间达不到正常工作温度,则说明节温器主阀门不能开启,无大循环。

2) 在发动机高温时检查。若冷却系统冷却液的量满足要求,同时冷却液泵及散热器工作正常,但当运转过热时,缸盖冷却液出口处与散热器冷却液进口处的温度相差很大,则表明冷却液不能进入大循环,节温器失效。

(2) **拆下检测法** 用温度可调式恒温加热设备检查节温器主阀门的开启温度、全开温度及升程,若其中有一项不符合规定值,则应更换。

升程:大于8.0mm;开启温度:76~80℃;全开温度:90℃。

二、发动机冷却系统常见故障诊断

发动机冷却系统常见故障有冷却液温度过高、冷却液温度过低和冷却液泄漏。

1. 冷却液温度过高

(1) 故障现象

1）冷却液温度表指针指示在100℃以上，散热器上储液箱有开锅现象。

2）发动机产生爆燃，不易熄火。

3）活塞膨胀，发动机熄火后，不易起动。

(2) 故障原因

1）冷却液不足。

2）冷却液温度表指示值过高。

3）散热风扇不转。

4）节温器故障。

5）冷却液泵损坏。

6）散热器性能下降。

7）散热器盖损坏。

8）护风罩损坏或不起作用，百叶窗打不开等。

(3) 故障诊断和排除方法

1）检测冷却液是否充足，加入冷却液或疏通辅助水箱的通气孔。

2）观察散热器冷却液温度是否过热或开锅，若冷却液温度正常，即为感应塞或冷却液温度表故障，应先更换感应塞；若冷却液温度表的指示值仍高，说明冷却液温度表损坏。

3）检查散热风扇传动带是否过松打滑，若打滑应进行调整。松开电机支架固定螺栓，向外扳动电机，同时拧紧固定螺栓。散热风扇传动带松紧度的检查方法是，用拇指按压两轮距中点处，带的下沉量为10~15mm时为宜。

4）若发动机温度过高，而散热器的温度并不高，或散热器上储液箱温度高，而下储液箱温度低时，可能是节温器的阀门没打开或阀门升程太小，应检查或更换节温器。

5）可将散热器盖打开，操纵加速踏板，突然变化发动机转速，从加液口观察冷却液面有无变化，若无搅动现象，则为冷却液泵工作不正常，应检查并排除冷却液泵故障。

6）若散热器性能下降，多为散热器内部被水垢或泥沙堵塞，或散热片之间被堵塞，应清洗、疏通散热器。

7）若冷却液的沸点温度未提高，发动机冷却后散热器内的真空度未形成，有辅助水箱的箱内液面无变化，则为散热器盖损坏，应修复或更换。

2. 冷却液温度过低

(1) 故障现象

1）暖机后冷却液温度表指示值在80℃以下。

2）发动机加速困难、无力。

(2) 故障原因

1）节温器故障。

2）冬季保温措施不良，百叶窗、挡风帘关闭不严。

3）冷却液温度表或冷却液温度感应塞故障。

（3）故障诊断及排除方法

1）发动机冷车升温时间长，节温器失效后其主阀门常开，冷却液无小循环，应检查或更换节温器。

2）实际冷却液温度与指示值有误差时，多为感应塞或冷却液温度表故障。若更换冷却液温度表后无效果，则为冷却液温度感应塞故障，应更换感应塞。

【案例 3-7】
北京汽车 BJ40 发动机冷却液温度过高。

（扫码看故障分析）

第七节　发动机润滑系统检测与诊断

发动机润滑系统的功能是在发动机工作时连续不断地将足量、温度适当的洁净机油输送到全部传动件的摩擦表面，并在摩擦表面间形成油膜，实现液体摩擦，从而减小摩擦阻力，降低功率消耗，减轻机件磨损。因而润滑系统的技术状况对发动机的动力性、燃料经济性和工作可靠性具有重要影响。

润滑系统检测的主要参数包括机油压力、机油消耗量和机油品质。这些参数既可表征润滑系统的技术状况，又可反映曲柄连杆机构有关配合副的磨损情况。

一、机油压力检测

为了使零件表面润滑可靠，润滑系统的机油压力应高于某一最低压力值。如果工作时机油压力低于最低压力值，会因润滑不良导致零件磨损严重而使零件失效，从而产生故障。汽油机技术状况正常时，机油压力应为 196~392kPa，柴油机应为 294~588kPa。若中等转速下的机油压力低于 147kPa，怠速时低于 49kPa，则发动机应停止运转并进行检查。

润滑系统机油压力的高低首先取决于润滑系统的技术状况，如机油泵性能、限压阀的调整、机油通道和机油滤清器的阻力等。同时，机油压力还与机油品质和机油的温度、黏度有关。机油黏度低、温度高，则机机油压力变小；反之，则机油压力升高。其次，机油压力还与曲轴主轴承、连杆轴承和凸轮轴轴承的间隙有关，轴承磨损后间隙增大时，轴承间隙处机油泄漏量增大而使机油压力下降。因此，机油压力也常常作为诊断相关轴承间隙的重要参数。若机油泵技术状况正常，则机油压力降低主要是由曲轴主轴颈和连杆轴颈磨损过大而引起的。试验表明，曲轴主轴承间隙每增加 0.01mm，其机油压力约降低 0.01MPa。

润滑系统的机油压力值可由汽车仪表板上的机油压力表显示，但由于机油压力表和油压传感器不能保证必要的测量精度，因此在定期检测时应采用专用检验油压表。检测时，首先拆下发动机润滑油道上的油压传感器，装上油压表，然后起动发动机，使其在规定转速下运转，此时油压表上的指示值即为润滑系统的机油压力。

二、机油消耗量检测

影响机油消耗量的因素很多，如润滑系统渗漏、空气压缩机工作不正常、机油规格选用不当、气缸活塞组磨损等都会影响机油消耗量。因此，机油消耗量除了可反映发动机润滑系统技术状况外，还可据此判断发动机气缸活塞组的磨损情况。因为在所用机油牌号正确且其他机构技术状况正常的情况下，气缸活塞组磨损过多、间隙增大、机油窜入燃烧室燃烧是机油消耗量增大的重要原因。

汽车正常使用时，发动机油消耗量并不大。磨损小、工作正常的发动机，机油消耗量为 0.1~0.5L/100km；发动机磨损严重时，可达 1L/100km 或更多。

测定机油消耗量时，只需将汽车行驶一定距离后机油的实际消耗量换算为汽车每 100km 的平均机油消耗量即可。常用的检测方法为油标尺测定法和质量测定法。

1. 油标尺测定法

测试前，汽车置于水平路面上，将发动机起动并预热到正常温度停机，将机油加至油底壳规定的液面高度，并在油标尺上清晰地划上刻线。然后在汽车运行一定距离后，停止在原来地点，按原测试条件，向油底壳内加入定量的机油，使油面升至划线位置。此时，所加机油的量即为汽车行驶一定距离所消耗的机油量，可将其换算为每 100km 的机油消耗量。

2. 质量测定法

预热发动机至正常温度，将汽车停在水平路面上。打开油底壳的放油螺塞，放出机油。拧上油底壳的放油螺塞，将一定质量的机油加入油底壳至规定的液面，使汽车运行。当汽车行驶规定距离后停止，按同样测试条件，放出油底壳内的机油，称出其质量。加入与放出的机油质量之差即为汽车行驶已知距离的机油消耗量，可将其换算成每 100km 的机油消耗量。

三、机油品质的检测与分析

机油品质的变化不仅影响发动机润滑系统的润滑效果和技术状况，而且与发动机有关系统、机构的性能和技术状况密切相关。因此，检查并分析发动机润滑系统机油品质的变化，在监控发动机润滑系统技术状况的同时，还可以直接或间接反映发动机曲柄连杆机构和配气机构中有关摩擦副的技术状况，从而可以监控发动机技术状况的变化。

机油品质检测与分析的常用方法有机油不透光度分析法、介电常数分析法、滤纸油斑试验法、光谱分析法、铁谱分析法、磁性探测分析法等。

1. 不透光度分析法

机油在使用过程中因受污染等会逐渐变黑。机油污染程度越大，变黑的程度也越大。因此，可通过测量一定厚度机油膜的不透光度来检测机油的污染程度。

机油不透光度分析仪的结构原理如图 3-75 所示。稳压电源保证光源和电桥电路的电压稳定；油池由两块玻璃构成，有一定的间隙，以放入机油油样形成一定厚度的机油膜；电桥的一臂上装有光敏电阻，当电源发出的光线透过油膜照射到光敏电阻上时，作为一个桥臂的光敏电阻的阻值发生相应变化。

测定机油污染程度时，首先在油池内放入所测机油的标准油样（清洁机油），调整

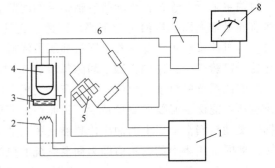

图 3-75 机油不透光度分析仪结构原理
1—稳压电源 2—光源 3—油池 4—光敏电阻
5—可调电阻 6—电桥 7—直流放大器
8—透光度计

参比可调电阻使电桥平衡，此时透光度计指示为零；然后将刚停车的发动机后曲轴箱油尺上的机油作为测试油样滴入油池。由于测试油样已受到污染，油池内测试油样油膜与标准油样油膜的透光度有差异，光源照到光敏电阻上的光线强度会不同，从而引起光敏电阻阻值的变化，电桥失去平衡。测试油样污染程度越大，电桥不平衡程度越大，电桥输出的电流越强，透光度计指针偏转量越大，从而就反映出了机油的污染程度。

2. 介电常数分析法

（1）**介电常数分析法的基本原理**　电容值除与两极板间的面积和极板间的距离有关外，还与极板间介质有关。但如果一个电容的极板距离和极板面积已经确定，那么电容值大小只与极板间介质有关，即

$$C=\frac{\varepsilon S}{\delta}$$

式中　C——电容（F）；

S——极板间相互覆盖的面积（m^2）；

δ——极板间距离（m）；

ε——介电常数。

清洁机油不含有杂质时有较稳定的介电常数，使用过的机油因受到污染，机油中所含杂质成分和数量不同，其介电常数也会发生变化。因此，介电常数值可反映机油的污染程度。被测机油的介电常数与清洁机油介电常数相差越大，表明机油的污染程度越大。

（2）**介电常数检测仪工作原理**　图3-76所示为RZJ-2A型机油质量微机检测仪外形图，其采用机油介电常数分析法。该检测仪的关键元件为安装在油槽底部的螺旋状电容。测试时，机油作为电容介质。当机油污染后，其介电常数发生变化引起该电容的变化。以该电容作为传感器并使其作为检测仪测试电路的一部分，传感器电容的变化引起测试电路中电量的变化，电信号通过专用数字电路转变为数字信号，送入微机处理并与参考信号比较。当数字显示屏显示值为零时，表明所测机油无污染；显示值不为零时，表明所测机油有污染；显示值越偏离零

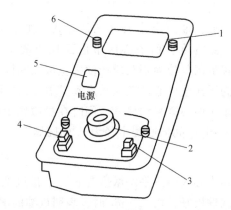

图3-76　RZJ-2A型机油质量微机检测仪外形图
1—数字显示屏　2—机油传感器　3—清零按键　4—测量按键　5—电源开关　6—固定螺栓

值，表明机油污染程度越大。用机油介电常数检测仪测试机油污染程度时，所推荐的换油标准为：汽油机油的测试值大于4.7，柴油机油的测试值大于5.5。

（3）**机油介电常数检测步骤**

1）用脱脂棉彻底清洁传感器油槽。

2）将3~5滴与被测机油同牌号的清洁机油置于油槽中，使油充满油槽底部。

3）待油扩散完全后，按"清零"按钮，仪器自动标定零位，显示±0.00。

4）再次清洁传感器油槽。

5）将3~5滴被测机油置于油槽中，待油扩散完全后，按"测量"按钮，即可显示出测量值。

注意：
被测机油的油样，应从运转停止后5min内的工作温度正常的（清洁机油油样也需加热到这一温度）发动机油底壳内提取。

机油不透光度分析法与介电常数分析法的共同特点是仅能检测机油的污染程度，但不能反映机油清净分散剂的消耗程度及性能，也难以判断引起机油污染的杂质种类。

3. 滤纸油斑试验法

滤纸油斑试验法利用现代电测方法快速测定机油的污染程度和清净分散剂的消耗程度及性能，但并不对机油中各种杂质的成分进行测定。

（1）**滤纸油斑测试原理** 机油滴在专用滤纸上会向四周扩散，油滴扩散是有规律的：如果机油中杂质颗粒较小，并且机油本身的清净分散剂性能良好，则杂质会扩散到较远处，中心区与扩散区的杂质浓度及颜色深浅程度差别较小；而如果机油中杂质颗粒较大，且清净分散剂的清净分散能力较弱甚至丧失，则机油中杂质扩散范围很小，集中在中心区，中心区与扩散区颜色差别较大，如图3-77所示。因此，油斑上中心区杂质浓度反映机油的总污染程度，而中心区单位面积的杂质浓度与扩散区单位面积杂质浓度之差可反映机油中清净分散剂的清净分散能力。

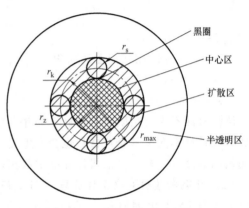

图3-77 滤纸油斑斑痕图

为了比较中心区杂质浓度和扩散区杂质浓度，根据试验确定中心区中心圆半径 r_z，一般应略小于中心区平均尺寸。同时在扩散区上确定四个均匀分布的半径为 r_s 的小圆，其圆心都在 $r_z \sim r_{max}$ 间同心圆半径为 r_k 的圆周上，四个小圆的面积之和等于中心圆的面积，即

$$\pi r_z^2 = 4\pi r_s^2$$

设中心区杂质平均浓度为 δ_1，扩散区杂质平均浓度为 δ_2。当 $\delta_1 = \delta_2$ 时，表明机油的清净分散性极好；而 $\delta_1 \gg \delta_2$ 时，表明机油的清净分散能力不佳；$\delta_1 + \delta_2$ 则反映总杂质浓度。

定义清净性系数 D_d 为

$$D_d = \frac{\delta_1 - \delta_2}{\delta_1 + \delta_2}$$

定义清净性质量系数 Δ 为

$$\Delta = 1 - D_d = \frac{2\delta_2}{\delta_1 + \delta_2}$$

当 $\delta_1 = \delta_2$ 时，$D_d = 0$、$\Delta = 1$，表明机油的清净分散性极好；而 $\delta_2 = 0$ 时，$D_d = 1$、$\Delta = 0$，表明机油的清净分散性极差。因此，机油的清净分散性可用0~1间数字表示。

（2）**滤纸油斑测试方法** 油斑中心区和扩散区的杂质浓度可用两区域的透光度评价。透光度大，则杂质浓度小；反之，则杂质浓度大。测试原理框图如图3-78所示。

测试时，从发动机正常热工况下取出油样滴在专用滤纸上，形成油斑并放在烘干箱中保

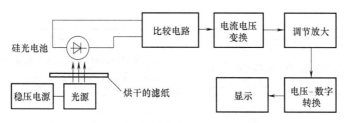

图 3-78 滤纸油斑测试原理框图

温以加速油滴扩散。待油滴扩散滤纸烘干后,将滤纸放在光度计测试平台上压紧,光电池制成的传感器正对油斑。传感器可装两种遮光片,一种是直径为 r_z 的中心孔,另一种是圆心在半径为 r_k 的圆周上、半径为 r_s 的均布小孔。使用中心孔半径为 r_z 的遮光片时,光源发出的光线通过中心区照在光电池上,光电池产生的电压经放大后在显示器上显示,从而测得中心区的透光度 O_1;采用四小孔遮光片时,光线通过扩散区上与中心区相同面积的区域照在光电池上,从而测得扩散区的透光度 O_2。若考虑滤纸的不均匀性,可分别测量试验前空白滤纸的透光度 O_{1p}、O_{2p},然后计算出机油用透光度表达的清净性质量系数 Δ 和污染系数 O:

$$O_{1c} = O_1 + \Delta O_1$$

$$\Delta O_1 = (O_{1p} - 2O)\frac{100-O_1}{100-2O}$$

$$O_{2c} = O_2 + \Delta O_2$$

$$\Delta O_2 = (O_{2p} - 2O)\frac{100-O_2}{100-2O}$$

$$\Delta = \frac{2O_{2c}}{O_{1c}+O_{2c}}$$

$$O = \frac{O_{1c}+O_{2c}}{200}$$

仪器标定时,光线完全通过,不透光度为 0;光线被完全阻挡时,不透光度为 100。这样,测出的 Δ 和 O 的值均在 0~1 之间。当中心区和扩散区的不透光度无差别时,$\Delta=1$,则测出的 Δ 值越大,表明机油的分散清净性越好;而污染系数 O 越小,表明机油的污染程度越小。

关于清净性质量系数 Δ 和污染系数 O 的诊断标准,则应通过试验确定。即利用大量达到换油污染程度的机油油样实际测定 Δ 和 O 的值,然后经统计分析合理确定其许用值,或者将滴定好的滤纸斑点图谱与标准滤纸斑点图谱进行对比分析,即可对在用机油品质做出判断。

(3) 滤纸斑点分析 标准滤纸斑点图谱分 6 级。滤纸斑点图谱的分析见表 3-16。

表 3-16 滤纸斑点图谱的分析

级别	油斑形态	鉴别	判断
1级	中心区与扩散区光亮、无色或颜色很浅,无沉淀圈	新机油或使用时间很短	新油
2级	中心区与扩散区界限分明,扩散区很宽,油环明亮	油品使用时间较短,污染程度较轻,清净分散性良好	良好
3级	中心区暗黑,扩散区较宽,油环明亮	油品使用较久,污染程度较重,沉积物较多,清净分散性好	一般

(续)

级别	油斑形态	鉴别	判断
4级	中心区深黑,扩散区变窄,油环浅黄	油品使用时间长,污染程度重,沉积物多,清净分散性下降	较差
5级	中心区深黑,油泥状,不易干,扩散区狭窄,油环扩大呈黄色	污染很重,清净分散性差且消耗将尽,不能使用	换油
6级	只有中心区和油环	污染十分严重,清净分散性消失	已过换油期

滤纸斑点分析法比较简单、快速,适合现场作业,并能给人直观印象。但也只能粗略分析机油品质,无法精确地分析各种杂质的含量。

4. 光谱分析法

发动机工作时,循环工作的机油将摩擦表面的磨损微粒带至油底壳并悬浮在机油中,微粒含量与机件磨损直接相关。因此,检测机油中金属微粒的含量,不仅能表明机油被机械杂质污染的程度,还可用来确定机件磨损的程度;同时,机油中金属微粒含量的变化速度又可反映有关零件摩擦表面的磨损程度。

由于机油中金属微粒的含量很低且种类多,一般采用灵敏度高的光谱分析法测定机油中的金属微粒含量。

(1) 光谱分析原理 机油中金属微粒具有受电能或热能激发后发出特征光谱的性质。光谱分析法是根据金属元素发射出的相应特征光谱光线的强度,对机油中金属元素的种类和含量进行定量分析的方法。特征光谱是分析机油中金属微粒种类的基础,而特征光谱光线的强度是确定相应金属微粒在机油中含量的依据。

图3-79所示为机油光谱测定分析仪原理图。测试时,被测油样放入油槽中,回转石墨圆盘浸入油样,并作为高压激发源的一个电极,其外圆表面距离高压激发源杆式电极位的距离是1.5~2mm。当石墨电极回转时,机油不断地被带入到两电极间,在激发源高压(15000V)的作用下,两电极间隙被击穿,产生电弧,使处于电极间电弧区的机油及其所含杂质一起焚烧,每种金属元素在焚烧中都发出具有一定特征光谱的光或辐射能。发射光谱由入口缝隙照射到凹面衍射光栅上,经光栅反射后将入射光线分解成具有不同特征光谱的单色

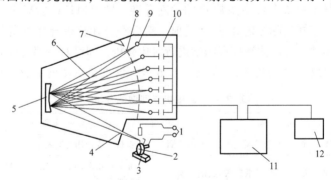

图3-79 机油光谱测定分析仪原理图
1—高压激发源 2—回转石墨圆盘 3—油样池 4—入口缝隙 5—光栅 6—特征光谱 7—焦点曲线 8—出口缝隙
9—光电传感器 10—信号积分仪 11—信号处理仪 12—打印机

光光线,对应于一种金属元素时发出的光谱。反射分解后的不同单色光线聚集于焦点曲线,经出口缝隙照在相应光电传感器上,传感器输出的电信号强度与具有相应特征光谱的光线强度有关,而不同特征光谱的光线强度取决于焚烧机油中相应金属元素的浓度。因此,传感器输出的电信号可反映机油中相应金属元素的浓度。光电传感器输出的电信号传输到信号积分仪、信号处理仪放大并处理后,可由打印机打印出油样中每种金属元素的浓度。

光谱分析法具有分析速度快、精度高、灵敏度高和操作简单等优点,但也具有仪器价格昂贵和所测金属微粒的粒度受限的缺点,通常只用于测定分析直径小于 $10\mu m$ 的金属微粒。

(2) 光谱分析测试方法　光谱分析的测试步骤如下:

1) 按使用说明书的要求对仪器进行预热、调零。

2) 发动机运转至正常热工况后停车。

3) 用专用注射器从机油加注口吸取 100~150g 油样,放入量筒中,并贴上标签,写明油样黏度、汽车车号和行驶里程等。

4) 测试前,反复摇晃油样或用超声波处理,使杂质在机油中均匀分布。然后,取 6~8g 机油油样放入油样池。

5) 按使用说明书的要求操作仪器,打印测试结果。

(3) 光谱分析测试结果分析　光谱分析仅能确定所测油样中金属元素的种类和含量,并不能反映金属微粒产生的原因、部位及有关摩擦表面的磨损程度。因此,必须对测试结果进行进一步分析。

试验表明,发动机气缸与活塞环配合副的磨损产物,约占机油中全部金属微粒的85%。机油中含铁量过高时,说明气缸与活塞环磨损严重;其次,当曲轴、凸轮轴的各轴颈和挺杆与凸轮轴配合副磨损时,也使机油中铁含量增加。若缸套镀铬或活塞环镀铬,则当机油中铬含量增加时,也可表明气缸、活塞环的磨损情况,但铬含量远比铁含量要小。

活塞磨损使机油中铝含量增加。

发动机曲轴和凸轮轴使用的滑动轴承多为锡基、铅基、铜基、铝基巴氏合金材料制造的。当机油中锡、铅、铜、铝等元素增多时,若可知发动机的轴承材料,则可判断滑动轴承的磨损情况。

机油中硅含量增多时,表明发动机空气滤清器和曲轴箱强制通风滤清器工作不良。

机油中某金属元素含量突然增大时,说明发动机内有关摩擦副异常磨损,应视为紧急情况进行处理。待排除故障后,发动机才能继续使用,以免引起破坏性故障或使发动机寿命急剧缩短。

定期用机油中金属微粒的含量评价发动机磨损速度和磨损程度非常有效,但该法对磨损程度的评价,只能表明摩擦表面磨损量的总值,而无法确定磨损量在具体部件的分布情况和磨损部位尺寸、形状及强度等方面的变化情况。

机油内金属含量的极限值只能在具体使用条件下通过统计分析的方法确定。

5. 铁谱分析法

(1) 铁谱分析原理　铁谱分析用于机油分析的基本原理:用高强度磁场力将铁磁性金属微粒从机油中分离出来,按微粒尺寸大小顺次沉积在铁谱片(玻璃片)上,用铁谱显微镜或电子显微镜、光密度计、X射线能谱仪或X射线波谱仪等,对金属微粒进行观察、测定和分析,以获得金属微粒的大小、外形、成分和含量,进而分析出金属微粒产生的原因、部位和机件磨损程度。因此，铁谱分析法不仅可测得机油被金属微粒污染的程度，而且也是发动机不解体诊断的重要方法之一。

（2）**铁谱分析仪器** 铁谱分析使用的仪器有分析式铁谱仪、直读式铁谱仪和旋转式铁谱仪等。

1）分析式铁谱仪。TPE-1型分析式铁谱仪的工作原理图如图3-80所示。该仪器工作时，在泵的作用下，经过稀释的油样流过基片，在磁力作用下金属微粒沉积在基片上形成铁谱片，用双色光学显微镜或电子扫描显微镜观察铁谱片，确定金属微粒的成分和形态，并根据形态分析出摩擦面磨损类型。磨损类型有正常滑动磨损、切削磨损、滚动疲劳磨损、严重滑动磨损等。

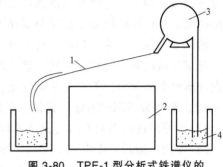

图 3-80 TPE-1 型分析式铁谱仪的工作原理图
1—基片 2—磁铁 3—泵 4—油样池

2）直读式铁谱仪。直读式铁谱仪的工作原理如图3-81所示，工作时，带金属微粒的油样从进入口流经玻璃管，在玻璃管下方磁场力的作用下，铁磁性金属微粒沉积在玻璃管内，如图3-82所示，机油从排出口排出。直读式铁谱仪的主要部件是光密度计。其两个光密度测试头布置在玻璃管的大微粒读数位置和小微粒读数位置，由两个光密度测试头测得光密度信号，经两个光电接收通道传输给光电检测器，然后由显示装置指示金属微粒的数量和大小。

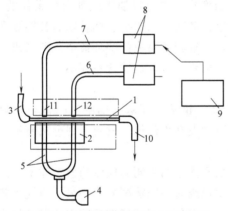

图 3-81 直读式铁谱仪的工作原理图
1—玻璃管 2—磁铁 3—进入口 4—光源 5—纤维光导通管 6—小微粒光电接收通道 7—大微粒光电接收通道 8—光电检测器 9—显示装置 10—排出口
11、12—光密度测试头

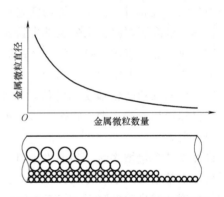

图 3-82 金属微粒在玻璃管内的沉积

国产直读式铁谱仪有ZTP-1型和ZTP-2型，后者为单片机控制。

分析式铁谱仪和直读式铁谱仪对于污染严重的机油的分析误差较大。原因是非金属污染物颗粒在倾斜不大的基片或玻璃管内因重力作用也有所沉积，各种颗粒混在一起造成了分析误差。旋转式铁谱仪可弥补这一不足。

3）旋转式铁谱仪。旋转式铁谱仪的工作原理如图3-83a所示。仪器工作时，带有微粒的油样从输入管进入到基片中心，基片、环形磁铁在驱动轴带动下旋转。在离心力作用下，机油和杂质甩出基片从排出管流出。在离心力和磁场力共同作用下,铁磁性金属微粒按颗粒大小在基片上沿磁力线方向排列成环形铁谱片,如图3-83b所示。由于排除了非金属污染物的影响,因而提高了分析精度。

铁谱分析仪的主要缺点是分析误差较大、速度慢,难以适应现场分析的要求。

6. 磁性探测分析法

机油流经各摩擦部位,冲刷并带走各种金属微粒。如果在滑润系统安装磁性探测器,就可利用磁力捕获机油中悬浮的铁磁性金属微粒,再进行观察和测量,就可得知金属微粒的形状、尺寸和含量。根据含量可分析出金属微粒对机油的污染程度,根据形状、

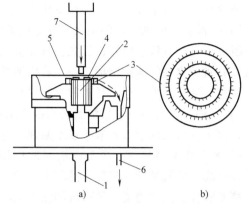

图3-83 旋转式铁谱仪的工作原理图及环形铁谱片
a) 原理图 b) 环形铁谱片
1—驱动轴 2—环形磁铁 3—基片 4—油流
5—真空排出罩 6—排出管 7—输入管

尺寸和含量可分析出金属微粒的来源和成因,并进而分析出摩擦面的磨损速度和磨损程度。

磁性探测器一般由壳体和磁性探头组成。壳体可长久安装在润滑系统中最容易获得金属微粒的部位,而固装在其内的探头的磁铁部则必须暴露在循环着的机油中,磁性探测器的壳体应能保证磁性探头可方便地取出和装入,并保证当磁性探头取出时内部的单向阀自动关闭出油口,防止机油外漏。

上述机油分析方法对粒度的灵敏度范围见表3-17,从表中可以看出,光谱分析法主要适用于较小微粒的分析,而旋转式铁谱仪分析法使用范围广泛,对各种尺寸的金属微粒都有较高的检测效率。

表3-17 各种油样分析法对粒度的灵敏度范围

油样分析法	对粒度的灵敏度范围/μm	油样分析法	对粒度的灵敏度范围/μm
光谱分析	0.1~9.0	旋转式铁谱仪分析	0.1~1000,甚至更大
一般铁谱分析	0.1~70	磁性探测器分析	9.0~1000,甚至更大

四、发动机润滑系统常见故障诊断与排除

润滑系统常见故障有机油压力过低、机油压力过高、机油消耗过多和机油变质。

1. 机油压力过低

(1) 危害 发动机润滑系统机油量少、机油泵工作不正常、油道堵塞等时,均会造成机油压力过低。机油压力过低会加速曲轴、凸轮轴磨损,甚至因润滑不良而使发动机"抱轴",严重时会造成发动机报废。所以,在汽车组合仪表上,都设有机油压力指示系统,显示发动机润滑系统的压力。发动机润滑系统异常,首先应判断是否为机油压力过低。

(2) 机油压力过低的原因

1) 机油量不足。机油量不足,油底壳内机油液面较低,机油泵吸入机油少,就会导致

润滑系统机油压力下降,甚至不产生压力。

2)机油黏度降低。机油黏度实际是机油流动时的内摩擦阻力的大小。机油流动时的内摩擦阻力小时,其流动性好;反之,机油流动时的内摩擦阻力大时,其流动性差。因此黏度是机油品质最重要的衡量指标之一。若机油黏度降低,则机油压力也下降。机油过稀或因发动机温度高造成机油变稀,机油就会从发动机的摩擦间隙中泄漏,造成机油压力降低。

3)机油泵性能不良。机油泵是润滑系统的动力源,机油泵内部齿轮磨损,间隙过大或卡住,都会导致机油泵油量减小或不泵油,直接导致机油压力过低。

4)机油滤清器堵塞。机油滤清器的作用是进一步过滤很小的机械杂质。长时间使用后,被过滤出的机械杂质集存在滤芯上,随着时间的延长,滤芯外表面积存的机械杂质量增大,堵塞润滑油流动通道,导致机油压力减小。

5)泄漏量大。机油能够产生压力的原因是机油在油道内流动时有阻力。润滑系统的油道泄漏,限压阀调整的压力过低或关闭不严、曲轴或凸轮轴颈等处因磨损配合间隙过大,都会造成润滑系统的泄漏量增大,系统内的机油压力会随着泄漏量的增大而相应降低。

(3) **机油压力过低的故障诊断** 机油压力过低的判断方法:机油压力过低是发动机润滑系统最常见的故障之一,判断机油压力过低的常见方法有观察组合仪表机油压力警告灯、用机油压力表测试机油压力和观察气门室是否有机油。

1)组合仪表机油压力警告灯报警。汽车组合仪表上设有机油压力警告灯或机油压力表。机油压力警告灯或压力表提示压力过低,首先必须确定是机油压力警告灯或压力表的电路故障,还是机油压力低。排除了机油压力警告灯或压力表电路故障,才能判断是机油压力低的故障。

机油压力警告灯电路故障的常见检测方法是:将机油压力传感器插头断开,直接对发动机搭铁,若断开时机油压力警告灯熄灭,搭铁时机油压力警告灯亮,表示机油压力警告灯系统正常。否则,表明机油压力警告灯存在故障。

2)机油压力表测试。机油压力警告灯报警,警告机油压力异常,为确定机油压力的具体情况,需要连接机油压力表,检测机油压力值是否正常,机油压力表连接口为机油压力传感器的安装口。

3)气门室观察法。机油压力表测量的是缸体的主油压,并不能代表气缸盖上的机油压力。若由于油道堵塞等原因,气缸盖上润滑不充分,会导致气门异响、凸轮轴磨损、抱死等故障。因此有必要确定气门室是否有机油。观察气门室是否有机油,需要起动发动机,运转到发动机温度正常,打开机油加注口盖,观察气门室是否有机油飞溅,并且凸轮轴组件上有机油润滑。

2. 机油压力过高

(1) **故障现象** 发动机在急速以上运转时,发动机温度正常而机油压力高于规定值,或在低速运转时机油压力指示器的浮标已升到最上方。

(2) **机油压力过高的原因**

1)机油黏度过大。机油黏度的大小与发动机温度有关,发动机温度低时,机油黏度大;反之,机油黏度小。机油黏度大时流动性差但密封性好,泄漏量少。如果机油黏度超过规定值,机油在润滑系统内的流动阻力会增大,同时压力升高。因此,发动机温度低或机油本身黏度大时,机油压力会升高。

2）润滑部位配合间隙过小。凸轮轴轴颈、连杆轴颈、曲轴轴颈、摇臂轴等，这些润滑部位如果配合间隙过小，会使润滑系统油路的流动阻力增大，造成机油压力过高。

3）机油滤清器堵塞。滤清器的滤芯过脏会使机油回路堵塞，造成机油压力过高。

4）限压阀调整不当。限压阀调整弹簧弹力过大，会导致润滑系统内的机油压力过高。

3. 机油消耗过多

（1）故障现象　工作正常的发动机，其机油消耗量是有限的，机油消耗超过了规定值，说明机油消耗过多。

（2）故障原因

1）烧机油。活塞或气门间隙过大、涡轮增压器泄漏等，会导致发动机烧机油，大大增加机油损耗。

2）发动机温度过高。发动机温度高，引起机油的温度过高与压力过高，机油黏度变低，使窜入燃烧室的机油增加，机油的消耗量也会增加。

3）机油过多。发动机油底壳机油添加过多，使曲轴运转时飞溅到缸壁的机油过多，机油被吸入气缸燃烧，引起消耗。

4）发动机工作不正常。汽车严重超载、发动机长时间大负荷工作等，也会造成机油消耗量过大。

4. 机油变质

（1）故障现象　机油变质破坏了油膜的特性，使润滑性变差甚至润滑功能丧失，造成尾气冒蓝烟烧机油、油耗增加、缩短发动机使用寿命等，最终使发动机提前大修。

（2）故障原因

1）机油中渗进了水分。由于气缸穿孔漏水、气缸垫损坏或其他原因导致缸体或曲轴箱进水，当含水量超过一定值时，机油添加的抗氧化剂、清净分散剂等就会失效，因而加速机油的氧化过程。机油中含水较多时，机油润滑性能变差，黏度下降。含水的机油呈雾状，油色浑浊、乳化、泡沫状。

2）活塞环漏气。由于活塞环或气缸磨损，一部分可燃混合气和废气经活塞周围间隙窜到曲轴箱内。窜到曲轴箱内的有水蒸气和二氧化碳，水蒸气凝结后在机油中形成泡沫；二氧化碳溶于水中形成酸，这些酸性物质进入润滑系统，使机油变质。

3）曲轴箱通风装置失效。曲轴箱通气性差，机油散热不良，同时一些燃烧气体窜入曲轴箱内，曲轴箱内的气压将升高。若压力高于外界大气压力，则会给活塞运行带来一定阻力，导致机油在油底壳与气缸体结合处向外渗漏。另外，泄漏到曲轴箱内的气体中含有二氧化碳，会导致机油很快变质。

4）空气滤清器过脏。空气滤清器的滤芯太脏，进气杂质较多，燃烧产生过多积炭和杂质，会造成机油变质。

5）燃油进入润滑系统。由于泄漏，燃油混入发动机润滑系统油道，特别是汽油混入机油，引起机油变质。

（3）故障诊断

1）观察机油的颜色。优质的机油呈半透明的黄棕色或浅蓝色，当机油中有水时则呈褐色，发动机运转一段时间后，会呈乳白色，并伴有泡沫。机油呈黑色通常是油泥和铁屑过多，或机油中炭粒过多。拔出机油尺对着光亮处观察刻度线是否清晰，当透过机油尺上的机油看不清刻度线时，说明机油过脏，需要更换机油。

2）观察油流。将装有机油的量杯慢慢倒向另一空杯，观察其流动情况。质量好的机油的油流应该是细长、均匀、连绵不断的，变质的机油会呈油滴状态。

3）嗅觉法。凡是对嗅觉刺激大且有异味的机油均为变质或劣质机油，好的机油应无特别的气味，只略带有芳香。

（扫码看故障分析）

【案例 3-8】
发动机运转时，机油压力过低，则仪表板上机油压力警告灯闪烁不熄灭；机油警告蜂鸣响起。

第八节　发动机异响诊断

发动机异响表明发动机某一机构的技术状况已经发生了变化，主要是因为有些零件磨损过度或装配、调整不当。有些异响能够预示发动机将可能发生事故性损伤，因而当发动机出现异响时，应及时修理，防止故障扩大。在拆开发动机之前，先要进行检查，以初步确定故障所在部位，然后对发动机异响特性进行分析，这样可以基本诊断异响的部件、原因和程度，避免拆检的盲目性。

发动机异响常见故障主要在曲柄连杆机构和配气机构，诊断方法有人工经验听诊法和仪器辅助诊断法。常用的仪器主要有听诊器、噪声器、振动分析仪等。

在确定具体异响故障之前，首先了解异响的性质和特征及异响的影响因素。

一、发动机异响的性质

发动机正常工作的响声是一种平衡而有节奏、协调的声音，如果在工作中产生了超出规定的响声称为发动机异响。

异响是声音的一种，具有声的性质。另外，发动机工作过程是周期性循环的，因此发动机工作时发出的各种异响也是周期性重复出现的。

发动机工作时发出的各种异响在向外传播的过程中，若遇到缸体、气缸盖、气门室罩、油底壳的阻挡，将不可避免地会转化为这些部件表面的振动。

二、发动机异响的特征

要分辨发动机工作时发出的声响是正常声响还是异响，以及区分各类异响，确定发出异响的部位，需要了解异响的特征。

1. 振动频率和振幅

振动物体发出的声音以波的形式向外传播，因此有波动频率和波动幅度两个要素，分别取决于声波振动的快慢和强度。这样，声波所导致的发动机外表面的振动也具有与声波的频率和振幅相对应的振动频率和振幅。

研究表明，发动机每种敲击响声即声源引起的振动并非单一振动，而是由一组频率不同的振动组成的。但每种声响所引起的一组频率不同的振动之中也含有一个或多个区别于其他声响的振动频率，称为信息频率或特征频率。信息频率取决于声源的物理特征。因此，对同类发动机而言，同一声源所导致的振动的信息频率是近似的。所以，可以根据信息频率判断发出异响的声源或异响部位。

当发动机相互运动配合副磨损后间隙增大时，配合副相互冲撞加剧，所产生声响的声强或声压增大，由此引起的发动机表面振动的振幅也增大。因此，振幅的大小可反映配合副的技术状况好坏。

2. 相位

发动机各缸按一定次序周期性工作，各缸燃烧后所产生的最高压力也以该次序产生。因此，尽管各缸同类部件发出异响的特征频率相同或类似，但出现的相位不同，各缸异响信号间也存在时间上的差异。同样，同一缸不同部位所产生的异响也存在相位上的差异，即出现于不同曲轴转角处。例如，气门响是与进、排气时刻相对应的。虽然许多部位发出的异响出现在做功行程，如活塞敲缸、活塞销响、连杆轴承响、曲轴主轴承响、气门异响，但由于作用力传递过程的时间差异，不同部位也存在相位上的差异，即异响发生时刻所对应的曲轴转角不同。

三、影响发动机异响诊断的因素

1. 转速

发动机之所以出现异响，是因为每种异响都有其特定的振动频率，当运动速度的频率是异响频率的整数倍时，会产生共振现象，于是异响加剧，即每种异响在其响声最明显时都对应一个运动速度段。如活塞敲缸响在发动机的低速段最明显，连杆轴承响在发动机中速段最明显，传动轴不平衡响在汽车中速以上行驶时最突出，随着车速的升高，传动轴的振动也随之加剧。

2. 温度

金属零件受到高温作用引起几何形状变化，这种变形又影响配合间隙变化。润滑油在高温下易变质和变稀，使润滑油膜由厚变薄，润滑性能变差。

3. 负荷

负荷越大异响就越明显，根据异响随负荷变化的规律和特点就可判断故障的性质和位置。例如，发动机稳定在怠速运转，就可听到清晰的活塞敲缸响；而不严重的连杆轴承响则需要急抖加速踏板才能听到；活塞敲缸响和连杆轴承响都有在单缸断火后异响减弱或消失的特点，利用这一特点不仅能确定故障的性质，还能找出故障的位置。

4. 配合间隙

当润滑、温度、负荷和速度等一定时，异响是随配合间隙的增大而变得明显的。如活塞与缸套的配合间隙越大，响声也越明显。

5. 润滑条件

品质好的润滑油适宜的压力就能产生较好的润滑油膜。润滑油膜越厚，机械冲击就越小，噪声也就越小，异响就不易发生。

6. 部位

异响部位一般离故障位置较近，据此可以判断是什么机构、总成或系统出现故障，从而缩小诊断故障的范围。如异响在气门室处明显，说明气门机构有故障；在曲轴箱内异响明显，说明活塞、活塞销、连杆或曲轴轴承有故障等。

四、发动机异响典型实例的诊断

1. 活塞敲缸

车辆在使用中常见发动机的金属敲击异响故障较多,其中活塞敲击异响也较复杂。

(1) **概念** 活塞在缸内左右摆动,活塞上行是沿着气缸左壁,而活塞头部偏在气缸右壁;活塞下行是沿着气缸右壁,其活塞头部偏在气缸左壁。在气缸燃烧室点火爆发产生冲击压力的一瞬间,活塞头部从右壁向左壁过渡,活塞突然碰在气缸最上部产生金属敲击声,这就是所谓的敲缸。

(2) **特征及波形** 活塞敲缸声是一种清脆有节奏而且连续不断的金属碰击声,一般随温度的变化而变化;或怠速运转时响声清晰;冷态时明显,发动机温度升高后逐渐减弱或消失,发动机无负荷运转高速时声响大,中速时不易听出,气缸断火或注入少量机油后,响声会减轻或消失,如图 3-84 所示。

(3) **产生的原因及调整方法** 活塞敲缸多由配缸间隙过大、活塞偏缸等引起的。按技术规范拆检并调整配缸间隙,消除活塞偏缸后异响即可消失。

2. 活塞销响

(1) **特征及波形** 活塞销响是一种较尖锐清脆的金属敲击声,发动机转速稍高于怠速时较清晰,但在较高速时声响混浊不清。发动机温度升高后,响声不仅不减弱反而明显,气缸断火后异响减弱,如图 3-85 所示。

图 3-84 活塞敲缸声的故障波形

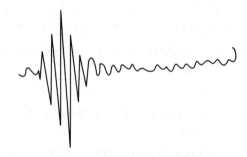

图 3-85 活塞销响的故障波形

(2) **产生的原因** 活塞销响多由活塞销与铜套磨损严重松旷,销套与座孔配合松旷及润滑不良引起烧蚀等所致。

(3) **诊断及修理方法** 一般可从机油加注口处查听,将发动机控制在声响最显著的范围,然后用螺钉旋具使火花塞短路,逐缸断火,即可判断哪一缸活塞销响。轻微响声可继续使用,响声严重时必须拆检,更换磨损零件,按规范调整修复。

3. 连杆轴承响

(1) **特征及波形** 连杆轴承响是一种较为重而短促的金属敲击声,怠速时响声小,中速时明显,突然加速时则响声随转速突然升高而明显连续,响声清晰、短促而坚实。温度改变时响声无变化,如图 3-86 所示。

(2) **诊断及修理方法** 在机油加注口处可以查听。更换轴瓦,修磨轴颈,即可消除故障。

4. 曲轴主轴承响

(1) **特征及波形** 可从机油加注口处听到一种沉闷的金属敲击声。当发动机转速或负荷突然变化时，响声明显；当突然开大节气门时，声音更为明显；突然降速时就会出现沉重的"铛、铛"声，伴有发动机振动现象，如图 3-87 所示。

（2）**产生的原因及调整方法**　曲轴主轴承响多由油道堵塞、轴瓦间润滑不良、轴瓦合金烧蚀或脱落、轴颈磨损等引起径向间隙过大所致。应按技术规范检修调整，才能彻底排除故障。

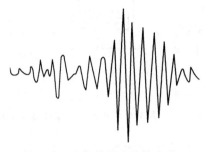

图 3-86　连杆轴承响的故障波形

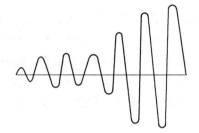

图 3-87　曲轴主轴承响的故障波形

5. 气门异响

（1）**特征**　气门异响是一种连续而有节奏的"嗒嗒"的金属敲击声，不受断火和温度的影响，任何转速均可听见，但在怠速和中速时较为明显清晰。

（2）**产生的原因及调整方法**　气门异响多由气门杆与导管配合间隙过大，气门间隙过大，调整不当或凸轮轴凸轮磨损超限及导管卡滞引起。应按规范调整气门间隙，必要时对磨损严重的零件予以换修。

五、发动机异响故障诊断方法

1. 断火法

用螺钉旋具搭火花塞使高压电流短路使某气缸不工作，若异响消失或变轻，证明异响来自该缸。

2. 变速法

使发动机不在同转速下运转，忽快忽慢地变速，使之发出不同的响声以推断异响来自何处。

3. 听诊法

从不同部位用金属棒或听诊器诊断响声。一般车辆发生活塞敲缸和活塞销响时，发动机的中、上部声响较大；轴瓦响在中、下部；正时齿轮响在前端；气门脚及导管响在上部。

4. 仪器设备法

发动机异响诊断仪的基本工作原理建立在异响特性研究的基础上。异响诊断常用的仪器有两种类型：便携式异响诊断仪和带相位选择的示波器显示异响诊断仪。许多发动机综合性能分析仪具有发动机异响诊断的功能。

（1）**便携式异响诊断仪**　便携式异响诊断仪由传感器、前置放大器、双T型选频网络、功率放大器和显示器五部分组成，其框图如 3-88 所示。

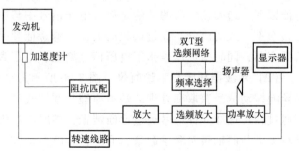

图 3-88　便携式异响诊断仪方案框图

便携式异响诊断仪的传感器通常采用压电加速度计，其结构示意图如图 3-89 所示。传感器中有两片压电材料。压电材料上置一质量块，并用片簧对质量块预加负荷。整个组件装在金属壳内，壳体和中心引出端为二输出端。

当压电材料受到外力作用时，其几何尺寸发生变化，内部极化，表面有电荷出现，形成电场；当外力去掉时，其又恢复到原来状态，这种现象称为压电效应。当加速度计受到振动时，质量块随之振动，同时会有一个因振动而产生的惯性力作用在压电材料上，惯性力 F（N）的大小与振动加速度 a（m/s²）和质量块的质量 m（kg）有关，即

$$F = ma$$

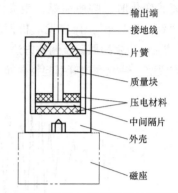

图 3-89 压电加速度计结构示意图

作用在压电材料上的惯性力使其表面产生电荷，所积累的电荷量与惯性力成正比，即

$$q = DF$$

式中　q——电荷量（C）；

　　　F——惯性力（N）；

　　　D——压电常数（C/N）。

因此

$$q = Dma$$

传感器结构一定时，D 和 m 均为常数，因此电荷量 q 与振动加速度成正比。显然，对于振动加速度来说，其大小、方向是周期性变化的，因此电荷量也是周期性变化的。这样，带电表面与壳体间就会出现周期性变化的电压，其变化频率取决于振动频率，振幅越大，振动加速度越大，压电材料表面产生的电荷量越大，输出电压越高。因此，输出电压信号的变化频率可表示振动频率，而电压的大小反映振动幅度。若振动由异响引起，则电压值就可反映异响的强弱。

压电加速度计常制成两种类型：一种是具有磁座，可将其吸附在发动机壳体上；另一种是制成手握式，通过与加速度计相连的探棒接触检测部位并传递振动。

为了诊断异响，必须将异响振动所产生的电压信号从各种不同噪声振动所产生的信号中分离出来。为此，压电加速度计输出的信号经屏蔽导线连接到有高输入阻抗的前置放大器输入端，再经差动放大器放大后输入双 T 型选频网络。该网络实质上是一组具有不同中心频率的选频放大器，而且中心频率可用开关变换，对应于经试验研究确定的发动机各主要异响的特征频率。选频放大器的功能是放大电压信号中与中心频率相一致的成分，削弱或滤去与中心频率不一致的成分。经过选频放大，异响特征频率电压信号强度加强，再经功率放大输出给扬声器，同时由电压表指示电压信号峰值，电压表又用作转速表。

（2）**示波器显示异响诊断仪**　图 3-90 所示为带相位选择的示波器显示异响诊断仪框图，其异响振动信号获取和处理的基本原理与便携式异响诊断仪类似。其特点是，可以在一定时刻通过相位选择允许信号通过诊断装置，该时刻对应于故障机件出现异响振动的时刻，即将异响振动与曲轴转角联系起来；同时，异响振动波形可在示波器上显示出来。

由于某缸配合机件的敲击振动总在该缸点火后发生，在某一时刻结束。因此，对于汽油

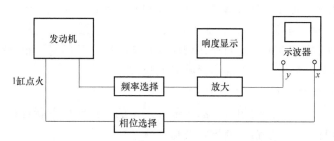

图3-90 带相位选择的示波器显示异响诊断仪框图

机而言，可用转速传感器从1缸点火高压线上获得点火脉冲信号，用点火脉冲信号触发示波器的扫描装置。在开始点火时刻，使经过选频后的异响振动电压信号导通，且导通的相位和时刻可以均匀调节。这样，相位选择装置便根据时间及相位上的差异分辨出异响。通过选频的振动信号输送到示波器垂直偏转放大器的输入端，同时来自1缸高压线的点火脉冲信号触发相位选择器，以控制示波器的扫描装置，从而在示波器屏幕上显示经过相位、频率选择的振动波形，可用于直接观察振动波形的振幅、相位和延续时间。

六、发动机异响诊断仪的使用方法

1. 便携式异响诊断仪的使用方法

利用便携式异响诊断仪诊断发动机异响的步骤和方法如下：

1）从发动机预热过程开始，即将压电加速度计放在发动机缸盖上部气缸中心线位置，在怠速下用直放电路诊断有无金属敲击声响。

2）左右移动加速度计，观察仪表指示值有无显示增大的异常部位。

3）在异常部位上，依次按下特征频率选择开关，观察在何种异响的特征频率下，仪表指示值显著增大。若诊断部位与中心频率对应的异响部位对应，则可初步判断该异响由该特征频率所对应的部件引起。如果仪表读数较大，但诊断部位与中心频率所对应的异响部位不符，可上下移动加速度计，直至二者相符。

4）在异响最为明显的转速、温度测试条件下，以及在最有利的诊断位置上，仪表读数超过正常统计数据的位置即为异响振动声源。

2. 异响振动波形诊断方法

利用带相位选择的示波器或具有异响诊断功能的发动机综合性能分析仪，可通过异响振动波形对发动机异响进行诊断。在诊断异响振动波形前，应首先阅读所使用仪器的说明书，按说明书的要求进行操作。当使用发动机综合性能分析仪诊断异响振动波形时，其基本诊断步骤和方法如下：

1）按仪器使用说明书的要求进行操作，安装转速传感器，并使仪器进入异响诊断状态。

2）根据所诊断异响的零部件，选择操作码，其实质就是选取故障部件振动的中心频率。

3）将振动传感器触在所诊断零部件异响最明显的振动部位。如活塞敲缸响应触在气缸上部的两侧，主轴承响应触在油底壳中上部位置，连杆轴承响应触在发动机侧面靠近连杆轴承处，活塞销响应触在缸盖正对活塞处，气门异响应触在进、排气门附近等。

4）使发动机在响声最为明显的转速下运转，微抖加速踏板，观察示波器，若有明显的瞬间波形或波形幅度显示增大，说明存在相应的异响故障。诊断时可根据需要配合听诊、单缸断火、双缸同时断火等方法，以准确诊断异响故障。

5）若发动机确实有异响，但在所选择的操作码下诊断时，示波器显示的异响波形不明显，说明异响不是由所选操作码相对应的零部件产生的。此时应重新选择操作码，并相应改变振动传感器的诊断部位，重新诊断异响波形。

6）依次选择各有关零部件异响诊断操作码，按上述步骤诊断曲轴主轴承响、连杆轴承响、活塞销响和活塞敲缸响等异响故障。

发动机异响，是发动机出现故障的重要表现，也是判断其故障的重要依据。掌握和利用发动机异响规律，是判断其故障的行之有效的办法。出现发动机异响故障后，若不能及时正确判断和排除，将会加剧机件的磨损，甚至发生事故性的损坏，因此必须及时对发动机异响故障进行检修。

判断发动机异响是一个比较复杂的系统工程，因发动机工作状态千变万化，故障原因错综复杂，现象也多种多样。不同的故障，其反映出来的异响有时往往相似，而同一故障在不同的车辆上的反映却不一定完全相同。有时正常的响声和特殊的异响混杂在一起，难以分辨。

同一车型、同一部位所发生的异响不可能完全相同，而且一般难以用音调、文字、口语表达确切地描述，因而不能生搬硬套，只能作为诊断时的参考。

发动机异响在一定条件下有其规律性，只要掌握了这些特点和规律，此类故障也是不难排除的。响声是现象，故障是本质，察听响声、分析判断和查明原因、消除异响也就是排除了故障。

第九节　电控汽油机常见故障诊断

一、电控汽油机故障诊断方法

电控发动机的许多故障不仅与电控燃油喷射系统有关，而且与发动机的电控点火及其他有关系统的技术状况有关，因此必须对其进行综合诊断才能确定故障原因。

电控汽油机装备有故障自诊断系统，可以利用故障码进行诊断，找出故障原因和部位，这样给复杂的电控系统的故障诊断带来了很大的方便。但是，故障自诊断的应用有其局限性，对应用故障自诊断不能判断的故障，还需采用人工诊断、现代仪器设备诊断等传统方法进行，即在询问车辆用户有关问题后，采用外观检测、基本检查、进入故障诊断表、故障征兆模拟试验等方法，找出故障部位并加以排除。电控发动机故障诊断的方法和步骤如下：

1）接收故障车。

2）询问车辆用户，如最近是否更换过某些零件等。

3）围绕汽车进行外观检查，发现问题及时消除，必要时进行道路试验，感受汽车状况。

4）用仪器等读取故障码。正常状态（静态）和试验状态（动态）下均可读取故障码，但试验状态对不正常现象的检测能力比正常状态高，因而可在试验状态下进行故障征兆模拟试验，人为地使故障在故障发生的环境下明显出现，将接触不良的部位诊断出来。

1. 有故障码的故障诊断

1）有故障码的故障诊断相对容易，可以采用故障自诊断系统的检测诊断故障程序和方法，读取故障码，确定故障所在部位，按解码器提示进行电路检查，直到将故障诊断出来并排除。

2）读取故障码并排除故障后，一定要清除故障码，然后进行道路试验，查看故障是否再现。

① 如果无故障码，说明故障已排除，诊断结束。

② 如果仍有故障码，继续按照读取故障码的方法诊断，直到将故障排除。

2. 无故障码的故障诊断

无故障码或显示正常代码，但故障又确实存在，则采用以下传统方法检查和诊断。

（1）**基本检查**　检查蓄电池电压、曲轴转动情况、发动机起动情况、怠速运转情况、空气滤清器堵塞情况、点火正时、燃油压力、高压跳火和火花塞技术状况等，发现问题及时处理。

（2）**诊断故障**

1）遇到常见故障时，可查阅该车型维修手册故障征兆一览表，并按表中给定的诊断次序进行诊断并排除故障。

2）遇到疑难故障（有些故障为偶发性或间歇性的）时，按其车型维修手册的指示进行检查，必要时进行故障征兆模拟试验再现故障，直到将故障诊断出来并排除。

3）故障诊断中可采用对比试验的方法，即用性能良好的同一型号的新部件，替换被怀疑有故障的部件。替换后如果故障不再出现，说明原来零部件存在问题。

（3）**进行道路试验**

1）道路试验时仍有故障，继续诊断。

2）道路试验时故障不再出现，结束诊断。

二、电控汽油机常见故障诊断

1. 混合气过稀

（1）**故障现象**　进气管有回火现象。

（2）**故障原因**

1）节气门位置传感器、进行温度传感器等传感器及电路不良。

2）喷油器工作不正常。

3）电控燃油喷射系统压力低。

4）进气管漏气等。

（3）**故障诊断流程**　混合气过稀故障诊断流程如图3-91所示。

2. 混合气过浓

（1）**故障现象**　排气管冒黑烟或有"放炮"现象。

（2）**故障原因**

1）喷油器漏油，工作不正常。

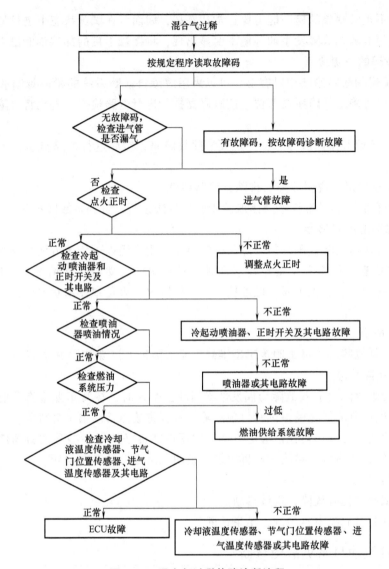

图 3-91 混合气过稀故障诊断流程

2) 燃油系统压力过高。

3) 控制电路和 ECU 故障。

(3) **故障诊断流程** 混合气过浓故障诊断流程如图 3-92 所示。

3. 发动机不能起动

(1) **故障现象** 起动发动机时，发动机不转，或能转动但不着火。

(2) **故障原因**

1) 点火火花弱。

2) 燃油泵或燃油压力调节器失效。

3) 喷油器及其电路故障。

4) 空气滤清器堵塞等。

(3) **故障诊断流程** 发动机不能起动故障诊断流程如图 3-93 所示。

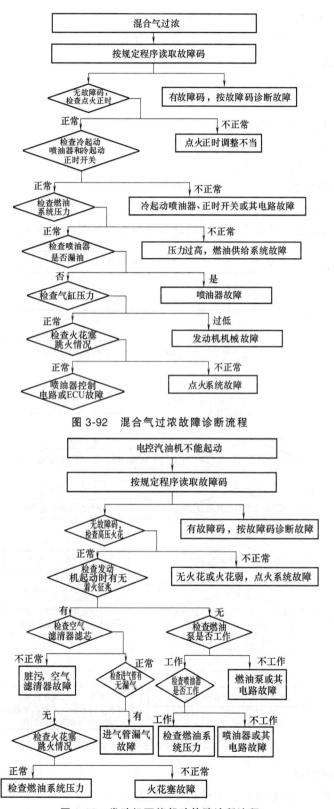

图 3-92 混合气过浓故障诊断流程

图 3-93 发动机不能起动故障诊断流程

4. 发动机起动困难

（1）**故障现象** 发动机不易起动，起动后很快熄火。

（2）**故障原因**

1）空气滤清器堵塞。

2）进气管漏气。

3）怠速控制阀及电路故障。

4）点火正时失准。

5）气缸压缩压力低。

6）燃油系统压力低。

7）ECU故障等。

（3）**故障诊断流程** 发动机起动困难故障诊断流程如图3-94所示。

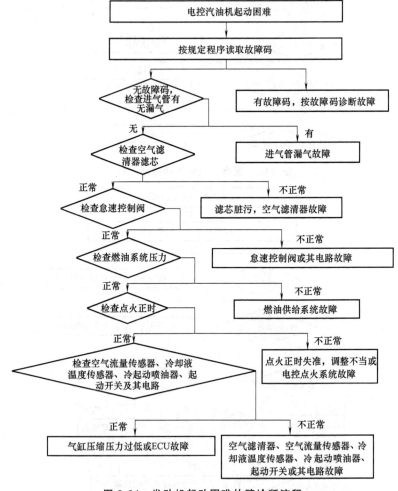

图3-94 发动机起动困难故障诊断流程

5. 发动机怠速过高

（1）**故障现象** 正常怠速时，发动机转速明显偏高。

（2）**故障原因**

1) 怠速控制阀及电路故障。
2) 节气门位置传感器故障。
3) 燃油系统压力不正常。
4) 喷油器及电路故障。
5) ECU 故障等。

（3）**故障诊断流程**　发动机怠速过高故障诊断流程如图 3-95 所示。

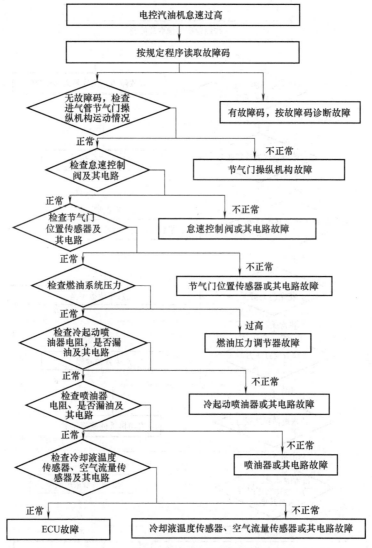

图 3-95　发动机怠速过高故障诊断流程

6. 发动机怠速不稳、易熄火

（1）**故障现象**　怠速转速过低且不稳定，经常熄火。

（2）**故障原因**

1) 空气滤清器堵塞。
2) 怠速调整不当。

3) 点火火花弱或点火正时不当。
4) 气缸压缩压力低。
5) 燃油系统压力不正常。
6) ECU 及电路故障等。

(3) **故障诊断流程**　发动机怠速不稳、易熄火故障诊断流程如图 3-96 所示。

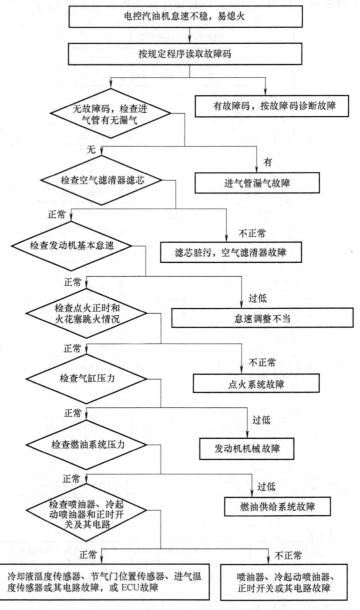

图 3-96　发动机怠速不稳、易熄火故障诊断流程

7. 发动机加速不良

(1) **故障现象**　发动机加速时，无力且有抖动现象，转速难以提高。

(2) **故障原因**

1) 制动拖滞。
2) 点火正时调整不当或火花塞故障。
3) 燃油系统压力不正常。
4) 气缸压力低。
5) 喷油器及电路故障。
6) ECU及电路故障等。

（3）**故障诊断流程** 发动机加速不良故障诊断流程如图3-97所示。

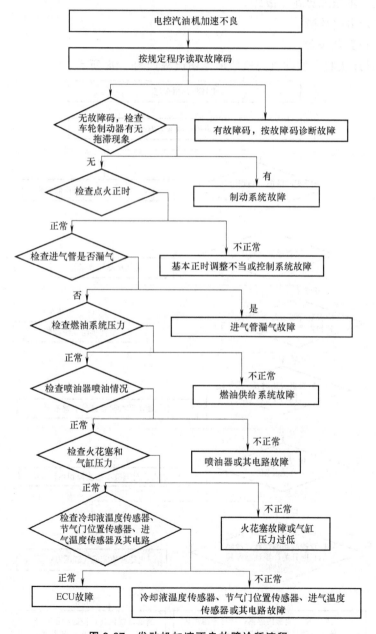

图3-97 发动机加速不良故障诊断流程

8. 发动机失速

（1）**故障现象** 正常运转时，发动机转速忽高忽低。

（2）**故障原因**

1）进气管漏气或空气滤清器堵塞。

2）怠速调整不当。

3）燃油系统压力不正常。

4）气缸压力低。

5）点火正时不当或火花塞故障。

6）喷油器及电路故障。

7）ECU及电路故障等。

（3）**故障诊断流程** 发动机失速故障诊断流程如图3-98所示。

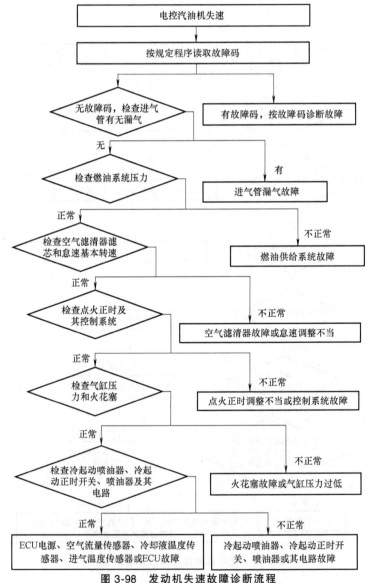

图3-98 发动机失速故障诊断流程

习题

1. 检测发动机输出功率的目的是什么？检测的方法有哪些？发动机输出功率有哪几种类型？如何检测？
2. 简述无负荷测功原理，影响发动机输出功率的因素有哪些？
3. 为什么要进行发动机单缸功率的测试？如何进行？
4. 导致气缸密封性不良的因素有哪些？评价气缸密封性的参数有哪些？
5. 如何对气缸压力检测结果进行分析？
6. 利用起动电流或起动电压降检测气缸压力的原理是什么？与压力表检测有什么区别？
7. 简述利用进气管真空度检测气缸密封性的原理。检测方法有几种？分析故障波形产生的原因。
8. 评价汽油机燃油供给系统技术好坏的参数有哪些？氧传感器与电控燃油喷射系统有什么关系？
9. 电控汽油机燃油压力有哪几个压力需要检测？如何分析检测结果？
10. 电控汽油机电动泵的常见故障有哪些？如何检测？
11. 电控汽油机喷油器的驱动方式有哪几种？说明喷油器喷油波形各段的含义，并分析喷油脉宽不变的原因。
12. 电控汽油机喷油器常见的故障有哪些？如何检测？
13. 简述柴油机喷油压力波形形成过程，并说明各段含义，分析各段长度对发动机性能的影响。
14. 电控发动机几个典型传感器的检测方法有哪些？传感器发生故障将对发动机产生什么影响？
15. 电控汽油机常见故障有哪些？简述诊断的基本程序。
16. 发动机冷却系统技术状况好坏的评价参数有哪些？如何检测？
17. 发动机冷却系统常见故障有哪些？以冷却液温度过高为例简述诊断过程。
18. 引起机油压力异常和机油消耗量过多的原因是什么？如何进行检测？机油品质的检测有哪几种方法？分别简述其检测原理。
19. 简述用光谱分析法检测机油中金属杂质的检测原理。
20. 简述用铁谱分析法检测机油中金属杂质的检测原理。
21. 发动机异响有哪些特征？影响异响诊断的因素有哪些？
22. 简述用异响诊断仪检测异响的原理。
23. 分析电控汽油机常见故障的原因并写出故障诊断流程。

第四章 / Chapter 4
汽车底盘技术状况检测与诊断

【教学目标】

通过本章的学习，学生能够了解评价汽车底盘技术状况好坏的指标，掌握汽车底盘各系统的检测原理和检测方法，并且能够运用所学知识判断各系统的故障类型，选取科学有效的方法进行故障诊断，达到分析和解决问题的能力。

【教学要求】

知识要点	能力要求	参考学时
汽车驱动轮输出功率检测与诊断	掌握汽车驱动轮输出功率室内台架检测方法；了解影响汽车驱动轮输出功率大小的因素；能够对驱动轮输出功率过低现象进行正确分析	1
汽车传动系统检测与诊断	了解传动系统损失功率和传动效率检测；掌握汽车滑行距离检测和离合器滑转检测方法；掌握传动系统角间隙的检测方法及常见故障的诊断；能够对传动系统出现的故障进行正确的分析	1
汽车变速器检测与诊断	了解手动操纵变速器主要零部件检查方法及典型故障的诊断；了解自动变速器的检验方法和液压试验方法；掌握自动变速器的故障诊断和电控系统元件的故障诊断及常见故障诊断；能够对变速系统出现的故障进行正确的分析	4
汽车转向系统检测与诊断	掌握转向盘自由行程和转向力检测方法；掌握电控动力转向系统检测与诊断；能够对电动助力转向系统常见故障进行正确分析	2
汽车制动性能检测	了解汽车制动过程和制动性能检测参数和标准；掌握单轴反力式滚筒和平板式制动试验台检测原理和检测方法；了解惯性式制动试验台检测原理和检测方法；了解气压和液压制动系统故障诊断；掌握防抱制动系统和驱动防滑系统故障诊断方法；能够对制动系统出现的故障进行正确分析	3
汽车行驶系统检测	了解评价汽车行驶系统性能好坏的指标；掌握转向轮和四轮定位的检测原理和检测方法；了解车轮侧滑量的检测方法；掌握车轮平衡检测与诊断；了解悬架装置的检测方法；能够对行驶系统出现的故障进行正确分析	2

第四章 汽车底盘技术状况检测与诊断

汽车底盘由车架、车身、转向系统、传动系统、制动系统、行驶系统、照明和信号装置等组成，汽车底盘各系统、总成的技术状况对汽车行驶的操纵稳定性、安全性、传动效率和行驶阻力有一定的影响，同时对汽车的动力性和燃料经济性也有一定的影响。因此，底盘技术状况是汽车检测和诊断的重点之一。

汽车底盘技术状况的检测与诊断方法有道路试验和室内台架试验两种。

第一节 汽车驱动轮输出功率的检测与诊断

除了可以用发动机输出功率评价汽车动力性外，还可以用驱动轮输出功率或驱动力作为诊断参数，直接反映汽车动力性，它们是评价汽车技术状况的基本参数，也是汽车综合性能检测的必检参数。

底盘输出功率检测又称底盘测功，其主要目的是评价汽车动力性，同时，通过对驱动轮输出功率和发动机输出功率进行对比，可求出传动效率以评价汽车传动系统的技术状况。

一、汽车底盘测功机的功能

汽车底盘测功机是汽车底盘综合性能检测设备，其基本功能如下：
1）测试汽车驱动轮的输出功率。
2）测试汽车的加速能力。
3）测试汽车的滑行能力。
4）测试汽车传动系统的传动效率。
5）检测及校正车速-里程表。
6）间接测试汽车发动机的功率。

另外，辅以油耗计、废气分析仪、异响检测仪等设备，汽车底盘测功机还可以对汽车的燃料经济性、排放性能和汽车发动机及底盘运转过程中的异响进行检测。因此，利用汽车底盘测功机可以对汽车的综合性能进行检测。

二、汽车底盘测功机的构造及各部分功能

汽车底盘测功机一般由滚筒装置、测功装置、飞轮机构、测量装置、控制与显示装置等构成，其机械部分的结构如图 4-1 所示。

1. 滚筒装置

滚筒装置是底盘测功机的基本组成部件，试验时将驱动轮置于滚筒上，驱动轮运动，依靠摩擦力带动滚筒旋转。滚筒有主、副之分，与测功器相连的滚筒为主动滚筒，左右两个主动滚筒间装有联轴器，左右两个从动滚筒处于自由状态。滚筒一般为钢制的空心结构，并经动平衡试验，通过滚动轴承安装在框架上。滚筒装置相当于连续移动的路面，用于支撑车轮并传递功率、转矩、速度。滚筒装置有单滚筒和双滚筒两种类型，如图 4-2 所示。滚筒的直径、表面状况和两滚筒（双滚筒）的中心距是影响汽车底盘测功机测量精度的重要参数。

同一车轴上的左、右驱动轮各由一个滚筒支撑或两驱动轮共同由一个长滚筒支撑的底盘测功机称为单滚筒底盘测功机，其滚筒直径较大，多为 1500~2500mm，有的可达 4000mm。

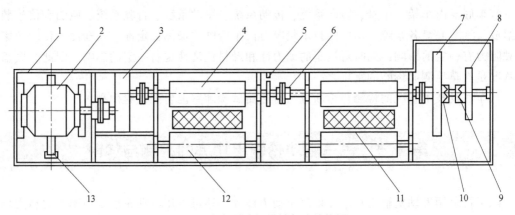

图 4-1 底盘测功机机械部分结构图

1—框架 2—电涡流测功器 3—变速器 4—主动滚筒 5—速度传感器 6—联轴器 7、8—飞轮 9、10—电磁离合器 11—举升器 12—从动滚筒 13—压力传感器

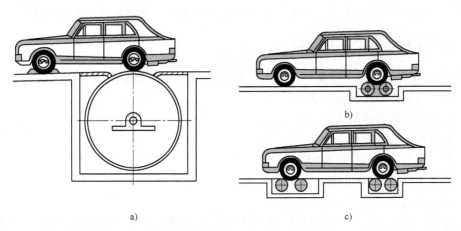

图 4-2 滚筒装置的结构

a) 单轴单滚筒式 b) 单轴双滚筒式 c) 双轴双滚筒式

滚筒直径越大,滚筒表面曲率越小。车轮在滚筒上滚动与汽车在平路上行驶类似,轮胎与滚筒表面间的接触面积大,滑转率小,行驶阻力小,因而测试精度高。但大滚筒试验台制造成本高,占地面积大,同时对车轮在滚筒上的安放定位要求严格,其车轮中心与滚筒中心的对准比较困难,故使用不太方便。因此,单滚筒底盘测功机一般用于科研单位、大专院校和汽车制造部门,较少用于汽车维修和汽车检测诊断等生产企业。

同一车轴上的左、右驱动轮各由两个滚筒支撑或两驱动轮共同由两条长滚筒支撑的底盘测功机称为双滚筒底盘测功机,其滚筒直径一般为 185~400mm。由于半径小,滚筒表面曲率大,因而轮胎与滚筒表面的接触面积与在平路上行驶时相比小很多。接触面间比压和变形都较大,滑转率大,因而使滚动阻力增大,测试精度低。在较高试验车速下,轮胎的滚动功率损失可达到所传递功率的 15%~20%。但双滚筒底盘测功机具有车轮在滚筒上安放定位方便和制造成本低等优点,因而适用于汽车维修和汽车检测诊断等生产企业,尤其是单轴双滚筒式汽车底盘测功机,应用广泛。

按表面状况不同,底盘测功机滚筒装置的滚筒可分为光滚筒、滚花滚筒、带槽滚筒和喷

第四章 汽车底盘技术状况检测与诊断

涂滚筒等类型，其表面状况与路面状况相近会使试验更接近实际情况。但车轮在滚花滚筒、带槽滚筒底盘测功机上试验时，轮胎磨损严重，所以目前很少采用。喷涂滚筒的附着系数虽较高，但喷涂层容易脱落，使用寿命短，且价格高。因此目前应用最多的滚筒类型是光滚筒，但光滚筒的附着系数较低。

双滚筒的滚筒中心距应依据滚筒直径合理选取，应保证汽车试验时不会发生滚筒向前（或向后）窜出的现象。当滚筒中心距一定时，若汽车车轮直径过大，则相应安置角过小，试验时会很不安全；车轮直径过小时，则无法进行测试。因此，一定规格的底盘测功机只适用于某一范围内的车型。

2. 测功装置

测功装置也称加载装置，因为用底盘测功机在室内测试驱动轮输出功率时，要求必须能够模拟汽车在道路上实际行驶过程中所受的各种阻力，汽车在底盘测功机上进行测功试验时，只有驱动轮转动，而车身则静止不动，此时的外部阻力只有驱动轮在滚筒上的滚动阻力及滚筒机构的轴承摩擦力等，这些阻力之和比汽车在道路上行驶时受到的外部阻力小得多。另外，与汽车在道路上行驶时受到的阻力相比，在底盘测功机上试验时汽车不受空气阻力和坡度阻力的作用。因此，必须用加载装置模拟汽车在道路上行驶时受到的各种阻力，使车辆的受力情况与在道路上行驶时类似。

底盘测功机常用的测功装置有水力式、电力式和电涡流式测功器三种类型。水力测功器用水填充在测功器的定子和转子之间，转子转动时对其起阻碍作用，从而形成制动力矩，并将该力矩传递给定子。通过调节进出水量控制水面高度，当进出水流量一定时，测功器的制动力矩随转子转速的增大而增加。水力测功器的结构简单，使用可靠性好，但伺服性能较差，因此难以完成在自动控制下的循环试验。

利用电子控制的电力测功器可以很好地模拟汽车的行驶阻力和汽车加速时的惯性力，但其制造成本较高，较多用于高等院校及科研单位所用的大直径单滚筒底盘测功机。

电涡流测功器具有较宽的转速和功率范围，成本低、耗电小、测量精度高、振动小、结构简单且易于调控，因此得到广泛应用。

(1) **电涡流测功器的组成及工作原理** 电涡流测功器主要由定子和转子两部分构成，汽车驱动轮输出的功率被电涡流测功器吸收，转化为电涡流，在转子或定子中转变为热量，因此，为保证转子或定子的工作温度正常，分别用水或空气作为介质将电涡流转化的热量快速排出。用水或空气作为冷却介质的电涡流测功器分别称为水冷或风冷式电涡流测功器。

1) 水冷式电涡流测功器。水冷式电涡流测功器的结构示意图如图4-3所示。定子的结构比较复杂，由励磁线圈、涡流环和铁心组成，其内部沿圆周布置有励磁线圈和涡流环。转子为齿状圆盘，其外圆加工有均匀分布的齿和槽，齿顶与定子的涡流环之间留有一定的气隙。

当励磁线圈通有直流电时，在其周围形成磁场，因而磁力线通过定子、气隙、涡流环和转子形成闭合磁路，如图4-4所示。磁通量的大小只和励磁线圈匝数与所通过的电流有关。由于通过转子齿顶的磁通量大于齿槽的磁通量，当转子旋转时，通过定子内圈涡流环上的某一点的磁通量呈周期性变化。当转子齿顶通过这一点时，它的磁通量最大；当转子齿槽通过时，它的磁通量最小，即磁通量随时间变化，由电磁感应原理可知，在定子涡流环内将产生感应电流以阻止磁通量的变化，由于定子是做成整体式的，因此产生的感应电流是封闭的，称为涡电流。涡电流和励磁线圈形成的磁场相互作用，使转子受到一个制动力矩（与滚筒旋转方向相反），起到加载作用。调节励磁电流的大小可改变制动力矩的大小，从而使被测车辆受到阻力，同时，定子也受到一个与制动力矩大小相等、方向相反的力矩。由于定子是浮动在支座上的，受外力作用后定子便转动。通过测力装置可测得定子所受力矩的大小，从而可测出驱动轮输出的功率。定子中产生的涡电流转化的热量由定子中的冷却水带走。

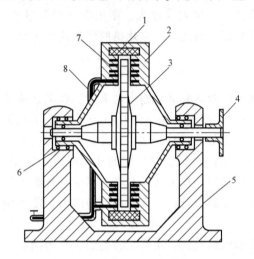
图 4-3　水冷式电涡流测功器结构示意图
1—励磁线圈　2—定子　3—转子　4—联轴器　5—底座
6—轴承　7—冷却水管　8—冷却室水沟

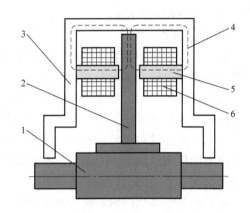
图 4-4　电涡流测功器工作原理图
1—转轴　2—转子　3—定子　4—磁力线
5—铁心　6—线圈

水冷式电涡流测功器与风冷式电涡流测功器相比，散热性能好，测试精度高，能测试较大功率，且运转噪声小，但制造成本比风冷式高。

2）风冷式电涡流测功器。风冷式电涡流测功器的定子由励磁线圈、铁心和极靴组成，转子为风扇状结构，位于定子的左右两侧。当励磁线圈通有直流电时，形成磁场，通过两相邻铁心、极靴、气隙和左、右转子形成一闭合磁路。由于各相邻极靴磁场方向不同，使左、右转子上的磁场被调制成波幅脉振的磁场，该磁场随转子的旋转而转动，并在左、右转子上产生感应电流，即涡电流。同样，该涡电流与磁场相互作用使转子承受制动力矩负荷。风冷式电涡流功率吸收装置采用冷却风扇给励磁线圈散热。

风冷式电涡流测功器结构简单，安装方便，但冷却效率低，不宜在高转速、大负荷下长时间工作。

（2）**电涡流测功器的外特性**　电涡流测功器的外特性是当励磁电流一定时，在低转速范围内测功器制动力矩随转速的增加而迅速增大，在某一转速附近的制动力矩处于饱和状态，即转速再增加，而制动力矩也不再增加。当转速不变时，制动力矩随励磁电流的增加而增大，当励磁电流增大到使磁通量饱和时制动力矩不再增加。由于电涡流测功器产生的电涡流与磁通量的变化率成正比，磁通量变化率取决于转子的转速，因此转子转速低时不可能产生大的制动力矩。目前底盘测功机的电涡流测功器均直接与滚筒相连，这样主要为避免滚筒的低转速、大转矩工况。这种状况一般发生在满负荷、低速检测时，若检测的低速大转矩工况超出包络线，就会出现加载不稳定、显示值出现波动的现象。

3. 测量装置

底盘测功机的测量装置由测力装置、测速装置和测距装置组成，测量装置应工作可靠，测量误差小，并能迅速地适应被测量值的变化。

(1) 测力装置 测力装置用于测量驱动轮作用在测功机滚筒上的转矩，经变换后得到作用在驱动轮上的驱动力。测力装置主要由电涡流测功器外壳、测力臂、测力传感器及信号处理电路等组成。电涡流测功器的外壳（定子）用轴承安装在轴承座上，外壳可在轴承座上绕转子轴转动。测力臂的一端装在外壳上，另一端装测力传感器。

如图4-5所示，电涡流测功器工作时，电涡流与其磁场的相互作用对转子形成制动力矩 M_b，其作用方向与转子旋转方向相反。同时，外壳（定子）也受到一个与 M_b 大小相等、方向相反的力矩 M，M 迫使外壳连同固定在其上的测力臂转动，使之对测力传感器产生压力或拉力。测力传感器在拉力或压力的作用下产生的应变，通过应变放大器，产生一定的输出电压，从而将压（拉）力信号转变成电信号。该电信号由仪表或显示装置显示，经过标定即可得到作用于滚筒上的驱动力矩或驱动力。

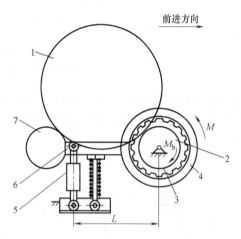

图4-5 测力装置工作原理

1—车轮 2—前滚筒 3—电涡流测功器转子 4—电涡流测功器定子（外壳） 5—测力传感器 6—测力臂 7—后滚筒

(2) 测速装置 汽车在底盘测功机上进行驱动轮输出功率试验、加速试验、等速试验、滑行试验和燃料经济性试验时，都必须对试验车速进行测试。测速装置一般由测速传感器、中间处理装置和指示装置构成。常用的测速传感器有光电式、磁电式、霍尔式和测速发电机等类型。通常安装在从动滚筒的一端，随从动滚筒一起转动，将滚筒的转速转变为电信号。该电信号经放大后送入处理装置，换算为车速（km/h），并在指示装置上显示。

光电式测速传感器主要由光源、光电盘、光电池组成。光电盘安装在从动滚筒一端并由滚筒带动旋转，光源和光电池固定在光电盘两侧，光源发出的光线可通过光电盘上的孔照在光电池上，由光电池将接收到的光能转化为电能。试验时，底盘测功机滚筒带动光电盘旋转，将持续发出的光线切割成光脉冲，从而在光电池的两极间产生电脉冲，如图4-6a所示。电脉冲信号送入读数器即可得到被测的转速。车速信号测量方法有两种，一种是测量单位时间内脉冲数（频率），另一种是测量脉宽（周期），两者均可得到滚筒的转速信号，根据滚筒半径及光电盘上小孔的个数，计算出车速大小。

磁电式测速传感器由旋转齿轮、永久磁铁和感应线圈组成，如图4-6b所示。旋转齿轮固装在滚筒轴上，当汽车车轮驱动滚筒转动时，带动齿轮以一定的转速旋转，当磁电传感器对准齿顶时，磁电传感器感应电动势增强，当磁电传感器对准齿槽时，磁电传感器感应电动势则减弱，由于磁阻的变化，感应线圈中的磁通量也发生变化，使磁电传感器输出交变的感应电动势，即信号电压。将信号电压放大及整形后，变为脉冲信号送入CPU处理，以获取车速信号。

图4-7所示为霍尔式测速传感器安装位置图。车轮在滚筒上滚动时，带动转盘旋转，当

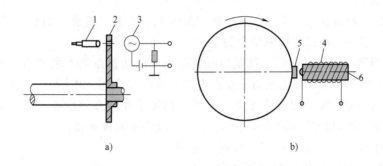

图 4-6 测速装置

1—光源 2—光电盘 3—光电池 4—感应线圈 5—齿轮 6—永久磁铁

霍尔式测速传感器对准永久磁铁时，磁场强度增强，产生霍尔效应，输出电压可达 10mV，当霍尔式测速传感器远离磁场时，输出电压降至 0V，这样便可测得脉冲信号，将其送入 CPU 处理后即能得到车速大小。

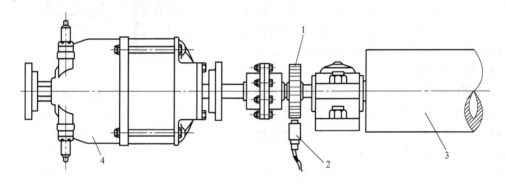

图 4-7 霍尔式测速传感器安装位置图

1—转盘 2—霍尔式测速传感器 3—滚筒 4—测功器

（3）测距装置　在底盘测功机上测量加速距离、滑行距离、油耗时，除测量车速外，还需要测距装置来获取汽车的行驶距离。测距装置采用与滚筒相连的光电式或磁电式测速传感器测取距离，结构原理与测速装置相同。加速距离由计算机测量从 v_1 加速至 v_2 的脉冲数，经换算后得到加速距离。

4. 控制与显示装置

大多数汽车底盘测功机采用全自动控制方式，能够自动连续测试汽车在任一运行车速下的功率，整个测试过程由计算机控制。此外，全自动控制方式可以自动模拟汽车的运行工况。

汽车底盘测功机的全自动控制系统的原理框图如图 4-8 所示。控制系统是底盘测功机的核心，其技术水平和性能直接影响整机性能。控制系统一般由控制柜、计算机及控制软件等组成。通过控制软件可实现数据采集与处理、结果输出、电涡流或电力测功器的载荷控制和其他附件的控制等。

5. 其他附属装置

汽车底盘测功机还配置有举升、锁定、引导、安全、冷却风机等附属装置。举升和滚筒

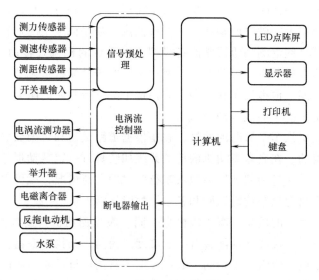

图 4-8 控制系统原理框图

锁定装置用于被测汽车驶上和驶出滚筒；引导装置用于引导驾驶人按提示进行操作；安全装置包括左右挡轮、纵向约束装置等，用于保障检测作业安全；冷却风机用于防止汽车在试验过程中发动机和车轮过热。

（1）**举升装置** 举升装置用于被测车辆驶入、驶离试验台，在底盘测功机两个主、从滚筒之间装有举升装置，其由举升器和举升平板组成，如图 4-9 所示。举升装置有气动式、液压式和电动式三种类型，气动式应用广泛。

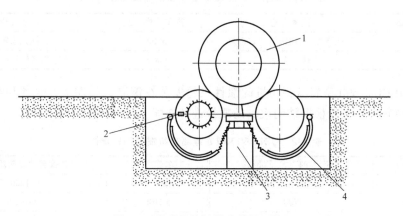

图 4-9 举升及滚筒锁止装置示意图

1—车轮 2—滚筒转速传感器 3—举升器 4—滚筒制动器

（2）**移动式风冷装置** 由于汽车在底盘测功机上测试时并不产生位移，因此缺少迎风冷却，从而导致发动机过热。此外，长时间试验会使轮胎的温度特别高，影响其使用寿命，所以在试验台上设有移动式风冷装置，以加强冷却。

（3）**惯性模拟装置** 汽车在底盘测功机滚筒上时车身是相对静止的，不具备汽车在道路上行驶时的平移动能。检测时汽车驱动轮带动底盘测功机的滚筒旋转，由于系统转动惯量小于汽车的平移质量，加速时不足以产生与汽车在道路上行驶时的加速阻力相同的力，减速时又不具有汽车在道路上行驶时的动能。为了模拟汽车在非稳定工况运行时的阻力，进行非稳定工况的性能测试，底盘测功机通常配备模拟汽车质量的机械式转动惯量装置，即飞轮。飞轮可以通过离合器直接与主动滚筒相连，通过飞轮的转动惯量可调节、补偿底盘测功机滚筒等旋转件惯量的动能，模拟汽车在道路上非稳定工况下行驶时的阻力，而没有飞轮的底盘测功机只能测定稳定工况下的汽车动力性。

飞轮转动惯量表示汽车平移时的质量，它是根据道路试验和台架试验两种情况下总动能相等的关系推导求得的。在底盘测功机的传动系统加装具有一定转动惯量的飞轮来模拟汽车行驶时的加速阻力，并通过加载装置模拟汽车行驶时的负荷情况，就可以在底盘测功机上完成加速能力和滑行距离等汽车性能试验和各系统故障诊断工作。

由于车型不同，汽车的质量和车轮规格也不同。底盘测功机若要检测不同车型的汽车，就必须按车型配备飞轮，做到合理配备有一定难度。为简化结构，底盘测功机通常配置若干个薄圆盘形的飞轮组成飞轮组，飞轮的个数可根据底盘测功机需要检测的汽车质量范围及检测精度所允许的最大模拟质量误差来确定。各个飞轮的转动惯量不同，并通过飞轮的组合形成若干个惯量级，以模拟给定的汽车质量范围内的各种车型汽车的质量，且模拟误差均不大于标准误差。各个飞轮均浮动固装在飞轮轴上，飞轮轴通过离合器与滚筒轴相连。飞轮个数越多，则能匹配的惯量级数就越多，量程就越大，适应的车型也越多，而模拟汽车行驶的平移动能也就越准确。

国产 RCD-1030 型底盘测功机的飞轮组配有两个飞轮，分别称为大飞轮和小飞轮，可按常用汽车的质量，将飞轮组合成四级，见表 4-1。

表 4-1　RCD-1030 型底盘测功机惯性飞轮选配

汽车质量/kg	选择飞轮	汽车质量/kg	选择飞轮
1000	不挂飞轮,利用滚筒等转动件	3000	挂大飞轮
2000	挂小飞轮	4000	挂大飞轮加小飞轮

日本弥荣 CDM-600 型底盘测功机的惯性飞轮安装在滚筒机架左边，也使用离合器将飞轮与滚筒连接起来。飞轮根据被测汽车的质量进行选配，见表 4-2。

表 4-2　CDM-600 型底盘测功机惯性飞轮选配

汽车质量/kg	需配置的飞轮质量/kg	汽车质量/kg	需配置的飞轮质量/kg
<800	不配置飞轮	1400~2100	1200
800~1400	700	>2100	700+1200

三、汽车驱动轮输出功率检测

1. 检测原理

试验时，汽车驱动轮置于滚筒装置上驱动滚筒旋转，并经滚筒带动测功器的转子旋转。当定子上的励磁线圈（以电涡流测功器为例）没有电流通过时，转子不受制动力矩作用；而励磁线圈通以直流电时，所产生磁场的磁力线通过转子、气隙、涡流环和定子构成闭合磁路。磁通量的大小与励磁线圈匝数和所通过的电流大小有关。由于通过转子齿顶的磁通量比通过齿槽的磁通量大，因此转子旋转时通过定子内圈涡流环上某点的磁通量呈周期性变化。当转子齿顶转到这一点时，通过的磁通量最大；而当转子齿槽转到该点时，所通过的磁通量最小。由电磁感应原理可知，通过涡流环的磁通量的周期性变化将在定子涡流环内产生周期性感应电流，以阻止磁通量的变化。由于定子涡流环是整体式的，因此产生的感应电流是封闭的，即涡电流。涡电流产生的磁场与励磁磁场相互作用，产生了与转子旋转方向相反的转矩，从而对滚筒起到了加载作用。测出该转矩和转子转速，便可据此换算得到由驱动轮通过滚筒传递给测功器转子的驱动功率。

作用力和反作用力是成对出现的。对转子施加制动力矩的同时，定子受到与制动力矩大小相同但方向相反的力矩作用，力图使可绕主轴摆动的定子顺着转子旋转方向摆动。在测功机定子上安装具有一定长度的测力杠杆，并在其端部下方安装压力传感器，压力传感器会受压力作用而产生电信号。显然，该压力与杠杆长度（压力传感器至测功器主轴的距离）之积便是定子（或转子）所受力矩的数值。在滚筒稳定旋转时，该力矩与驱动轮驱动力对滚筒的驱动力矩相等，据此可求出车轮作用在滚筒（其半径为已知常数）上的驱动力的大小。

在底盘测功机上进行测功试验，以及进行加速试验、车速表检验、滑行试验、燃料经济性试验时，都需要测得试验车速，因此必须配备测速装置和测距装置。由压力传感器和测速传感器传来的电信号输入到控制装置，经计算机处理后，在指示装置上显示出驱动轮输出功率 P_k（kW）、驱动轮驱动力 F（N）或滚筒驱动力矩 M_a（N·m）和车速 v（km/h）或滚筒转速 n（r/min）的数值。显然，

$$P_k = \frac{Fv}{3600} = \frac{M_a n}{9545}$$

同理，在装有反拖装置或在以电力测功器为加载装置的底盘测功机上，以反拖装置或电力测功器作为动力，反拖底盘测功机滚筒、汽车驱动轮和传动系统运转，底盘测功机滚筒作用于汽车驱动轮的力克服汽车驱动轮的滚动阻力和汽车传动系统的阻力，反拖运转所消耗的功率等于汽车驱动轮的滚动阻力功率和传动阻力功率之和。据此可换算得到汽车传动系统的传动效率。

2．环境条件和检测工况

（1）**环境条件**

1）环境温度：0~40℃。

2）环境湿度：小于85%。

3）大气压力：80~100kPa。

（2）**检测工况**　由于驱动轮输出功率的大小与汽车行驶工况有关，因此，为客观、准确地评价汽车动力性，在检测时必须正确选择能够反映汽车动力性的检测项目和检测点。

1）确定检测项目。测试前，首先应根据检测目的或应车主的要求，确定检测项目。不同的检测项目，其检测点的选择及测试方法会有所差别，常用的底盘测功机检测项目有：

① 发动机全负荷额定功率转速下驱动轮输出功率。

② 发动机全负荷额定转矩转速下驱动轮输出功率。

③ 发动机全负荷选定车速下驱动轮输出功率。

④ 发动机部分负荷选定车速下驱动轮输出功率。

2）确定检测点。检测点的多少与所确定的检测项目有关。在评定汽车技术等级和评价在用车动力性时，只需测定发动机全负荷额定功率转速下和额定转矩转速下驱动轮的输出功率。为了全面考核车辆的动力性、底盘的技术状况及调整质量，除了应在制造厂给出的发动机额定功率对应的转速点和额定转矩对应的转速点进行检测外，还应进行中间转速下的功率检测，这样才能全面反映出供油系统和点火系统的调整质量和底盘的技术状况。常用的检测点车速有发动机额定功率转速对应的车速、发动机最大转矩转速对应的车速和汽车常用车速（中速）。

3. 检测结果分析

利用底盘测功机检测驱动轮输出功率时，在用车的动力性评价指标通常为发动机在额定转矩和额定功率下的驱动轮输出功率。

（1）**驱动轮实际输出功率的测取**　在实际检测环境状态下，发动机处于额定转矩和额定功率的工况时，利用底盘测功机测得的驱动轮输出功率即为驱动轮的实际输出功率，该功率不包含轮胎滚动阻力和底盘测功机传动系统所消耗的功率。

（2）**驱动轮输出功率的校正**　汽车使用手册中标定的额定功率（最大功率）和额定转矩（最大转矩）分别指发动机在标准环境状态和规定的额定转速下输出的功率和转矩。标准环境状态定义为，大气压为100kPa，相对湿度为30%，环境温度为298K（25℃），干空气压为99kPa。其中，干空气压是基于大气压为100kPa、水蒸气分压为1kPa经计算而得到的。

因实际测试环境与标准环境差别较大，在不同的测试环境下测得的驱动轮输出功率可能明显不同。如在高原、热带和寒带地区，汽车发动机功率将显著下降。同一辆汽车在冬季和夏季其发动机性能差别也较明显，因此，将实测驱动轮输出功率与额定值进行比较将导致不正确的检测结论。为此，须将驱动轮输出功率实测值校正为标准环境状态下的功率，再与额定输出功率进行比较，以保证汽车驱动轮功率检测结果的可靠性。其校正公式为

$$P_0 = \alpha P$$

式中　P_0——校正功率，即标准环境状态下的功率（kW）；

　　　α——校正系数，通过计算或查表得到；

　　　P——驱动轮实际输出功率（kW）。

1）汽油车驱动轮输出功率校正系数 α_a 可用计算法或图表法求得，其计算公式为

$$\alpha_a = \left(\frac{99}{p_s}\right)^{1.2} \left(\frac{T}{298}\right)^{0.6}$$

式中　p_s——试验时的干空气压（kPa）；

　　　T——试验时的环境温度（K）。

$$p_s = p - \phi p_{sw}$$

式中　p——测试环境下的大气压（kPa）；

　　　ϕ——测试环境下的大气湿度（%）；

　　　p_{sw}——测试环境下的饱和蒸气压（kPa）。

求 α_a 的图表法为，根据测试时的环境温度 T 值及环境干空气压 p_s 值，由图4-10查得。例如，当测试环境干空气压 $p_s = 100$kPa、测试环境温度 $T = 293$K（20℃）时，从图4-10中

的 $T(\mathrm{K})$ 坐标找出 $T=293\mathrm{K}$ 的点，从 p_s（kPa）坐标找出 $p_\mathrm{s}=100\mathrm{kPa}$ 的点，过两点作连线并延长至与 α_a 坐标相交，交点 $\alpha_\mathrm{a}=0.978$ 即为该测试环境温度下的汽油车驱动轮输出功率校正系数。

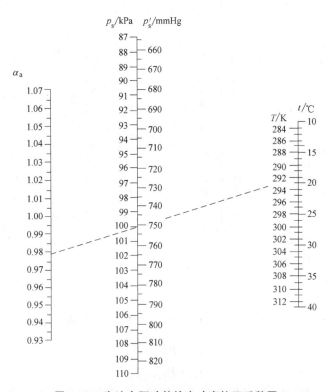

图 4-10　汽油车驱动轮输出功率校正系数图

2）柴油车驱动轮输出功率校正系数 α_d 也可用计算法或图表法求得，其计算公式为

$$\alpha_\mathrm{d} = (f_\mathrm{a})^{f_\mathrm{m}}$$

$$f_\mathrm{a} = \left(\frac{99}{p_\mathrm{s}}\right)^{1.2} \left(\frac{T}{298}\right)^{0.7}$$

$$f_\mathrm{m} = \frac{0.036 q_\mathrm{c}}{r - 0.04}$$

式中　f_a——大气因子；

f_m——发动机因子；

q_c——校正的比排量循环供油量 [mg/(L·循环)]；

r——增压比，压缩机出口压力与进口压力之比（自然吸气发动机 $r=1$）。

非增压及机械增压柴油机驱动轮输出功率的校正系数可从图 4-11 中查得。例如，测试环境的干空气压 $p_\mathrm{s}=100\mathrm{kPa}$，温度 $T=288\mathrm{K}$，柴油发动机因子 $f_\mathrm{m}=0.6$。从图 4-11 上通过 p_s 和 T 坐标的两点连线，并延长至 0.98 点，作该点与 f_m 坐标上的 0.6 点的连线，并延长至与 α_d 坐标点相交，可得该车在给定测试环境下驱动轮输出功率的校正系数为 0.98。

3）在用车动力性评价。

① 计算校正驱动轮输出功率与相应发动机输出总功率的比值：

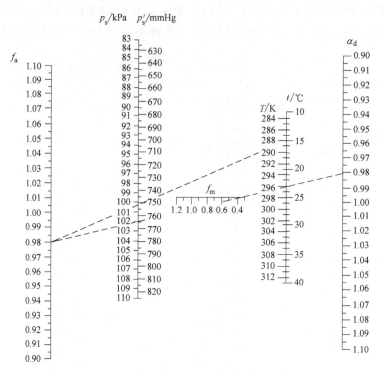

图 4-11　柴油车驱动轮输出功率校正系数图

$$\eta_{VM} = P_{VMO}/P_M$$
$$\eta_{VP} = P_{VPO}/P_e$$

式中　η_{VM}——汽车在发动机额定转矩工况下的校正驱动轮输出功率与额定转矩时发动机输出功率的比值（%）；

　　　η_{VP}——汽车在发动机额定功率工况下的校正驱动轮输出功率与额定输出功率的比值（%）；

　　　P_{VMO}——汽车在发动机额定转矩工况下的校正驱动轮输出功率（kW）；

　　　P_{VPO}——汽车在发动机额定功率工况下的校正驱动轮输出功率（kW）；

　　　P_M——发动机在额定转矩工况下的输出功率（kW）；

　　　P_e——发动机的额定输出功率（kW）。

② 在用车动力性评价标准。在用车动力性合格的条件为

$$\eta_{VM} \geqslant \eta_{Ma} \text{ 或 } \eta_{VP} \geqslant \eta_{Pa}$$

式中　η_{Ma}——汽车在发动机额定转矩工况下的校正驱动轮输出功率与额定转矩时发动机输出功率比值的允许值（%）；

　　　η_{Pa}——汽车在发动机额定功率工况下的校正驱动轮输出功率与发动机额定输出功率比值的允许值（%）。

轿车动力性按额定转矩工况进行检测和评价，其他车辆应在两种合格条件中任选一种工况进行检测和评价。这主要是由于乘用车发动机额定功率的转速很高，在底盘测功机上进行额定功率工况下的试验有危险，可能对汽车造成损坏。

若 η_{VM} 或 η_{VP} 比其相应的 η_{Ma} 或 η_{Pa} 允许值小，则表明汽车动力性不良，在用车发动机及其传动系统技术状况较差。为了诊断汽车动力性不良的原因，可在底盘测功机上采用反拖的方法来检测车辆传动系统消耗的功率，若测得的传动系统消耗的功率过大，表明传动系统技术状况不佳，否则，说明发动机动力性不足，技术状况不好。

(3) 影响测试精度的因素分析　为了确定底盘测功机的测试精度，必须分析在汽车检测过程中影响汽车驱动轮输出功率值的因素。

1) 机械阻力对驱动轮输出功率值的影响。汽车底盘测功机台架的机械损失主要是支承轴承、联轴器、升速器等处的摩擦损失。这些部件在车轮带动滚筒旋转过程中，由于摩擦力的存在将消耗一定的功率，为此可采用反拖法测出不同车速下底盘测功机的台架机械阻力所消耗的功率（不含升速器的机械损失）。

由于台架阻力消耗了汽车部分驱动功率，因此在检测汽车驱动轮输出功率时，必须将其计入机械阻力所消耗的功率之中。

另外，有些底盘测功机在滚筒与功率吸收装置之间装有升速器，要求升速器外壳必须是浮动的，并安装拉压传感器以检测传动转矩。由于升速器的搅油损失和机械损失不仅与加注机油量的多少有关，而且还随温度的变化而变化，使台架机械损失难以测取，增大了检测误差。

2) 滚动阻力对驱动轮输出功率的影响。车轮在硬质的滚筒上滚动时，轮胎的变形较大，此时由于轮胎内部摩擦而产生弹性迟滞损失，使轮胎变形时对它做的功不能全部回收，这部分能量消耗在轮胎各组成部分相互间的摩擦及橡胶、帘线等物质的分子间的摩擦中，最终转化为热能而消失在大气中。这种损失即为弹性物质的迟滞损失。

因为滚动阻力系数与模拟路面的滚筒种类、行驶车速及轮胎的构造、材料、气压等有关，所以对其影响因素的分析是非常必要的。

① 滚筒直径大，车轮与滚筒接触面积大，滑转率小，迟滞损失就小。

② 滚筒加工精度越高，滚动阻力系数就越小。

③ 滚筒的表面状况。目前应用较多的是光滚筒，其附着系数约为 0.5，试验用的某汽车在 50km/h 工况下检测最大驱动轮输出功率时，其滑移率为 8%，也就是说，汽车车轮滚动时，除滚动阻力外还有拖滑，导致被检车轮轮胎发热，增大了滚动阻力损失，引起功率测试值的误差。

④ 滚筒中心距是指底盘测功机前后两排滚筒支承轴线之间的距离，滚筒中心距增加，汽车车轮的安置角随之增大，前后滚筒对车轮的支承力也随之增大，这样将导致车辆在底盘测功机上的运行阻力增加。

⑤ 轮胎气压对滚动阻力系数的影响。轮胎气压对滚动阻力系数影响很大，气压低时在硬路面上轮胎变形大，滚动时迟滞损失增加，为了减小该项所引起的检测误差，要求在动力性检测前必须将轮胎气压充至规定的标准气压。

第二节　汽车传动系统检测与诊断

传动系统是汽车底盘的主要组成部分，一般由离合器、变速器、传动轴、差速器和半轴等构成，越野车、工程车和特殊用途车等还包括分动器，其作用是将发动机输出的动力传给驱动轮。

传动系统技术状况不仅直接关系到发动机的动力传递，而且对汽车的操纵方便性和燃料经济性也产生较大的影响。

传动系统技术状况的检测方法有两种，即经验法和仪器法。经验法是从有关规定和所测车型的有关技术数据出发，通过观察和实际操作，按一定步骤凭经验检测传动系统技术状况，如离合器踏板自由行程、变速器漏油、异响、跳档、乱档等。某些检测项目也可采用仪器检测。

一、传动系统损失功率和机械效率检测

汽车使用过程中，由于传动系统各机构中有关配合副的磨损逐渐增大，配合情况逐渐恶化，润滑情况逐渐变差，因而摩擦损失不断增大，动力由发动机传至驱动轮的过程中，传动系统损失功率增大，传动效率降低。因此，评价传动系统技术状况好坏可以用传动系统损失功率和机械效率两个参数。

1. 传动系统损失功率检测

传动系统的损失功率可在具有反拖装置的底盘测功机上进行反拖试验测得。

利用底盘测功机反拖可测得传动系统所消耗的功率。在装有反拖装置或在以电力测功器作为加载装置的底盘测功机上，测出汽车驱动轮输出功率后，可随即踩下离合器踏板，使汽车发动机输出轴与传动系统脱开，然后以反拖装置或电力测功器作为动力，反拖底盘测功机滚筒、汽车驱动轮和传动系统运转，底盘测功机滚筒作用于汽车驱动轮的力克服驱动轮的滚动阻力和汽车传动系统的阻力，反拖运转所消耗的功率等于汽车驱动轮的滚动阻力功率和传动阻力功率。因此，利用底盘测功机反拖可以测出汽车在底盘测功机滚筒上运转中滚动阻力功率和传动阻力功率之和，其测试原理与底盘测功相同。显然，若拆下驱动轮半轴进行反拖试验，则可测得滚动阻力功率。同时，可根据在相同转速下测得的汽车驱动轮输出功率，求出发动机的输出功率和汽车传动系统的机械效率。

2. 传动系统机械效率检测

传动系统的机械效率等于汽车驱动轮输出功率与发动机输出的有效功率之比。显然，发动机有效功率等于驱动轮输出功率和汽车传动系统损失功率之和，因此可按下式确定传动系统的机械效率：

$$\eta = \frac{P_K}{P_e} = \frac{P_K}{P_K + P_c}$$

式中　　P_K——驱动轮输出功率（kW）；

　　　　P_e——发动机有效功率（kW）；

　　　　P_c——传动系统损失功率（kW）。

一般情况下，汽车传动系统的机械效率正常值见表4-3。需说明的是，在底盘测功机上进行试验时，车轮在滚筒上的滚动损失功率可达所传递功率的15%~20%。所测驱动轮功率仅占发动机输出功率的60%~70%（一般小轿车为70%，装用双级主减速器或单级主减速器的货车和客车分别为60%和65%），当传动效率η过低时，说明消耗于离合器、变速器、分动器、主传动器、差速器的功率增加，汽车传动系统技术状况不良。

表 4-3 汽车传动系统机械效率

汽车类型		传动效率
小轿车		0.90~0.92
货车、公共汽车	单级主减速器	0.90
	双级主减速器	0.84
4×4 越野汽车		0.85
6×4 货车		0.80

二、汽车滑行距离检测

汽车滑行距离指汽车加速至某一预定车速后挂空档,利用汽车具有的动能来行驶的距离。滑行距离长短可反映汽车传动系统传动阻力和功率损失的大小。汽车传动系统传动效率越高,汽车的滑行距离越长,则表明传动系统总的技术状况越好。因此,滑行距离可间接评价传动系统的技术状况。

1. 滑行距离的检测原理

滑行距离既可以通过道路试验检测,也可以在室内利用具有储能飞轮的汽车底盘测功机进行台架试验。

汽车以某一车速在底盘测功机的滚筒上做滑行试验时,汽车驱动轮带动滚筒装置、飞轮机构以相应转速旋转。若此时滚筒装置和飞轮机构具有的动能与汽车道路试验时在相应车速下具有的动能相等,即满足要求,则挂空档滑行后,储存在滚筒装置、飞轮机构的动能释放出来驱动汽车驱动轮和传动系统旋转,滚筒继续转过的圆周长与汽车道路试验时的滑行距离相对应。

2. 滑行距离的检测标准

用底盘测功机检测滑行距离时应遵循的要求:汽车轮胎气压应符合规定值,传动系统润滑油油温不低于50℃;同时,应根据测试汽车的基准质量选定底盘测功机飞轮的相应当量惯量。当底盘测功机所配备的飞轮系统的惯量级数不能准确满足测试汽车的当量惯量需要时,可选配与测试汽车整备质量最接近的转动惯量级,但应对检测结果做必要的修正。将试验车辆驱动轮置于底盘测功机的滚筒上,起动汽车,按引导系统提示加速至高于规定车速(30km/h)后,置变速器于空档,利用汽车-试验台系统储存的动能,使其运转直到车轮停止转动;记录汽车从30km/h开始的滑行距离。测得的滑行距离应符合表4-4的规定。

表 4-4 车辆滑行距离要求

汽车整备质量 M/kg	双轴驱动车辆的滑行距离/m	单轴驱动车辆的滑行距离/m
$M<1000$	≥104	≥130
$1000 \leq M \leq 4000$	≥120	≥160
$4000<M \leq 5000$	≥144	≥180
$5000<M \leq 8000$	≥184	≥230
$8000<M \leq 11000$	≥200	≥250
$M>11000$	≥214	≥270

3. 影响滑行距离检测结果的因素

汽车的滑行距离与空档滑行后的检测车速、汽车总质量、驱动轴数、轮胎气压及其他检测条件有关。

1) 空档滑行后的检测车速越高,则汽车的动能越大,滑行距离越长。为正确反映汽车的滑行性能,应准确控制检测车速。

2) 汽车总质量越大,则汽车的惯性越大,滑行距离越长,为正确反映汽车的滑行性能,应严格控制汽车的检测质量,并按汽车整备质量大小进行分级评定。

3) 汽车驱动轴数越多,则汽车滑行的行驶阻力越大,滑行距离越短,因此检测评定时应注意被测车辆的驱动轴数量。

4) 轮胎气压越低,则汽车滑行的行驶阻力越大,滑行距离越短。为正确反映汽车的滑行性能,应严格控制汽车的轮胎气压,使其符合标准。

5) 其他检测条件。例如,若各车轮的轮毂轴承预紧度调整过紧或不正常,会导致滑行距离缩短。因此进行滑行试验前应检查各车轮的转动状况是否正常。采用具有储能飞轮的底盘测功机检测时,若其飞轮转动惯量与被测车辆不相适应,则滑行距离测试值就不能正确反映传动系统的技术状况。因此不同车型应采用不同飞轮或飞轮组合,以准确模拟汽车以相应车速进行道路试验时的行驶动能。

三、离合器滑转的检测

1. 离合器滑转现象

离合器滑转指离合器接合传力时,离合器从动盘摩擦片在压盘与飞轮之间滑动的现象。汽车在使用过程中,经常需要踩下和松开离合器踏板,使离合器分离与接合。因此,离合器的技术状况会随汽车行驶里程的增加而逐渐变坏,严重时会造成离合器滑转、分离不彻底、发响或抖动等异常现象,使离合器不能正常工作。

离合器滑转也称打滑,使发动机动力不能有效地传递至驱动轮,汽车动力性下降,摩擦片磨损严重,同时也影响汽车的正常行驶。离合器滑转会导致汽车起步困难;加速时,车速不能随发动机转速的提高而迅速上升;负载上坡传递大转矩时,滑转更为明显,严重时会烧坏摩擦片。

2. 离合器滑转的检测方法

采用离合器滑转测试仪可对离合器滑转进行检测,该仪器由闪光灯、高压电极、电容、电阻等构成,以汽车蓄电池为电源,以发动机的点火脉冲为闪光灯触发信号,如图4-12所示。

离合器滑转测试仪的基本工作原理是频闪原理,即如果在精确的确定时刻,相对转动零件的

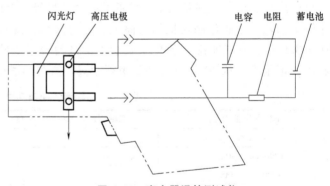

图 4-12 离合器滑转测试仪

转角,照射一束短暂的且频率与旋转零件转动频率相同的光脉冲,由于人们视力的生理惯性,似乎感觉零件不动。

利用这个原理检测离合器滑转时,可将驱动轮置于底盘测功机或车速表试验台滚筒上,或支起驱动桥,汽车变速器挂直接档,起动发动机并使之稳定运转。此时,若离合器不滑转,发动机转速与传动轴转速相同。为增大离合器滑转的可能性,在检测过程中,可用行车

制动器或驻车制动器增大传动系统负荷和离合器所传递的转矩。离合器滑转测试仪以汽车蓄电池为电源,由发动机火花塞或 1 缸点火高压线,通过电磁感应给测试仪的高压电极输入信号脉冲,以控制闪光灯的闪光时刻。因此,闪光灯的闪光频率与发动机转速成正比。若将闪光灯发出的光脉冲投射到传动轴某一点,当传动轴与发动机转速相同时,光脉冲每次都照射该点,位置不变,使人感到传动轴并不旋转。离合器滑转时,传动轴转速比发动机转速慢,光脉冲每次的照射点均位于上次照射点的前部,位置发生变化,使人感觉传动轴慢慢向相反方向转动,显然其转动的快慢即可反映离合器滑转的严重程度。

四、传动系统角间隙的检测

1. 传动系统角间隙产生的原因

在汽车使用过程中,传动系统因传递动力,且配合表面或相啮合零件间相对滑移而产生磨损,从而使间隙增大,如变速器、主传动装置、差速器中的齿轮啮合间隙,传动轴、半轴的花键连接间隙,十字轴颈与滚针轴承间的间隙及滚针轴承与万向节间的间隙等。这些间隙都可使相关零件间产生相对角位移或角间隙,其角间隙之和构成传动系统的总角间隙。

检测传动系统角间隙的仪器有指针式角间隙检测仪和数字式角间隙检测仪两种。

2. 指针式角间隙检测仪基本原理

指针式角间隙检测仪由指针、指针式扭力扳手和刻度盘构成,如图 4-13 所示。使用时,

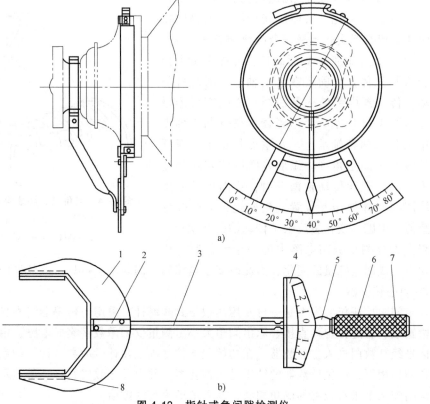

图 4-13 指针式角间隙检测仪
a) 安装 b) 指针式扭力扳手
1—卡嘴 2—指针座 3—指针 4—刻度盘 5—手柄 6—手柄套筒 7—定位销 8—可换钳口

指针固定在主传动器主动轴上,而刻度盘固定在主传动器壳体上,如图4-13a所示。指针式扭力扳手钳口可卡在传动轴万向节上,扭力扳手上带有刻度盘和指针,以便指示扭力扳手所施加的力矩。测量角间隙时,指针式扭力扳手应从一个极限位置转至另一个极限位置,施加力矩不应小于 30N·m,角间隙的数值即为指针在刻度盘上的指示值。

传动系统角间隙的检测可分段进行。

(1) **驱动桥角间隙** 驱动桥角间隙包括主减速器、差速器和半轴花键处的角间隙。测试时,车轮处于制动状态,变速器挂空档,指针式扭力扳手卡在主减速器主动轴的万向节上,使其从一个极限位置转至另一个极限位置,从刻度盘上记取角间隙值。

(2) **万向传动装置的角间隙** 将指针式扭力扳手卡在变速器后端万向节主动叉处,左、右转到极限位置可测出万向传动装置和驱动桥角间隙的和,再减去驱动桥角间隙即可得到万向传动装置角间隙。

(3) **离合器和变速器各档位的角间隙** 放松制动,离合器处于接合状态,指针式扭力扳手仍作用于变速器后端万向节主动叉上,即可得到不同档位下从离合器至变速器输出轴的角间隙。

(4) **传动系统总的角间隙** 以上三段角间隙之和即为传动系统总的角间隙。

3. 数字式角间隙检测仪基本原理

数字式角间隙检测仪由用导线相连的倾角传感器和测量仪构成。

倾角传感器的作用是将传感器感受到的倾角变化转变为线圈电感量的变化,从而改变检测仪电路的振荡频率。因此,传感器实际上是一个倾角-频率转换器。传感器外壳是一个上部带有V形缺口,并配有带卡扣尼龙带的长方形壳体,可固定在传动轴上,因此可随传动轴摆动。传感器内部结构是一个中心插有弧形磁棒的线圈,如图4-14所示。弧形磁棒由摆杆和心轴支承在外壳中夹板的两盘轴承上。在重力作用下,摆杆始终偏离垂线某一固定角度。弧形线圈则固定在外壳中的夹板上,当外壳随传动轴摆动时,线圈也随之摆动,因而线圈与磁棒的相互位置发生变化,从而改变了线圈电感值,电感的变化量反映了传动轴的摆动量。

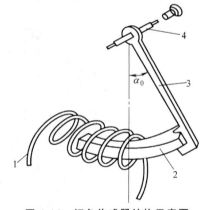

图4-14 倾角传感器结构示意图
1—弧形线圈 2—弧形磁棒
3—摆杆 4—心轴

当线圈作为检测仪振荡电路中的一个元件时,传动轴的摆动引起线圈电感量的变化,因此改变了电路的振荡频率。可见,该仪器的核心部分是一个倾角-频率转换器。

数字式角间隙检测仪实际上是一台专用的数字式频率计,采用与传感器特性相应的计数门并可初始置数,通过标定可直接显示出倾角大小。测量仪采用数字集成电路,由传感器输出的振荡信号经计数门进入主计数器,在初始置数的基础上累计脉冲数。计数结束后,在锁存器接收脉冲作用下,将主计数器的结果送入寄存器,并由荧光数码管将结果显示出来。使用时,将角间隙两个极端位置的倾角相减,其差值即为角间隙值。

利用数字式角间隙检测仪检测传动系统角间隙时,也必须逐段检测。

(1) **万向传动装置角间隙检测** 驻车制动器处于制动状态,传动轴转至驱动桥角间隙中间位置（驱动桥角间隙一般远大于其他部位的角间隙），将传感器固定于传动轴，左、右旋转传动轴至极端位置，检测仪便显示出在该两个位置时传感器的倾斜角度，两个角度之差即为万向传动装置的角间隙。

（2）**离合器和变速器各档位的角间隙** 接合离合器，变速器挂入预选档位，放松驻车制动器，传动轴位于驱动桥角间隙中间位置，左、右转动传动轴至极限位置，检测仪显示出的该两位置时传感器倾斜角之差减去已测得的万向传动装置角间隙，即为从离合器至变速器输出轴的角间隙。

（3）**驱动桥角间隙** 放松驻车制动，变速器挂入空档，行车制动处于制动状态时，左、右旋转传动轴至极限位置，检测仪上所显示两角度之差即为驱动桥角间隙与传动轴至驱动桥间万向节角间隙之和。

4. 检测结果分析

（1）**角间隙产生的原因** 传动系统角间隙实际上是传动系统各传动副间隙的总体反映，主要包括变速器、主减速器、差速器中的齿轮啮合间隙，变速器输入轴、传动轴、半轴的花键连接间隙，万向节中十字轴颈与滚针轴承的间隙，以及滚针轴承与万向节的间隙。在动力传递过程中，各传动副由于相对滑移而产生磨损，因而这些间隙逐渐增大。因此，传动系统角间隙过大，可能由下列一个或多个原因引起：

1）离合器从动盘与变速器第一轴配合松旷。
2）变速器中各对传动齿轮的啮合间隙过大，或滑动齿轮与花键轴配合松旷。
3）万向传动装置的万向节松旷或伸缩节花键配合松旷。
4）驱动桥内各对齿轮啮合间隙过大、轴承松旷或半轴齿轮与半轴花键配合松旷。

通过对传动系统各分段游动角度进行检测可以找到游动角度过大的具体原因。

（2）**角间隙检测标准** 传动系统角间隙过大时，汽车传动系统的工作条件将会恶化，配合副零件磨损剧烈，传动损失功率增大，从而使传动系统的传动效率降低，传动噪声增大。因此，应控制传动系统的角间隙，使其在规定的范围内。

研究表明，传动系统各总成和机件的磨损与其间隙存在关系，总角间隙随汽车行驶里程增加近似呈线性增长，所以，总角间隙可作为诊断参数评价传动系统的技术状况。由于角间隙可分段检测，因此角间隙还可用于对传动系统有关总成或机件的技术状况进行检测。通常，中型货车传动系统角间隙及各分段的角间隙诊断参考数据见表4-5。

表4-5 角间隙诊断参考数据

传动轴部位	角间隙/(°)	传动轴部位	角间隙/(°)
离合器与变速器	5~15	驱动桥	55~65
万向传动装置	5~6	传动系统	65~86

第三节 汽车变速器检测与诊断

在汽车行驶过程中，变速器各种运动机件常处于高转速、大负荷条件下工作。当行驶路况复杂时，档位变换频繁，在换档过程中，由于变速器内部齿轮之间、齿轮与轴之间的相对运动而发生冲击，使各机件产生磨损，从而导致变速器产生故障。这不仅使驾驶人操作困难，难以正常行驶，还可能直接造成机件的损坏，所以发现故障并及时排除十分必要。

一、手动变速器主要零部件的检查

1. 变速器齿轮的检查

变速器齿轮在高速、高负荷条件下工作，除正常磨损外，还会由于换档冲击、啮合不良、润滑不良等因素加速齿轮磨损和损伤。其损坏形式通常有齿面磨损、腐蚀斑点、疲劳剥落及齿的断裂、破碎等。

齿面有轻微的斑点、剥落或边缘破损时，可修磨后继续使用。若有明显的剥落斑点、剥落面积超过齿面的 1/5、出现断裂或阶梯磨损、齿长方向的磨损超过 20%、齿厚磨损超过 0.30mm 且很不均匀、啮合间隙超过标准（一般为 0.15~0.40mm）等，则应更换新齿轮。

在安装传动齿轮前，应认真清洗。向轴上压装齿轮时，要加热至约 100℃ 后安装。

2. 变速器轴的检查

（1）**第二轴检查** 首先检查输出轴和内座圈是否有磨损或损坏，用游标卡尺测量输出轴法兰的厚度，用外径千分尺测量轴的外径，用百分表测量轴的径向圆跳动量（一般不超过 0.07mm，若超差应进行冷压校正）。

（2）**花键轴检查** 检查花键与齿轮槽间在旋转方向的间隙，若超过极限，则应予更换。

（3）**各档齿轮的径向间隙检查** 将各档齿轮按装配要求装在轴或座圈上，用百分表测量齿轮与轴的配合间隙，若超过极限，应进行修理或更换。

3. 同步器的检查

1）检查同步器是否磨损或损坏，转动同步器锁环并向内推，检查其功能。

2）测量同步环端面与接合齿轮端面的间隙，若超过极限应更换。

3）将同步环贴在平滑表面上进行扭曲检查，若翘曲或扭曲严重则应更换。

> 应注意的是，同步器齿环不能互换，检查后继续使用的齿环还应安装在原位。

4. 轴承的检查

1）检查轴承是否磨损或损坏。若滚子和内外座圈滚道上有剥落、伤痕、破裂、严重斑点或烧蚀变色，应更换新轴承。

2）若轴承架出现裂纹、铆钉松动或滚子脱出，应更换新件。

3）检查轴承的径向和轴向间隙。用百分表测量轴承的径向间隙，应不超过 0.30mm，轴向间隙应不超过 0.50mm，若超差应更换新轴承。

4）安装轴承时，要注意滚针轴承的朝向，安装在同一轴上的几个圆锥滚子轴承应成套更换，并使用同厂产品。为便于安装内圈，应将其加热至约 100℃ 后再进行，且尺寸相同的内外圈不可互换。

5. 高速垫片的检查

首先用千分尺测量调整垫片的厚度是否满足规定，安装前，检查是否有毛刺和损坏，若有问题应进行更换。

6. 变速器壳、盖的检查

壳体是变速器总成的基础件，各档齿轮、轴及轴承都由变速器壳保证处于规定位置。主要检查内容有壳体及盖有无裂纹、轴承座孔的磨损及壳体与盖接合面的翘曲情况。

7. 操纵机构的检查

操纵机构的主要损坏形式是磨损和弯曲变形。

变速杆损坏的主要原因是磨损。检查变速杆下端球节的磨损量及拨叉槽的配合间隙，若超过标准要求应进行修复或更换。

拨叉损坏的主要原因是磨损和弯曲或扭曲。当拨叉下端工作面磨损超过0.50mm，或与同步套的配合间隙超过极限值时，应进行修复或更换。拨叉的端面应与叉轴的轴线垂直，若弯曲或扭曲应进行校正。

拨叉轴损坏的主要原因是弯曲、磨损、定位凹槽和互锁凹槽磨损。当叉轴弯曲超过0.1mm、磨损超过0.15mm，或配合间隙超过0.25mm时，应进行修复或更换新件。

定位球、互锁销磨损严重应更换，定位弹簧变软或折断应更换新弹簧。

二、手动变速器典型故障诊断

1. 变速器异响

（1）空档发响

1）故障现象。发动机怠速运转，变速器处于空档位置时有异响，踩下离合器踏板时响声消失。

2）故障原因。

① 曲轴与变速器第一轴不同心，或变速器壳变形。

② 第二轴前轴承磨损、污垢、"起毛"。

③ 变速器常啮合齿轮磨损，齿侧间隙过大，或部分齿轮轮齿破裂。

④ 常啮合齿轮未成对更换，啮合不良。

⑤ 轴承松旷、损坏、齿轮轴向间隙大。

⑥ 拨叉与接合套间隙过大。

（2）挂档后出现异响

1）故障现象。

① 变速器挂入档位后出现异响。

② 汽车以40km/h以上车速行驶时发响，且车速越高，声响越大，而当滑行或低速行驶时响声减小或消失。

2）故障原因。

① 轴弯曲变形，轴的花键与滑动齿轮毂配合松旷。

② 齿轮啮合不当，或轴承松旷。

③ 操纵机构各连接处松动，变速叉变形。

④ 主、从动锥齿轮配合间隙过大。

（3）变速器的异响诊断

① 发动机怠速运转，变速器空档有异响，踩下离合器踏板后异响消失，多为常啮合齿轮啮合不良。

② 变速器各档均有异响，多为基础件、轴、齿轮、花键磨损几何误差超限。

③ 挂入某档，异响严重，则说明该档齿轮磨损严重。

④ 起动后尚未挂档就出现异响，且在汽车运行中车速变化时声响严重，说明输出轴前后轴承响。

2. 变速器漏油

（1）**故障现象** 变速器内的齿轮油从轴承盖或接合部位渗漏。

（2）**故障原因**

① 变速器各部位密封衬垫密封不良、油封损坏，或螺栓松动。

② 变速器壳有裂纹。

③ 齿轮油过多。

④ 变速器放油螺栓或通气孔堵塞。

（3）**故障诊断** 根据漏油迹象来诊断，具体诊断步骤是：①如果油面太高或油质不好，放掉多余的油或更换新油；②若是密封垫等损坏，应更换；③若是轴承固定螺母松动，按规定力矩拧紧；④如果变速器壳有裂纹，应检修壳体。

3. 变速器换档困难

（1）**故障现象** 变速器挂不上档位，勉强挂上档位时产生齿轮撞击声，挂入档位后不易脱出。

（2）**故障原因**

① 远距离操纵机构工作不良。

② 拨叉弯曲、固定螺钉松脱、拨叉下端磨损严重，变速杆头部、导块凹槽磨损严重。

③ 拨叉轴弯曲变形。

④ 变速器自锁装置失效。

⑤ 具有同步器的变速器，同步套同步键不良，弹簧弹力不足。

⑥ 严寒地区，使用齿轮油牌号不正确，使其因温度低而凝固。

（3）**故障诊断与排除** 出现变速器换档困难故障时，可按图4-15所示流程进行诊断，确定故障具体部位和原因，然后根据不同故障原因，有针对性地予以排除，见表4-6。

三、自动变速器的检验

1. 静态基础检验

对自动变速器进行故障诊断时，首先应进行基础检验与调整，这一方面可解决因维护不当引起的故障，另一方面可判断故障状况，为进一步诊断故障提供有用信息。基础检验应在发动机工作正常、底盘（尤其是制动）性能良好的条件下进行。基础检验由一系列项目组成，其检验重点是自诊断和外观检查。

（1）**自诊断检查** 自动变速器发生故障时，ECU会储存故障码。用户可以读取故障码获取故障信息，确定故障部位和原因，车载自诊断已成为故障诊断和维修的有力工具。

有一种故障是偶发的间歇性故障，其特点是汽车性能时好时坏，一旦引发故障的环境条件不存在，故障也就消失了，这样的故障一般不用维修；另一种故障是永久性故障，其特点是只有更换某些元器件才能消除故障。

也就是说当系统发生故障时，不一定都产生故障码，也不能完全依赖故障码来准确地判定故障部位和原因，应该客观对待故障码，利用故障码对故障进行深入分析。

第四章　汽车底盘技术状况检测与诊断

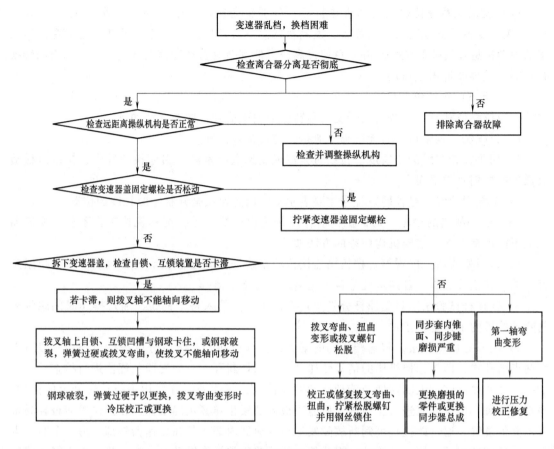

图 4-15　换档困难故障诊断与排除流程

表 4-6　换档困难的故障排除方法

故障原因	故障排除方法
离合器分离不彻底导致挂档困难	检查调整离合器
变速器远距离操纵机构调整不当,挂不上档位	检查调整远距离操纵机构
变速器盖紧固螺栓松动	拧紧螺栓
自锁装置卡住,如拨叉与钢球锈蚀、钢球破裂、弹簧过硬,使拨叉轴不能轴向移动,造成挂档困难	拆下变速器盖,检查拨叉轴的移动情况,根据检查结果进行修复或更换新件
拨叉轴弯曲变形,在变速器盖孔内移动困难,难以挂档	校正或更换拨叉轴
拨叉弯曲变形或松脱,或拨叉下端面严重磨损,使齿轮不能正确到位或脱开啮合,导致挂档或摘档困难	校正拨叉、堆焊下端面并修复,不能修复时应更换
变速杆下端部球头磨损,拨叉上端导块凹槽磨损引起换档困难	修复或更换
同步器磨损严重,失去锁止功能,导致换档困难	更换同步器
冬季使用齿轮油规格不正确,难以换档	更换规定牌号的齿轮油

(2) **发动机怠速检验** 发动机热机后,分别将变速杆置于 P 位(停车)或 N 位(空档),关闭空调及其他所有用电设备,发动机的怠速转速应符合规定。通常,自动变速器汽车的发动机怠速转速为 750r/min。怠速过高或过低都会对自动变速器的起步、变速点的转换有影响(主要指冲击或振动)。

(3) **节气门拉线位置检验** 在自动变速器中,节气门拉线连接节气门阀和节气门,通过节气门拉线位移量,将节气门开度信号转换为油压信号,检查方法如下:

1) 目视法。观察拉线有无破损、弯折,连接是否良好。

2) 用手检查拉线的松紧度。拉线过紧造成变速点异常高,引起换档冲击;拉线过松造成低速换高档时功率损失。

3) 节气门拉线记号检验。记号主要表示节气门怠速或全开状态时拉线的位置。

(4) **选档机构的检验** 选档机构的作用是传递选档命令,选档机构工作不良,变速器也就不能正常工作,选档机构检查的方法如下:

1) 目视检查法。即观察选档机构连接传动系统杆件等是否变形或有运动干涉,拉索是否弯曲、破损及折叠,各连接处是否固定良好、有无脱落等。

2) 变速杆试验法。将变速杆分别按正常操作方法挂入每个档位,通过操作时的感觉来判断选档机构工作是否正常。

3) 断开分段检查法。将选档机构的某些连接部位断开,然后分段进行检查。一般可采用两点断开式,即将选档机构的信号传递系统从两处断开,分为三段,逐段进行检查。一个断开点在变速器转轴上的摇柄与传动拉索的连接处,将此处断开后用手扳动转轴上的摇柄,检查是否每个档位都能进入,且进入后能否被内部锁止弹簧正确锁住,在该位置能否轻易被扳入其他位置。通过此检查可判断故障发生在变速器内部还是在变速器外部。另一个断开点在变速杆杠杆末端与拉索连接处,将此处断开后按正常操作扳动变速杆,检查是否能正确完成选档工作。

(5) **档位开关的检验**

1) 空档起动开关的检查。变速杆只能处于 N 位或 P 位时才能起动。倒车灯仅在 R 位(倒档)时才接通,若发现变速杆在其他位置时也能起动,则应进行调整。

调整方法:拧松螺栓,变速杆置于 N 位,将基准线对准凹槽,并保持其位置不动,拧紧螺栓至规定力矩。

2) 超速档开关的检查。检查的目的是确认自动变速器超速档是否正常。检查时,变速器油温应正常(70~80℃),发动机熄火,打开点火开关,按超速档(O/D)控制开关,变速器内电磁阀应有动作的"咔哒"声,这说明超速档电控系统正常。

3) 强制降档开关的检查。检查强制降档开关的安装是否牢固,导线的连接是否良好。然后在加速踏板放松和踩到底两种情况下测量开关的通断。正常情况下,开关的电阻值有 3~10Ω 和 30Ω 两种,而开关接通和断开时的电压有明显的改变。

(6) **自动变速器油位和油质的检查**

1) 油位检查。用油位尺进行油位检查时,将车停在水平路面上,拉紧驻车制动器。起动发动机,油温正常后(50~90℃)怠速运转。踩下制动踏板,分别将变速杆置于各档位片刻,然后置于 P 位或 N 位。拔出油位尺检查,油位应在规定范围内。若油位过低,向加油管中补充变速器油,直到液面高度符合标准。

有些自动变速器没有油位尺，检查油位时将汽车举起，起动车辆使油温达到35~45℃，然后保持怠速运行。拆下自动变速器油底护板，拆下放油螺栓，如果没有油液流出，应进行添加，直到放油孔有油液流出为止。

自动变速器油的状态和工作温度是变速器工作状态的集中反映，应经常观察变速器油的颜色和气味，判断变速器油的品质及能否继续使用。油温不正常的主要原因有液力变矩器故障，离合器、制动器滑转或分离不彻底，单向离合器滑转及油冷却器堵塞等。油温过高将使油液黏度下降、性能变差、产生油膏沉淀物，堵塞油道、阻滞控制滑阀、降低润滑冷却效果、破坏密封件，最终导致故障发生。

2）油质检查。正常油质应是樱红透明的，若发黑或有焦味，则自动变速器内的摩擦片衬垫可能烧毁。

2. 动态道路检验

区分发动机与自动变速器的故障：自动变速器的动力是发动机输入的，发动机的动力输出不足，加速不良等，直接影响自动变速器，应严格区分这两种故障。

区分底盘与变速器的故障：底盘的滑行性能差，制动分离不彻底，传动机构有故障，轮胎变形均会影响自动变速器的动力输出。

（1）**起步工况检验** 踩住制动踏板，将变速杆置于前进档中的任一档，2~3s后松开制动踏板与驻车制动器，汽车应能慢慢行驶；再踩加速踏板，汽车应随之加速，不应有阻滞和延迟的感觉。

（2）**加速驱动传动性能检验** 汽车正常起步后，踩下加速踏板，观察车速是否随发动机转速升高而增大。同时，观察高速时性能是否良好，急加速时是否有驱动打滑现象。

（3）**匀速行驶传动性能检验** 选择交通和道路状况良好的路段，用巡航系统设定在某一车速，使汽车以稳定速度行驶。此时，检查汽车行驶状况、发动机转速表变化情况、乘坐及驾驶的感觉、变速器自动换档情况和工作声响等。

（4）**大负荷高速行驶传动性能检验** 在坡道行驶或汽车重载情况下，发动机进入大负荷工况。检测发动机转速、声响及车速状况，判断变速器的传动机构有无打滑现象，以及汽车在坡道上能否用2档稳定行驶。也可以在道路状况良好的情况下，以100km/h以上的车速行驶，通过发动机的转速、声响变化，以及车速情况来判断变速器的传动情况。

（5）**减速滑行性能检验** 将车速增大到80km/h以上，或使变速器进入超速档工作，然后放松加速踏板自由滑行。首先在N位滑行，检查行驶系统与传动系统是否正常，然后将变速杆置于正常前进档位"D"或"3"，使汽车高速行驶。再次放松加速踏板，观察自动换档动作是否平顺，发动机转速是否有明显的变化，滑行是否良好，且当再加速前进时是否存在冲击与打滑现象。

（6）**自动换档检验** 自动换档包括自动升档、自动降档及档位保持三种状态。

1）自动升档。自动升档是和发动机负荷、车速相对应的。检查方法是看发动机转速表和车速表，当节气门开度与车速同步上升到某个值时，发动机转速表指针会突然下降200~300r/min，而车速表指针反而上升，表明发生了自动升档过程。

2）降档检验。节气门开度在一半以下时，使汽车在D位自动换入3档以上的档位工作。然后迅速将加速踏板踩到底，通过发动机转速变化检查自动变速器是否发生了强制降档。

在强制降档时，发动机转速会突然上升至4000r/min左右，并随着加速升档而逐渐下降。若踩下加速踏板后没有出现强制降档，则说明强制降档功能失效；若强制降档时，发动机转速升高反常，达5000~6000r/min，并在升档时出现换档冲击，说明换档执行元件打滑，应拆修自动变速器。

（7）**发动机制动性能检验**　在汽车下坡时，将变速杆置于L位（低速档），观察汽车滑行情况。然后，在平路上将车速升高到60km/h左右，将变速杆置于2档，当车速为40km/h左右时再将变速杆置于L位，观察车速是否下降过多；或将变速杆拨到前进低档（S、L或2、1）位置，在汽车以2档或1档行驶时，突然松开加速踏板，检查是否有发动机制动作用。若松开加速踏板后车速即随之下降，则说明产生了发动机制动作用，否则说明控制系统或前进档离合器有故障。

（8）**液力变矩器锁止功能检验**　保持发动机冷却液和自动变速器油温正常，在平坦道路上使汽车加速到80km/h以上，自动变速器自动换入3档或4档后，迅速踩下加速踏板，观察发动机转速是否下降为怠速转速。若下降为怠速转速，即表明锁止功能正常。

3. 档位试验

档位试验就是检查自动变速器各个档位的工作情况是否良好，包括档位接合时滞试验、手动换档试验、前进档换档试验等。

（1）**档位接合时滞试验**　检验时，按正常驾驶时操纵变速杆的方法，移动变速杆到正确的档位，应感到有明显的到位锁定感。

时滞试验检测从选档发出执行动作命令后，到变速器内部执行机构动作这一过程所需的时间。时滞试验应在汽车的驻车制动和行车制动正常的情况下进行。试验时，将汽车停在平地上，在变速器油温正常后，拉好驻车制动器，变速杆在N位时起动发动机，踩住制动踏板，在变速杆推入R位（倒档）或D位的瞬间按下秒表开始计时，直到感觉有振动时按下秒表停止计时。然后将变速杆置于N位，放松制动踏板，反复进行几次，每次试验间隔时间为1min，取三次试验的平均值作为测量结果。自动变速器时滞试验结果应符合规定，如丰田U540E自动变速器N位到D位和N位到R位的标准时滞时间均少于1s。

（2）**手动换档试验**　手动换档试验时，断开自动变速器的自动换档功能，转变成手动换档状态，以区分是液压机械系统故障，还是电控系统故障。试验步骤如下：

1）脱开电控变速器所有换档电磁阀线束插头，使之失去控制功能。

2）起动发动机，将变速杆拨至不同位置，然后进行道路试验（也可做室内台架试验）。

3）观察发动机转速与车速的对应关系，以判断自动变速器所处的档位。不同档位时发动机转速与车速的对应参考值见表4-7。

4）变速杆置于不同位置时，若自动变速器所处档位与规定档位相同，则说明电控自动变速器的阀板及换档执行元件工作正常。否则，说明阀板或换档执行元件有故障。

5）试验结束后，接上所有换档电磁阀的线束插头。

6）清除ECU中的故障码，防止因脱开换档电磁线束插头而产生的故障码储存在ECU中，影响自诊断系统的工作。

若变速器有故障，但每一档的动作都正常，则说明故障出在电子控制系统；若某一档动作异常，则说明故障出在机械或液压系统中，应进一步进行试验。

表 4-7　不同档位时发动机转速与车速的对应参考值

档位	发动机转速/(r/min)	车速/(km/h)
1 档	2000	18~22
2 档	2000	34~38
3 档	2000	50~55
超速档	2000	70~75

（3）前进档换档试验　进行前进档换档试验的目的是检查变速器内自动换档功能是否正常。试验分空负荷和有负荷两种。

1）空负荷试验。将汽车举起，驱动轮离地（有防滑装置的要断开），挂上前进档，若是后驱动则松开驻车制动器，使发动机转速和车速提高，并观察发动机转速与车速间的变化关系。

2）有负荷试验。汽车在道路上行驶，观察发动机转速、负荷与车速间的关系。

4. 失速试验

失速试验指车速为零时测试发动机转速的试验，目的是检查发动机功率大小、液力变矩器性能好坏及自动变速器中有关换档执行元件的工作是否正常，诊断变速杆在 D 位或 R 位时离合器、制动器的磨损情况和机械故障部位，检查自动变速器和发动机整体性能。

（1）失速试验步骤

1）平地停放车辆，抵住四个车轮。

2）拉紧驻车制动器，同时将制动踏板踩到底。

3）将变速杆置于 D 位或 R 位。

4）起动发动机使变速器油温达到 50~80℃。

5）迅速将加速踏板踩到底，读取发动机最高转速值，该转速值即为失速转速。

（2）试验结果分析　失速转速的测试值应符合规定，丰田 U540E 自动变速器失速转速标准值见表 4-8。

1）失速转速过高的原因：

① 自动变速器油压过低。

② 离合器或制动器滑转。

③ 单向离合器损坏。

④ 变矩器损坏。

由于失速试验时车速为零，因此自动变速器并不升档。失速试验只能检验与 1 档或倒档相关的执行元件是否滑转。

2）失速转速过低的原因：

① 发动机动力不足。

② 变矩器导轮上的单向离合器滑转。

③ 变矩器损坏导致运动阻力增大。

在失速工况下，发动机和变速器均处于满负荷工况，所以严禁试验时间过长（不超过 5s），如果要重复试验应间隔数分钟。同时，试验时应听发动机及自动变速器的声音变化，试验时，在加速踏板踩下后，发动机和变速器会发出很大的轰鸣声，但不应有任何金属撞击声和尖锐声。

表 4-8　丰田 U540E 自动变速器失速转速标准值

发动机类型	失速转速/(r/min)	发动机类型	失速转速/(r/min)
5A-FE	2350±200	8A-FE	2250±200

四、液压试验

液压系统具有合适的压力是自动变速器可靠工作的重要保证。

液压试验通过测量液压系统各回路的工作压力，检查液压控制系统各管路及元件是否漏油及各元件的工作是否良好。

1. 液压试验方法

液压试验的基本方法是，首先关闭发动机，将变速杆置于 P 位，拆下需要测试液压的接头，再接上油压测试管接头，然后接上油压软管及油压表。起动发动机，使变速器处于液压被测状态，检查管接头及油管的连接是否可靠，有无漏油。当变速器的油温达到正常工作温度后，在各种工况下测试并记录液压标定值，通过比较测量值与标准值的差异，判断系统的工作状况。测试项目如下：

（1）**主油路压力**　主油路压力包括怠速或发动机转速为 1000r/min 时的空负荷液压、行驶档位发动机怠速与零车速时液压、主油路行驶档失速液压、主油路全负荷液压。自动变速器的类型不同，主油路压力也有区别，见表 4-9。

（2）**发动机负荷信号液压测试**　一些自动变速器上设有发动机负荷信号液压测试点，测试时，先改变节气门开度，观察压力是否相应变化，判断节流阀的调压作用是否正常，然后根据不同车型进行检测，读取数据。

（3）**车速信号液压测试**　汽车在道路行驶或在举升机上空负荷运转时，观察液压是否随车速的变化而变化，判断调速阀是否做相应的动作。然后以该车型液压正常时的相应状态操作汽车，读取液压值。

（4）**液力变矩器液压测试**　在 D 位时，使发动机驱动轮转动，在怠速状态、自动变速器从 1 档到最高档位的几种工作状态下，分别测取液压值，然后分别在 R、N、2、L 各档位进行测试。

表 4-9　几种自动变速器的主油路压力

变速器类型		档位或测试条件	怠速时主油路压力/kPa	全负荷时主油路压力/kPa
福特 4EAT		OD 位、D 位、L 位	434～455	876～1041
		R 位	600～931	1655～2000
通用 4T65-E		D 位 2、3、4 档	512～592	1153～1400
		D 位 1 档	1005～1289	1005～1289
		P 位、N 位、R 位	542～696	1540～1869
丰田	A140E	D 位	360～420	750～900
		R 位	620～715	1370～1600
	A341E	D 位	380～440	1260～1400
		R 位	640～715	1720～2080
	A540E	D 位	360～420	900～1050
		R 位	620～790	1600～1900

2. 液压试验结果分析

一般而言，液压过低说明油泵状况不佳或油路有泄漏，液压低会导致离合器和制动器滑转。液压过高一般是压力调节器故障引起的，液压过高会导致换档冲击。

如果 D 位和 R 位测得的液压均高，应检查主调压阀、主液压调节电磁阀和相关电路。如果 D 位和 R 位测得的液压均低，应检查油泵、主调压阀、主液压调节电磁阀。若只有变速杆处于 D 位（或 R 位）时测得的液压低，应重点检查相关执行元件油路是否泄漏，如活塞及油路上的油封是否损坏等。

五、自动变速器的故障诊断

1. 自动变速器故障诊断流程

自动变速器故障诊断流程如图 4-16 所示。

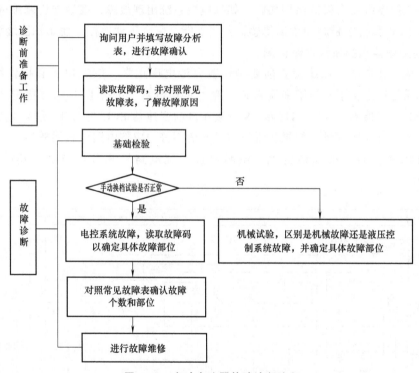

图 4-16 自动变速器故障诊断流程

自动变速器的维修一般包括故障诊断和故障维修两部分。故障诊断是利用各种故障诊断方法，对自动变速器的电子控制系统、液压控制系统、机械操纵系统等进行测试和分析，最后确定故障的具体部位和具体故障部件；故障维修是对已确定有故障的部件进行调整、修理和更换。

电控自动变速器故障的诊断可按下列步骤进行：

1）首先排除由于油位不当、油质不佳、联动机构及发动机本身等的"状态"不佳和漏油等引起的自动变速器故障，所以故障诊断的第一步往往是自动变速器的基本检查。

2）区分故障是由电子控制系统引起的，还是由机械操纵系统和液压控制系统引起的，可以通过电控自动变速器的手动换档试验来判定。

3）机械操纵系统和液压控制系统故障的区别要通过机械试验（即液压试验、失速试验、时滞试验、变矩器试验、道路试验等）来进行。

4）最后，对不同系统的故障采用不同的诊断方法，以确定故障的具体部位。

根据上述故障诊断步骤，可总结出电控自动变速器的具体故障诊断的程序框图。

2. 自动变速器故障自诊断

电控自动变速器的ECU能够连续地采集汽车在工作状态下的全部信息，ECU每隔一定时间收集一次信号。当传感器、压力开关、换档电磁阀及控制电路发生故障时，ECU通过汽车仪表板上的故障警告灯的闪烁输出故障码，以指示故障所发生的部位。

当ECU监测到上述元件有故障时，便会以故障码的形式储存在储存器中，因为有备用电源，点火开关关闭故障码也不会消失。所以，故障排除后，要按故障码消除程序将其从存储器清除掉。

另外，电控系统还有失效保护功能，如果电控系统出现故障，变速器仍能维持基本的工作条件，即ECU具备电磁阀和车速传感器备用功能，配合手动换档，使车辆能继续行驶。

3. 自动变速器电控系统电路检测

进行自动变速器电控系统检查前要确认蓄电池电压正常、ECU电源和搭铁线路正常。目前许多车系已经配备了专门用来检测ECU信号的检测盒。进行ECU信号检测之前，首先关闭点火开关，将检测盒V.A.G1598/18跨接在自动变速器ECU与ECU插接器之间，然后打开点火开关进行在线测量。如果测量值与标准值不符，应按电路图查明故障。

以大众01M型自动变速器为例，说明电控系统电路检测分析方法，其电控系统如图4-17所示。

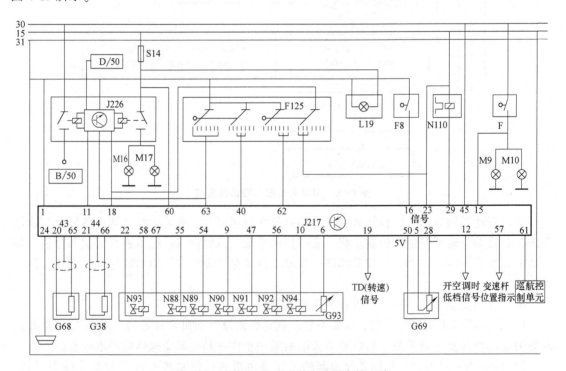

图4-17 大众01M型自动变速器电控系统

(1) ECU 电源电路检测

1) 检测方法。检测 23 号端子与 1 号端子间电压。正常值应为蓄电池电压。

2) 故障分析：如果电压过低，检查点火开关是否打开，供电线路是否短路、断路；如果电压过高，而搭铁电压正常，则应检查 1 号端子搭铁情况。

(2) 变速杆锁止电磁阀电路检测

1) 检测方法。检测 29 号端子与 1 号端子间电压。踩下制动踏板时，正常值应为 0.2V 时，放松时应为蓄电池电压。

2) 故障分析。如果测量值不符，应检查变速杆锁止电磁阀 N110 的供电线路、锁止电磁阀 N110、电磁阀 N110 与 ECU 的 29 号端子间的连接情况。

(3) 制动灯开关电路检测

1) 检测方法。检测 15 号端子与 1 号端子间的电压。踩下制动踏板时正常值应为蓄电池电压，放松时应为 0V。

2) 故障分析。如果测量值不符，检查制动灯开关电源、制动灯开关、制动灯 F 与 ECU 的 15 号端子之间的连接情况。

(4) 强制降档开关 F8 电路检测

1) 检测方法。检测 16 号端子与 1 号端子间电压。将加速踏板踩到底时，电压值应为 0V；加速踏板松开时，应为蓄电池电压。

2) 故障分析。如果测量值不符，应检查强制降档开关。踩下加速踏板，16 号端子与 1 号端子之间的电阻值应小于 1.5Ω，加速踏板放松时，电阻值应为 ∞。如果开关完好，应检查开关与自动变速器 ECU 间的导线连接是否有短路、断路情况。

(5) 节气门电位计（G69）电路检测

1) 检测方法。检测 5 号信号端子与 1 号端子间电压。随着加速踏板的踩下、放松，信号电压应在 0.15~4.6V 的范围内线性变化。

2) 故障分析。如果信号电压值恒为 5V，应检查搭铁是否断路；如果信号电压值恒为 0V，应检查信号线是否断路，是否对搭铁短路，电位计 G69 是否损坏。

(6) 多功能开关 F125 电路检测

1) 检测方法。多功能开关用于档位识别，其有 63 号、40 号、62 号、18 号四个端子为 ECU 提供档位识别信号。检测上述端子与 1 号端子间电压，在不同档位时，信号电压应符合表 4-10 的规定。

表 4-10　各档位对应的多功能开关信号电压　　　　　　　　　　（单位：V）

检测端子	变速杆位置						
	P	R	N	D	3	2	1
63	0	12	12	12	12	12	12
40	12	12	0	0	0	12	12
62	12	12	12	12	0	0	0
18	12	12	12	0	0	0	0

2) 故障分析。如果测量值不符，应检查多功能开关 7 号端子是否有蓄电池电压，3 号端子搭铁是否良好，ECU 的端子与多功能开关间的导线连接是否良好。如果无异常，则应

更换多功能开关。

(7) 车速传感器、变速器转速传感器电路检测

1) 检测方法。

① 将故障诊断仪连接到数据传送插头上,将点火开关置于 ON 位置,不起动发动机,用故障诊断仪读取故障情况。

② 用示波器检测 20 号端子与 65 号端子和 21 号端子与 66 号端子间的信号电压波形。其标准波形近似正弦波。

③ 用万用表检测传感器电阻值。

2) 故障分析。先读取故障码,根据故障码提示找出故障部位。若没有故障码,用示波器检测传感器波形,与标准波形对比,找出故障部位;若检测不到稳定的正弦波,则应做如下检查:

① 检查车速传感器 G68、变速器转速传感器 G38 的电阻值,正常值应为 0.8~0.9kΩ。

② 检查传感器与自动变速器 ECU 间的导线连接情况,若有破损,应予以更换。

(8) 油温传感器 G93 电路检测

1) 检测方法。

① 将故障诊断仪连接到数据传送插头上,将点火开关置于 ON 位置,不起动发动机,用故障诊断仪读取故障情况。

② 用万用表检测 6 号与 67 号端子间电阻值。20℃时阻值约为 247kΩ,60℃时阻值约为 48.8 kΩ,120℃时阻值约为 7.4kΩ。

2) 故障分析。

① 将点火开关置于 ON 位置,不起动发动机,晃动传感器与自动变速器 ECU 间线束,检查其连接状况,若连接不良,检修或更换线束。

② 将万用表测得的电阻值与标准值比较,若不同,则更换油温传感器。

(9) 电磁阀电路检测

1) 检测方法。

① 将故障诊断仪连接到数据传送插头上,将点火开关置于 ON 位置,不起动发动机,用故障诊断仪读取故障情况。

② 关闭点火开关,用万用表检测各电磁阀电阻。

离合器电磁阀 N89 控制制动器;电磁阀 N91 控制变矩器锁止;电磁阀 N92 和 N94 控制升、降档,保证换档平稳;电磁阀 N93 控制液压系统主油路。具体检查见表 4-11。

表 4-11 各电磁阀电阻值

序号	电磁阀	测量端子	电阻值/Ω
1	N88	55 与 67	55~65
2	N89	54 与 67	55~65
3	N90	9 与 67	55~65
4	N91	47 与 67	55~65
5	N92	56 与 67	55~65
6	N93	58 与 22	4.5~6.5
7	N94	10 与 67	55~65

2）故障分析。

① 根据读取的故障码查找故障并排除。

② 检查各电磁阀与自动变速器 ECU 间导线连接情况，有短路、断路的予以更换。

③ 将万用表测得的电阻值与标准值对比，不符合则更换电磁阀。

六、自动变速器电控系统元件故障诊断

电控系统线束及各插接件断路、短路、搭铁和接触不良，以及各电控元件损坏或失效等，都会使自动变速器不能正常工作，因此，要对各主要元件进行故障检查。

1. 车速传感器故障诊断

车速传感器损坏或有故障时，可能使自动变速器只能以1档行驶，不能升档，或有时能升档有时不能升档，严重时出现频繁跳档现象。

车速传感器损坏的形式及原因：由于受外力碰撞及挤压、自然老化等，造成感应线圈短路、断路或接触不良；维修时损伤、异物撞击等使传感器轮齿缺损；由于固定螺栓松动或轮齿摆动等，使传感器磁极与轮齿齿顶间的间隙发生变化。

检查时首先目测有无损伤变形等，然后用万用表测量传感器线圈电阻是否正常。其电阻值因车型不同有所不同，一般为几百欧至几千欧。

2. 换档电磁阀故障诊断

换档电磁阀有故障时，会引起不能升档或降档，使换档点不正确或缺档，或引起频繁换档的故障等。

换档电磁阀故障及其原因：受外力碰撞及挤压、自然老化等，造成感应线圈短路、断路或接触不良；自动变速器油中杂质太多或线圈老化，使电磁阀阀芯卡滞；由于阀球磨损、回位弹簧损坏等使电磁阀漏气。

检查时，要测量线圈两端的电阻值是否符合规定；在阀的进油口吹入压缩空气，比较在电磁阀两端加 12V 电压前后出油口气流的变化，以此检查阀芯是否卡滞、漏气，电磁阀不通电时应不漏气，电磁阀通电时应气流畅通。

3. 液压控制电磁阀故障诊断

液压控制电磁阀用于控制油路中的液压。在脉冲信号作用下，电磁阀反复开、关卸油孔，以控制油路压力。当其出现问题时，会引起油路压力过高或过低。压力过高易引起换档冲击，过低则易引起自动变速器滑转、频繁跳档等故障。液压控制电磁阀损坏的原因有电磁阀电路断路、短路或接触不良，电磁阀阀芯卡滞及密封不严等。

检查时，测量电磁阀线圈两端的电阻值是否符合规定。在电磁阀线圈的两端接上可调电源，逐渐升高电压，电磁阀阀芯应向外移动，减小电压时，阀芯应向内移动，否则表明电磁阀损坏。

4. 控制开关故障诊断

自动变速器的控制开关较多，有超速档开关、模式开关、档位开关、制动灯开关、强制降档开关等。

超速档开关故障会引起自动变速器无超速档。

模式开关故障则不能实现自动变速器经济模式和动力模式的转换。

档位开关的内部有多组触点，当其出现故障时能导致起动机不工作、倒车灯不亮，档位

指示不准等。有些自动变速器的档位开关性能不良，还可导致不能升档的故障。

制动灯开关故障会引起变速杆不能从 P 位跳出等故障。

强制降档开关故障会使自动变速器无强制降档功能。

导致开关故障的原因，一是开关安装位置不当，导致开关信号不正确；二是长期使用后，内部触点接触不良。

检查故障时，一般用万用表测量两端子的通、断情况。档位开关有多组触点，应分别测量。

5．油温传感器故障诊断

油温传感器的故障形式一般是断路或短路，以及传感器的电阻值、温度值与标准值不符。出现这些情况会影响自动变速器的换档品质、锁止离合器的工作，有些变速器甚至会出现无超速档故障。

诊断故障时，将油温传感器放入专用的容器内加热，测量不同温度下的电阻值，并与标准值对比。若发生异常，则需更换油温传感器。

七、自动变速器常见故障诊断与排除

自动变速器的常见故障有汽车不能行驶、自动变速器滑转、换档冲击、异响、不能升档、无超速档、无倒档等。

1．汽车不能行驶

（1）故障现象

1）无论变速杆置于倒档、前进档或前进低档，汽车都不能行驶。

2）冷车起动后汽车能行驶一小段路程，但热车状态下起动汽车不能行驶。

（2）故障原因

1）自动变速器油底壳渗漏，液压油太少，导致无法正常传递发动机动力。

2）变速杆和手动阀摇臂之间的连杆或拉索松脱，手动阀保持在空档或停车档位置（使相应的油路不能接通）。

3）油泵进油滤网堵塞。

4）主油路严重泄漏，油压低，相应档位的换档执行机构无法动作。

5）油泵损坏。

（3）故障诊断

1）检查自动变速器内有无液压油。

2）检查自动变速器变速杆与手动阀摇臂之间的连杆或拉索有无松脱。

3）拆下主油路测压孔上的螺塞，起动发动机，将变速杆拨至前进档或倒档位置，检查测压孔内有无液压油流出。

① 若无液压油流出，应打开油底壳，检查手动阀摇臂轴与摇臂间连接是否松脱，手动阀阀芯有无折断或脱钩。若手动阀工作正常，则说明油泵损坏，应更换油泵。

② 若有少量液压油流出，油压很低，应检查油泵进油滤网是否堵塞。若无堵塞，说明油泵损坏或主油路严重泄漏，应拆卸分解自动变速器进行检修。

③ 若有大量液压油喷出，说明主油路油压正常，故障出在自动变速器中的输入轴、行星排或输出轴中。

4）若冷车起动时主油路有一定的油压，但热车后油压明显下降，说明油泵磨损严重。故障诊断与排除流程如图 4-18 所示。

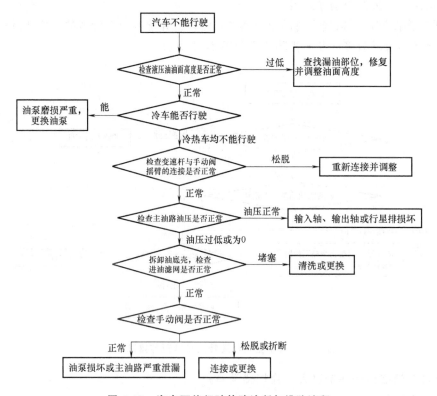

图 4-18　汽车不能行驶故障诊断与排除流程

2. 自动变速器滑转

（1）故障现象

1）起步时踩下加速踏板，发动机转速很快升高但车速升高很慢。

2）行驶中踩下加速踏板加速时，发动机转速升高但车速没有很快提高。

3）平路行驶基本正常，但上坡无力，且发动机转速很高。

（2）故障原因

1）液压油油面太低。油泵吸入空气或油液中渗入空气，使液压回路油压降低。

2）液压油油面太高，运转中被行星齿轮排搅动后产生大量气泡，气泡混入自动变速器油内，也会降低液压回路的油压，影响执行机构的正常工作。

3）离合器或制动器摩擦片、制动带磨损严重或烧焦。

4）油泵磨损导致主油路泄漏，造成主油路油压过低。

5）单向超越离合器滑转。单向超越离合器的作用与离合器、制动器相同，它是依靠单向锁止原理来发挥固定或连接作用，若其滑转，则动力传递也出现问题。

6）离合器或制动器活塞密封圈损坏，导致漏油。

（3）故障诊断　对于出现滑转现象的自动变速器，不要急于拆卸分解，应先做各种检查测试，找出造成滑转的真正原因。

1) 检查液压油的油面高度。

2) 检查液压油的品质。若液压油呈棕黑色或有烧焦味，说明离合器或制动器的摩擦片或制动带烧焦，应拆修自动变速器。

3) 进行道路试验，以确定自动变速器是否滑转，并检查出现滑转的档位和滑转程度。

自动变速器滑转故障诊断与排除流程如图 4-19 所示。

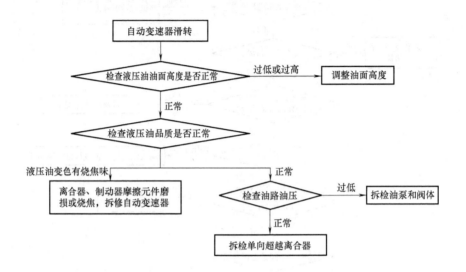

图 4-19　自动变速器滑转故障诊断与排除流程

3. 自动变速器换档冲击过大（换档感觉差）

（1）故障现象

1) 汽车起步时，由停车档或空档挂入倒档或前进档时振动较为严重。

2) 行驶中，在升档的瞬间有较明显的"闯"动感。

换档感觉指的是离合器和制动带的接合速度，通过调整管路油压来控制。ECU 通过控制油压电磁阀来控制管路油压。

此外蓄能器和单向节流阀也帮助"微调"换档感觉。

（2）故障原因

1) 发动机怠速过高，导致起步冲击。

2) 节气门位置传感器调整不当，使主油路压力过高。

3) 主油路调压阀故障，使主油路油压过高（弹簧过硬，回油口打开过迟）。

4) 蓄能器活塞卡滞，不能起减振作用。蓄能器是与主油路并联的缓冲装置，防止主油路油压过高导致换档冲击。

5) 单向节流阀漏装或错装。单向节流阀控制通往换档执行元件液压油的流量。

6) 换档执行元件滑转，动力传递不畅，有冲击。

7) 升档过迟。升档时发动机转速偏高，车速较高，传动系统各零件转速高，重新接合或制动时惯性冲击大。

8) 油压电磁阀不工作。

9) ECU 有故障，控制的换档时刻或油压调节等有错误。

(3) 故障诊断

1) 检查发动机怠速。装有自动变速器的汽车的发动机怠速转速一般为 750r/min 左右。若怠速过高,应按标准予以调整。

2) 检查节气门位置传感器的调整情况。若不符合标准,应重新予以调整。

3) 进行道路试验,若升档过迟,则说明故障由升档过迟所致。检查 ECU、换档阀是否卡滞及传感器的工作情况。如果在升档之前发动机转速异常升高,导致在升档的瞬间有较大的换档冲击,则说明离合器或制动器滑转(还要检查油压是否过低,不可盲目拆解)。

4) 检测主油路油压。若怠速时主油路油压过高,则说明主油路调压阀或调压电磁阀有故障,可能是调压弹簧的预紧力过大或阀芯卡滞所致。若怠速时主油路油压正常,但前进档有较大的冲击,可能是进油单向阀钢球损坏或漏装,应拆卸阀板予以修理。

5) 检测换档时的主油路油压。换档时油压会有瞬时的下降,如果油压没有下降,则说明减振器活塞卡滞。

6) 检查油压电磁阀的线路及油压电磁阀工作是否正常,ECU 是否在换档的瞬间向油压电磁阀发出控制信号。

换档冲击过大故障诊断与排除流程如图 4-20 所示。

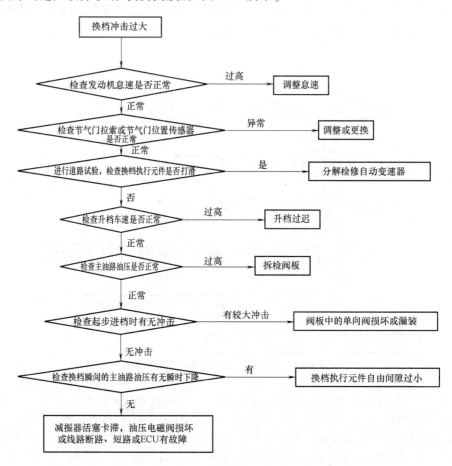

图 4-20 换档冲击过大故障诊断与排除流程

4．不能升档

（1）故障现象

在汽车行驶中，始终保持在 1 档，不能升入 2 档或高速档，或可以升入 2 档，但不能升入 3 档和高速档。

（2）故障原因

1）节气门位置传感器调整不当。

2）车速传感器故障。

3）2 档制动器或高档离合器有故障，不能正确按档位进行输出。

4）换档阀卡滞，主油压无法接通相应档位的控制油路。

5）档位开关故障，信号异常，错误输出前进低档的信息给 ECU。

（3）故障诊断

1）先进行故障自诊断，若有故障码，则按所显示的故障码查找故障原因。

2）检查调整节气门位置传感器及车速传感器。

3）检查档位开关信号。

4）拆开阀板，检查各换档阀是否卡滞。

5）以上若正常，分解自动变速器，检查制动器与离合器是否有漏油或滑转现象。

不能升档故障诊断与排除流程如图 4-21 所示。

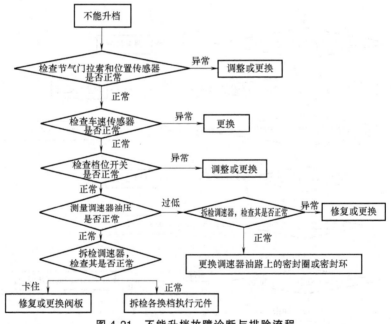

图 4-21　不能升档故障诊断与排除流程

（扫码看故障分析）

【案例 4-1】

一辆搭载了 01M 型自动变速器的高尔夫轿车，行驶里程为 6 万 km，该车冷车正常，热车升档延迟；当发动机转速升至 2500r/min 时，才勉强升入 2 档；发动机转速升至 3300r/min 时，才升入 3 档。

【案例 4-2】
一辆皇冠轿车冷车时一切正常，行驶约半小时后出现前后喘振突然失速，发动机转速达 4000r/min 时才跳档。

（扫码看故障分析）

第四节　汽车转向系统检测与诊断

转向系统是汽车底盘的主要组成部分之一，其技术参数主要指转向盘自由行程、转向力和转向角，这些参数直接影响汽车操纵稳定性和高速行驶的安全性。也就是说，行驶时转向盘是否摆动、自由行程是否过大和高速行驶时是否跑偏等现象。因此无论是新车、改装车还是在用车，都应利用仪器设备对相关参数进行检测，准确判断转向系统的技术状况和故障原因，为行车安全提供保证。

一、转向盘自由行程和转向力检测

1. 转向盘自由行程及其检测

（1）转向盘自由行程　转向盘自由行程指汽车转向轮保持直线行驶状态时，转动转向盘所测得的角间隙。当转向盘自由行程过大时，说明从转向盘至转向轮运转传递链中的若干配合副因磨损过度而出现松旷现象。因此，转向盘自由行程是一个综合诊断参数。

根据 GB 7258—2017《机动车运行安全技术条件》的规定，机动车转向盘的最大自由行程不允许大于表 4-12 所列的限值。

表 4-12　机动车转向盘的最大自由行程

车辆类型	最大设计车速不低于 100km/h 的机动车	三轮汽车	其他机动车辆
转向盘最大自由行程	15°	35°	25°

（2）转向盘自由行程的检测　转向盘自由行程采用专用检测仪进行检测。简易的转向盘自由行程检测仪如图 4-22 所示，主要由刻度盘和指针组成。刻度盘和指针分别固定在转向盘管柱和转向盘边缘。固定方式有机械式和磁力式两种。

检测时，应使汽车的两转向轮处于直线行驶位置不动，轻轻向右（或向左）转动转向盘至空行程一侧的极限位置（感到有阻力），调整指针指向刻度盘零度。然后，再轻轻转动转向盘至另一侧空行程极限位置，指针所指示刻度即为转向盘的自由行程。

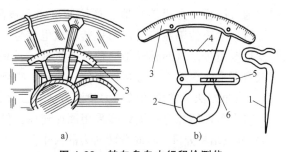

图 4-22　转向盘自由行程检测仪
a）检测仪的安装　b）检测仪
1—指针　2—夹盘　3—刻度盘　4—弹簧
5—连接板　6—固定螺钉

2. 转向盘转向力及其检测

（1）**转向盘转向力**　操纵稳定优良的汽车，具有适度的转向轻便性。若转向沉重，则不仅增加驾驶人的劳动强度，还会因转向不正确、不及时而影响行车安全；若转向太轻，则使驾驶人感到失去"路感"，感觉"发飘"，难以控制汽车行驶方向，同样不利于行车安全。

转向轻便性可用转向角和转向力作为诊断参数，可在动态或静态情况下，用转向参数测量仪或转向力测试仪等仪器测得转向力和对应转向角的大小。

检测转向轻便性时，一般可采用道路试验和原地检测两种方法测试转动转向盘的操纵力。根据 GB 7258—2017《机动车运行安全技术条件》的规定，机动车在平坦、硬实、干燥和清洁的水泥或沥青道路上行驶，以 10km/h 的速度在 5s 之内沿螺旋线从直线行驶过渡到外圆直径为 25m 的圆周行驶，施加于转向盘外缘的最大切向力应小于或等于 245N。

（2）**转向力检测仪和工作原理**

1）检测仪的结构。图 4-23 所示为国产 ZC-2 型转向参数测量仪，该仪器主要由操纵盘、主机箱、连接叉和定位杆四部分组成。操纵盘实际上是一个附加转向盘，用螺栓固定在三爪底板上，底板经力矩传感器与三个连接叉相连，每个连接叉上通过一只可伸缩的活动卡爪与被测转向盘相连接。主机箱固定在底板中央，其内装有力矩传感器、接口板、微机板、显示器、打印机和电池等。定位杆从底板下伸出，经磁座吸附在驾驶室内的仪表盘上，其内端与装在主机箱下部的光电装置连接。

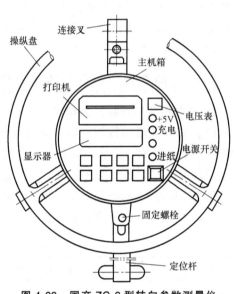

图 4-23　国产 ZC-2 型转向参数测量仪

2）检测仪检测原理。转向参数测量仪的工作原理比较简单，测量时，将转向参数测量仪对准被测转向盘中心，调整好三个连接叉上伸缩卡爪的长度，与转向盘连接并固定好。转动操纵盘，转向力通过底板、力矩传感器、连接叉传递到被测转向盘上，使转向盘转动以实现汽车转向。此时，力矩传感器将转向力矩转变成电信号，而定位杆内连接的光电装置则将转角的变化转变成电信号。这两种模拟电信号通过放大滤波电路和模/数转换器送入微机，由微机自动完成数据采集、运算、分析、存储、显示，得到实际的转向力和转向角。

3）检测方法。常用的转向力检测方法有三种，即原地检测、低速大转角检测和弯道检测。目前汽车性能综合检测站多采用原地转向力检测的方法来检测转向力。

4）检测结果分析。转向盘转向力的大小受多种因素的影响。如果行驶系统技术状况良好，车轮定位、轮胎气压正常，而转向盘转向力过大，则说明转向系统存在故障。其故障原因可能是转向系统各部件装配过紧、配合间隙过小、调整不当、润滑不良、传动杆件变形等。

二、电控助力转向系统（EPS）检测与诊断

（一）电控液力式助力转向系统检测

电控液力式助力转向系统通过控制系统的液压来控制转向助力，电控转向系统装配完毕

后，应进行基本检查，主要包括液压系统的油量、油压、系统排气、转向油泵传动带松紧度，以及电控部分及相关部件的工作状态检查等，以确定系统是否需要进一步检修，保证转向系统良好的工作性能。电控助力转向系统的形式不同，其检测方法和标准也不一样，下面以雷克萨斯 LS400 轿车为例，说明助力转向系统检测与诊断程序。

1. 检修注意事项

1) 应经常检查转向系统储油罐油面及油质，若需添加、更换或排气应及时进行。

2) 行驶过程中尽量避免将转向盘转到某一侧极限，防止助力油泵负荷过大。

3) 电控转向系统发生故障时，通常不要打开 ECU 及各种电控元件的盖子或盒子，以免造成 ECU 被静电损坏。

4) 检修过程中一般按照可能性由大到小，检查程序由简到难的顺序进行，先对线路和传感器等元件进行基本检查，不要轻易更换 ECU 或拆卸管路。

2. 基本检查

(1) **初步检查** 在进行系统检查之前，首先要根据车辆的具体情况初步检查轮胎气压（前轮 230kPa，后轮 250kPa）、前轮定位、悬架与转向连接杆之间的润滑情况、转向系统接头及悬架臂球头等处是否正常，以及转向管柱是否弯曲、转向盘的自由间隙是否正常等。

(2) **常规检查**

1) 检查传动带。助力转向泵传动带的检查主要包括两项内容：

① 传动带与带轮配合位置的检查，如图 4-24a 所示。

② 传动带松紧度的检查，如图 4-24b 所示。利用丰田专用工具检查，在 95N·m 的作用力矩下，传动带的挠度为：运转 5min 以下时为 7.5~9.5mm；运转 5min 以上时为 9~13mm。

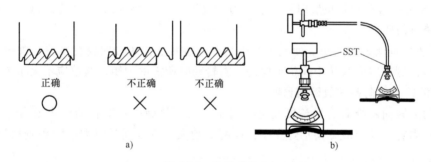

图 4-24 传动带检查
a) 传动带与带轮配合位置检查 b) 传动带松紧度检查
SST—特殊服务工具

2) 检查储液罐液面高度。检查转向液压油的油面高度时，保持车身水平，在油温为 80℃ 时进行。

在发动机维持怠速运转（转速约 850r/min）的条件下，反复将转向盘从左侧打到右侧再返回，使得油温达到正常要求后，打开储液箱，检查液压油有无泡沫或乳化现象，液面应在标准范围内。

若在检查系统无泄漏的情况下需要补给液压油，按规定牌号补给；若需更换液压油，则先顶起转向桥，从转向油罐及回油管排出原来的液压油，并将转向盘反复左、右转至极限位置，直到旧液压油排尽后 1~2s 后加注新液压油。

3）系统空气排放。助力转向系统在更换液压油后和检查储液罐中油位时发现有气泡时，说明系统内渗入了空气，这将引起转向沉重、前轮摆动、转向噪声等现象，必须对系统进行排气，具体操作如下：

架起转向桥，发动机怠速运转，反复向左、右转动转向盘到极限位置，直到储液罐内无气泡产生并消除乳化现象，表明液力转向系统中的空气已基本排除。

4）检查液压泵输出压力。将油压表连接在助力转向泵与转向控制阀之间的管道中，使油压表阀门全开，起动发动机，使其怠速运转，将转向盘在左、右极限位置连续转动3~4次，使转向液压油温度达到80℃以上，如图4-25所示。

① 检查电磁阀关闭时的压力，应不小于7845kPa，否则说明转向器内部有泄漏或电磁阀有故障。

② 检查电磁阀全开时的压力差，发动机转速稳定在1000r/min和3000r/min时，两转速下输出液压油压力差不大于490kPa，否则说明电磁阀有故障。

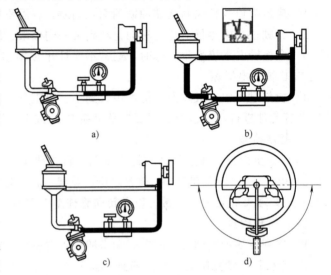

图4-25 液压泵输出压力检测
a) 关闭 b)、d) 开启 c) 锁定位置

③ 检查转向盘在锁定位置时液压油压力，应不小于7845kPa，若压力过低，说明电控助力转向系统有故障。

5）检查转向盘转向力矩。使汽车停放在平坦地面上，两转向轮在直线行驶位置，发动机怠速运转，测量转向盘从中间位置向左、右转动时所需的力矩，其值应不大于5.9N·m。

3. 电控助力转向系统故障自诊断

电控助力转向系统具有自诊断功能，当系统发生故障时，能自动停止助力，同时ECU可记忆故障内容，并使故障指示灯点亮，提醒驾驶人。可以通过读取故障码查找故障原因，从而排除故障。

对于电控助力转向系统而言，当自诊断系统显示有故障后，控制电路停止向电动机供电，并且将离合器脱开，此时系统恢复至机械转向系统，仍能够实现正常的转向，只是需要的转向力变大。

（二）电控助力转向系统故障诊断

电控助力转向系统常见的故障有转向沉重或助力不足，助力转向液压油产生乳状泡沫、液面低及压力低，向左或向右急转转向盘时转向力瞬时增大等。其主要原因是油路系统和电控系统出现故障，这里重点说明电控系统的诊断。电控系统的诊断主要针对传感器、执行器、ECU及线路连接，并应充分利用故障自诊断系统的功能。下面以雷克萨斯LS400轿车为例，说明电控助力转向系统的诊断方法，图4-26所示为控制电路和ECU插接器示意图。

1. 电控助力转向系统的常见故障

怠速或低速行驶时转向沉重，高速行驶时转向太灵敏。

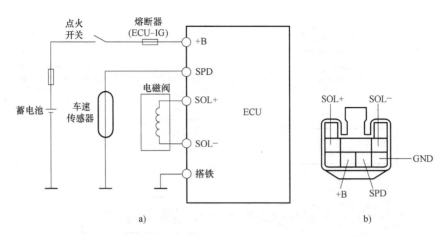

图 4-26 电控助力转向系统控制电路及 ECU 插接器示意图
a) 控制电路 b) ECU 插接器

(1) **故障原因** ①助力转向系统机械及油路故障；②助力转向系统的 ECU-IG 熔断器烧毁；③助力转向系统的 ECU 插接器接触不良；④车速传感器线束有断路或短路故障；⑤助力转向电磁阀线圈有断路或短路故障；⑥ECU 故障。

(2) **故障诊断方法** 电控助力转向系统可按图 4-27 所示程序进行诊断。

2. 电控助力转向系统主要部件检查

(1) **车速传感器检查** 顶起汽车，旋转后轮，用万用表测量传感器侧线束插接器上的 SPD 与 GND 之间的电压，其值应在 0~5V 之间，否则应检查传感器及其连接线路。

(2) **电磁阀的检查** 电磁阀是助力转向电控部分的执行元件，其技术状况直接影响电控助力转向系统的性能。其常见故障是电磁线圈短路或断路，针阀位置不当。诊断方法和步骤如下：

1）检测电磁线圈电阻。拆下线束插接器，用万用表测量两端子之间的电阻，其阻值应为 6~11Ω，否则说明电磁阀有故障，应予以更换。

2）检测电磁阀工作状况。从转向器上拆下电磁阀，用 12V 的蓄电池电压给电磁阀通电，此时电磁阀的针阀应缩回 2mm，同时能听到"咔哒"声，否则说明线路断路或电磁阀损坏，需更换。

(3) **ECU 的故障诊断** ECU 是电控助力转向系统的核心部件，其损坏会导致系统功能完全丧失。其故障诊断的方法和步骤如下：

1）顶起汽车并稳固地支承，拆下 ECU，起动发动机。

2）连接好 ECU 插接器，发动机怠速运转，用电压表测量 SOL-端子与 GND 端子间的电压。然后使发动机驱动车轮以 60km/h 的车速转动，再次测量该两端子间电压，其值应比第一次测量值高出 0.07~0.22V。若所测电压值为零，则应更换 ECU 重试，以便确诊。

三、电控助力转向系统实例分析

以日产为例，说明电控助力转向系统的检测维修方法。

如果 EPS 系统出现故障时，"安全-失效"模式功能将终止 EPS 控制，同时系统进入

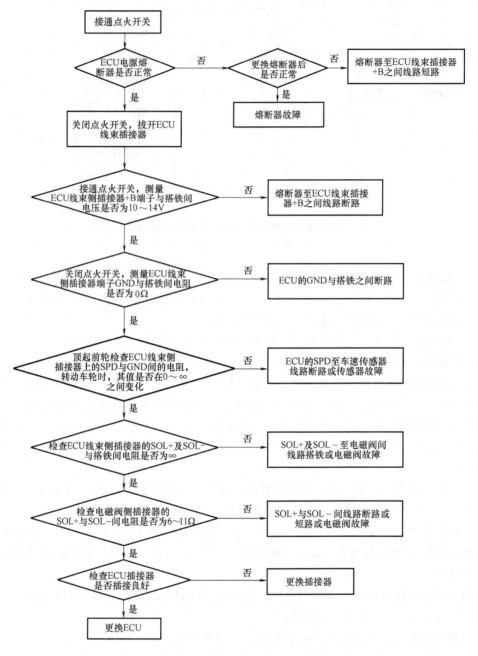

图 4-27 电控助力转向系统电控部分诊断流程

"安全-失效"模式状态。EPS 警告灯将点亮以显示异常状态,同时进入手动转向操作状态。

1. 故障诊断的基本步骤

1)故障诊断的最重要一点是透彻地了解 EPS 各个系统的组成和工作原理。

2)检查前了解客户的反馈是非常重要的,有必要通过同客户一起驾驶车辆来检查症状。

3）对于间歇性故障，根据客户的反馈及过去的案例来再现症状是非常重要的。请勿根据一些特殊情况进行检查，大多数间歇性故障是由接触不良引起的。在此情况下，用手晃动可疑的线束或插头是有效的方法。如果修理后不进行任何症状检查，很难判断症状是否已经真正排除。

4）完成诊断修理之后，一定要执行"清除故障码"操作。

2. 电控助力转向系统线路图

日产 EPS 电路图如图 4-28 所示，系统电路连接图如图 4-29 所示，系统仪表电路连接图如图 4-30 所示。

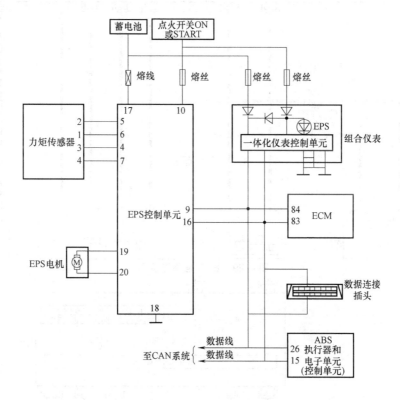

图 4-28　日产 EPS 电路图

（1）电控单元输入与输出检测

1）使用车用万用表进行电压测量。

2）测量时切勿用力拉伸插头端子。

3）将测量结果和标准值进行对照，标准值见表 4-13。

（2）故障码的读取和清除　以使用 CONSULT-Ⅱ诊断仪为例说明故障码的读取和清除，具体操作步骤如下：

1）点火开关在 OFF 位置。

2）将 CONSULT-Ⅱ诊断仪和 CONSULT-Ⅱ转换器连接到数据接口上。

3）将点火开关转至 ON 位置。

4）触摸 "START（NISSAN BASED VHCL）"→"EPS"→"SELF-DIAG RESULTS"。

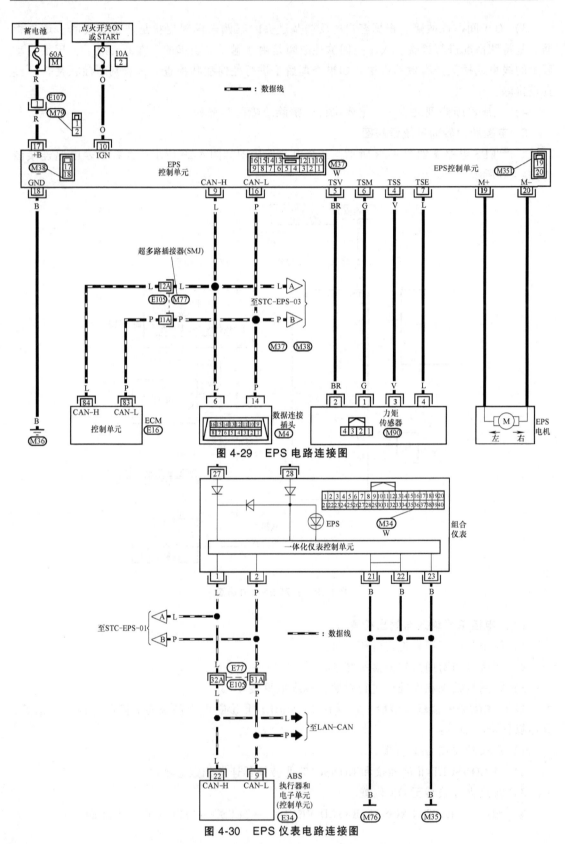

图 4-29 EPS 电路连接图

图 4-30 EPS 仪表电路连接图

表 4-13　各端子标准值

测量端口	测量部位		测量状态	标准值
4（V）	接地	力矩传感器（辅助）	点火开关处于 ON 位置，转向盘位于中间位置	约 2V、5V
5（BR）		力矩传感器	点火开关处于 ON 位置	约 8V
6（G）		力矩传感器（主）	点火开关处于 ON 位置，转向盘位于中间位置	约 2V、5V
7（L）		力矩传感器接地	—	导通
9（L）	—	CAN-H	—	—
10（O）	接地	点火电源	点火开关处于 ON 位置	蓄电池电压（约 12V）
			点火开关关闭	约 0V
16（P）	—	CAN-L	—	—
17（R）	接地	蓄电池电源	点火开关处于 ON 或 OFF 位置	蓄电池电压（约 12V）
18（B）	接地	接地	—	导通
19（-）	—	电机（+）		
20（ ）	—	电机（-）		

如果 EPS 不显示，打印"SELECT SYSTEM"屏幕。参阅使用 CONSULT-Ⅱ 诊断仪时的注意事项，在刚起动发动机或将点火开关转到 ON 位置后，即使触摸"START（NISSAN BASED VHCL）"，也可能不显示。在这种情况下，重新连接 CONSULT-Ⅱ 诊断仪和 CONSULT-Ⅱ 转换器。

5）显示自诊断结果，故障码被显示（触摸"PRINT"可打印自诊断结果）。如果显示"NO FAILURE"，检查 EPS 警告灯。

6）从显示项目列表中执行适当的检测，修复或更换故障部件。可参阅 STC-11"显示项目列表"。各模式及相应的功能见表 4-14。

表 4-14　各模式及相应的功能

模式	功能
ELF-DIAG RESULTS	从 EPS ECU 接收自诊断结果并显示故障码
DATA MONITOR	从 EPS ECU 接收输入/输出信号，同时显示并储存这些信号，以便确定故障原因
ECU PART NUMBER	显示 EPS ECU 零部件编号
CAN DIAG SUPPORT MNTR	监控 CAN 通信的发送/接收状态。

CAN 通信故障诊断清除存储器的步骤如下：

① 关闭点火开关。

② 起动发动机并在 CONSULT-Ⅱ 诊断仪显示屏上依次触摸"START（NISSAN BASED

VHCL)"→"EPS"→"SELF-DIAG RESULTS"→"ERASE",以清除故障码诊断记忆。

③ 如果记忆无法清除,重复步骤①、②。

④ 再次执行自诊断,确保故障码记忆被清除。故障码及相应的检查项目见表4-15。

表4-15 故障码列表及检查项目

故障码	检查项目	检查项目说明
C1601	BATTERY_VOLT	EPS电源故障
C1604	TORQUE_SENSOR	转向管柱总成中的力矩传感器故障
C1606	EPS_MOTOR	电动机驱动器故障或EPS ECU故障
C1607	EEPROM	EPS ECU的EEPROM故障
C1608	CONTROL_UNIT	EPS ECU内部故障
C1609	CAN_VHCL_SPEED	通过CAN通信接收的车速信号故障
C1610	CAN_ENG_PRM	通过CAN通信接收的发动机信号故障
U1000	CAN_COMM_CIRCUIT	在CAN通信电路中检测到故障

注:如果在几个系统中发现故障,包括"CAN COMM [U1000]",应检查CAN通信系统。

(3)数据监控和ECU零部件编号 数据监控的操作步骤如下:

1)触摸"START(NISSAN BASED VHCL)"→"EPS"→"DATA MONITOR"。

2)返回监控项目选择屏幕,触摸"ALL SIGNALS""SELECTION FROM MENU"中的任意一个。

3)触摸"START"。

4)"DATA MONITOR"屏幕显示。

数据监控项目及对应的故障见表4-16。

表4-16 数据监控项目及对应的故障

监控项目	数据监控		故障
	监控条件	显示内容和正常参考值	
MOTOR VOL(V)	点火开关在ON位置或者发动机运行	蓄电池电压(约12V)	蓄电池电压故障
TORQUE SENSOR(N·m)	在点火开关在ON位置或者发动机运转的情况下,顺时针或逆时针转动转向盘	中置位置时转向盘转向力矩约0N·m,测量值会根据左右转向变化	力矩传感器故障
MOTOR SIG(A)		中置(转向力矩为零,车轮正前)时约0A,测量值会根据左右转向变化	1)力矩传感器故障 2)电动机故障 3)电控单元故障
MOTOR CURRENT(A)			
VEHICLE SPEED(km/h)	点火开关在ON位置或者发动机运转	与车速表显示的值基本一致	车辆速度信号故障

(续)

监控项目	数据监控		故障
	监控条件	显示内容和正常参考值	
WARNING LAMP(ON/OFF)	点火开关在ON位置或者发动机运转	EPS警告灯开启:ON EPS警告灯关闭:OFF	警告灯电路检查
DERATING STAT(ON/OFF)		通常关闭,如果固定转向操作过度,就会打开,如果暂时不操作,恢复到关闭状态	这是正常的
ENGINE STATUS (stop,stall,run,crank)		显示发动机状态	发动机信号故障

ECU 零部件编号操作步骤为触摸"START（NISSAN BASED VHCL）"→"EPS"→"ECU PART NUMBER"，此时在 EPS ECU 标签上的部件编号就会显示。

(4) 快速检查　在车辆停止的情况下，应检查以下内容：①轮胎压力与尺寸是否符合要求；②转向管柱总成及转向齿轮总成的连接安装是否牢固；③车轮定位是否符合要求；④车桥和悬架的连接安装是否符合要求；⑤蓄电池电压是否正常；⑥发动机和其他系统工作是否正常。

1) 电源电路端口松动和蓄电池检查。检查蓄电池正极/负极端及接地端是否松动，同时确认蓄电池电压正常。

2) EPS 警告灯检查。

① 点火开关打开的情况下，确保 EPS 警告灯点亮。如果不点亮，检查 CAN 通信电路，如果 CAN 通信正常，检查组合仪表。

② 点火开关转动到 ON 位置且发动机起动之后确保 EPS 警告灯关闭。如果没有熄灭，执行自诊断。

③ 完成故障诊断之后，一定要清除故障码。

3) EPS ECU 供电与接地电路的检查。

① 检查 EPS ECU 插头。点火开关转到 OFF 位置，断开 EPS ECU 线束插头，检查连接端口有无变形、断开、松弛等异常现象。若异常，说明插头端口松动、损坏、开路或短路，应修理、更换端口或插接器。若正常则进行下一步检测。

② 检查 EPS ECU 接地电路，如图 4-31 所示。断开 EPS ECU 线束插头 M38，然后检查 EPSECU 线束插头 M38 与接地之间的导通性，端口 18+接地时应导通。若异常，说明接地电路开路或短路，应修理或更换故障零部件。若正常则进行下一步检测。

③ 检查 EPS ECU 电源电路，如图 4-32 所示。将点火开关转至 ON 位置，检查 EPS ECU 线束插头 M37、M38 端口和接地之间的电压。端口 10、17+接地电压应为蓄电池电压（约 12V）。如果异常，说明电源电路开路或短路，应修理或更换故障零部件。如果正常，说明电源和接地电路正常。

(5) 精确检查

1) 蓄电池电压故障。

① 检查 EPS ECU 插头。

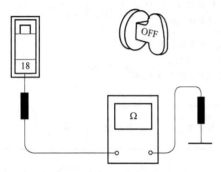 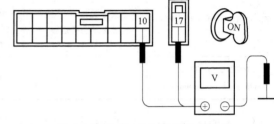

图 4-31 检查 EPS ECU 接地电路　　　　图 4-32 检查 EPS ECU 电源电路

a）点火开关转到 OFF 位置，断开 EPS ECU 线束插头，然后检查端子有无变形、断开、松弛等异常。

b）牢固地重新安装插头并执行自诊断，观察在自诊断中是否显示 "BATTERY_VOLT"。

如果正常，则进行下一步检测，否则检查插头端口是否松动、损坏、开路或短路等，如果有，则修理、更换端口或插接器。

② 检查 EPS ECU 接地电路。

a）关闭点火开关。

b）断开 EPS ECU 线束插头 M38，然后检查 EPS ECU 线束插头 M38 与接地之间的导通性，端口 18+接地时应导通。如果不导通，则检查接地电路是否开路或短路，如果是，则修理或更换故障零部件，如果不是，则进行下一步检测。

③ 检查 EPS ECU 电源电路。

a）将点火开关转至 ON 位置。

b）检查 EPS ECU 线束插头 M37、M38 端口和接地之间的电压。端口 10、17+接地电压应为蓄电池电压（约 12V）。如果电压异常，则检查插头端口是否出现松动、损坏、开路或短路等现象，如果有，则修理或更换故障零部件。如果电压满足要求，则进行下一步检测。

④ 检查 EPS ECU。

a）点火开关转到 OFF 位置，断开 EPS ECU 线束插头，起动发动机。

b）在 CONSULT-Ⅱ 测试仪数据监控中检查 "MOTOR VOL"，电压应为 10~16V。若异常，说明 EPS ECU 故障，需更换 EPS ECU。若正常，则进行下一步检测。

⑤ 检查电源电路。关闭前照灯、空调制冷开关、鼓风机及后窗除雾器。转动转向盘，直到转不动。同时，在 CONSULT-Ⅱ 测试仪数据监控中检查 "MOTOR VOL"，电压应为 10~16V。

如果异常，说明电源电路开路或短路，需修理或更换故障零部件。如果正常，检测结束。

2）力矩传感器故障。

① 检查 EPS ECU 插头。

第四章　汽车底盘技术状况检测与诊断

a）点火开关转到 OFF 位置，断开 EPS ECU 线束插头，检查连接端口有无变形、断开、松弛等异常现象。

b）牢固地重新安装插头并执行自诊断，观察在自诊断中是否显示"TORQUE SENSOR"。如果不是，说明插头端口松动、损坏、开路或短路，需修理、更换端口或插接器。如果是，则进行下一步检测。

② 检查力矩传感器插头。

a）点火开关转到 OFF 位置，断开力矩传感器线束插头，然后检查端口有无变形、松弛等异常。

b）牢固地重新安装插头并执行自诊断，观察在自诊断中是否显示"TORQUE SENSOR"。如果不显示，说明插头端口出现松动、损坏、开路或短路，需修理、更换端口或插接器。如果显示，则进行下一步检测。

③ 检查力矩传感器线束，如图 4-33 所示。

a）点火开关转到 OFF 位置，断开 EPS ECU 线束插头和力矩传感器线束插头。

b）检查 EPS ECU 线束端口 M37 与力矩传感器线束插头 M90 之间的导通性。端口 4 与端口 3 应导通，端口 5 与端口 2 应导通，端口 6 与端口 1 应导通，端口 7 与端口 4 应导通。若有异常，则说明 EPS ECU 与力矩传感器之间线束开路或短路，需更换线路连接线。若正常，进行下一步检测。

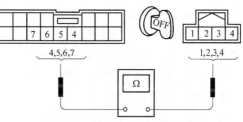

图 4-33　检查力矩传感器线束

④ 检查力矩传感器电源，如图 4-34 所示。

a）连接 EPS ECU 与力矩传感器线束插头，将点火开关转至 ON 位置。

b）将转向盘转到中置位置（转向力为 0），然后检查 EPS ECU 线束插头 M37 的电压，端口 5 与端口 7 之间的电压约 8V。若异常，则说明 EPS ECU 故障，更换 EPS ECU。若正常，则进行下一步检测。

⑤ 检查力矩传感器信号，如图 4-35 所示。将转向盘转到中置位置（转向力为 0），然后检查 EPS ECU 线束插头 M37 的电压。力矩传感器（辅助）端口 4 与端口 7 之间的电压约 2.5V，力矩传感器（主）端口 6 与端口 7 之间的电压约 2.5V。如果正常，说明 EPS ECU 故障，更换 EPS ECU。如果异常，说明力矩传感器故障，更换转向管柱总成。

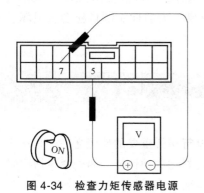

图 4-34　检查力矩传感器电源

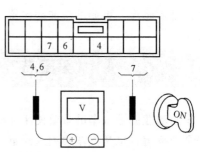

图 4-35　检查力矩传感器信号

3) 电动机故障。

① 检查 EPS ECU 插头。

a) 点火开关转到 OFF 位置，断开 EPS ECU 线束插头，检查端口有无变形、断开、松弛等异常。

b) 重新安装插头并执行自诊断，观察在自诊断中是否显示"EPS MOTOR"。如果未显示，检查插头端口是否松动、损坏、开路或短路，修理或更换端口。如果显示，进行下一步检测。

② 检查电动机电阻，如图 4-36 所示。

a) 点火开关转到 OFF 位置，在 EPS ECU 上断开电动机线束插头 M351。

b) 检查电动机线束插头 M351 之间的电阻，端口 19 与端口 20 之间的电阻约为 0.1Ω 或更小。如果正常，说明 EPS ECU 故障，更换 EPS ECU。如果异常，说明电动机故障，更换转向管柱总成。

4) 车辆速度信号故障。

① 检查 ABS 执行器和电控单元地线电路，执行 ABS 执行器和电控单元自诊断。若异常，则修理或更换故障零部件。若正常，进行下一步检测。

② 检查车速表。执行组合仪表（车速表）自诊断。若异常，则修理或更换故障零部件。若正常，进行下一步检测。

③ 检查 EPS ECU 插头。

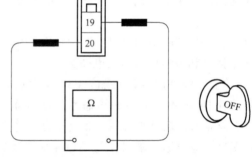

图 4-36　检查电动机电阻

a) 点火开关转到 OFF 位置，断开 EPS ECU 线束插头，检查连接端口有无变形、断开、松弛等异常现象。

b) 重新安装接头并执行自诊断，观察"CAN_VHCL_SPEED""CAN_COMM_CIRCUIT"是否在自诊断中显示。如果显示，说明 EPS ECU 故障，更换 EPS ECU。如果显示"CAN_COMM_CIRCUIT"，检查 CAN 通信电路。如果显示不正常，说明插头端口出现松动、损坏、开路或短路，则需要修理或更换端口。

5) CAN 通信电路。检查 EPS ECU 插头。

① 点火开关转到 OFF 位置，断开 EPS ECU 线束插头，检查连接端口有无变形、断开、松弛等异常现象。

② 重新安装插头并执行自诊断，观察是否显示"CAN_COMM_CIRCUIT"。如果显示，则打印自诊断结果，检查 CAN 通信电路。如果显示异常，说明插头端口松动、损坏、开路或短路，需要修理、更换端口或插接器。

第五节　汽车制动性能检测

汽车制动性能是汽车的重要使用性能之一，是安全行车最重要的性能之一。它属于汽车主动安全的范畴，也是汽车检测诊断重点。汽车具有良好的制动性能，遇到紧急情况时可以化险为夷；在正常行驶时，可以提高平均行驶速度，从而提高运输生产效率。

汽车制动系统应具有行车制动、应急制动和驻车制动三大基本功能。GB 7258—2017《机动车运行安全技术条件》规定汽车制动性能的检测指标主要有制动踏板力、制动距离、制动减速度等。

一、汽车制动过程

制动过程指从脚接触制动踏板起至汽车完全停住，包括制动器反应时间、制动力增长时间、最大制动力持续制动时间。图 4-37 所示为驾驶人在紧急制动过程中，制动踏板力 F_p、汽车制动减速度 j 与时间 t 的关系曲线。

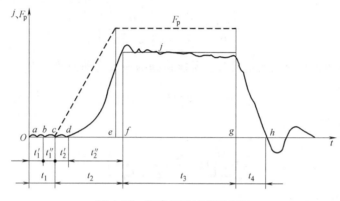

图 4-37　汽车制动过程示意图

遇到紧急情况时，驾驶人首先要经过 t_1' 的判断过程才意识到应进行紧急制动，并开始移动右脚，经 t_1'' 才踩住制动踏板。这段时间（$t_1 = t_1' + t_1''$）称为驾驶人的反应时间，一般为 0.3~1.0s。t_1 的长短取决于驾驶人判断和反应的快慢，与制动系统的性能无关。此后，随着驾驶人踩制动踏板的强度增大，制动踏板力增加并在 e 点达到最大值。由于需要克服制动系统中的残余压力、制动蹄（钳）回位弹簧的拉力和制动蹄与制动鼓（盘）间的间隙，经 t_2' 后到达 d 点，才产生地面制动力使汽车开始产生减速度，t_2'' 是制动力增长所需要的时间，$t_2 = t_2' + t_2''$ 称为制动器的作用时间或滞后时间，其长短取决于驾驶人踩制动踏板的速度，还受制动器结构形式与维修质量的影响。由 f 点到 g 点为持续制动阶段，时间为 t_3，产生的减速度基本不变。到 g 点时，驾驶人松开制动踏板，但制动力消除仍需一段时间，t_4 称为制动释放时间。制动释放时间太长将影响随后的起步行驶。

由此可见，制动全过程的四个阶段中，仅后三个阶段与汽车的制动性能有关。

在汽车紧急制动过程中，制动距离 s 可用下式估算：

$$s_2 = \frac{1}{3.6}\left(t_2' + \frac{t_2''}{2}\right)v_0$$

$$s_3 = \frac{v_0^2}{2 \times 3.6^2 j}$$

$$s = s_2 + s_3 = \frac{v_0}{3.6}\left(t_2' + \frac{t_2''}{2} + \frac{v_0}{2 \times 3.6 j}\right) \tag{4-1}$$

式中 v_0——制动初速度（km/h）；
j——制动减速度（m/s²）。

制动减速度 j 与各个车轮制动力之和 $\sum F_z$ 的关系为

$$\sum F_z = \frac{G}{g}j$$

式中 G——汽车总重力（N）；
g——重力加速度（m/s²）。

代入式（4-1），则

$$s = \frac{v_0}{3.6}\left(t_2' + \frac{t_2''}{2} + \frac{v_0 G}{2\times 3.6 g \sum F_z}\right) \tag{4-2}$$

汽车在持续制动时间内抱死拖滑时，所能达到的最大制动减速度为

$$j = \varphi g$$

代入式（4-1），则

$$s = \frac{v_0}{3.6}\left(t_2' + \frac{t_2''}{2} + \frac{v_0}{2\times 3.6 \varphi g}\right)$$

式中 φ——路面附着系数。

二、汽车制动性能检测参数和标准

GB 7258—2017《机动车运行安全技术条件》规定了汽车制动系统所应满足的基本要求和行车制动系统、应急制动系统、气压制动系统、液压制动系统、储气筒和制动报警装置等所应满足的要求。根据该标准，可以用道路试验和台架试验两种方法检测汽车的制动性能。进行道路试验时，既可以检测制动距离和制动稳定性，也可以检测制动减速度、制动协调时间和制动稳定性；台架试验主要检测制动力、制动协调时间和左右轮制动力差。检测汽车制动性能时，可选择道路试验或台架试验两种检测方法之一，采用制动距离、制动减速度、制动力三类检测指标之一进行检测。但当机动车经台架试验后对其制动性能有质疑时，可用规定的道路试验进行复试，并以满载道路试验的检测结果为准。

1. 制动距离法检测标准

用制动距离可以评价汽车的制动性能。制动距离 s 指在规定的初速度下急踩制动踏板时，从脚接触制动踏板（或手接触制动手柄）起至机动车停止时所驶过的距离，包括在制动器起作用时间内驶过的距离 s_2 和在汽车以最大减速度持续制动时间内所驶过的距离 s_3。用制动距离作为参数评价汽车制动性能时，所应满足的要求见表 4-17。

表 4-17 制动距离和制动稳定性要求

机动车类型	制动初速度/(km/h)	空载检验制动距离/m	满载检验制动距离/m	试验通道宽度/m
三轮汽车	20	≤5.0		2.5
乘用车	50	≤19.0	≤20.0	2.5

(续)

机动车类型	制动初速度/(km/h)	空载检验制动距离/m	满载检验制动距离/m	试验通道宽度/m
总质量小于或等于3500kg的低速货车	30	≤8.0	≤9.0	2.5
其他总质量小于或等于3500kg的汽车	50	≤21.0	≤22.0	2.5
铰接客车、铰接式无轨电车、汽车列车(乘用车列车除外)	30	≤9.5	≤10.5	3.0[①]
其他汽车、乘用车列车	30	≤9.0	≤10.0	3.0[①]
两轮普通摩托车	30	≤7.0		—
边三轮摩托车	30	≤8.0		2.5
正三轮摩托车	30	≤7.5		2.3
轻便摩托车	20	≤4.0		—
轮式拖拉机运输机组	20	≤6.0	≤6.5	3.0
手扶变型运输机	20	≤6.5		2.3

① 对车宽大于2.55m的汽车和汽车列车，其试验通道宽度（单位：m）为"车宽（m）+0.5"。

制动距离是评价汽车制动性能最直观的参数，其试验过程与汽车实际运行中的制动情况最为接近。制动距离检测法主要适用于汽车制动性能的道路试验，试验应在平坦、硬实、清洁、干燥且轮胎与路面间的附着系数不低于0.7的混凝土或沥青路面上进行，主要的检测仪器是能够测出车辆的行驶距离、时间、速度和制动初速度、制动距离、制动时间的五轮仪及非接触式多功能速度检测仪等。但通过道路试验检测汽车的制动距离时，需要较大的试车场地，而且对轮胎的磨损较大；同时由于制动距离是一个整车制动性能参数，因而不能反映出各个车轮的制动性能及制动力的分配情况。

使用惯性式制动试验台，也可在室内测得汽车的制动距离，其制动距离测试值应与道路试验检测汽车的制动性能相同，满足表4-17的规定。

2. 制动减速度法检测标准

制动减速度反映了制动时汽车速度降低的快慢。在规定的汽车制动初速度 v_0 下，制动距离取决于制动减速度 j 和制动器作用时间 t_2。因此，可以通过测试制动减速度 j、制动协调时间和制动稳定性评价汽车的制动性能。

(1) 制动减速度 用制动减速度评价汽车的制动性能，是以汽车充分发出的平均减速度 MFDD 作为参数的，即

$$\text{MFDD} = \frac{v_b^2 - v_e^2}{25.92(s_e - s_b)}$$

式中 v_b——$0.8v_0$，试验车速（km/h）；

v_e——$0.1v_0$，试验车速（km/h）；

v_0——试验车制动初速度（km/h）；

s_b——试验车速从 v_0 到 v_b 之间车辆驶过的距离（m）；

s_e——试验车速从 v_0 到 v_e 之间车辆驶过的距离（m）。

MFDD是机动车在制动过程中制动减速度的一个较稳定的平均值,能较真实地反映机动车制动系统的实际情况。当制动过程比较平稳,制动减速度比较稳定时,也可以认为充分发出的平均减速度是采样时段的平均减速度,即

$$MFDD \approx \frac{v_b - v_e}{3.6 t_{bm}}$$

式中 t_{bm}——车速由v_b降至v_e所用的时间(s)。

汽车在进行道路试验时,在规定初速度下急踩制动踏板时,充分发出的平均减速度MFDD和制动稳定性应满足的要求见表4-18。可采用速度分析仪、制动减速度仪测出有关参数,再计算充分发出的平均减速度。

(2) **制动协调时间** 制动协调时间是指在急踩制动踏板时,从脚接触制动踏板(或手触动制动手柄)时起至机动车减速度(或制动力)达到规定的机动车充分发出的平均减速度(制动力)的75%时所需的时间。显然,制动协调时间t_z是制动器作用时间t_z的主要部分。

汽车的制动协调时间的检测值应满足:液压制动的汽车不应大于0.35s,气压制动的汽车不应大于0.60s,铰接客车和铰接式无轨电车不应大于0.80s。

表4-18 制动减速度和制动稳定性要求

机动车类型	制动初速度/(km/h)	空载检验充分发出的平均减速度/(m/s²)	满载检验充分发出的平均减速度/(m/s²)	试验通道宽度/m
三轮汽车	20	≥3.8		2.5
乘用车	50	≥6.2	≥5.9	2.5
总质量小于或等于3500kg的低速货车	30	≥5.6	≥5.2	2.5
其他总质量小于或等于3500kg的汽车	50	≥5.8	≥5.4	2.5
铰接客车、铰接式无轨电车、汽车列车(乘用车列车除外)	30	≥5.0	≥4.5	3.0①
其他汽车、乘用车列车	30	≥5.4	≥5.0	3.0①

① 对车宽大于2.55m的汽车和汽车列车,其试验通道宽度(单位:m)为"车宽(m)+0.5"。

(3) **制动稳定性** 制动过程中,机动车的任何部位(不计入车宽的部分除外)不允许超出表4-18中规定宽度的试验通道的边缘线。

制动减速度法也主要适用于汽车制动性能的道路试验,主要的检测仪是五轮仪、非接触式多功能速度检测仪和减速度仪等。用制动减速度法检测汽车的制动性能,所用仪器结构简单,使用方便,但试验的重复性较差,且受路面附着系数的影响很大;制动减速度是一个整车性能参数,不能反映各车轮的制动性能状况;除道路条件外,还受气候条件等的限制,且消耗燃料、磨损轮胎,对全车各部分的机件都有不良影响。

使用惯性式制动试验台,也可在室内测得汽车的制动减速度,其测试值也应与道路试验检测汽车的制动性能相同,满足表4-18的规定。

3. 制动力法检测标准

制动力法检测是从汽车制动过程实质的角度出发的。制动力是评价汽车制动性能最本质的因素,其增加受制动器制动力、地面附着力的限制。

第四章 汽车底盘技术状况检测与诊断

为使汽车具有良好的制动稳定性,左右车轮的制动力必须满足平衡要求,即同时测得的同一轴上左右车轮制动力的差值在规定的范围内。

汽车的制动距离取决于制动力的大小和制动器起作用时间的长短,因此可以采用制动力和制动协调时间评价汽车的制动性能;同时,为使汽车具有良好的制动稳定性,左右车轮的制动力必须满足平衡要求。因为,左右轮特别是左右转向轮制动力不相等是导致汽车制动跑偏和侧滑的重要原因。汽车的驻车制动装置也必须满足相应要求。以制动力作为诊断参数时,可以通过台架试验分别对汽车的行车制动性能和驻车制动性能进行检测。

通过台架试验以制动力法检测汽车制动性能时,所应满足的要求如下所述。

(1) **制动力** 汽车、汽车列车在制动试验台上测出的制动力应符合表 4-19 的要求。对空载检验制动力有质疑时,可用表 4-19 规定的满载检验制动力要求进行检测。

表 4-19 台架试验检验制动力要求

机动车类型	制动力总和与整车重量的百分比		轴制动力与轴荷[①]的百分比	
	空载	满载	前轴[②]	后轴[②]
三轮汽车	—	—	—	≥60[③]
乘用车、其他总质量小于或等于3500kg的汽车	≥60	≥50	≥60[③]	≥20[③]
铰接客车、铰接式无轨电车、汽车列车	≥55	≥45	—	—
其他汽车	≥60[④]	≥50	≥60[③]	≥50[⑤]
挂车	—	—	—	≥55[⑥]
普通摩托车	—	—	≥60	≥55
轻便摩托车	—	—	≥60	≥50

① 用平板制动检验台检验乘用车、其他总质量小于或等于3500kg的汽车时应按左右轮制动力最大时刻所分别对应的左右轮动态轮荷之和计算。
② 机动车(单车)纵向中心线中心位置以前的轴为前轴,其他轴为后轴;挂车的所有车轴均按后轴计算;用平板制动试验台测试并装轴制动力时,并装轴可视为一轴。
③ 空载和满载状态下测试均应满足此要求。
④ 对总质量小于或等于整备质量的1.2倍的专项作业车应大于或等于50%。
⑤ 满载测试时后轴制动力百分比不做要求;空载用平板制动检验台检验时应大于或等于35%;总质量大于3500kg的客车,空载用反力滚筒式制动试验台测试时应大于或等于40%,用平板制动检验台检验时应大于或等于30%。
⑥ 满载状态下测试时应大于或等于45%。

(2) **制动力平衡** 在制动力增长全过程中同时测得的左右轮制动力差的最大值,与全过程中测得的该轴左右轮最大制动力中大者(当后轴制动力小于该轴轴荷的60%时为与该轴轴荷)之比,对新注册车和在用车应分别符合表 4-20 的规定。

表 4-20 台架试验检验制动力平衡要求

机动车类型	前轴	后轴	
		轴制动力大于或等于该轴轴荷60%时	制动力小于该轴轴荷60%时
新注册车	≤20%	≤24%	≤8%
在用车	≤24%	≤30%	≤10%

(3) **制动协调时间** 汽车的制动协调时间的要求与用制动减速度作为检测指标时的要

求相同。

（4）**车轮阻滞力** 进行制动力检测时，汽车、汽车列车各车轮的阻滞力应小于或等于轮荷的10%。

（5）**驻车制动性能** 机动车空载，使用驻车制动装置，驻车制动力的总和应大于或等于该车在测试状态下整车重量的20%，但总质量为整备质量1.2倍以下的机动车应大于或等于15%。

利用台架试验检测汽车制动性能时，由于可测出车轮制动力的大小，因此可据此分别分析各车轮的制动能力和制动器技术状况。同时，台架试验速度快，占地面积小。因此，在汽车检测站广泛采用制动试验台以制动力为参数来检测汽车的制动性能。

制动试验台有多种类型，按测试原理不同，可分为反力式和惯性式两类；按试验台支承车轮的方式不同，可分为滚筒式和平板式两类；按检测参数不同，可分为测制动力式、测制动距离式和综合式三类；按试验台的测量、指示装置传递信号方式的不同，可分为机械式、液力式和电气式三类；按试验台同时能测车轴数的不同，可分为单轴式、双轴式和多轴式三类。目前，国内汽车检测站所用制动检测设备多为单轴反力式滚筒制动试验台，也有的用平板式制动试验台。

三、单轴反力式滚筒制动试验台的结构及工作原理

1. 单轴反力式滚筒制动试验台的结构

单轴反力式滚筒制动试验台是一种低速静态测力式制动试验台，以各车轮的制动力作为检测参数，由滚筒装置、驱动装置、举升装置、测量装置、指示与控制装置等组成，其结构简图如图4-38所示。

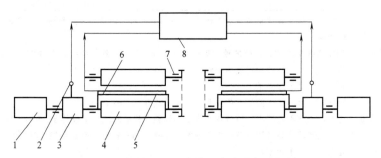

图4-38 单轴反力式滚筒制动试验台结构简图

1—电动机 2—压力传感器 3—减速器 4—滚筒 5—第三滚筒 6—电磁传感器 7—链传动 8—测量指示仪表

为同时测试左右轮的制动力，滚筒装置、驱动装置和测量装置左右对称，独立设置，而控制装置和指示装置是共用的。

（1）**滚筒装置** 滚筒装置由左右独立设置的两对滚筒构成，可以单独测试同一轴左右轮的制动力。一般四个滚筒的直径相同，滚筒两端由滚筒轴承支承并安装在机架上。前后滚筒间常采用链传动。当驱动装置驱动后（主动）滚筒，并通过链条带动前（从动）滚筒旋转时，滚筒装置作为活动路面，支撑被测车辆，传递动力，使车轮旋转，并在制动试验时传递制动力。

各种型号制动试验台的滚筒直径不同，一般为105~300mm；滚筒线速度为0.1~5km/h。

滚筒直径大时，轮胎在滚筒上滚动时变形小，滚动阻力小，但所需电动机功率大、体积大；滚动直径小时，则体积小，电动机功率小，但车轮滚动阻力大。为提高滚筒与轮胎间的附着系数，需对滚筒表面进行专门处理。常见的滚筒类型有：

1）开有纵向浅槽的金属滚筒。在滚筒外圆表面沿轴向开有若干间隔均匀、有一定深度的沟槽。这种滚筒的表面附着系数最高可达 0.65。在试验车轮制动抱死时，容易剥伤轮胎。当表面磨损且有油、水时，附着系数将急剧下降。

2）表面粘有熔烧铝矾土砂粒的金属滚筒。这种滚筒表面无论干或湿，其附着系数均可达 0.8。

3）表面具有嵌砂喷焊层的金属滚筒。喷焊层材料选用 NiCrBSi 自熔性合金粉末。新滚筒的表面附着系数可达 0.9 以上，其耐磨性也较好。

4）高硅合金铸铁滚筒。这种滚筒表面带槽、耐磨，附着系数可达 0.7~0.8，价格便宜。

5）表面带有特殊水泥覆盖层的滚筒。这种滚筒比金属滚筒表面耐磨，表面附着系数可达 0.7~0.8。但表面易被油污和橡胶粉末附着，使附着系数降低。

一些滚筒制动试验台在主、从动滚筒之间设置一个直径较小，既可自转又可上下摆动的第三滚筒，平时由弹簧使其保持在最高位置。而在设置有第三滚筒的制动试验台上，大都取消了举升装置。在第三滚筒上装有转速传感器，在检测时被检车辆的车轮置于主、从动滚筒上的同时压下第三滚筒，并与其保持可靠接触。控制装置通过转速传感器即可获知被测车轮的转动情况。当被检车轮制动，转速下降至接近抱死时，控制装置根据转速传感器送出的相应电信号使驱动电动机停止转动，以防止滚筒剥伤轮胎，并保护驱动电动机。第三滚筒除具有上述作用外，一些试验台上还将其作为安全保护装置，只有当两个车轮制动测试单元的第三滚筒同时被压下时，制动试验台驱动电动机的电路才能接通。

（2）驱动装置　驱动装置由电动机和减速器构成。电动机输出的转矩和转速经减速增矩后，驱动后滚筒旋转。减速器有蜗轮蜗杆-圆柱齿轮两级减速、少齿差行星齿轮减速、传动带-圆柱齿轮两级减速等多种形式。减速器外壳由两个轴承浮动安装在支架上，可以绕后滚筒中心线摆动。主动滚筒与从动滚筒由链传动连接而同步旋转。

（3）举升装置　为了便于汽车驶入、驶出制动试验台，在主、从动滚筒之间设置举升装置。该装置通常由举升器、举升平板和控制开关等组成。常用的举升器有气压式、电动螺旋式和液压式三种形式：气压式是用压缩空气驱动气缸中的活塞或使气囊膨胀完成举升作用；电动螺旋式是由电动机通过减速器带动螺母转动迫使丝杠轴向运动实现举升的；液压式是由液压油推动举升气缸中的活塞、活塞杆和举升平板完成举升的。

（4）测量装置　制动力测量装置主要由测力杠杆和传感器组成。测力杠杆一端与传感器连接，另一端与减速器壳体连接。被测车轮制动时，测力杠杆与减速器壳体将一起绕主动滚筒（或绕减速器输出轴）轴线摆动。传感器将测力杠杆传来的与制动力成比例的力（或位移）转变成电信号输送到指示与控制装置。传感器有电阻应变片式、自整角电机式、电位计式和差动变压器式等多种类型。

图 4-39 所示为测力装置和驱动装置示意图。

（5）指示与控制装置　为提高自动化与智能化程度，现代制动试验台大都采用电子控制装置。指示装置大多采用数字显示式。控制与指示装置主要由计算机、放大器、A/D 转换器、数字显示器和打印机等组成，其控制框图如图 4-40 所示。

2. 单轴反力式滚筒制动试验台的工作原理

进行汽车制动性能检测时，被测汽车驶上制动试验台，车轮置于主、从动滚筒之间，放下举升器（或压下第三滚筒，装在第三滚筒支架下的行程开关被接通）。通过延时电路起动电动机，经减速器、链传动和主、从动滚筒带动车轮低速旋转，待车轮转速稳定后，驾驶人踩下制动踏板，检测原理如图 4-41a 所示。车轮在车轮制动器的摩擦力矩 T_μ 的作用下开始减速旋转。此时电动机驱动的滚筒对车轮轮胎周缘的切线方向作用制动力 F_{x1}、F_{x2}（车轮受力分析如图 4-41b 所示），以克服制动器摩擦矩，维持车轮继续旋转。与此同时，车轮轮胎对滚筒表面切线方向附加一个与制动力反向等值的反作用力 F'_{x1}、F'_{x2}，在 F'_{x1}、F'_{x2} 形成的反作用力矩的作用下，减速器壳体与测力杠杆一起向滚筒转动相反的方向摆动，测力杠杆一端的力或位移经传感器转换成与制动力大小成比例的电信号。从测力传感器送来的电信号经放大滤波后，送往 A/D 转换器转换成相应的数字量，经计算机采集、存储和处理后，检测结果由数码管显示或由打印机打印出来。一般可以将左右最大制动力、制动力和、制动力差、阻滞力和制动力-时间曲线等一并打印出来。在制动过程中，当左右轮制动力大于某一值时，计算机即开始采集数据，采集过程所经历时间是一定的（如 3s）。经历了规定的采集时间后，计算机发出指令使电动机停转，以防止剥伤轮胎。在有第三滚筒的制动试验台上，在制动过程中，第三滚筒的转速信号由传感器转变成电信号后输入计算机，计算车轮与滚筒之间的滑移率。当滑移率达到一定值（如 20%）时计算机发出指令使电动机停转。若车轮不驶离试验台，延时电路将电动机关闭 3~10s 后又自动起动。检测过程结束后，车轮即可驶出制动试验台。

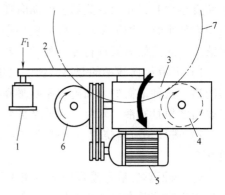

图 4-39　测力装置和驱动装置示意图
1—压力传感器　2—测力杠杆　3—减速器
4—主动滚筒　5—电动机
6—从动滚筒　7—车轮

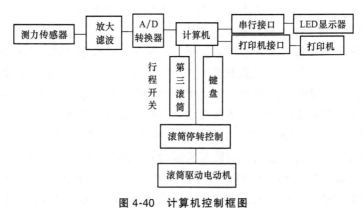

图 4-40　计算机控制框图

在测出汽车左右轮的制动力后，经控制装置计算便可直接得到左右轮的制动力差，以评价汽车是否满足制动力平衡要求。

在反力式滚筒制动试验台上检测汽车驻车制动性能的基本原理与之类似，其不同点仅在于此时汽车的制动力是由驻车制动装置产生的。

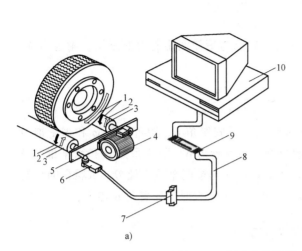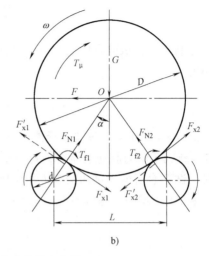

图 4-41 制动力的检测原理及车轮受力分析

a) 检测原理
1—制动力矩 2—转矩 3—测试滚筒 4—电动机
5—压力杠杆 6—压力传感器 7—信号放大单元
8—电线 9—输入/输出（I/O）电路 10—计算机

b) 车轮受力分析
G—车轮所受的载荷 ω—车轮旋转角速度
F—车桥对车轮轴的水平推力
F_{N1}、F_{N2}—滚筒对车轮的支反力
F_{x1}、F_{x2}—滚筒对轮胎的切向制动力
F'_{x1}、F'_{x2}—车轮对滚筒的切向反作用力
T_μ—制动器摩擦力矩 T_{f1}、T_{f2}—车轮的滚动阻力矩
α—安置角 D—被测车轮直径
d—滚筒直径 L—滚筒中心距

车轮阻滞力的检测是在汽车的行车和驻车制动装置均处于完全释放状态，变速器置于空档位置时进行的。此时，电动机通过减速器、链传动及滚筒带动车轮，维持稳定旋转所需的力，即车轮的阻滞力。该力的测试原理与上述相同。

制动协调时间是从驾驶人踩下制动踏板的瞬间作为起始计时点的。为此，在测试过程中，必须由驾驶人通过套装在汽车制动踏板上的脚踏开关向试验台控制装置发出一个"开关"信号开始计时，直到制动力达到标准中规定制动力的75%时的瞬间为止。这段时间即为制动协调时间，通常可以通过试验台的计算机执行相应程序来测量。

3. 反力式滚筒制动试验台的测试能力分析

图 4-41b 所示为被测汽车的车轮在反力式滚筒制动试验台的滚筒上进行制动试验时的受力情况。

根据力学平衡原理可列出下列关系式：

$$\begin{cases} F_{N1}(\sin\alpha+\varphi\cos\alpha)-F_{N2}(\sin\alpha-\varphi\cos\alpha)=F \\ F_{N1}(\cos\alpha-\varphi\sin\alpha)+F_{N2}(\cos\alpha+\varphi\sin\alpha)=G \end{cases} \quad (4-3)$$

式中 φ——滚筒与车轮表面的附着系数。

由式 (4-3) 得

$$F_{N1}=\frac{F(\cos\alpha+\varphi\sin\alpha)-G(\varphi\cos\alpha-\sin\alpha)}{(\varphi^2+1)\sin 2\alpha}$$

$$F_{N2} = \frac{G(\varphi\cos\alpha+\sin\alpha)-F(\cos\alpha-\varphi\sin\alpha)}{(\varphi^2+1)\sin2\alpha}$$

车轮制动时，试验台所能测出的最大制动力受轮胎与滚筒间附着力的限制。附着力 F_φ 的大小为

$$F_\varphi = \varphi(F_{N1}+F_{N2}) = \varphi\frac{G+F\varphi}{(\varphi^2+1)\cos\alpha} \tag{4-4}$$

由式（4-4）可知，试验台所能测出的最大制动力受安置角 α、附着系数 φ 和水平推力 F（与非测试车轮的制动性能有关）三个因素影响，当安置角 α、附着系数 φ 和水平推力 F 增加时，试验台所能提供的附着力相应增大。而安置角 α 与被测车轮直径 D、试验台的结构参数、滚筒中心距 L、滚筒直径 d 有关。当 D、d 减小，L 增大时，安置角 α 增大：

$$\alpha = \arcsin\frac{L}{D+d}$$

为了防止测试制动力时整车向后滑移，受检车轮应不脱离前滚筒，即 $F_{N1} \geq 0$，且 $F=0$，则可推得 $\sin\alpha-\varphi\cos\alpha \geq 0$，即 $\tan\alpha \geq \varphi$。若滚筒附着系数按 0.7 计算，则相应的安置角 α 约为 35°。

由以上分析可知，适当大的安置角对检测有利，但安置角并不是越大越好。因为当安置角 α 增大时，轮胎相对变形量增大，迟滞损失增加，滚筒带动车轮旋转的附加转矩增大，仪器显示值大，影响测量精度，同时会增加车轮驶离滚筒时的难度。

4. 反力式滚筒制动试验台的使用特点

1）试验台结构简单、使用方便、检测迅速、经济、安全、不受外界条件的限制，测试条件稳定，检测结果重复性较好。

2）能定量测得各车轮的制动力大小、左右轮制动力差值、制动协调时间、车轮阻滞力，因此可全面评价汽车的制动性，并给制动系统的故障诊断、维修和调整提供可靠依据。

3）不能反映防抱制动系统（ABS）的性能。主要原因是这些试验台的测试车速较低，一般不超过 5km/h，而现代防抱制动系统均在较高车速条件下才起作用，所以在上述试验台上检测车轮制动力时，车辆的防抱制动系统不起作用，只能相当于对普通的液压制动系统的检测过程，同时不能反映汽车其他系统（如转向机构、悬架）的结构、性能对制动性能的影响。

4）制动检测时，汽车没有平衡运动，不能反映汽车制动时的质心前移，是一种低速静态检测设备。

5）试验台最大测试能力受检测因素影响较大。制动试验台的滚筒直径太小，与轮胎的接触面积较道路试验时小得多，又由于试验台前后滚筒的间距不能调整，因此当装用不同直径车轮的汽车检测制动力时，较大和较小的车轮在滚筒上的附着情况有很大不同，这都会使检测结果受到影响。

5. 提高反力式滚筒制动试验台测试能力的措施

1）在车辆上增加足够的附加质量，或是加相当于附加质量的作用力。

2）在非测试车轮上加三角垫块或采取牵引方法阻止车辆移动。

3）保持轮胎及滚筒表面清洁。

四、平板式制动试验台的结构及工作原理

平板式制动试验台是一种低速动态式检测设备，检测的是各个车轮的制动力，检测制动过程与进行道路试验时的制动过程较接近。

1. 平板式制动试验台的结构

平板式制动试验台由测试平板、指示与控制系统、辅助装置、制动踏板压力传感器构成。平板式制动试验台一般除了可以检测汽车的制动性能外，还能检测悬架性能、轴荷、侧滑量，因此又称为平板式底盘检测设备。

（1）测试平板　平板式制动试验台共有6块测试平板，左右对称布置且相互独立，其两端4块平板用于制动、悬架、轴荷测试，中间两块平板用于侧滑量检测，如图4-42a所示。测试平板由面板、底板、钢球和力传感器等组成，如图4-42b所示。底板作为底座固定在混凝土地面上，面板通过压力传感器和钢球支承在底板上，且通过拉力传感器与底板相连。压力传感器用于测量作用于面板上的垂直力，拉力传感器则用于测量沿汽车行驶方向轮胎作用于面板上的水平力。

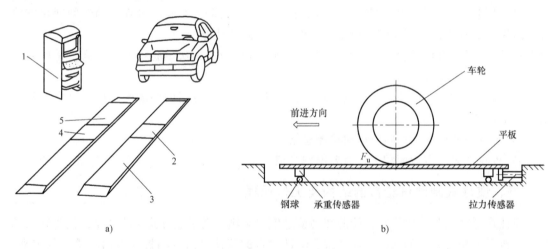

图4-42　平板式制动试验台及测试结构示意图
a）平板式制动试验台　b）测试结构示意图
1—控制柜　2、4—侧滑测试平板　3、5—制动、轴荷测试平板

（2）指示与控制装置　指示与控制装置是一个以计算机为核心的数据采集、分析、处理和显示的系统。计算机对传感器的各种信号进行高速采集，将其转换为数字信号，并对这些数字信号进行处理、计算，并判定汽车制动性能是否合格，同时还能给被测汽车驾驶人提供操作指示。

测试平板所受到的水平力和垂直力的大小变化，分别对应于拉力传感器和压力传感器所输出的电信号的变化。拉力传感器和压力传感器输出的电信号由计算机采集、处理后，换算成制动力和轮荷的大小并分别在显示装置上显示出来。制动踏板压力传感器用于测出制动时作用在制动踏板上的力，如果装用无线式制动踏板压力传感器，平板式制动试验台不仅可测出最大制动力，还可输出制动力随时间变化的曲线、制动协调时间等信息。根据垂直力的数值及在制动过程中的波动情况，还可检测汽车轴荷和悬架、减振器的性能。

（3）辅助装置　辅助装置包括前、后引板和中间过渡板，其作用是方便汽车平稳地驶上、驶下制动试验台。

2. 平板式制动试验台的工作原理

利用平板式制动试验台检测汽车制动性能时，汽车以 5~10km/h 的速度匀速驶上测试平板，置变速器于空档并紧急制动。在汽车惯性力的作用下，车轮对测试平板作用一个与车轮制动力大小相等、方向与汽车行驶方向相同的作用力 F_{xb}。该作用力通过纵向拉杆传给纵向拉力传感器，拉力传感器则将该作用力转换成相应大小的电信号输入放大器；与此同时，压力传感器将各车轮载荷的大小转换成电信号输入放大器，然后通过控制装置处理并由显示装置显示检测结果。

根据制动过程中汽车前、后车轮作用在测试平板上的垂直力的变化情况，可以判断汽车各个车轮的悬架性能。

3. 平板式制动试验台的特点

1）采用动态测试，能够考虑制动时前后轴动态载荷的变化，从而使试验结果更接近道路试验状况，并且四个车轮可以同时检测。

2）可测出最大制动力，同时还能测试各轴载荷、制动力在制动过程中随时间变化的曲线，结果真实有效，从而能够更全面地评价汽车的制动性能。

3）可制成综合性试验台，轴荷、制动、侧滑等可通过一次试验检测，提高了试验或检测效率。

4）适应各种车型的检测，结构简单、安全方便，不需专门的混凝土基础；日常维护方便、耗电量低。

5）可以在测试制动性能时同时检测悬架特性。

6）重复性差、占地面积大、需要助跑车道。

五、惯性式制动试验台的结构及工作原理

惯性式制动试验台用旋转飞轮的转动惯量模拟车辆在道路上行驶时的动能，使车辆在试验台上再现道路行驶时的状况。惯性式制动试验台的滚筒可由电动机或车辆的驱动轮驱动，能进行高速试验，因而其测试工况更接近实际情况。

1. 惯性式制动试验台的结构

惯性式制动试验台的滚筒相当于一个移动的路面，试验台上各对滚筒分别带有飞轮，其惯性质量与受检汽车的惯性质量相当，因此滚筒传动系统具有相当于汽车在道路上行驶时产生的惯性。制动时，轮胎对滚筒表面产生阻力，虽然这时驱动滚筒传动系统的动力（如电动机或汽车发动机的动力）已被切断，但由于滚筒传动系统具有一定的惯性，因而滚筒表面将相对于车轮移过一定距离。由此可见，在惯性式制动试验台上可以模拟道路制动试验工况。这种试验台的主要检测参数是各轮的制动距离，同时还可测得制动时间或减速度。

惯性式滚筒制动试验台按同时检测的轴数不同可分为单轴式和双轴式。双轴惯性式滚筒制动试验台的结构如图 4-43 所示。

2. 惯性式制动试验台的工作原理

试验时，被测汽车驶上试验台后，前、后滚筒组之间的距离可用液压缸 17 调节，调节后用夹紧液压缸 18 锁紧。汽车发动机的动力经驱动轮驱动后滚筒组旋转。左右主动滚筒用

第四章 汽车底盘技术状况检测与诊断

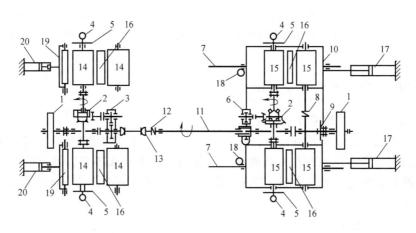

图 4-43 双轴惯性式滚筒制动试验台的结构

1—飞轮 2—传动器 3、6—变速器 4—测速发电机 5、9—光电传感器 7—可移动导轨 8、12—电磁离合器 10—移动架 11—传动轴 13—万向节 14—后滚筒 15—前滚筒 16—举升托板 17—移动架驱动液压缸 18—夹紧液压缸 19—第三滚筒 20—第三滚筒调节液压缸

半轴与传动器 2 相连，并经变速器 3、万向节 13、电磁离合器 12、传动轴 11、变速器 6、传动器 2 带动前滚筒及汽车前轮一起旋转。此时，根据被测车辆行驶时的惯性等效质量配置的飞轮 1 也一起旋转。当达到试验转速时，断开连接各滚筒的电磁离合器，同时紧急制动。车轮制动后，滚筒飞轮依靠惯性继续转动，滚筒能转动的圈数与滚筒圆周长之积相当于车轮的制动距离。在规定试验车速下，滚筒能转动的圈数取决于车轮制动器和整个制动系统的技术状况。滚筒转动圈数由装在滚筒端部的光电传感器 5 转变为电脉冲送入计数器记录，在滚筒的端部还装有测速发电机 4 测定试验车速。利用装在惯性式制动试验台滚筒一端的测速传感器（光电式或测速发电机式）测出制动过程中的速度变化，由制动时间和速度变化可换算得到制动减速度。为防止汽车制动时向后窜出，在后滚筒组后装有第三滚筒 19。

利用惯性式制动试验台动态检验汽车的制动性能时，其试验条件接近汽车的实际行驶条件，具有能在任何车速下进行汽车制动性能检测的优点。但这种试验台旋转部分的转动惯量较大，因而其结构较复杂，占地面积大，且检验的车型范围受到一定限制，所以应用范围不如反力式制动试验台广泛。

六、汽车轴荷的检测

轴荷也称轴重，在汽车性能检测中，轴荷的检测并不是一个单独的检测项目。通过台架试验用制动力作为指标检测汽车的制动性能时，是以轴制动力占轴荷的百分比来进行评价的，这对总质量不同的汽车来说是比较客观的标准。因此，为评价汽车的制动性能，除了设置汽车制动试验台外，还必须配备汽车轴荷试验台。有些复合式滚筒制动试验台装有轴荷测量装置（此时，可不配置轴荷试验台），称重传感器（应变片式）通常安装在每一个车轮测试单元框架下的 4 个支承脚处。轴荷试验台用于分别测定汽车各轴的垂直载荷，在制动检测时，提供计算汽车各轴及整车的制动效能时所需的轴荷数据。

轴荷仪可以分为机械式和电子式两类。电子式轴荷仪配有智能化仪表，因其功能强大、精度高而得到广泛应用。

轴荷仪主要由框架和承重台面及电子仪表组成。承重台面四角分别固定压力应变传感器。当传感器受到压力时，电阻应变片的阻值发生变化，从而能够输出与所受压力成正比的电压信号。

七、气压和液压制动系统故障诊断

（一）气压制动系统故障诊断

汽车气压制动系统在使用过程中，由于机件磨损或损坏，制动效能会下降，下降超过限度，将危及行车安全。气压制动系统故障主要是制动管路接头不严，管道破裂、扭曲、凹瘪、堵塞或制动软管老化通气不畅。常见故障有制动不灵、制动跑偏、制动拖滞、制动不稳和制动失效等。

1. 主要部件的故障

（1）**空气压缩机** 空气压缩机是产生气源的装置。常见的故障有：气缸盖变形；出气室积炭过多，出气管接头积炭堵塞；出气阀与阀座密封不良或阀片弹簧过软；空气滤清器滤网堵塞，或壳与盖接触且压紧严重；带轮槽磨损过度使传动带滑转；活塞及活塞环与缸壁磨损过度等。

（2）**制动阀** 制动阀有多种形式，主要故障是：阀门有积存物粘附或关闭不严；各种弹簧的弹力不符合技术条件要求或弹簧损坏；运动部件卡滞，膜片损坏、变形；制动阀壳体上有裂纹或壳体变形等。

（3）**制动气室及调整臂** 常见故障有：膜片破裂；推杆外露过长；制动软管老化鼓胀或破裂；弹簧严重变形、定位钢球及弹簧失效；制动气室的壳体盖有裂纹，顶杆孔磨损过度等。

（4）**制动器** 常见故障有：制动蹄翘曲，制动蹄回位弹簧过软或过硬；制动蹄摩擦片与制动鼓接触的面积太小或趋于中间部位或表面有油污、硬化、铆钉外露、质量不佳，偏心调整不当；制动鼓磨损失圆或鼓壁过薄；制动蹄销调整螺钉调整不当等。

2. 制动不灵故障诊断

（1）**故障现象** 汽车在减速或停车踩制动踏板时，减速度明显不足。紧急制动时，不能很快停车，制动时间和距离过长。停车观察时，地面没有轮胎拖印迹或拖印迹很短。

（2）**故障原因** 制动踏板自由行程过大；储气筒气压不足；制动系统漏气或管路堵塞；制动阀调整不当或工作不良；车轮制动器调整不当或工作不良。

（3）**故障诊断与排除**

1）首先检查制动踏板的自由行程是否合适（一般为 10~15mm），若过大，应按规定值进行调整。

2）若制动踏板自由行程合适，应起动发动机查看气压表压力值是否合适。若发动机运转数分钟后，压力仍很低，此时应熄火检查气压。若气压不断下降，说明有漏气部位，通过听声音可查出漏气部位。若没有漏气声音，再检查风扇传动带和压缩机传动带是否因过松或破裂老化而滑转。若正常，应拆下空气压缩机出气管进行试验，若出气孔泵气有力，表明管路堵塞，若无泵气压力，则表明空气压缩机有故障。

3）若气压表读数不低，将制动踏板踩到底，观察气压表读数能否瞬时下降 49kPa 左右，若下降过小，说明制动阀调整不当或其工作不良。在将制动踏板踩住时，气压表读数下降并有漏气声,说明制动阀到制动气泵间的管路有漏气处。

4)当踩下制动踏板时气压表读数下降正常,说明车轮制动工作不正常。此时应重新调整车轮制动器,若故障排除,说明车轮制动器调整不当;若调整后故障仍未排除,则进一步检查是否制动气室的推杆伸张行程过小、制动凸轮缺油或锈死、制动蹄摩擦片工作不良、制动鼓不圆或起槽等。

3. 制动跑偏故障诊断

(1) **故障现象** 制动时,汽车运动方向发生偏斜;紧急制动时,方向急转或车辆甩尾。

(2) **故障原因** 制动跑偏主要由两侧车轮的制动力或制动时间不一致所致,具体原因:左右车轮摩擦片与制动鼓间隙不均;部分车轮的摩擦片有油、硬化或铆钉头露出;左右车轮摩擦片材料不一致,或接触不良;某个车轮制动凸轮轴被卡住,或调整不当时凸轮转角相差过大,回位弹簧变软、损坏等;某个车轮制动气室膜片硬度不同,推杆外露不等,或伸张速度不等;某制动软管通气不畅;两前轮轮胎气压不一致,两前轮钢板弹簧弹力相差过多,或车架及前轴变形严重等;前轮负前束,前轮定位不当;感载比例阀故障。

(3) **故障诊断与排除**

1)应首先进行道路试验。进行紧急制动试验,若两侧车轮拖印基本一致,而在不踩制动踏板时也出现跑偏的现象,则应检查左右车轮的轮胎气压、花纹和磨损程度是否一致,检查前悬架弹簧是否有折断或弹力不等现象,检查前后桥的轴距是否一致,检查车架是否变形。

2)若在汽车制动时,忽而向左跑偏,忽而向右跑偏,则应测量前束,若前束不符合规定,应进行调整;检查转向横直拉杆球头销是否松旷,若松旷,则说明球头销调整过松或磨损严重,应进行调整或更换。

3)若制动时各车轮拖印不一致,汽车向一侧跑偏,则另一侧车轮制动力不足或制动过晚。可在踩制动踏板的同时,检查该车轮制动气室的工作状况。若制动气室有漏气声,说明膜片破裂、气管或接头漏气。检查推杆伸缩情况,若推杆弯曲或卡滞,应进行修理。

4)若制动气室工作状况良好,应检查制动器。若制动器间隙过大,应进行调整;若制动蹄摩擦片上有油污,应进行清洗。

5)经上述检查正常,但仍制动跑偏,则应拆卸检修车轮制动器。检查制动蹄摩擦片状况,若摩擦片磨损严重、硬化或铆钉外露,应进行更换;检查制动蹄回位弹簧的状况,若有折断或弹力减弱,应进行更换;测量制动鼓的圆度和圆柱度,若已超差,应镗削。检查制动臂和制动蹄的转动是否灵活,若有卡滞现象,应进行润滑。

6)若在制动时车辆出现甩尾现象,应检查感载比例阀是否故障。

4. 制动失效故障诊断

(1) **故障现象** 汽车行驶中进行制动时不能减速或停车;在进行一次或几次制动后,制动突然不起作用。

(2) **故障原因** 空气压缩机损坏,空气压缩机传动带断裂或传动带严重滑转,空气压缩机至储气筒或储气筒至制动控制阀间的管路或接头漏气;制动踏板至制动控制阀间的拉臂脱落,制动踏板自由行程过大;制动控制阀推杆卡住;制动器内进水且没有及时排水。

(3) **故障诊断与排除**

1)首先检查气压表有无指示及储气筒内有无压缩空气。若气压表指示值为零且储气筒内无压缩空气，则应拆下空气压缩机的出气管，起动发动机，检查空气压缩机的压气情况。若空气压缩机不压气，则应检查传动带是否断裂、滑转；检查进气阀密封是否良好、弹簧是否折断、松压阀是否失效。若空气压缩机工作良好，则应检查空气压缩机至储气筒、储气筒至制动控制阀间的管路是否漏气。

2）若气压表指示正常，储气筒内有压缩空气，则应检查制动控制装置。踩下制动踏板，若气压表读数不下降或下降很小，则应检查制动踏板与制动阀拉臂是否脱落、制动踏板自由行程是否过大、制动阀推杆是否卡住。

3）若涉水后突然制动失效，则故障是由制动器进水而没有及时排除干净所导致的。

(二) 液压制动系统故障诊断

1. 主要部件的故障诊断

(1) **制动踏板自由行程的调整** 发动机停止时，踩制动踏板 2~3 次，消除制动助力器内的残余真空度。然后，踩下制动踏板，直到感觉有明显阻力（推动助力器阀）为止。此时，制动踏板的行程即为自由行程。

制动踏板自由行程应符合要求。自由行程过大，说明制动助力器推杆与制动主缸活塞间隙过大，反之则说明间隙过小或行车制动灯开关调整不当。

(2) **制动储液罐液面检查与调整** 应保证制动主缸储液罐有足够的制动液。当制动液面过低时，储液罐中的液面传感器会及时发出警告。加注制动液时需注意，旋开储液罐盖前，先要进行清理，以免尘土进入储液罐，储液罐的加注量不得超过最高加注液面，加注后拧好旋盖。

(3) **真空助力器的检查**

1）真空助力器的一般检查。

① 发动机静止状态下，踩下制动踏板并保持其位置不变。起动发动机后，若制动踏板高度无变化，则真空助力器不起作用。若真空助力器良好，发动机起动后，制动踏板应进一步下沉。

② 发动机运转状态下，踩下制动踏板并保持其位置不变，停止发动机，30s 内制动踏板高度若有变化，则真空助力器可能有漏气处。

2）真空助力器的深入检查。将真空表通过真空软管与发动机真空接头连接。

① 未制动时检查密封性，起动发动机，当真空表读数达到约 65kPa 时，发动机熄火。等待约 30s，观察真空表读数的下降情况，如果下降值超过 3kPa，则说明密封性不良。

② 制动时检查密封性，起动发动机，以 200N 的力踩下制动踏板，当真空表读数达到约 65kPa 时，发动机熄火，等待约 30s。观察真空表读数的下降情况，如果下降值超过 3kPa，则说明密封性不良。

3）真空助力器性能检测。

① 无助力作用的情况。停止发动机，待真空表读数为零时，以 100N 的力踩下制动踏板，制动管路压力表的读数应在 0.2MPa 以上，当踩制动踏板的力为 300N 时，压力表读数应在 2MPa 以上。

② 有助力作用的情况。起动发动机，当真空表的读数达到 65kPa 时，以 100N 和 300N 的力分别踩下制动踏板，压力表读数的标准值分别为 2.8~4.3MPa 和 9.83~11.33MPa。

(4) **真空增压器的检查** 真空增压液压制动系统以真空增压器作为制动助力装置。检查前，首先检查真空增压器的外部，调好制动间隙，排尽液压管路中的空气，并检查各部分管道是否漏油、漏气和损坏。检查方法如下：

1) 起动发动机，直到进气管有足够的真空度后，踩下制动踏板，测出并记下制动踏板至驾驶室底板之间的距离。将发动机熄火，并将制动踏板踩下和松开数次，直到气压缸内的真空度为零时，再用同样的方法踩下制动踏板，测出上述距离。若两次测得的距离没有差别，说明真空增压器工作不良。

2) 在发动机工作但不踩制动踏板时，若真空增压器空气滤清器侧的进气口有吸力，表明增压器控制阀的空气阀漏气；当不踩制动踏板时无吸力，但踩制动踏板时有吸力，说明增压器控制阀的作用良好。

3) 起动发动机，踩下制动踏板，拔出真空增压器后面的橡皮塞，用手捂住加油口，如果感到有吸力，说明可能是控制阀的真空阀漏气、控制阀膜片破裂或加力气室膜片破裂。

（5）**制动主缸的检查**　检查之前用制动液或酒精对零件进行清洗。

1) 主缸缸体与活塞检查。检查缸体与活塞有无磨损、刮伤、锈蚀等，存在上述缺陷时应予更换；缸体与活塞的配合间隙超过极限值（如 BJ1041 轻型汽车的此间隙使用极限是 0.2mm）时也应更换。主缸的补偿孔和回油孔若有堵塞，可用压缩空气疏通。

2) 活塞回位弹簧检查。弹簧过软、变形、折断应更换。

3) 橡胶件及其他零件检查。活塞皮碗、密封圈、进出油阀等橡胶件的配合面磨损、开裂、膨胀等，应予更换。其他零件若有损坏、变形时同时更换。

（6）**盘式制动器的检查**　将盘式制动器拆卸分解后，进行制动盘、摩擦块及制动钳的检查。制动盘不应有裂纹或凹凸不平现象。检查制动盘厚度时，可用游标卡尺或千分尺直接测量。在制动盘的 4 个点或更多点测出制动盘的厚度，以检查制动盘的厚度偏差。厚度变化大于 0.01mm 的制动盘，制动时会导致制动踏板抖动和前端振动。

检查制动盘轴向圆跳动可用百分表进行。轴向圆跳动量应不大于 0.06mm。不符合要求的制动盘可进行机械加工修复（加工后的厚度不得小于规定值）或更换。

摩擦块的厚度小于规定极限值（桑塔纳 2000GSi 轿车的摩擦块厚度极限值为 7mm）时，必须更换新的摩擦块。

检查活塞和缸筒间隙，若间隙大于规定值，或缸筒壁有较深划痕，应更换制动钳总成。

（7）**鼓式制动器的检查**

1) 制动鼓的检查。测量制动鼓内径和圆度误差，在不影响使用的情况下，允许有轻微的擦伤和细小沟痕。若圆度误差超过规定值，应在车床或制动鼓镗削机上进行镗削，更换新摩擦片时应检查制动鼓的内径，当磨损量超过规定值时应更换新件。

2) 摩擦片检查。检查制动蹄摩擦片有无伤痕、磨损、开裂或因过热而烧焦变质，有上述缺陷时应予修理或更换；检查磨损是否超限、有无被制动液或油污污损，若有应更换新件。测量铆钉头沉入摩擦片表面的深度，若小于规定值，则应更换。更换摩擦片时可以连同制动蹄一起更换，也可只换摩擦片。修理或更换摩擦片后应检查摩擦片与制动鼓的贴合面面积，此值应较大，且两端接触较重，中间较轻，这样制动效果较好。

3) 制动轮缸检查。检查橡胶皮碗是否完好，轮缸有无泄漏。皮碗有工作刃口磨损、开裂等损伤时应予更换；缸壁有拉伤、锈蚀、内部磨损、放气螺钉密封锥面损伤，螺孔、螺栓、螺牙磨损、乱牙等应更换；缸体内部磨损超过极限值时应更换；活塞有拉伤、锈蚀及磨损过量，与缸体配合间隙超过极限值时应更换；活塞弹簧弹力不足或折断时应更换。

2．液压制动系统常见故障诊断与排除

当液压制动系统的操纵机构调整不良、管路泄漏、制动器间隙调整不当或有关零部件损坏时，就会发生制动失效、制动不灵、制动跑偏、制动拖滞及出现噪声等。

（1）制动失效

1）故障现象。制动踏板踩到底（无论踩一次，还是连续踩多次）时，各车轮均无制动作用。

2）故障原因。

① 制动踏板至制动主缸的连接松脱。

② 制动储液室无制动液或制动液严重不足。

③ 管路泄漏产生制动液压力损失，使制动分泵的作用大大降低。泄漏时间过长，油量损失过大。

④ 制动主缸皮碗破裂。

3）故障诊断与排除。首先踩制动踏板进行检查，根据踩制动踏板的感觉，检查相应的部位。

① 若制动踏板与制动主缸无连接感，说明制动踏板至制动主缸的连接松脱，应检查并修复。

② 踩下制动踏板时，若感到很轻，稍有阻力感，则应检查制动主缸储液室内制动液是否充足。若制动主缸储液室内无制动液或制动液严重不足，应添加制动液至规定位置。再次踩下制动踏板时，若仍没有阻力感，则应检查制动主缸至制动轮缸的制动软管或金属管有无断裂漏油。

③ 踩下制动踏板时，虽然感到有一定的阻力，但制动踏板位置不能保持，明显下沉，则应检查制动主缸的推杆防尘套处是否有制动液泄漏。

若有制动液泄漏，说明制动主缸皮碗破裂；若车轮制动鼓边缘有大量制动液，则应检查制动轮缸皮碗是否压翻、磨损是否严重。

（2）制动拖滞

1）故障现象。抬起制动踏板后，全部或部分车轮的制动作用不能立即完全解除，以致影响了车辆重新起步、加速行驶或滑行，且行驶阻力大，制动鼓发热。

2）故障原因。

① 制动踏板无自由行程，制动踏板拉杆系统不能回位。

② 制动总缸回位弹簧折断或失效。

③ 制动总缸回油孔被污染物堵塞，密封圈发胀或发黏与泵体卡住。

④ 通往轮缸的油管凹瘪或堵塞。

⑤ 制动盘摆差过大。

⑥ 前制动器密封圈损坏，造成活塞不能正常复位。

⑦ 前、后制动器轮缸密封圈发胀或发黏，与泵体卡住。

⑧ 鼓式制动器制动蹄回位弹簧折断或过软。

⑨ 鼓式制动器制动蹄摩擦片破裂或铆钉松动。

⑩ 鼓式制动器制动鼓严重失圆。

3) 故障诊断与排除。

① 将汽车支起，在未踩制动踏板的情况下，用手转动车轮，若某一车轮转不动，说明该轮制动器拖滞；若全部车轮都转不动，说明全部车轮制动器拖滞。

② 若部分车轮制动器拖滞，首先旋松该轮制动轮缸的放气螺钉，若制动液急速喷出，随即车轮能旋转自如，说明该轮制动管路堵塞，制动轮缸未能回油，应更换。若车轮仍转不动，则拆下车轮，解体检查制动器。

对于盘式制动器：检查制动盘的轴向圆跳动量，若误差过大，应磨削或更换；拆检制动轮缸，若轮缸活塞卡滞或密封圈损坏，应更换。

对于鼓式制动器：检查制动蹄摩擦片状况，若摩擦片破裂或铆钉松动，应更换摩擦片；检查制动器间隙自调装置，若有损坏，应更换；检查制动鼓状况，若制动鼓圆度误差过大，应镗削或更换；检查制动蹄回位弹簧，若折断或弹力减弱，应更换；检查制动轮缸，若轮缸活塞卡滞或密封圈损坏，应更换。

③ 若全部车轮制动器拖滞，则首先检查制动踏板自由行程是否符合要求，若自由行程过小，应调整；检查制动踏板的回位情况，用力将制动踏板踩到底并迅速抬起，若制动踏板回位缓慢，说明制动踏板回位弹簧失效或制动踏板轴卡滞，应更换或修复。检查制动主缸的工作情况，打开制动液储液罐盖，连续踩制动踏板，观察制动主缸的回油情况。若不回油，则说明制动主缸回油孔堵塞，应清洗、疏通；若回油缓慢，说明制动液过脏或变质，应更换。

（3）制动效能不良

1) 故障现象。汽车行驶中踩下制动踏板时，不能产生足够的制动力，制动减速度小，制动距离过长。

2) 故障原因。

① 制动踏板自由行程过大，或制动踏板卡滞。

② 制动储液罐内液位过低或管路有渗漏现象。

③ 制动液过脏，制动管路堵塞。

④ 制动总泵或制动管路内有大量空气。

⑤ 制动总泵活塞磨损严重、卡住或皮碗渗漏。

⑥ 制动器间隙过大，摩擦片沾有油污或自调装置失效。

3) 故障诊断与排除。

① 检查和调整制动踏板行程。

a）制动踏板总行程的调整：桑塔纳汽车规定制动踏板总行程应在 180mm 以上，若小于规定值，应调整连接叉，通过改变真空助力器推杆长度使制动踏板总行程达到规定值。

b）制动踏板自由行程的调整：使发动机熄火，踩几次制动踏板，使真空助力器失去真空作用。用手压下制动踏板，直至感到有阻力，此时压下的距离为制动踏板自由行程。自由行程应符合要求，若不符合要求，应首先排除真空助力器推杆与总泵之间的间隙（旋动推杆调整螺栓），放尽系统内空气，再将自由行程调至规定值。

② 检查制动液液面高度及系统有无渗漏现象。检查制动主缸、轮缸、管路及接头各部，若有渗漏应予以修复，并向储液罐中注满制动液。

③ 若上述各项均正常，但制动力仍不足，则应检查主缸进油孔、补偿孔、通气孔是否

畅通。若被堵塞，应予以排除。若各孔均畅通，则应检查主缸出油阀、回油阀是否密封不严，或是主缸回位弹簧预紧力过小等，若是，应更换新件。

④ 液压系统的排气。若排除上述故障后，制动力仍然不足，可在怠速时连续踩下制动踏板2~3次，若制动踏板位置随之逐渐升高（踩下时有软绵、似有弹力的感觉），则表明系统内进入了空气，应按下述方法进行排气。

使发动机怠速运转，旋松轮缸放气螺钉，将软管通入容器内，连续踩下制动踏板数次，使制动踏板位置一次比一次增高，直到踩不动为止，并踩住不放松。旋松放气螺钉1/2~3/4圈，待空气随制动液一同流出后再旋紧放气螺钉。如此反复数次，直至流出的制动液中无气泡为止。各轮缸放气顺序是：右后轮—左后轮—右前轮—左前轮。流出的制动液应收集在容器内，放气螺钉的拧紧力矩为7~10N·m。

⑤ 若踩下制动踏板时感到很"硬"，而制动效能不良。可能是制动液黏度过大或管路不畅（如管路内壁油垢积存过厚，油管凹瘪），若是，应予以更换；若不是，则应检查真空助力器是否工作不良或失效。

⑥ 制动器的检查。若上述部位及真空助力器等机构均正常，则应检查制动器，若出现制动间隙过大、磨损过量、油污、损坏等现象，应予以拆检、清洗、更换。前轮制动块的厚度应不小于7mm（包括底板），制动间隙一般单边为0.05~0.15mm；后轮制动器摩擦片的厚度标准值为5.0mm，磨损极限为2.5mm（不包括底板厚度）。注意，磨损超过极限必须更换。

⑦ 故障排除后，应在制动试验台进行测试。进行制动试验时，在制动力增长的全过程中，左右轮制动力的差与该车左右轮中制动力大者之比：前轴不得大于20%，后轴不得大于24%，进行制动力检测时，车辆各轮的阻滞力均不得大于该轴荷的5%。

八、防抱制动系统故障诊断

汽车防抱制动系统（ABS）是汽车上的一种主动安全装置。其作用是在汽车制动时防止车轮抱死，以缩短制动距离，提高汽车制动过程中的方向稳定性和转向控制能力，改善汽车的行驶安全性。车轮抱死会使制动距离变长，方向稳定性变差，失去转向控制能力，因此制动时应避免车轮抱死。汽车上采用ABS的目的就是避免制动时车轮抱死，将滑移率控制在10%~30%，在此范围内既有最大的纵向附着系数，使制动距离最短，又有较大的横向附着系数，以获得较好的横向稳定性和转向控制能力。

1. ABS故障检测与诊断的一般程序

ABS故障检测与诊断的一般程序如图4-44所示。

2. ABS故障检测与诊断的基本方法

（1）**初步检查** 初步检查是在ABS出现明显故障或感觉系统工作不正常时首先采用的检测方法。主要内容包括直观检查和试车检查。

1）直观检查。

① 检查驻车制动是否完全释放。

② 检查制动储液罐液面是否符合规定。

③ 检查所有的制动管路有无损坏变形和泄漏迹象。

④ 检查ABS的所有熔丝、继电器是否完好，导线是否破损，插座是否牢固。

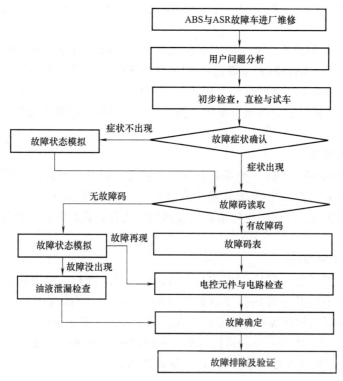

图 4-44　ABS 故障检测与诊断的一般程序

⑤ 检查蓄电池容量和电压是否符合规定，正负极导线的连接是否可靠。

⑥ 检查 ABS ECU、车轮转速传感器、电磁阀体、制动液面指示灯开关导线插头、插座和导线连接是否良好。

⑦ 车轮转速传感器的传感头与齿圈顶间的间隙是否符合规定，传感器头有无脏污。

⑧ 检查电路连接处是否腐蚀、损坏、松脱或接触不良，ABS 的各接地线搭铁是否可靠。

⑨ 检查轮胎规格、磨损情况、气压是否符合要求。

⑩ 检查车轮转动有无阻滞，轮毂轴承间隙是否正常。

2）试车检查。通过道路试验检查，评价汽车的制动性能及 ABS 的工作情况，并确认故障症状。试车检查的方法是先以 30km/h 的车速减速制动使其停车，然后以 40km/h 的车速紧急制动，观察制动过程中发生的现象。

① 根据故障指示灯判断故障。正常情况下，在点火开关置于 ON 位置时，ABS 故障指示灯应闪亮 4s 时间再熄灭，而制动指示灯不亮；当点火开关置于 ON 位置而起动发动机时，两个灯均应亮，起动完毕，制动指示灯应立即熄灭，而 ABS 故障指示灯应点亮 4s 左右。

在试车期间及停车过程中，两个灯均应保持熄灭。若任一指示灯亮，则应注意引起指示灯变亮的条件。若 ABS 故障指示灯点亮，则表明 ABS 有故障；若制动指示灯点亮，则表明常规制动系统存在故障，如液位过低等。

② 根据制动的轮胎印迹判断故障。试车紧急制动时，若在路面上留下拖印痕迹，则说明 ABS 存在车轮抱死故障。

③ 根据制动时汽车的方向稳定性判断。试车时减速制动，汽车直线行驶，而紧急制动

时有跑偏甚至侧滑现象,则说明 ABS 存在故障;若试车时减速制动,有跑偏现象,多为常规制动系统故障。

④ 根据制动踏板的感觉判断故障。发动机起动后,踩下制动踏板,制动踏板有反弹现象,说明 ABS 在工作,制动踏板反弹是由 ABS 油泵运转时,储液罐油液被压抽到制动主缸引起的。试车时,当踩下制动踏板时,感到有轻微的振动现象,表明 ABS 在工作,制动踏板振动是由制动系统轮缸的油压经历减压—保压—增压的循环过程引起的。否则,说明 ABS 有故障。

(2) 故障自诊断法

1) 故障自诊断功能。ABS 一般都具有自诊断功能,ECU 工作时能对自身和系统中的有关电气元件进行测试。若 ECU 发现系统中存在故障,则点亮 ABS 警告灯,使 ABS 停止工作,恢复常规制动性能,同时将故障信息以代码的形式存入存储器,供检修时调出,以便查找故障。

2) 故障码的读取方法。

① 跨接自诊断端子法。部分 ABS 中设有自诊断插座,维修人员可按规定的方法跨接插座中的相应端子或采用其他方法,然后根据 ABS 警告灯、跨接线中的发光二极管或 ABS ECU 上的发光二极管的闪烁规律,读取故障码,确定故障的基本情况。

② 专用诊断仪法。借助专用诊断仪读取故障码时将专用诊断仪与 ABS 故障诊断通信接口相连,按照一定的操作规程,通过与 ABS ECU 双向通信,从专用诊断仪的显示器或指示灯上显示故障码。

汽车故障电子控制单元诊断仪不仅能读出和清除故障码,还可以向 ABS ECU 传输控制指令,对 ABS 的工作进行模拟,对电控系统进行诊断测试,确定故障部位及故障性质。目前,有的汽车只能用专用诊断仪才可以读取 ABS 的故障码或进行故障诊断。

③ 信息显示系统法。部分汽车仪表板上具有驾驶人信息系统,即中心计算机系统,检修人员可以按照一定的自检操作程序,从信息显示屏上显示 ABS 的故障码或故障信息。

(3) 快速诊断法　快速诊断法一般在自诊断基础上,利用专用仪器或万用表等,对系统电路和元器件进行连续测试,以查找故障。

1) 利用 ABS 诊断测试仪进行测试。ABS 常规电路参数测试仪可对 ABS 的传感器、执行器等有关参数进行测试。测试仪上有程序选择开关、指示灯、数字屏等,采用该测试仪时需有万用表配合使用,将测试仪连接到汽车的 ABS ECU 上,然后按使用说明书规定的操作程序和步骤进行测试。根据测试仪显示的简明故障信息,按照故障诊断表,即可判断故障原因,并决定处理方法,如图 4-45 所示。

2) 利用接线端子盒进行快速测试。一

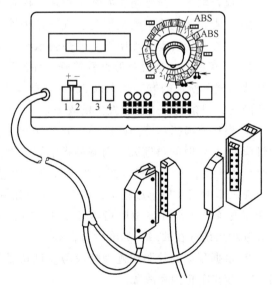

图 4-45　利用 ABS 诊断测试仪测试

第四章 汽车底盘技术状况检测与诊断

一般 ABS ECU 线束插头不易接近，加之线束插头上的端子一般又没有标号，测试 ECU 端子比较困难，且测试结果不够准确，又会使端子变形或损坏，特别是当向某一端子加入电压时，如果操作失误还可能引起系统中的电气元件损坏，为此常采用接线端子盒进行测试。

如果测试 ABS 的性能，可将 ABS 线束插头从 ECU 插座上拔下，使线束插头与接线端子盒的插头相连接。此时，接线端子盒上的 35 个端子（测试点）标号与 ABS 线束插头端子编号一一对应。测试接线端子，就相当于测试 ABS 线束插头的相应端子。此时用万用表对各测试点进行测试非常方便，也可快速查出故障，如图 4-46 所示。

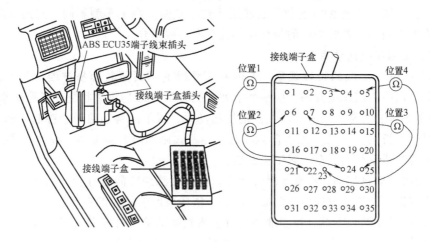

图 4-46 接线端子盒的使用

如果要测试 ABS 右前轮轮速传感器的性能，可根据快速查表法，用万用表欧姆档对接线端子盒上的端子 7 与 25 进行测试。如果测量结果在 800~1400Ω 之间，一般说明传感器正常。否则，说明传感器有断路或短路故障，应对传感器进行进一步检查。

3）用专用万用表检测。如图 4-47 所示，在没有诊断测试仪和接线端子盒的情况下，为了查出故障部位和原因，也可直接用万用表对 ABS ECU 的线束端子进行测试。用这种方法测试，速度比较慢，而且要求测试人员对 ABS ECU 各端子的位置、名称比较熟悉，测试时应使用高阻抗万用表。

4）利用 ABS 故障警告灯诊断。如图 4-48 所示，通过读取故障码和快速检查，一般都

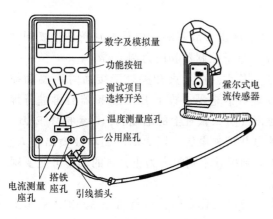

图 4-47 用专用万用表检测

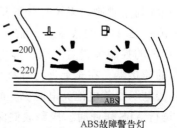

图 4-48 ABS 故障警告灯

能准确地诊断出故障部位及原因。在实际应用中，还经常利用故障警告灯进行诊断，即通过观察仪表板上的ABS故障警告灯和红色制动警告灯的闪亮规律，进行故障判断。

通常情况下，在点火开关接通时，黄褐色ABS故障警告灯应闪亮，此时如果制动液不足，红色制动灯也会点亮；蓄能器压力低于规定值、驻车制动未释放时，红色制动灯不会点亮；当蓄能器压力、制动液液面符合规定且驻车制动完全释放时，红色制动灯应该熄灭。在发动机起动的瞬间，ABS故障警告灯和红色制动灯都应亮；发动机起动后，两个警告灯应先后熄灭。汽车行驶过程中，两个警告灯都不应闪亮。情况如上所述，一般可以说明ABS处于正常状态，否则，说明ABS有故障或液压系统不正常。由于车型不同，采用ABS的形式不同，电路也不相同，其警告灯的闪亮规律也会有一些差异。

3. ABS故障诊断时注意事项

（1）**装备ABS车辆的特殊现象** ABS在工作时有些现象较容易被误认为有故障，因此，在汽车使用中、汽车维修前，应清楚下列情况属于ABS的正常状况或特殊现象。

1）制动踏板有升降。一些汽车在发动机起动时，踩下的制动踏板会弹起，而在发动机熄火时，制动踏板则会下沉。这对于ABS的变容积式制动压力调节器，在ABS控制液压取自助力转向器液压系统的汽车上属于正常现象。

2）制动时转向盘振动。在制动时转动转向盘，会感到转向盘有轻微的振动。这也是由制动压力调节器控制液压与助力转向器共用一个液压泵所引起的正常反应。

3）制动时制动踏板下沉。在制动中有时会感到制动踏板有轻微下沉。这是由制动轮缸高速收放时，高压的制动液被频繁挤压而产生的，并非故障现象。

4）制动时制动踏板振动。在制动时，感到制动踏板有轻微的振动，这是ABS起作用的正常现象。

5）ABS故障警告灯偶尔亮起。汽车在行驶中有时会出现ABS故障警告灯亮起，但过后又很快熄灭的现象。这是汽车在高速行驶中急转弯或遇到冰滑路面，出现了车轮滑转现象；ABS起作用，但在积雪或是砂石路面上制动距离过长，这是ABS产生保护动作所引起的，并非电子控制系统有故障。

6）车轮有完全抱死现象。在紧急制动时，出现了车轮被抱死时留下的拖印。如果是制动后期短而淡淡的拖滑印痕，则属于正常情况。因为在车速小于10km/h时，ABS将不起作用，制动力完全由制动踏板力控制而使车轮抱死。

（2）**注意事项**

1）ABS与常规制动系统是分不开的。当制动系统出现故障时，应首先判断是常规制动系统的故障还是ABS的故障。不能只关注传感器、电子控制器和压力调节器。

2）ABS的控制装置对电压、静电非常敏感。因此，在点火开关处于接通时不要插拔ABS线路的插接器。在车上进行焊接作业时，要戴好静电器，拔下ECU插接器后再进行焊接。用外接电源给蓄电池充电时，要断开蓄电池正（负）极柱上的电缆线，以免损坏ECU。

3）进行ABS作业时，应释放储液器中的压力并切断电源，以免高压制动液喷出伤人。卸压方法是：关闭点火开关，反复踩制动踏板，直到感觉不到阻力为止，有的车型可能要踩三四十下，以便彻底排出系统内的压力。

4）ABS的ECU对高温环境很敏感。对汽车进行烤漆作业时，应将ABS的ECU从车上拆下来，防止被高温损坏。

5）注意传感器的保护，拆卸时，不要碰撞和敲击传感器头和齿圈，防止损坏和变形；安装时，位置要正确适当；避免沾染油污或其他脏污，必要时可涂上一薄层防锈油，保护其不被损坏。

6）注意各插接件连接可靠，这是因为大多数 ABS 的电气故障并不是元件失效所致，主要是连接不良或脏污所致。

7）更换轮胎时，应选用生产厂家推荐的轮胎。更换 ABS 制动管路或橡胶件时，应按规定使用标准件，以免管路破损使制动突然失灵。

8）大多数 ABS 中的轮速传感器、电子控制装置和压力调节器都是不可修复的，若发生损坏，则应选用本车型高质量的配件，以确保维修质量；对制动系统进行维修后，或者使用中感到制动踏板变软时，应排除制动系统中的空气。

4. 制动液的更换和制动系统排气

装用 ABS 的车辆的制动失效或异常时，与普通制动系统相同，也应从检查制动主缸内液面高度开始，逐步查找故障原因，并根据需要更换制动液和进行制动系统排气作业。

（1）**制动液的更换与补充** 制动液具有较强的吸湿性，当含有水分后，其沸点降低，制动时容易产生"气阻"，使制动性能下降。因此应按规定更换制动液。很多 ABS 具有液压助力，由于储液罐可能存有制动液，因此在更换或补充制动液时应按一定的程序进行。

1）先将新制动液加至储液罐的最高液位标记处。

2）如果需要排除制动系统中的空气，应按规定的程序进行。

3）将点火开关置于 ON 位置，反复踩下和放松制动踏板，直到电动泵开始运转为止。

4）待电动泵停止运转后，再对储液罐中的液位进行检查。

5）如果储液罐中的制动液液位在最高液位标记以上，先不要放出过多的制动液，而应重复步骤 3 和 4，再检查。

6）如果储液罐中的制动液液位在最高液位标记以下，应再次补充新的制动液，使液位达到最高标记处，但切不可超过储液罐最高标记，否则当储液罐中的制动液排出时，可能会溢出储液罐。

（2）**ABS 的排气** 液压制动系统有空气渗入时，会感到制动踏板无力且行程过长，致使制动力不足，甚至制动失灵。当 ABS 的液压回路内混入空气后，同样会引起制动效能不良。因此，当检修、更换制动器，打开制动管路更换液压部件时，或由于管路中出现空气使制动踏板发软或变低时，以及更换制动液后，需要对制动系统进行排气。

1）排气时注意事项。制动系统排气时，要掌握一定的要领和注意事项，否则不仅浪费操作时间，还会使空气排除不彻底。排气时应注意：

① 在定期保养时，对大部分装有 ABS 的汽车来说，通常可使用助力放气器、真空放气器，或按手动放气的方法将系统中的空气排出，或更换调压器总成。

② 有些 ABS 放气时，需使用扫描工具轮流接通 ABS 调压器中的电磁阀。否则，很难将调压器中的空气排尽。

③ 若 ABS 故障警告灯亮起，应在系统放气前，先诊断和修理故障，然后再进行排气操作。否则在修理中要更换液压元件或打开某一管路时，可能导致对系统进行二次排气。

2）排气操作方法。在排除空气前，应检查液压制动系统中的管路及其接头是否破裂或松动，检查储液罐的液位是否符合要求。

ABS液压系统的排气有仪器排气和手动排气两种，应根据不同的车型和条件进行选择。

仪器排气的方法：

① 将车辆停放在水平地面上，抵住前后车轮，将自动变速器的变速杆置于P位，松开驻车制动器。

② 将制动助力器控制装置断开，使制动系统处于无增力状态。

③ 将ABS的控制器断开。在排气过程中，使ABS不起作用。否则制动系统内的液压将按减压—保压—增压的规律，以7~8次/s的频率快速变化，对排气不利。同时，解除ABS的作用，也有利于故障的判断。

④ 安装ABS检测仪或专用排气试验器的接线端子。ABS检测仪或专用排气试验器用于替代ABS的ECU对电动液压泵进行控制。

⑤ 向制动主缸和液压组件的储液罐加注制动液到最大液面高度。

⑥ 起动发动机并怠速运转几分钟。然后缓慢且稳稳踩下制动踏板，使检测仪进入排气程序，此时会感到制动踏板有反冲力。

⑦ 按规定的顺序打开放气螺钉。

有的车型要求必须对ABS和常规制动系统分别进行排气，排气分为3个步骤进行，即先给常规制动系统排气，然后利用仪器对液压控制系统排气，最后再对常规制动系统排气。

ABS的排气操作比普通制动系统排气操作的时间长，制动液消耗也多。所以，在排气过程中，要边排气边向制动主缸储液罐添加制动液，使储液罐液面保持在"MAX"与"MIN"之间。

手动排气的方法：

前3个步骤与"仪器排气的方法"相同。在完成这3个步骤后可按以下步骤进行手动排气：

① 清洗并拆下储液罐盖，检查储液罐中的液面高度，必要时加注到正确的液面高度，然后安装储液罐盖。

② 将排气软管的一端装在后排气阀上，将软管的另一端接在有一些制动液的清洁容器中。踩下制动踏板并保持一定的踏板力，缓慢拧开后排气阀1/2~3/4圈，直到制动液开始流出。关闭该阀后松开制动踏板，重复进行以上步骤，直到流出的制动液内没有气泡为止。

③ 拆下储液罐盖，检查储液罐中的液面高度，必要时，加注到正确的液面高度。

④ 按右后轮—左后轮—右前轮—左前轮的排气顺序，在其他车轮上进行排气操作。

5. ABS主要部件的检查

(1) 轮速传感器的诊断

1) 轮速传感器的常见故障。磁感应式轮速传感器的常见故障是：

① 感应线圈短路、断路或接触不良等。

② 轮速传感器齿圈的齿有缺损或脏污。

③ 轮速传感器信号探头部分安装不牢或磁极与齿圈之间有脏物。

2) 轮速传感器的诊断方法。

① 直观检查。主要检查传感器安装有无松动，导线及线束插接器有无松脱。

② 检测传感器电阻。用欧姆表检测传感器两信号端子之间（感应线圈）的电阻，如果电阻过大或过小，说明传感器不良，应更换传感器。

③ 检测传感器信号。举升汽车使车轮悬空，在车轮转动时，用交流电压表测量传感器的输出信号电压，电压表应该有电压指示，其电压值应随车轮的转速增加而增大；也可用示波器检测传感器的输出信号电压波形，正常的信号电压波形应是均匀稳定的正弦电压波形。如果信号电压低或无电压，或屏幕上没有出现信号电压波形或电压波形有缺损，说明传感器有故障，需拆检或更换传感器。

(2) ABS 控制继电器的诊断

1) ABS 控制继电器的常见故障。液压泵电动机和电磁阀继电器的常见故障有触点接触不良、继电器线圈断路和短路等。

2) ABS 控制继电器的诊断方法。

① 检查继电器是否动作：对继电器线圈加正常的工作电压，观察继电器能否正常动作，若能正常动作，则用电压表检测触点闭合时的电压，其值应小于 0.5V。如果触点闭合电压大于 0.5V，则说明触点接触不良，需要更换继电器。

② 检测继电器线圈电阻。用欧姆表检测继电器线圈的电阻，电阻值应在正常范围内。

(3) 制动压力调节器的诊断

1) 制动压力调节器的常见故障。制动压力调节器的可能故障有制动压力调节器电磁阀线圈不良、阀有泄漏及液压泵电动机绕组不良等。

2) 制动压力调节器诊断方法。

① 检测电磁阀电阻。用欧姆表检测电磁阀线圈的电阻，如果电阻无穷大或过小，说明其电磁阀有故障，需予以更换。

② 检测电磁阀的工作。对各电磁阀加工作电压，观察电磁阀能否动作。如果不能正常动作，则应更换制动压力调节器。

③ 检测电动机的电阻。检测电动机的电阻，观察是否与标准值相符。如果电阻过大、过小或断路，则需予以更换。

(4) ABS 控制器的故障诊断

1) ABS 控制器的常见故障。ABS 控制器的常见故障有内部输入电路、驱动电路等元件损坏，微处理器芯片烧坏，线路连接插接器锈蚀、松动等。

2) ABS 控制器的诊断方法。

① 检查线路连接。检查 ABS 控制器线束插接器有无松动，连接导线有无松脱。

② 检测电压、电阻或波形。检查 ABS 控制器线束插接器各端子的电压值、波形或电阻，如果与标准值不符，检查与之相连的部件和线路，若均正常，则应更换控制器再进行检测。

③ 替换法。当怀疑 ABS ECU 有故障时，可以直接用一个新的 ECU 来代替，如果故障现象消失，则说明原 ECU 有故障，需更换。

6. ABS 几种常见故障诊断

(1) ABS 警告灯不亮

1) 故障现象。接通点火开关，ABS 警告灯不亮。

2) 故障原因。

① ABS 警告灯烧坏、线路或熔丝断路。

② ABS 控制盒有故障。

3) 故障诊断。拔下 ABS 控制盒插接器，并接通点火开关，观察 ABS 警告灯是否点亮。

如果灯亮，则需检查 ABS 控制盒插接器的端子（19、21 号端子）有无不良，若端子良好，则说明控制盒有故障，应予以更换；如果灯仍不亮，则需检查 ABS 警告灯、驾驶室内熔丝、ABS 警告灯线路及插接器的开关等。ABS 控制盒端子排列如图 4-49 所示。

（2）ABS 控制系统失效

1）故障现象。制动时车轮出现抱死现象，说明 ABS 控制系统不起作用。

2）故障原因。

① 制动灯开关故障或其连接线路断路。

② 轮速传感器故障或其连接线路断路、短路。

③ ABS 控制盒电源线路或熔丝断路。

④ ABS 控制盒（ABS 计算机、电磁阀与液压泵电动机继电器及内部电路等）有故障。

3）故障诊断。

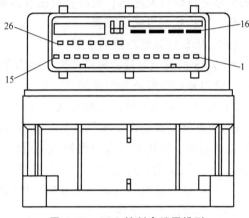

图 4-49　ABS 控制盒端子排列

1、15、16、26—端子号

① 检查电磁阀与液压泵电动机继电器电源。拔下 ABS 控制盒插接器，测量插接器（线束侧）17 或 18 号端子与 16 号端子之间的电压，应为蓄电池电压。如果电压低或无电压，需检查继电器电源和搭铁线路及 ABS 熔断器；如果电压正常，则进行下一步诊断。

② 检查 ABS 计算机电源，接通点火开关，测量插接器（线束侧）15 号端子对地电压，应为蓄电池电压。如果电压低或无电压，需检修 15 号端子与点火开关之间的线路；如果电压正常，则进行下一步诊断。

③ 在踩下制动踏板时，测量插接器（线束侧）14 号端子的对地电压，应为蓄电池电压。如果电压为零，检查制动灯开关及线路；如果为蓄电池电压，则进行下一步诊断。

④ 检查轮速传感器信号。转动车轮，测量插接器（线束侧）6-7 端子、3-5 端子、8-9 端子、1-2 端子之间的电压，应为 0.1V 以上，电压应随车轮转速的上升而增大。如果电压为零或在车轮转速很高时电压仍很低，则需检查轮速传感器线路和传感器；如果轮速传感器信号电压正常，则需更换 ABS 控制盒。

（3）制动效果不良

1）故障现象。汽车在制动时制动效果差甚至失去制动作用，有时还伴有制动踏板异常抖动等现象。

2）故障原因。

① 常规制动系统有故障，如制动器性能不良、制动液内混有空气、制动主缸工作不良等。

② ABS 部件或线路有故障。

3）故障诊断。

① 检查常规制动是否正常。将 ABS 熔断器拔下，使 ABS 制动压力调节器电磁阀不能通电工作，使汽车以常规制动方式进行制动，观察制动不良现象是否仍存在。如果制动不良故障仍存在，则说明常规制动系统有故障，需检查制动液、制动器、制动主缸、制动踏板及制动管路等；如果制动不良故障消失，且紧急制动时车轮抱死，则说明 ABS 有故障，需进行下一步诊断。

② 检查轮速传感器安装是否良好。如果安装有问题，将轮速传感器重新安装好；如果

安装良好，则进行下一步诊断。

③ 检查轮速传感器信号。如果信号电压低或为零，则检修轮速传感器线路及传感器；如果信号正常，则需更换 ABS 控制盒。

(4) ABS 警告灯时亮时灭

1) 故障现象。在正常行驶或制动中，ABS 警告灯常出现点亮后又马上熄灭的现象。

2) 故障原因。

① ABS 警告灯线路有接触不良的地方。

② ABS 电子控制器有故障。

3) 故障诊断。检查 ABS 控制盒插接器、ABS 警告灯线路连接有无松动和接触不良，如果有，予以排除。如果 ABS 警告灯线路及 ABS 控制盒插接器均连接良好，则说明 ABS 电子控制器有故障，应予以更换。

【案例 4-3】
一辆天籁轿车在高速公路上行驶，突遇大雨，当驾驶人想躲过路面上一个巨大水坑而急转转向盘时，因车速太快，车轮滑转，车身重重地撞上护栏。

（扫码看故障分析）

【案例 4-4】
一辆装有 ABS 的丰田雷克萨斯 LS400 轿车，因左前轮制动器损坏，在某修理厂检修后，在干燥路面上做制动试验，四个车轮抱死制动、拖痕整齐。在冰面上做制动试验，有制动侧滑、甩尾现象。由于该厂维修人员称该车制动无问题，所以车主驾车驶离，但是仪表板上的 ABS 故障指示灯一直点亮。

（扫码看故障分析）

【案例 4-5】
一辆装有 ABS 的丰田雷克萨斯 LS400 轿车，在紧急制动时常有两后轮抱死现象，但仪表板上的 ABS 故障指示灯不亮。

（扫码看故障分析）

九、驱动防滑系统的故障诊断

在制动过程中，轿车驱动防滑系统（ASR）采用流通调压方式对 4 个控制通道进行独立的防抱死制动压力调节；在驱动过程中，通过调节发动机副节气门的开度和对驱动车轮介入制动来进行驱动防滑转控制。在汽车上装备 ASR 的目的就是在汽车起步、加速或在附着系数较低的路面上驱动车辆时，将车轮的滑转率控制在 10%～30% 的范围内，使车轮与路面保持较高的附着力，提高汽车的牵引力和操控性。

目前，ABS 已基本成为汽车的标准配置，但 ASR 单独应用较少，装有 ASR 的汽车通常都装有 ABS。在装备 ASR 的汽车上通常将 ASR 和 ABS 组合在一起，构成具有防抱制动和驱动防滑功能的防滑控制（ABS/ASR）系统。

1. ABS/ASR 故障诊断步骤

1) 确认故障情况和故障症状。

2）对系统进行直观检查，观察是否有制动液渗漏、导线破损、制动液液位过低等现象存在。

3）用电控单元诊断仪（解码器）或通过 ABS 警告灯及 ASR 关闭指示灯调取故障码，从维修手册查找故障码所代表的内容。

4）根据故障码揭示的故障情况，利用必要的工具和仪器对故障部位进行深入检查，确定故障部位和故障原因。

5）排除故障。

6）如果上述两灯仍然点亮，可能是系统中仍有故障存在，应排除故障；也可能是故障已经排除。

7）ABS 警告灯或 ASR 指示灯不再持续点亮后，进行道路试验，以验证系统已经恢复正常工作。

2. ABS/ASR 的故障自诊断

（1）**检查指示灯** 在点火开关置于 ON 时，ASR 指示灯应亮，3s 后应熄灭，否则应检查排除组合仪表的故障。

（2）**读取故障码** 雷克萨斯 LS400 轿车 ABS/ASR 故障码的读取方法有以下两种：

1）接通点火开关，在丰田诊断通信链路或检查插接器上用专用工具连接端子 T_c 和 E_1，如图 4-50 所示。

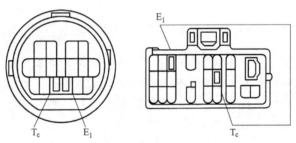

图 4-50 雷克萨斯 LS400 轿车 ABS/ASR 接线端子

当需要降低驱动轮制动力时，电控单元将 ABS 执行器的三位电磁阀置于压力降低状态，轮缸中的液压油经 ABS 执行器的三位电磁阀和储液罐切断电磁阀流回制动主缸储液罐，以降低轮缸的油压。同时 ABS 执行器的泵电动机处在不运转状态。

2）根据组合仪表内"TARC OFF"指示灯闪烁方式读取故障码，短接检查插接器，指示灯熄灭 4s 后，显示故障码，首先显示故障码十位上的数，每次闪烁持续 0.5s，熄灭 0.5s，十位数显示完后，指示灯熄灭 2.5s，接着显示个位数，两个故障码之间指示灯熄灭 2.5s，若同时有两个或两个以上故障码，则号数最小的先显示。

（3）**故障码的含义** 雷克萨斯轿车 ASR 故障码及其含义见表 4-21。

表 4-21 雷克萨斯轿车 ASR 故障码及其含义

故障码	含　义
24	副节气门执行器电路断路或短路
25	步进电动机不能转至 ECU 所确定的位置
26	即使 ECU 将副节气门调节至完全张开的位置,副节气门仍不动
28	节气门电动驱动器通信电路失灵
29	节气门电动驱动器失灵
43	ABS 控制装置失灵

(续)

故障码	含 义
44	N_e 信号电路断路或短路
47	副节气门位置传感器电路失灵
48	副节气门位置传感器电路断路或短路
51	发动机和电控自动变速器（ECT）的 ECU 失灵
52	制动液储液罐中油位低
53	发动机和 ECT 的 ECU 通信电路失灵
54	ASR 电动机继电器电路断路或短路
55	ASR 电动机继电器电路 B+短路
56	ASR 电动机失灵
持续亮	ABS 和 ASR ECU 失灵；"ASR OFF"开关接通

（4）**故障码的清除**　清除故障码的步骤如下：

1）点火开关在 ON 位置，丰田诊断通信链路或检查插接器端子 T_c 和 E_1 应处于短路状态，在 3s 内将制动踏板踩下不少于 8 次，即可清除故障码。

2）检查"ASR OFF"指示灯，应显示出正常码，表示故障码全部清除。

3）从丰田诊断通信链路或检查插接器上拆下专用工具。

3. ASR 常见故障诊断

（1）**ASR 主继电器电路故障**　ASR 主继电器电路图如图 4-51 所示。相关故障码为 11、12。

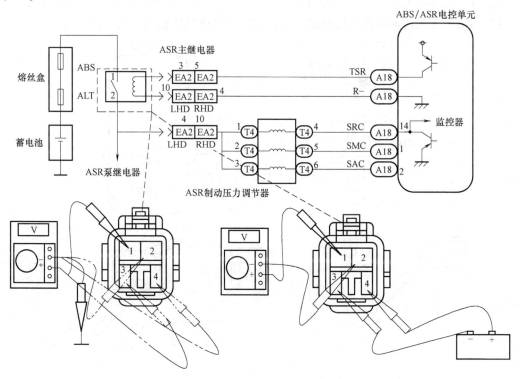

图 4-51　ASR 主继电器电路图

1) 出现故障码 11 时的可能故障原因如下：
① ASR 主继电器触点常开。
② ASR 主继电器与电控单元之间的配线或插接器短路或断路。
③ 主继电器与 ASR 执行器之间的配线或插接器断路。
④ ASR 主继电器与蓄电池之间的配线或插接器断路。
⑤ ASR ECU 故障。

2) 出现故障码 12 时的可能故障原因如下：
① ASR 主继电器触点常闭。
② ASR 主继电器与 ASR 执行器之间的配线或插接器短路。
③ ASR ECU 故障。

3) 故障诊断。
① 检查 ASR 主继电器电源端子的电压。
a) 断开 ASR 主继电器插接器，点火开关接通。
b) 用直流电压表测量 ASR 主继电器插接器（线束侧）1 号端子与搭铁之间的电压。电压正常值应为蓄电池电压。
② 检查 ASR 主继电器。
a) 检测 ASR 主继电器插接器各端子之间的导通情况，1-2 端子之间不导通，3-4 端子之间导通（电阻≤0.5Ω）。
b) 给继电器 3-4 端子之间加蓄电池电压，继电器 1-2 端子间应导通。

若上述检查结果不正常，应更换导线或 ASR 主继电器。若检查结果正常，应检查 ASR 主继电器的有关线路和插接器；如果线路和插接器均良好，则应检查或更换 ASR/ABS ECU。

(2) ASR 节气门继电器电路故障　ASR 节气门继电器电路图如图 4-52 所示。

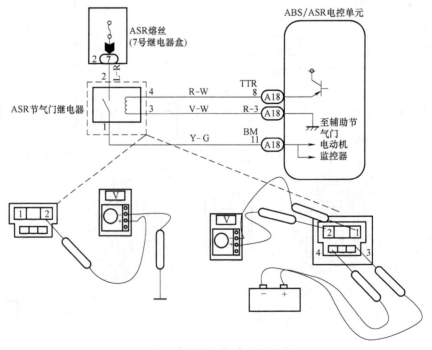

图 4-52　ASR 节气门继电器电路图

相关故障码为 13、14，出现 13、14 说明 ASR 系统节气门继电器电路出现断路或短路故障。

1）出现故障码 13 时的可能原因如下：
① ASR 节气门继电器触点不能闭合或触点接触不良。
② ASR 节气门继电器与电控单元之间的线路接触不良或插接器松脱。
③ ASR 节气门继电器与蓄电池之间的线路接触不良或插接器松脱。
④ ASR ECU 故障。

2）出现故障码 14 时的可能原因如下：
① ASR 节气门继电器触点不能张开或线圈与电源短路。
② ASR 节气门继电器与 ASR ECU 之间的线路和插接器与电源线路有短路。
③ ASR ECU 故障。

3）故障诊断。ASR 节气门继电器电源端子电压的检查方法如下：
① 拆下 ASR 节气门继电器插接器，点火开关接通。
② 用直流电压表测量 ASR 节气门继电器插接器（线束侧）2 号端子与搭铁间的电压，正常电压应为蓄电池电压。
③ 给节气门继电器 3-4 端子之间加蓄电池电压，1-2 端子之间应导通。

若上述检查结果不正常，应更换 ASR 节气门继电器；若检查结果正常，应检查 ASR 节气门继电器有关线路和插接器。如果线路和插接器均良好，则应检查或更换 ABS/ASR ECU。

（3）**压力开关**（传感器）**电路故障** 压力开关（传感器）的电路图如图 4-53 所示。相关故障码为 15、16、17，出现上述故障码时说明压力开关（传感器）或其电路出现了故障。

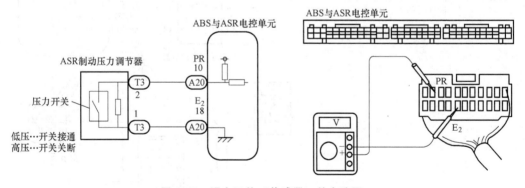

图 4-53 压力开关（传感器）的电路图

1）出现故障码的可能原因如下：
① 压力开关和压力传感器故障。
② ASR 制动执行器与电控单元之间的配线或插接器短路或断路。
③ ASR ECU 故障。

2）故障诊断。
① 检查电控单元端子 PR-E_2 之间的电压。
a）拆下 ASR ECU（不断开插接器）；起动发动机并维持怠速运转 30s 以上，使 ASR 制

动压力调节器内的压力升高;将发动机熄火,点火开关转至 ON 位置,用直流电压表测量电控单元 PR-E_2 端子之间的电压,电压应约为 5V。

b)放出 ASR 制动压力调节器内的制动液,调节器内部的压力降低,再测量 PR-E_2 端子之间的电压,正常电压应为 0V。

若上述两次测量结果有一次不正常,应对压力开关进行检查;若上述两次测量结果均正常,则应检查或更换 ABS/ASR ECU。

② 压力开关的检查。断开压力开关插接器,测量插接器两端子之间的电阻,正常值为无穷大;连接压力开关插接器并起动发动机怠速运转 30s,升高 ASR 制动压力调节器内的压力,将发动机熄火后,使点火开关转至 ON 位置,再测量压力开关两端子之间的电阻,正常值约为 1.5Ω。

若检查结果不正确,应更换压力开关;若结果正常,应检查或更换 ABS/ASR ECU。

(4) ASR 制动压力调节器电磁阀线圈电路故障　ASR 制动压力调节器电磁阀电路如图 4-54 所示。相关故障码为 21、22、23,出现上述故障码时说明 ASR 制动压力调节器的电磁阀线圈电路出现断路或短路故障。

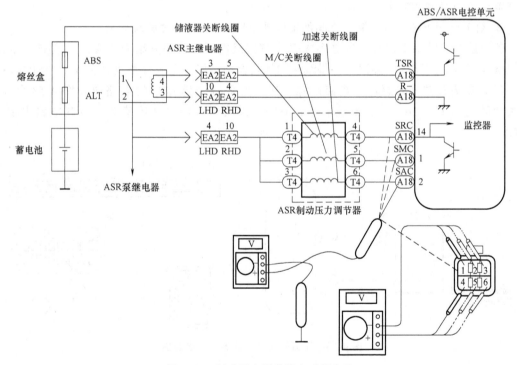

图 4-54　制动压力调节器电磁阀电路

1) 可能的故障原因。

① ASR 执行器故障。

② ASR 主继电器与 ASR 制动执行器间的配线或插接器断路。

③ ASR 制动执行器与电控单元之间的配线或插接器短路或断路。

④ ASR ECU 故障。

2) 故障诊断。

① 检查 ASR ECU 端子 SRC、SMC、SAC 与搭铁之间的电压。拆下 ASR ECU，插接器不断开，点火开关转到 ON 位置，分别测量 ASR ECU 的 SRC、SMC、SAC 端子与搭铁之间的电压，正常电压值均应为蓄电池电压。

如果上述检查有一端子电压不正常，应对电磁阀线圈进行检查。如果各端子电压均正常，则应检查或更换 ASR ECU。

② 检查 ASR 制动压力调节器电磁阀线圈。断开 ASR 制动压力调节器插接器，检查各端子之间的导通情况，1-4、2-5、3-6 端子之间应导通（电阻≤0.5Ω）。

若检查结果不正常，应更换制动压力调节器；若正常应检查或更换 ASR ECU。

（5）ASR 辅助节气门执行器电路故障　ASR 辅助节气门执行器电路如图 4-55 所示。相关故障码为 24。

1）可能的故障原因。

① 辅助节气门执行器故障。

② 辅助节气门执行器与 ECU 间的配线或插接器短路或断路。

③ ASR ECU 故障。

2）故障诊断。

① 断开 ASR 辅助节气门驱动插接器。

② 检查插接器各端子之间的导通情况，1-2-3 端子应导通，4-5-6 端子之间应导通。

若检查结果不正常，应更换 ASR 辅助节气门驱动器；若检查结果正常，应进一步检查 ASR 辅助节气门驱动器与电控单元之间的线路和插接器的接触状况；如果线路和插接器均良好，则应检查或更换 ABS/ASR ECU。

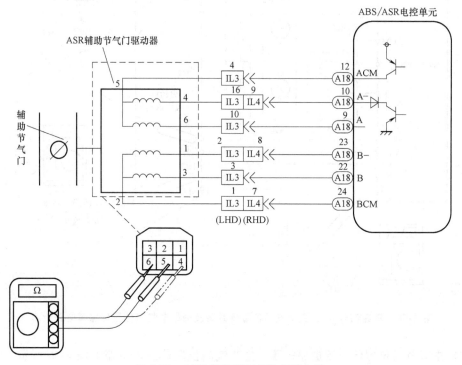

图 4-55　ASR 辅助节气门执行器电路

(6) 发动机转速信号 N_e 的电路故障 发动机转速信号 N_e 的电路如图 4-56 所示。相关故障码为 44。

1) 可能的故障原因。

① 发动机电控系统故障。

② ASR ECU 与发动机控制系统电控单元之间的配线或插接器短路或断路。

③ 发动机和 ECT ECU 故障。

2) 故障诊断。

① 检查 ASR ECU NEO 端子与搭铁之间的电压，如图 4-56 所示。拆下 ASR ECU，断开插接器，点火开关位于 ON 位置，ASR ECU NEO 端子与搭铁之间的电压应约为 5V；发动机怠速下测量 ASR ECU NEO 端子与搭铁之间的电压应约为 2.5V。

② 检查发动机电控单元 NEO 端子与搭铁之间的电压。断开发动机控制插接器，点火开关转至 ON 位置，测量插接器（线束侧）NEO 端子与搭铁间的电压，正常电压应为 5V 左右。

若电压检查正常，应检查或更换发动机电控单元；若电压检测不正常，应检查 ASR ECU 与发动机电控单元之间的线路和插接器接触状况。如果线路和插接器均良好，则应检查或更换 ASR ECU。

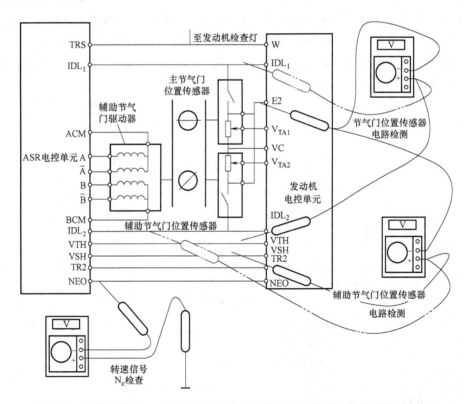

图 4-56 转速信号 N_e、主节气门位置传感器及辅助节气门位置传感器电路检测

(7) 主节气门位置传感器电路故障 主节气门位置传感器电路如图 4-56 所示。相关故障码为 45、46，出现故障码时说明主节气门位置传感器电路故障。主节气门位置传感器信

号不正常时，ASR系统将停止工作。

1) 可能的故障原因。

① 主节气门位置传感器故障。

② ASR ECU与发动机控制系统电控单元之间的配线或插接器断路。

③ ASR ECU故障。

2) 故障诊断。

① 读取发动机控制系统故障码。若有故障码，按故障码检修发动机控制系统；若无故障码，则进行下一步检查。

② 检测ASR ECU VTH端子与搭铁之间的电压。拆下ASR ECU，断开插接器，拆下进气管道，在节气门转动过程中测量ASR ECU VTH端子与搭铁之间的电压，节气门全闭时应为0.6V左右，节气门全开时应为3.8V左右，节气门转动时电压逐渐增加或逐渐下降，不出现跃变现象。电压值不正常时应更换主节气门位置传感器。

③ 检测ASR ECU IDL_1端子与搭铁之间的电压。点火开关位于ON位置，节气门全闭时电压为0V，全开时电压约为5V。

若电压不正常，应检查ASR ECU与节气门位置传感器之间的线路和插接器状况。如果电压正常，且线路和插接器均良好，应检查或更换ASR ECU。

(8) **辅助节气门位置传感器电路故障**　辅助节气门位置传感器的电路如图4-56所示。相关的故障码为47、48。

1) 可能的故障原因。

① 辅助节气门位置传感器故障。

② ASR ECU与发动机控制系统电控单元之间的线路或插接器故障。

③ ASR ECU故障。

2) 故障诊断。

① 读取发动机控制系统故障码。若有故障码，按故障码检修发动机控制系统；若无故障码，则进行下一步检查。

② 检测ASR ECU VSH端子与搭铁之间的电压。拆下ASR ECU，断开插接器，拆下进气管道，在节气门转动过程中测量ASR ECU VSH端子与搭铁之间的电压，节气门全闭时应为0.6V左右，节气门全开时应为3.8V左右，节气门转动时电压逐渐增加或逐渐下降，不出现跃变现象。电压值不正常时应更换辅助节气门位置传感器。

③ 检测ASR ECU IDL_2端子与搭铁之间的电压。点火开关位于ON位置，节气门全闭时电压为0V，全开时电压约为5V。

若电压不正常，应检查ASR ECU与辅助节气门位置传感器之间的线路和插接器状况。如果电压正常，且线路和插接器均良好，应检查或更换ASR ECU。

(9) **发动机信息交换电路故障**　发动机信息交换电路如图4-57所示。相关的故障码为49，出现该故障码时说明推迟发动机点火正时信息交换电路故障（信息交换用于推迟输送点火正时信号，以推迟发动机点火正时）。

1) 可能的故障原因。

① ASR ECU与发动机控制系统电控单元之间的线路或插接器故障。

② ASR ECU故障。

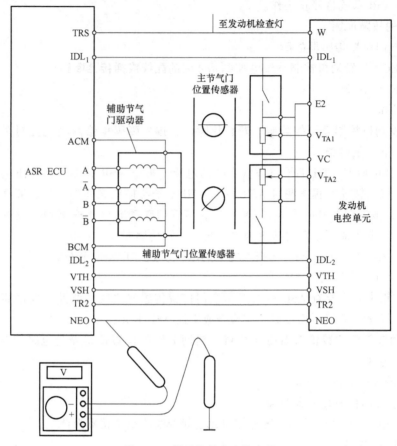

图 4-57 发动机信息交换电路

③ 发动机控制系统电控单元故障。

2) 故障诊断。

① 检测 ASR ECU TR2 端子与搭铁之间的电压。拆开 ASR ECU 插接器，点火开关转至 ON 位置，测量 ASR ECU 插接器（线束侧）TR2 端子与搭铁间的电压，正常值应为 5V。若电压正常，应检查或更换 ASR ECU。

② 检测 ASR ECU 与发动机电控单元之间的线路连接状况。如果线路或插接器松脱或接触不良，应进行修理或更换。如果线路和插接器均正常，则应检查或更换发动机电控单元。

（10）**辅助油位警告开关电路故障** 辅助油位警告开关电路如图 4-58 所示。相关的故障码为 52。

1) 可能的故障原因。

① 制动液有泄漏。

② 制动液液面警告灯开关一直接通。

③ 制动液液面警告灯开关与 ECU 之间的配线或插接器短路。

④ ASR ECU 故障。

2) 故障诊断。

① 检查制动液液面高度。如果液面过低，检查有无漏油之处。若有，应进行修理或更

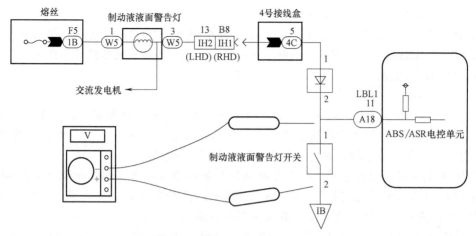

图 4-58　辅助油位警告开关电路

换并加足制动液；如果液面正常，进行下一步检查。

② 检查制动液液面警告灯开关。如果开关不良，应更换开关；如果开关正常，应检查与制动液液面警告灯开关相连接的线路和插接器。若线路和插接器均正常，应检查或更换 ASR ECU。

（11）ASR 液压泵电动机继电器电路故障　ASR 液压泵电动机继电器的电路如图 4-59 所示。相关的故障码为 54、55。

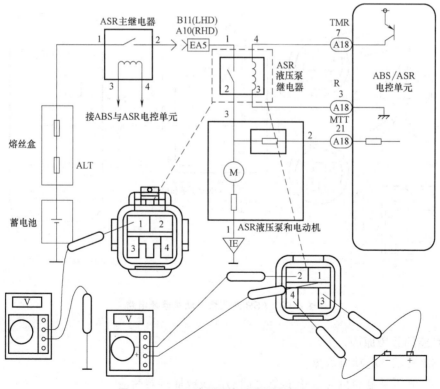

图 4-59　ASR 液压泵电动机继电器电路

1）可能的故障原因。

① ASR 液压泵电动机继电器不良。
② ASR 液压泵电动机继电器与发动机控制系统电控单元之间的线路或插接器短路或断路。
③ ASR 液压泵电动机与发动机控制系统电控单元之间的线路或插接器不良。
④ ASR ECU 故障。

2）故障诊断。

① 检测 ASR 液压泵电动机继电器的电源电压。拆下 ASR 液压泵继电器，将点火开关置于 ON 位置，测量继电器插接器线束侧 1 号端子与搭铁之间的电压，电压值应为蓄电池电压。若电压不正常，检查继电器与蓄电池之间的线路和插接器。

② 检测 ASR 液压泵继电器。检查 ASR 液压泵继电器各端子之间的导通情况，3-4 端子之间应导通，1-2 端子之间应截止；在 3-4 端子之间加蓄电池电压时，1-2 端子之间应导通。

若上述检查均不正常，应更换 ASR 液压泵继电器。

③ 检查 ASR 液压泵电动机，断开 ASR 液压泵电动机插接器，2-3 端子之间应导通；若不导通，应更换 ASR 液压泵及电动机总成。若正常，应检查 ASR 液压泵电动机、ASR 液压泵继电器与 ASR ECU 之间的线路和插接器，如果线路和插接器均良好，则应检查或更换 ASR ECU。

（12）ASR 液压泵电动机监视电路故障　ASR 液压泵电动机监视电路如图 4-60 所示。相关的故障码为 56，出现该故障码时说明 ASR 液压泵电动机工作的信号电路故障。此电路用于向 ASR ECU 提供 ASR 液压泵电动机工作的信号，当电路出现故障时，ASR 控制功能被取消。

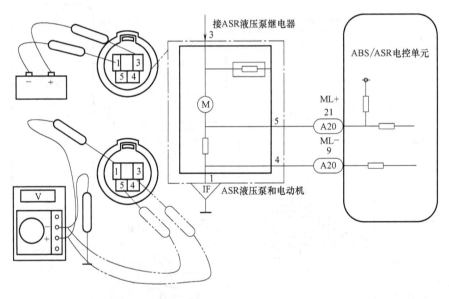

图 4-60　ASR 液压泵电动机监视电路

1）可能的故障原因。
① ASR 液压泵电动机故障。
② ASR 液压泵电动机与 ASR 搭铁之间的配线或插接器断路。
③ ASR 液压泵电动机与 ASR ECU 之间的线路或插接器断路。
④ ASR ECU 故障。

第四章 汽车底盘技术状况检测与诊断

2）故障诊断。

① 检测 ASR 液压泵电动机的工作情况。断开 ASR 液压泵电动机插接器，给液压泵电动机供电端加蓄电池电压，蓄电池正极接 3 号端子，蓄电池负极接 1 号端子，ASR 液压泵电动机应运转。否则应更换 ASR 液压泵电动机总成。

② 检测 ASR 液压泵电动机搭铁情况。ASR 液压泵电动机连接 1 号端子与搭铁之间应导通，若搭铁不正常，应检查 ASR 液压泵电动机搭铁线路和插接器。

③ 检测 ASR 液压泵电动机插接器 4-5 端子之间的导通情况。断开 ASR 液压泵电动机插接器，检测电动机 4-5 端子之间是否导通，正常情况下应导通。若不导通，应更换 ASR 液压泵及电动机总成；若导通，应检查 ASR 液压泵电动机与 ASR ECU 之间的线路连接情况。若线路和插接器均良好，则应检查或更换 ASR ECU。

第六节　汽车行驶系统检测

汽车行驶系统主要由车轮和悬架系统构成，车轮不平衡、车轮定位参数不正确、主销与衬套磨损、悬架系统松旷等都会引起汽车行驶系统技术状况不佳，这不仅会影响汽车的操纵稳定性、乘坐舒适性、行驶阻力，还会直接影响汽车行驶的安全性。因此，汽车行驶系统的检测与诊断是保证汽车技术状况良好的重要内容。

一、转向轮定位检测

为保证汽车的操纵稳定性和转向轻便性，转向轮定位必须满足设计要求。在汽车使用过程中，由于转向机构、车轴、车架的变形和磨损，转向轮定位会逐渐失准，汽车的操纵性能变差，易产生行车事故。同时，转向轮定位失准还会使车轮滚动阻力增大，汽车动力性下降，运行油耗增多。另外，由此引起的轮胎异常磨损也会降低了汽车的使用经济性。因此，要适时地对使用中的汽车进行转向轮定位检测，并根据检测结果对转向轮进行调整，以保证其使用性能。汽车的车轮定位应与该车型的技术要求一致。

1. 转向轮定位的检测仪器

转向轮定位的检测常采用静态检测法，即在汽车停驶状态下，用测量仪对汽车转向轮定位的几何参数进行测量，其检测的基本依据是转向轮旋转平面对各定位角间的直接或间接的关系。目前，常用的转向轮定位仪有便携式光束水准车轮定位仪、便携式水准车轮定位仪等。

光束水准车轮定位仪一般由一套水准仪、两套聚光器、两套支架、两套转盘、两套杆尺、两套标杆和一个制动踏板抵压器组成，适用于大、中、小型汽车；水准车轮定位仪一般由水准仪和转盘组成，仅适用于小型汽车。水准仪有插销式和永久磁铁式两种，前者用于光束水准车轮定位仪，后者用于水准车轮定位仪。图 4-61 和图 4-62 所示分别为插销式和永久磁铁式水准仪。

支架为水准仪与轮辋间的连接装置，其结构如图 4-63 所示。支架总成配有内张式和外收式两种固定脚，可按轮辋的形式不同而选用。安装时，先将固定支架的两个固定脚卡在轮辋适当部位，再移动活动支架使其固定脚也卡在轮辋上，而后用活动支架的偏心卡紧机构将三个固定脚卡紧在轮辋上，使三个固定脚的定位端面贴紧在轮辋边缘上。松开调整支座弹性固定板的固定螺栓，使调整支座沿导轨滑动，并通过特制芯棒调整支座孔中心与车轮轴线重

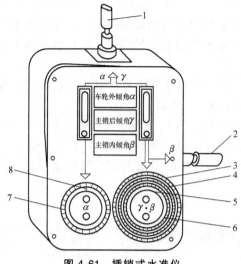

图 4-61 插销式水准仪

1—测车轮外倾角 α、主销后倾角 γ 插销
2—测主销内倾角 β 插销
3—测 γ 刻度盘 4—测左轮 β 刻度盘
5—测 γ、β 表盘指针 6—测右轮 β 刻度盘
7—测 α 刻度盘 8—测 α 表盘指针

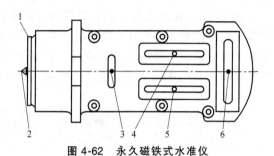

图 4-62 永久磁铁式水准仪

1—永久磁铁 2—定位针 3—水平校正水泡管
4—后倾角测量水泡管 5—外倾角测量水泡管
6—内倾角测量水泡管

合,拧紧固定螺栓。测量时,插销式水准仪的插销插入调整支座中心孔。永久磁铁式水准仪带有永久磁铁和定位针,可以对准转向节枢轴的中心孔,直接吸附在轮辋端面,因而省去了支架。

转盘又称转角仪(图 4-64),一般由固定盘、活动盘、扇形刻度尺、游标指针、锁止销和位于两盘之间的钢球构成。当汽车转向轮在转盘上转向时,可使之灵活偏转,并指示出转角大小。水准仪配合转盘可测量转向轮外倾角、主销内倾角和后倾角。转盘还可用于测量转向轮最大转角和左、右车轮转角的关系。

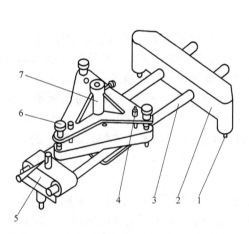

图 4-63 支架结构

1—支架固定脚 2—固定支架 3—导轨 4—定位螺栓、螺母
5—活动支架 6—调节螺栓 7—调整支架

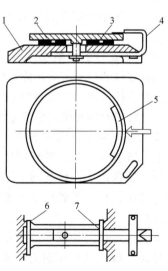

图 4-64 转盘结构

1—固定盘 2—活动盘 3—钢球 4—指针
5—刻度尺 6—横向导轨 7—纵向导轨

聚光器上的定位销插入支架总成的支座孔中，可将聚光器固定于支架上，在标杆的配合下可检测转向轮的前束值。在检测转向轮定位的过程中，有时需踩下制动踏板，使车轮处于制动状态。制动踏板抵压器可将制动踏板压下，而顶靠在驾驶座椅或其他支承物上，以节省人力。

2. 转向轮定位的检测原理和方法

对于检测转向轮外倾角、主销后倾角和内倾角而言，光束水准车轮定位仪和水准车轮定位仪的测量原理相同，区别是将水准仪安装在转向轮上的方式不同。光束水准车轮定位仪能以聚光器配合标杆精确测试前束值，该功能是其他转向轮定位仪所不具备的。

（1）**车轮前束的检测** 车轮前束是指汽车同轴上的左右轮，其前端距离小于后端距离的现象，如图4-65所示。车轮前束既可用 A 与 B 的差值（mm）表示，也可用前束角表示。一辆汽车的前束调整得是否合适，对汽车前轮轮胎的磨损有很大的影响，对汽车的操纵性能也有很大的影响。

车轮前束的检测可以用聚光器配合标杆进行。使用时，聚光器定位销轴插入支架座孔中，前束的检测步骤如下：

1）将汽车转向轮置于转盘上，取下转盘锁上销，拉紧驻车制动手柄。

2）在转向轮上安装支架，将聚光器固定在支架上。

3）确定直线行驶位置。将聚光器光束水平投向在后轮中心且与后轴垂直、相对于汽车纵轴线对称放置的三脚架标尺上。调节焦距，在标尺上显现出带缺口的圆形图像，如图4-66所示。若缺口两侧所指数值相等，则汽车处于直线行驶状态，否则应转动转向盘调整，如图4-67a所示。

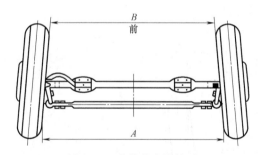

图4-65 车轮前束的检测

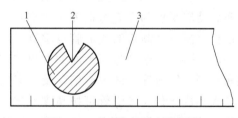

图4-66 光束在标尺上的投影

1—光束 2—指针 3—标尺

4）平衡顶起转向桥，使两转向轮离开转盘能自由转动。

5）将两套标杆平行于转向轮轴线放置在两侧，每一标杆距转向轮轴中心的距离为转向轮上规定前束测量点处半径的7倍。

汽车转向轮前束测量点的高度，一般等于转向轮轴线的离地高度；而前束测量点在转向轮上的径向位置根据车型而定，各汽车制造厂的规定不完全一致。有的测量点在胎面中心处，有的测量点在胎侧突出处，而有的测量点在轮辋边缘处。各车型的前束规定值也是指汽车转向轮在规定测量点处测量时所应达到的值。因此，检测前束时应查阅汽车使用说明书，确定其前束检测的规定位置。

6）将一侧聚光器光束投向前标杆，并移动标杆使之指向一个整数。转动转向轮使光束

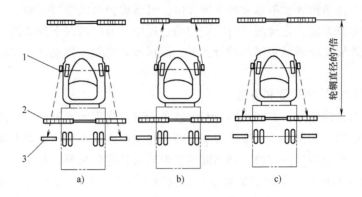

图 4-67 前束的测量

a) 确定直线行驶位置　b)、c) 前束测量

1—聚光器　2—标杆　3—标尺

投向后标杆，也使之指向同一个整数。然后，使另一侧聚光器光束分别投向前、后标杆，并记录所指数字，后标杆数字与前标杆数字之差即为该车转向轮的前束值。

前后标杆以 7mm 间隔为一个尺寸刻度，每个刻度代表 1mm。两标杆间距为转向轮前束测量点处直径 d 的 7 倍，且与转向轮中心的距离相等，所以前束值被放大 7 倍显示在标杆上，从而提高了测试精度。

（2）**车轮外倾角的检测**　车轮外倾角指车轮中心平面向外倾斜的角度，如图 4-68 所示。检测车轮外倾角时，必须保证车体摆正，车轮处于直线行驶位置，因为车轮偏转时车轮外倾角将发生变化。车轮外倾角的检测通常以重力方向作为基准，常用的检测方法有气泡水准仪测量法和倾角传感器测量法等。

1）气泡水准仪测量法。检测时，通过支架在车轮旋转平面的垂直方向安装水准仪，于是水准仪上测量外倾角的气泡管也垂直于车轮旋转平面，因此气泡管与水平面的夹角与车轮外倾角相等。气泡管中的水泡偏移量与车轮外倾角的大小成比例，气泡管可按角度标定。将气泡管调回水平位置，气泡位移量或角度调节量即反映了外倾角的大小。

2）倾角传感器测量法。对于光电式四轮定位仪，安装在被测车轮上的机头内装有电子倾角传感器。检测时，利用电子倾角传感器将车轮的外倾角信号转换成电信号，从而测得车轮外倾角。

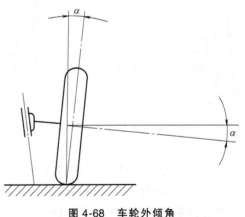

图 4-68 车轮外倾角

（3）**主销后倾角的检测**

1）主销后倾角检测原理。主销后倾角 γ 不能直接测量，而是利用转向轮绕主销转动一定角度时的几何关系间接测量。检测时，通常先将转向轮向外转 20°，回正后再向内转 20°，由于主销后倾角的影响，转向节枢轴轴线与水平面的夹角发生变化，该变化即可间接反映主

销后倾角的大小。

其检测原理如图 4-69 所示，在空间坐标系中，以左前轮为例说明。假定前轮外倾角 α 和主销内倾角 β 均为零，OB 为主销中心线，位于 Oyz 平面内，γ 为主销后倾角，OC 为转向节枢轴，MN 为放置在 OC 上的气泡管。当车轮处于直线行驶位置时，OC 与 Ox 轴重合；当车轮右转转至规定角度 φ 时，转向节枢轴轴线 OC 转至 OC'，OC 扫过的平面 OCC' 与水平面的夹角为 γ，OC' 与水平面的夹角为 ω。此时，气泡管由 MN 移至 $M'N'$，气泡管与水平面倾斜的角度也为 ω，气泡管的气泡向 M' 移动，其位移量取决于 ω 的大小。而 ω 取决于前轮转角 φ 和主销后倾角 γ。当 φ 为一定值时，ω 与 γ 一一对应，而气泡管中气泡位移量与 ω 也一一对应，因而通过气泡位移量的标定即可反映 γ 值的大小。

实际转向轮具有主销内倾角 β 和转向轮外倾角 ω，为消除 β 对主销后倾角测试结果的影响，测量时先将转向轮向内（对于左前轮为向左转，对于右前轮为向右转，下同）转动 φ 角（通常为 20°），将水泡管调至水平位置，然后向相反方向回转 2φ 角。这样由于转向节枢轴 OC 从直线行驶位置分别向外和向内转动相同的角度，因而角 β 在转向轮内外转动时对测量值的影响数值相等，方向相反，并相互抵消。同时，测量时车轮转动 2φ 的角度，其气泡位移量则增大了一倍，因而提高了仪器测试的灵敏度和精度。至于前轮外倾角，由于影响甚微可以忽略不计。

2）主销后倾角检测方法。

① 将汽车转向轮置于转盘上，使车轮处于直线行驶位置，并使转向轮主销轴线的延长线通过转盘中心，拉紧驻车制动，取下转盘销。

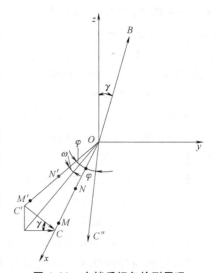

图 4-69 主销后倾角检测原理

② 将转向轮向内、向外转动 20°，此时主销后倾角与车轮外倾角会发生相应的变化。一定条件下，主销后倾角与车轮外倾角的变化近似为线性关系。

③ 四轮定位仪通常利用安装在转向轮上机头内的倾角传感器，检测转向轮向内转和向外转一定角度时，转向轮平面倾角的变化量来间接测出主销后倾角。

（4）主销内倾角的检测

1）主销内倾角检测原理。主销内倾角 β 是通过测量转向轮绕主销转动过程中转动平面的角位移而间接测得的。为此，应首先使车轮处于制动状态而不能绕转向节枢轴自由转动。此时，若使转向轮在转盘上偏转一定角度 φ，转向节和转向轮旋转平面会绕转向节枢轴轴线偏转一定角度。该角度的大小除取决于转向轮偏转角度 φ 外，还与主销内倾角 β 的大小有关。因此，在限定 φ 角大小的前提下，测出转向轮旋转平面偏转角的大小，即可反映主销内倾角 β 的大小。

检测原理如图 4-70 所示。在空间坐标系中，以左前轮为例说明。假定前轮外倾角 α 和主销后倾角 γ 为零，则主销中心线 OB 在 Oyz 平面内，OB 与 OZ 的夹角为主销内倾角。转向轮处于直线行驶位置时，转向节枢轴 OC 与 OX 轴重合，与 OB 的夹角为 90°±β。当转向轮在制动状态向右转过 φ 角时，转向节枢轴 OC 转至 OC'，由于主销内倾角 β 的存在，C 点的轨

迹 CC' 为圆弧，OCC' 为圆锥面。因此，若在转向节枢轴的前部放置一个平行于水平面且与 OC 轴线垂直的气泡管 EF，则在转向轮偏转过程中，气泡管 EF 将绕转向节枢轴轴线转动。随着 OC 移至 OC'，则 EF 移至 $E'F'$。此时气泡管与水平面的夹角为 θ，角 θ 的大小取决于转向轮转角 φ 和主销内倾角 β。若 φ 为定值，则 θ 和 β 具有一一对应关系。由于 θ 角的出现导致了气

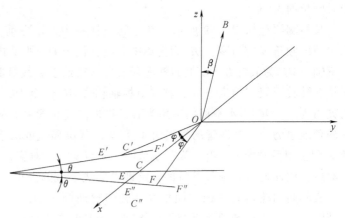

图 4-70　主销内倾角检测原理

泡管 EF 中气泡的位移，因此通过对气泡位移量的标定即可反映主销内倾角 β 的大小。

2）主销内倾角检测方法。主销内倾角的测量与主销后倾角的测量原理相同，只是角度测量平面与主销后倾角测量时旋转了 90°。四轮定位仪通常利用安装在转向轮上机头内的倾角传感器，检测转向轮向内转和向外转一定角度时，转向节枢轴绕其轴线转动的角度变化量来间接测出主销内倾角。

3. 转向轮定位检测注意事项

（1）对被检车辆的要求

1）被检车辆的载荷和轮胎气压应符合规定。

2）转向轮轮胎为新胎或磨损均匀的半新胎。

3）转向轮轮毂轴承、转向节与主销不应松旷，否则应先修理调整后再检测。

4）制动器制动可靠。

（2）对检测场地的要求

1）表面平整。

2）为使车辆检测时处于水平位置，可将转盘放入预留坑中，左、右两转盘应调整到与被测汽车转向轮的轮距相同；转盘放在地面上时，可在后轮下垫 60mm 厚的木板，以保证前、后车轮在同一水平面上。

二、汽车四轮定位的检测

1. 汽车四轮定位及作用

汽车前轮有四个定位参数，后轮有两个定位参数，分别是车轮外倾角和后轮前束，前轮和后轮定位合起来称为四轮定位。

当汽车行驶一定的距离后，各部位零件都有所磨损变形，特别是悬架机构，由于长时间受来自地面和零件之间的摩擦，加之在各种不同路况下行驶，甚至受到外力的撞击，很容易对部件造成磨损变形。从而改变了原厂的设计角度，降低了汽车性能。为了将其恢复到标准角度，必须对其进行四轮定位。

通过专用的四轮定位仪对车辆进行精确测量后，技术人员根据测量的数据综合原厂设计标准，对车辆的各种角度和零部件进行更换、修复、整形和调整。使车辆的技术指标达到原

厂要求，从而保证汽车行驶的安全性、舒适性、稳定性和经济性。

车辆四轮定位的好处有：
1）增加行车安全性、舒适性。
2）汽车直行时转向盘操纵轻松。
3）转向后转向盘能够自动回正。
4）减少燃油消耗，降低底盘零件磨损。
5）维持汽车直线行驶。
6）增加驾驶控制感。
7）防止驾驶人因偶然瞌睡，方向跑偏出现事故。

汽车在行驶中，出现下列情况时，需进行四轮定位的检测和调整：
1）汽车直线行驶困难。
2）前轮摇摆不定，行驶方向漂移。
3）轮胎出现不正常磨损。
4）汽车更换悬架系统、转向系统有关部件或前部经碰撞事故维修后。

2．汽车四轮定位检测指标

四轮定位检测的项目包括车轮前束值/角及前张角、车轮外倾角、主销后倾角、主销内倾角、轮距、轴距、转向20°时的前张角、推力角和左右轴距差等，如图4-71所示。尽管四轮定位仪的形式有多种多样，但它们的基本测量原理却是一致的，只是采用的测量方法（或使用的传感器类型）及数据记录与传输的方式有所不同。汽车的四轮定位合格与否，需要将检测结果与标准值进行比较才能确定。现代计算机四轮定位仪，不仅采用了先进的测量系统和科学的检测方法，还储存了大量常见车型的四轮定位标准数据。在检

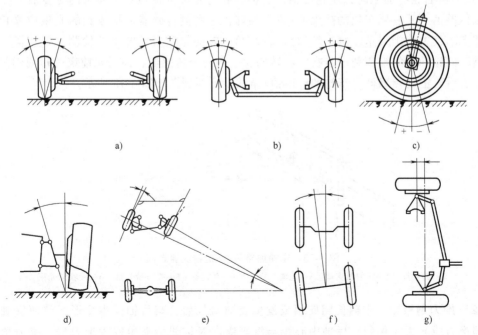

图4-71 四轮定位的检测项目

a）车轮前束值/角和前张角　b）车轮外倾角　c）主销后倾角　d）主销内倾角
e）转向20°时的前张角　f）推力角　g）左右轴距差

测过程中,可随时将实测数据与标准数据进行比较,并通过屏幕用图形和数字显示出需要调整的部位、调整方法及在调整过程中数值的变化,这样,将复杂的四轮定位检测调整简化成"看图操作"。

3. 汽车四轮定位检测

（1）**前束和轴距差检测** 为提高测量精度,根据四轮定位仪的类型,通过拉线或光线照射及反射等方式形成一个封闭的直角四边形,并将被测车辆置于该四边形中,如图4-72所示。检测时,应将车体摆正并使车轮处于直线行驶位置。通过安装在车轮上的光学镜面或传感器,进行前后轮的前束值、同一车轴上左右车轮的同轴度及推力角等的检测。安装在车轮上的传感器有不同的类型,现以光电晶体管式传感器为例说明其检测原理。

1) 安装在两转向轮和两后轮上的传感器（又称定位校正头）均有接收光线和发射光线的功能,利用光线发射与接收刚好能形成图4-72所示的四边形。传感器的受光平面上等距离地排列有一排光电晶体管,当不同位置上的光电晶体管受到光线照射时,所发出的电信号即可代表前束值/角或左右轮轴距差。

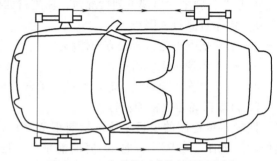

图4-72　8束光线形成的封闭四边形

2) 前束为零时,同一轴左右轮上的传感器发射（或反射）出的光束应重合。当检测出上述两条光束互相平行但不重合时,说明车轮发生了错位,左右车轮不同轴,依据光电晶体管发出的信息可测量出左右轮的轴距差。

3) 当左右轮有前束时,左轮传感器上接收到的光束位置相对于原来的零点有一个偏差值,该偏差值表示右侧车轮的前束值/角;同理,在右侧传感器上接收到的光束位置相对于原来零点的偏差值则表示左侧车轮的前束值/角。转向轮和后轮前束的检测原理相同,所不同的是转向轮前束的检测利用装在左右转向轮上的两个传感器,而后轮前束的检测则是利用装在左右后轮上的传感器。车轮的前束值/角的检测原理图如图4-73所示。

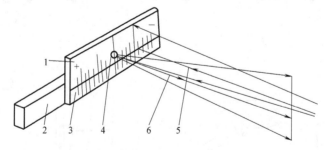

图4-73　车轮前束值/角的检测原理图

1—刻度板　2—投射器支臂　3—光电二极管　4—激光器　5—投射激光束　6—接收激光束

（2）**推力角检测** 车辆长期使用或发生交通事故后,其后轴发生变形,致使后轴中心线（即推力线）发生偏斜,后轴中心线与汽车纵向对称线的夹角称为推力角。推力角并非设计参数,而是故障参数。推力角过大,会导致轮胎的不正常磨损,汽车容易偏离直线行驶方向,严重时将发生后轴侧滑、甩尾等危险状况。推力角的检测如图4-74所示。当推力角为零时，前后轴同侧车轮上的传感器发射或接收的光束应重合，当两条光束出现夹角导致不重合时，就说明推力角不为零。因此，可以用安装在汽车前轮上的传感器接收到的后轮传感器所发射的光束，根据其相对于零点位置的偏差值检测汽车推力角的大小。

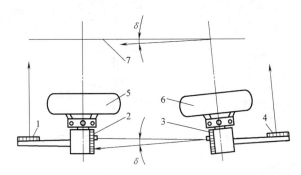

图 4-74　推力角的检测原理

1~4—光线接收器　5—转向轮　6—后轮　7—汽车纵向对称线　δ—推力角

（3）**转向 20°时前张角检测**　汽车使用时，由于转向轮长期在凹凸不平的路面上行驶，并经常使用紧急制动等，转向轮经常受到碰撞和冲击而引起汽车转向梯形变形，会造成汽车在转向行驶过程中转向轮的异常磨损并使操纵性变差，影响汽车的行驶安全性。为了检测汽车转向梯形臂和各连杆是否发生变形，在四轮定位检测中设置了转向 20°时前张角的检测项目。

检测前张角时，使被检车辆转向轮停在转角仪的转盘中心处，转动转向盘使右转向轮向右转 20°后，读取左转向轮下转盘上的刻度值 τ_1，则 $20°-\tau_1$ 即为向右转向 20°时的前张角；使左转向轮沿直线行驶方向向左转 20°后，读取右转向轮下转盘上的刻度值 τ_2，则 $20°-\tau_2$ 即为向左转向 20°时的前张角。

汽车在出厂时，使用说明书上一般均给出了前张角的合格范围。将测量值与规定值进行比较，即可检测出汽车转向轮的转向梯形臂和各连杆是否发生了变形。若变形超出规定值或左右转向的前张角不一致，则需要校正、调整或更换转向梯形臂和各连杆。

4. 四轮定位仪的组成及使用

目前常用的四轮定位仪有拉线式、光学式和图像式等多种，虽然其基本检测原理相同，但使用方法有很大差异。因此，在使用前应认真阅读四轮定位仪的使用说明书。以光学式微机四轮定位仪为例介绍其检测过程和注意事项。

光学式微机四轮定位仪由主机、前后车轮检测传感器、传感器支架、转盘、制动锁、转向盘锁及导线等零部件组成，图 4-75 所示为其外形图。

为便于检测和调整，被检车辆需放在地沟上或举升平台上，地沟或举升平台应处于水平状态，四轮定位仪则安装在地沟旁或举升平台上，如图 4-76 和图 4-77 所示。

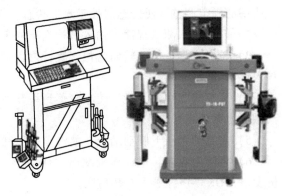

图 4-75　四轮定位仪外形图

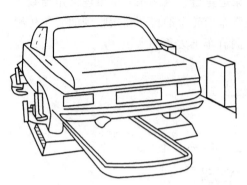

图 4-76　四轮定位仪安装在地沟旁

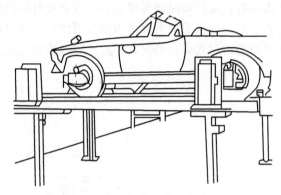

图 4-77　四轮定位仪安装在举升平台上

5. 四轮定位的检测方法

（1）**对被检车辆的基本要求**　在检测汽车的前轮定位时，被检车辆应满足以下要求：

1）前后轮胎气压及胎面磨损基本一致。

2）前后悬架系统的零部件完好、不松旷。

3）转向系统调整适当、不松旷。

4）前后减振器性能良好、不漏油。

5）汽车前后高度与标准值的差不大于 5mm。

6）制动系统正常。

（2）**检测前准备**

1）将汽车驶上举升平台，托起四个车轮，将汽车举升 0.5m（第一次举升）。

2）托起车身适当部位，将汽车举升至车轮能够自由转动（第二次举升）。

3）拆下各车轮，检查轮胎磨损情况。

4）检查轮胎气压，不符合标准时应充气或放气。

5）做车轮的动平衡试验，试验完成后，将车轮装好。

6）检查车身高度。检查车身四个角的高度和减振器技术状况，若车身不平应先调平；同时检查转向系统和悬架是否松旷，若松旷则应先紧固或更换零件。

（3）**检测步骤**

1）将传感器支架安装在轮辋上，再将传感器（定位校正头）安装到支架上，并按使用说明书的规定调整，使传感器处于水平状态，气泡居于中间位置。

2）开机进入测试程序，输入被检汽车的车型和生产年份。

3）轮辋变形补偿。转向盘位于直行位置，使每个车轮旋转一周，即可将轮辋变形误差输入计算机。

4）降下第二次举升量，使车轮落到举升平台上，将汽车前部和后部向下压动 5 次，使其做压力弹跳。

5）用制动锁压下制动踏板，使汽车处于制动状态。

6）将转向盘左转至计算机发出"OK"声，输入左转角度；然后将转向盘右转至计算机发出"OK"声，输入右转角度。

7）将转向盘回正，计算机屏幕上显示出后轮的前束及外倾角数值。

第四章 汽车底盘技术状况检测与诊断

8）调正转向盘，并用转向盘锁锁住转向盘使之不能转动。

9）将安装在四个车轮上的定位校正头的水平仪调到水平线上，此时计算机屏幕上显示出转向轮的主销后倾角、主销内倾角、转向轮外倾角和前束的数值。

10）调整主销后倾角、车轮外倾角及前束，调整方法可按计算机屏幕提示进行。若调整后仍不能解决问题，则应更换有关零部件。

11）进行第二次压力弹跳，使转向轮左右转动，将车身反复压下后，观察屏幕上的数值有无变化，若数值变化应再次调整。

12）若第二次检查未发现问题，则应将调整时松开的部位紧固。

13）拆下定位校正头和支架，进行道路试验，检查四轮定位检测调整效果。

6. 四轮定位故障及原因

四轮定位故障现象及原因分析见表4-22。

表4-22 四轮定位故障现象及原因分析

故障现象	原因分析
转向沉重	主销后倾角过大
转向盘抖动	车轮不平衡
转向盘不正	后轮前束不良,造成推力线转向系统不正
轮胎块状磨损	车轮静态不平衡,后轮前束不正确
轮胎块状、羽毛状磨损	前束或外倾角不正确
轮胎凹凸状磨损	车轮动态不平衡,后轮前束不正确
车辆行驶时向一侧拉	左右车轮后倾角或外倾角不相等,车身高度左右不等。左右轮胎尺寸或气压不等,转向系统故障或一侧制动片卡住
直行时转向盘摇摆不定,转向后转向盘不能自动回正	主销后倾角过大
轮胎内缘磨损,悬架零件不正常磨损	车轮外倾角过小
轮胎内缘磨损,轮胎内缘快速磨损,方向发飘不稳定	前束过大
轮胎内缘羽毛状磨损,轮胎外缘快速磨损,方向发飘不稳定	前束过小

7. 四轮定位检测注意事项

四轮定位仪是精密检测设备，操作人员在使用前须经专门培训，并认真研读所使用四轮定位仪的使用说明书。一般来说，四轮定位仪在使用过程中的注意事项如下：

1）使用前，检查四轮定位仪所配附件是否与使用说明书上列出的清单相符，设备安装时要遵循使用说明书所提出的各项要求。

2）应细心维护光学式四轮定位仪中的投影仪（或投光器），并经常进行调整；传感器是计算机式四轮定位仪的重要元件，使用前要进行校正，以保证测试精度。

3）传感器应正确地安装在传感器支架上，在不使用时应妥善保管，避免受到损坏；电测类传感器应在接线完毕后再通电，以避免其因带电接线引起电磁振荡而损坏。

4）移动四轮定位仪时，应避免使其受到振动，否则可能使传感器及计算机损坏。

5）四轮定轮仪应每半年标定一次，标定时应使用购买时所带专用标定器具，并按规定程序进行标定。

6）在检测四轮定位前，须进行车轮传感器偏摆补偿，否则会引起大的测量误差。

三、车轮侧滑量的检测

为保证汽车转向轮做无横向滑移的直线滚动,要求车轮外倾角和车轮前束有适当的配合,当两者配合恰当时,前轮外倾角产生的外张力与前轮前束产生的内向力相互抵消,从而保持前轮直线行驶。当两者配合不当时,汽车转向轮将出现横向滑移量,结果是不仅不能保持车辆稳定的直线行驶状态,还会增大行驶阻力,并加剧转向轮胎面异常磨损,影响汽车动力性、经济性、制动性和操纵稳定性,因此对汽车转向轮的侧滑量进行检测是非常必要的。某些汽车的后轮也有外倾和前束,也应该检测其侧滑量。

1. 侧滑产生的原理

转向轮侧滑是转向轮定位参数失准的表现。若转向轮只有外倾,则在车轮做纯滚动时将向外运动,如果在转向轴的约束下做直线运动,车轮与地面间必然会产生边滚边滑的现象;如果转向轮只有前束,则车轮做纯滚动时将向内运动,若在车轴的约束下做直线运动,车轮与地面间也会产生边滚边滑现象。只有使具有外倾的转向轮同时具有匹配的前束值,才能使二者在运动学上产生的不良效应相互抵消,保证汽车直线行驶时,转向轮做纯滚动而不会产生边滚边滑的现象,从而提高了汽车的操纵稳定性,并大大减小了轮胎磨损和行驶阻力。

应该明确指出的是,转向轮外倾和前束均合格时,侧滑量合格;但当侧滑量合格时,外倾和前束不一定都合格。

2. 侧滑量检测原理

检测车轮侧滑量的主要目的是判断汽车前束和外倾角这两个参数的配合是否恰当,而不是测量这两个参数的具体数值。可在室内台架上检测侧滑量的大小和方向,其实质是使汽车驶过可横向自由滑动的滑板,前轮前束和外倾角匹配不当而产生的侧向作用力将使滑板产生横向移动,用滑板的位移来表示转向轮的侧滑量。根据滑板数目不同,常用的滑板式侧滑试验台有双板联动式和单滑板式两种。

(1) 双板联动式侧滑试验台检测原理

1) 滑板仅受车轮外倾角的作用。先讨论转向轮仅有外倾而前束为零的情况,这种情况下在汽车直线行驶,两转向轮在滑板上滚动时,车轮有向外侧滚动的趋势。由于受到车桥的约束,车轮不可能向外移动。此时若使两转向轮驶过底部装有滚轮可自由滑动的滑板,因轮胎与滑板间的摩擦系数很大,足以避免车轮在滑板上产生横向滑移,所以两侧滑板会在车轮与滑板间的相互作用下向内移动,即转向轮外倾可引起负前束,如图4-78a所示。按照约定,具有外倾角的车轮,由于其类似于滚锥的运动情况,因而其前进或后退时所引起的侧滑量均为负。反之,具有内倾角的车轮引起的侧滑分量为正。

由外倾引起的单个车轮的平均侧滑量 S_1 为

$$S_1 = \frac{L'-L}{2} \tag{4-5}$$

式中 L——滑板静态时两板外侧间距(mm);

L'——滑板侧滑后两板外侧间距(mm)。

2) 滑板仅受车轮前束角的作用。这里仅讨论车轮只存在前束角,而外倾角为零的情况。前束是为了消除具有外倾角的车轮类似于滚锥运动所带来的不良后果而设计的。

滑板仅受到车轮前束的作用,具有前束的车轮在前进时,车轮有向内滚动的趋势,但因受到车桥的约束作用,在实际驶过侧滑试验台时,车轮不可能向内滚动,从而会通过车轮与滑板间的附着作用带动滑板向外运动。此时,车轮在滑板上做纯滚动,滑板相对于地面有侧向移动,其运动方向如图4-78b所示。按照约定,前进时由车轮前束引起的侧滑分量大于或等于零。反之,仅具有外倾角的车轮在前进时,由车轮外倾引起的侧滑分量小于或等于零。

通常,滑板向外滑动的数值记为正,而向内滑动的数值记为负,因此,前束引起正侧滑。由前束引起的单个车轮的平均侧滑量为 S_2 也可由式(4-5)求出。

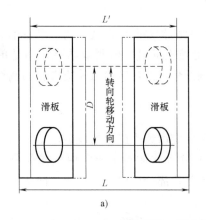 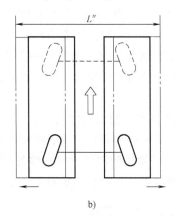

图4-78 双滑板侧滑量检测原理
a) 外倾引起的侧滑　b) 前束引起的侧滑

实际上,目前一般汽车转向轮同时存在外倾和前束,因此,在两转向轮通过可以左右滑动的滑板时,其侧滑量 S 是前束和外倾两者综合作用的结果,即 $S=S_1-S_2$。只有在外倾与前束配合得当时,二者产生的侧向力才能相互抵消,保持车轮无侧滑,此时滑板也无侧滑,即 $S=0$。若两者配合不当,则侧向力失去平衡,车轮将沿着较大侧向力的方向侧滑,从而产生侧滑量,此时 $S\neq0$。当 $S>0$ 时,两转向轮向外侧滑;当 $S<0$ 时,两转向轮向内侧滑。

(2) 单滑板式侧滑试验台检测原理　单滑板式侧滑试验台仅采用一块滑板,如图4-79

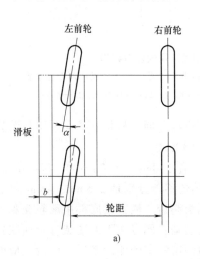 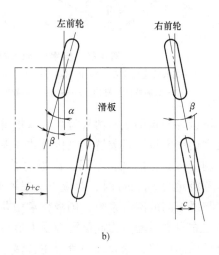

图4-79 单滑板侧滑量检测原理
a) 单轮引起的侧滑　b) 双轮引起的侧滑

所示。单滑板通过滚动装置支撑并可以沿横向自由滑动，但在沿着汽车行驶的纵向受约束而不能移动。

汽车左前轮从单滑板上通过，右前轮在地面上行驶。若右前轮直线行驶无侧滑，即侧滑角 β 为零，而具有侧滑角 α 的左前轮向内侧滑时，通过车轮与滑板间的附着作用带动滑板向左移动距离 b，如图 4-79a 所示。若右前轮也具有侧滑角 β，右前轮相对左前轮也会向内侧滑，此时滑板向左移动距离 c，并由于左前轮同时向内侧滑 b，因此滑板的移动距离为两前轮向内侧滑量之和，即 $b+c$，如图 4-79b 所示。

上述距离 $b+c$ 可反映汽车左右轮总的侧滑量大小及方向。也就是说，采用单滑板侧滑试验台测量汽车的侧滑量时，虽然是一侧车轮从滑板上通过，但测量结果并不是单轮的侧滑量，而是左右轮侧滑量的综合反映。根据这一侧滑量可以计算出每一边车轮的侧滑量，即单轮的侧滑量为 $(b+c)/2$。

3. 滑板式侧滑试验台的结构

滑板式侧滑试验台是目前动态检测车轮定位中应用最为广泛的设备。

(1) 双板联动式侧滑试验台主体结构 双板联动式侧滑试验台由机械部分、侧滑量测量装置、侧滑量指示装置和侧滑量定性显示装置等几部分组成，其结构如图 4-80 所示。

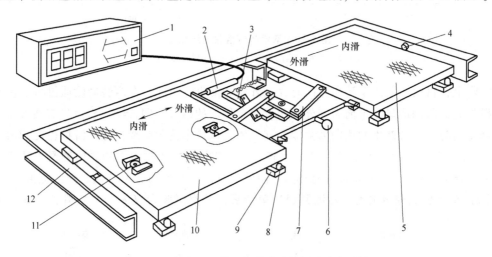

图 4-80 数字显示的双板联动式侧滑试验台结构
1—侧滑试验台仪表 2—传感器 3—回位机构 4—限位装置 5—右滑板 6—锁定装置
7—双摇臂杠杆机构 8—滚轮 9—导轮 10—左滑板 11—导向装置 12—框架

其中机械部分包括左右两块滑板、双摇臂杠杆机构、回位机构、导向与限位装置等。目前使用较多的侧滑量测量装置有电位计式和差动变压器式。

由于侧滑试验台的规格不同，滑板的纵向长度有 500mm、800mm 和 1000mm 三种。当仪表显示侧滑量为 5m/km 时，对应于这三种滑板的位移量分别是 2.5mm、4mm 和 5mm。为增大轮胎与滑板间的附着系数，侧滑板常用花纹钢板制造。侧滑板底部用滚轮支承，滚轮可在滑道中左右自由滑动，因此侧滑板受力后可左右摆动；滑板下部还装有导向装置，用以限制侧滑板纵向位移，只允许侧滑板左右移动。检测出汽车的侧滑量后，侧滑板应能够回到初始位置，因此在侧滑板或杠杆机构上装有回位弹簧。锁定装置用于在侧滑板不工作时限制其左右位移，防止滑板受损。双板联动式侧滑试验台左右两块滑板的移动量是相等的，同时向外或同时向内。在其中一块滑板上装有位移传感器，将位移量变成电信号送给侧滑量显示装置。位移传感器有电位计、差动变压器和自整角电机三种形式。

（2）侧滑量测量装置　侧滑量测量装置是一个位移传感器，用于将滑板的位移量变成电信号送给显示装置显示。常用的位移传感器有电位计式、差动变压器式两种形式。

电位计式测量装置的电路原理如图4-81所示，在电位计两端加上一定的电压，当电位计的滑动触点随滑板移动时，触点的输出电压与位移量成正比，通过指示计可指示出对应的位移量。差动变压器式位移传感器的结构及工作原理如图4-82所示。差动变压器是将被测信号的变化转换成线圈互感系数变化的传感器，它的结构如同一个变压器，由一次线圈、二次线圈、铁心等几部分组成。

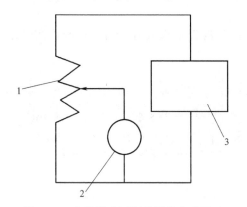

图4-81　电位计式测量装置的电路原理
1—电位计　2—指示计　3—稳压电源

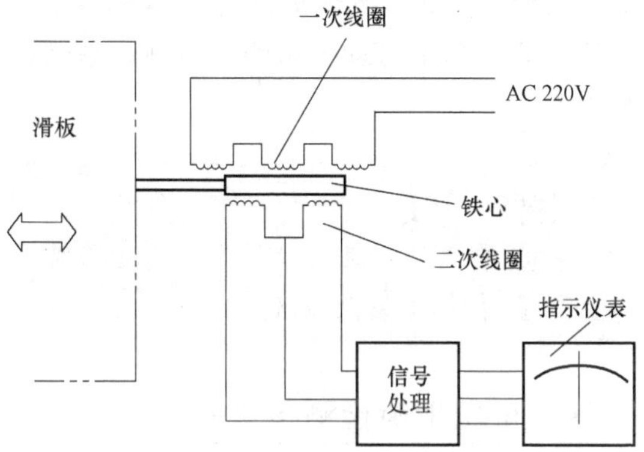

图4-82　差动变压器式位移传感器结构及工作原理

在一次线圈接入电压U_1后，二次线圈即感应输出电压U_2，滑板移动时引起铁心的移动，从而引起线圈互感系数的变化，输出电压也随之做相应的变化。其特点是结构简单、灵敏度高、测量范围大且使用寿命长。

（3）侧滑量指示装置　汽车侧滑试验台的指示装置有机械式和电气式两类。国产的侧滑试验台用数码管显示或液晶显示，并有峰值保持功能。在仪表的电路板上安装有电位计，标定时用于调整。有些侧滑试验台还可以打印检测结果。从传感器传来的反映侧滑板位移量的电信号，经放大处理后传送给指示装置。

指示装置标定时，按汽车直线行驶1km每侧滑1m为一格刻度。若侧滑板长度为1000mm，则侧滑板侧向位移为1mm时，显示1个刻度；侧滑板长度为500mm时，侧滑板每侧向位移0.5mm对应于1个刻度。在指示装置上，转向轮正、负侧滑分别对应有7个以上刻度。检测人员从指示装置上可获知转向轮侧滑量的定量数值和侧滑方向。

（4）警告装置　检测转向轮侧滑量时，为快速表示出检测结果是否合格，当侧滑量超过规定值时（多于5格刻度），警告装置能根据侧滑板限位开关发出的信号，用蜂鸣器或信号灯发出警告，因而无需再读取仪表数值，以节省检测时间。

4．影响转向轮侧滑量检测结果的因素

（1）车轮外倾角与前束值配合情况的影响　一般情况下，侧滑量超标时，通过调整车轮前束就能使之符合标准。但在某些特殊情况下，通过调整车轮前束使侧滑量符合标准后，在汽车行驶过程中，驾驶人反而觉得难以操纵，此时应检查车轮其他定位参数是否符合要求。因此，当侧滑量超标时，不能仅靠调整车轮前束的方法来满足侧滑量合格的要求。

（2）**汽车有关部件技术状况的影响**　如汽车轮毂轴承间隙过大，左右松紧度不一致；转向节主销和衬套过度；横直拉杆球头松旷，左右悬架性能不一致；前、后轴不平行等情况都会影响侧滑量的检测结果。因此，在对车轮侧滑量进行检测前，应首先对以上部位进行认真检查，以消除不利影响。

（3）**汽车轮胎的影响**　汽车左右轮胎规格、气压是否一致，轮胎是否存在磨损过大及偏磨现象，轮胎或试验台表面是否有水、油、沙或轮胎花纹中是否有石子等都会影响轮胎与滑板间的附着力，从而影响检测结果。

（4）**测试车速的影响**　当测试车速过大时，由于对滑板的冲击作用，侧滑量的检测结果显著增大。因此，测试车速应为 3~5km/h。

（5）**汽车行驶方向的影响**　当测试车辆行驶方向与滑板不垂直时，侧滑量的检测结果将显著增大。

（扫码看故障分析）

【案例 4-6】
一辆雷克萨斯 LS400 轿车，变速器型号为 A341E，在 D 位行驶，当车速超过 20km/h 时，有踩空加速踏板的感觉，此时发动机转速迅速上升，而车速下降。

四、车轮平衡检测与诊断

汽车行驶系统技术状况变差，不但影响汽车的操纵稳定性、平顺性、乘坐舒适性、行驶阻力，而且直接影响汽车的行驶安全性，还会加剧轮胎及有关机件的磨损和冲击，缩短汽车的使用寿命。研究发现，车轮位置不正或不平衡严重时，其磨损量是正常使用情况下的 10 倍。因此，汽车行驶系统的检测与诊断是汽车技术状况监控的重要内容。

1. 车轮不平衡概念

（1）**车轮静不平衡**　若车轮的质心与旋转中心不重合，则该车轮为静不平衡。静不平衡的车轮在旋转时，由于存在着不平衡质量，因而产生离心力。假定不平衡质量 m（kg）集中于与车轮旋转中心的距离为 r（m）的圆周上的某点，则车轮转动时所产生的离心力 F（N）的大小为

$$F = m\omega^2 \tag{4-6}$$

式中　ω——车轮旋转角速度，$\omega = 2\pi n/60$（rad/s）；

n——车轮转速（r/min）。

由式（4-6）可知，转速 n 越高，不平衡质量 m 越大，且与旋转中心的距离 r 越远，由静不平衡所产生的离心力 F 也越大。如图 4-83 所示，离心力 F 可分解为垂直分力 F_y 和水平分力 F_x。每旋转一周，垂直分力 F_y 在经过旋转中心垂直线的 a、b 两点达到最大值且方向相反，从而引起车轮的跳动；水平分力 F_x 在经过旋转中心水平线的 c、d 两点达到最大值且方向相反，形成绕转向轮主销来回摆动的力矩，造成转向轮摆振。

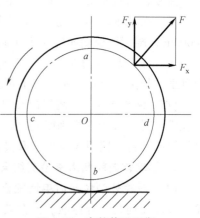

图 4-83　车轮静不平衡

当左右转向轮的不平衡质量相互处于180°位置时，转向轮摆振最为剧烈。若要实现静平衡，则需在不平衡质量 m 的相反位置上配置相同质量 m'，以使两者所产生的离心力因大小相同、方向相反而相互抵消。

(2) **车轮动不平衡** 静平衡的车轮，若车轮的质量分布相对于车轮纵向中心面不对称，则会造成车轮的动不平衡。若在旋转轴线的径向相反、距旋转中心距离相同的位置上，各有一个质量相同的不平衡点，如果两个不平衡质量不在同一平面内，则虽为静平衡车轮，但其却是动不平衡的，如图4-84a所示，这是因为两个不平衡质量产生的离心力的合力虽为零，但离心力位于不同平面内，两个力构成的力偶不为零。在车轮转动时，由于力偶的方向反复变化，造成车轮绕主销摆振，如图4-84b所示。若要使车轮达到动平衡，则需在 m_1、m_2 的相反方向配置相同质量 m_1'、m_2'。

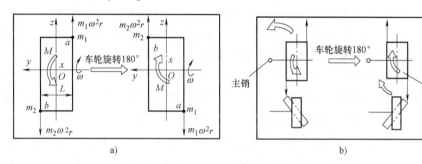

图 4-84 车轮动不平衡

a) 车轮动不平衡受力 b) 动不平衡引起转向轮摆振

动平衡的车轮肯定是静平衡的，但静平衡的车轮却不能保证是动平衡的，因此主要应对车轮进行动平衡检测。根据 GB 7258—2017《机动车运行安全技术条件》，车轮总成的横向摆动量和径向跳动量，总质量小于或等于3500kg的汽车应小于或等于5mm，摩托车应小于或等于3mm，其他机动车应小于或等于8mm。最大设计车速大于100km/h的机动车，车轮的动平衡要求应与该车型的技术要求一致。

(3) **车轮不平衡的原因**

1) 轮毂、制动鼓（盘）加工时轴心定位不准、加工误差大、非加工面铸造误差大、热处理变形、使用中变形或磨损不均。

2) 轮胎螺母质量不等、轮辋质量分布不均或径向圆跳动、轴向圆跳动过大。

3) 轮胎质量分布不均，尺寸或形状误差过大，使用中变形或磨损不均，使用翻新胎或垫、补胎。

4) 并装双胎的充气嘴未相隔180°安装，并胎的充气嘴未与不平衡点标记（经过平衡试验的新轮胎，往往在胎侧标有红、黄、白或浅蓝色的□、△、○、◇符号，用来表示不平衡点位置）相隔180°安装。

5) 轮毂、制动鼓（盘）、轮胎螺栓、轮辋、内胎、衬带、轮胎等拆卸后重新组装成车轮时，累计的不平衡质量或几何偏差太大，破坏了原来的平衡。

6) 车轮定位不当不仅影响汽车的操纵性和行驶稳定性，还会造成轮胎偏磨，因而引起车轮不平衡。

7) 车轮碰撞造成的变形引起的车轮质心位移。

8）高速行驶过程中，制动抱死导致的轮胎纵向和横向滑移所引起的轮胎局部不均匀磨损。

2. 车轮平衡机的类型和结构

（1）车轮平衡机的分类方式

1）按功能分类：车轮静平衡机和车轮动平衡机。

2）按测量方式分类：离车式车轮平衡机和就车式车轮平衡机。前者需从车上拆下被测车轮，然后装到平衡机转轴上进行测量，后者则可在不拆卸车轮的状况下进行检测。

3）按平衡机转轴的支承方式分类：软式车轮平衡机和硬式车轮平衡机。前者的转轴由弹性元件支承，当装在转轴上的车轮不平衡时，转轴和车轮在转动过程中发生振动，通过对振动的强弱和相位进行测量来检测车轮的不平衡量；后者的转轴则由刚性元件支承，通过测量车轮不平衡点在车轮旋转时产生的离心力来检测车轮的不平衡量。

可测定车轮左、右两侧的不平衡量及相位的车轮平衡机，称为两面测定式车轮平衡机。

（2）离车式车轮平衡机 在离车式车轮平衡机中，目前应用最多的是硬式两面测定车轮动平衡机，如图4-85所示。该动平衡机一般由驱动装置、转轴与支承、显示与控制装置、制动装置、机箱和车轮防护罩等组成。近年来生产的车轮动平衡机多配有计算机，具有自动判断和自动调校系统，能将传感器送来的信号通过计算机运算、分析、判断后显示出不平衡量及相位。为了使显示的不平衡量恰好是轮辋边缘所加平衡块的质量，还必须将测得的轮辋直径、轮辋宽度及轮辋边缘至动平衡机箱的距离，通过键盘或选择器旋钮输入计算机。另外，车轮防护罩用于防止车轮旋转时车轮上的平衡块或花纹中的夹杂物飞出，制动装置可使车轮停转。

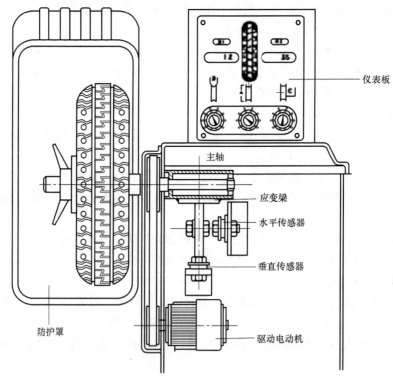

图4-85 离车式车轮平衡机

(3) **就车式车轮平衡机** 就车式车轮平衡机一般由驱动装置、测量装置、指示与控制装置、制动装置和小车等组成。驱动装置由电动机、转轮等组成，能带动支离地面的车轮转动。测量装置由传感磁头、可调支杆、底座等组成。它能将车轮不平衡量产生的振动变成电信号，送至指示与控制装置，指示与控制装置由频闪灯、不平衡量表或数字显示屏等组成。频闪灯用来指示车轮不平衡点位置，不平衡量表或数字显示屏用来显示不平衡量大小。不平衡量表一般有两个档位，第一档用于初查时的指示，第二档用于装上平衡块后复查时指示。制动装置用于车轮停转。除测量装置外，车轮平衡机的其余装置都装在小车上，可方便地移动，如图4-86所示。

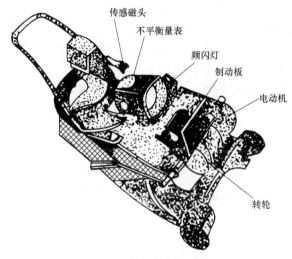

图4-86 就车式车轮平衡机

3. **车轮不平衡检测原理**

(1) **静不平衡检测** 静不平衡可在离车式或就车式车轮平衡机上检测。被测车轮装在离车式车轮平衡机的转轴上时，若车轮存在静不平衡，则在自由转动状态下，车轮将停止于不平衡点处于最低的位置；在相反方向进行配重平衡，当车轮可在转动结束时停止于任一位置时，车轮则处于静平衡状态。利用这一基本原理即可测得静不平衡的质量和相位。利用就车式车轮平衡机检测车轮静不平衡的原理，如图4-87所示。

测试时，传感磁头可吸附在独立悬架下臂或非独立悬架的转向节处。支离地面的车轮如果不平衡，通过可调支杆可将不平衡车轮旋转时产生的振动传给底座，装在底座中的传感元件将振动转化成电信号，指示与控制装置由频闪灯和不平衡量表或数字显示屏组成，在接收到传感元件传来的电信号后不平衡量表根据其强弱指示出不平衡量的大小，频闪灯用于测出车轮不平衡点的位置。当传感磁头传递向下的力时，频闪灯发

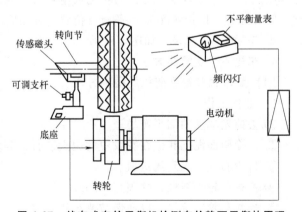

图4-87 就车式车轮平衡机检测车轮静不平衡的原理

亮,所照射到的车轮最下部的点即为不平衡点。不平衡点的质量越大,传感器的受力也越大,指示装置指示的数值也越大。

(2) 动不平衡检测

1) 离车式车轮平衡机检测动不平衡的基本原理。动不平衡的车轮安装在离车式硬支承平衡机的转轴上高速旋转时,所产生的离心力在支承装置上产生动反力,测出支承装置所受的动反力即可测得不平衡量。其检测原理如图4-88所示。

图4-88中,m_1、m_2为车轮不平衡点质量,车轮旋转时所产生的离心力为F_1、F_2,结构尺寸a、b、c、d如图所示。硬支承平衡机的测试、校正原理:根据支承处的动反力F_L、F_R确定两校正面上离心力F_1和F_2的大小,根据F_1、F_2确定两校正面所需的平衡块质量和安装方位。其测量点在轴承处,而校正面选在轮辋两边缘。根据平衡条件,有

$$F_R - F_L - F_1 - F_2 = 0$$
$$F_1(a+c) + F_2(a+b+c) - F_R c = 0$$

可解得

$$F_1 = F_L \frac{a+b+c}{b} - F_R \frac{a+b}{b}$$

$$F_2 = F_L \frac{a+c}{b} - F_R \frac{a}{b}$$

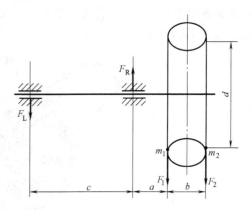

图4-88 车轮平衡仪检测原理
a—轮辋边缘至右支承的距离 b—轮辋宽度
c—左右支承间距离 d—轮辋直径

由此可知,离心力F_1、F_2仅取决于动反力F_L、F_R及结构尺寸a、b、c。对于某车轮平衡机和所测车轮而言,结构尺寸可视为常数。可事先输入控制装置,动反力F_L、F_R可用位移、速度或加速度传感器测出,据此确定F_1、F_2并确定平衡块质量和安装方位。

2) 就车式车轮平衡机检测动不平衡的基本原理。在就车式车轮平衡机上检测车轮动不平衡时,可将传感磁头固定在制动底板上。当动不平衡的车轮高速旋转时,不平衡质量所产生的离心力使车轮左右摆动,在制动底板上产生横向振动。横向振动通过传感磁头、可调支杆传给底座内的传感器并将振动转化成电信号,电信号控制频闪灯闪光,以指示车轮不平衡点位置,并由指示装置显示出车轮的不平衡量,如图4-89所示。

4. 车轮不平衡检测方法

(1) 离车式车轮平衡机的检测方法

1) 准备工作。

① 去掉轮辋上的旧平衡块。

② 清除胎面泥土和嵌在花纹中的泥土、石子等。

③ 将轮胎气压充至规定值。

④ 检查车轮平衡仪,并预热5min左右。

⑤ 提取车轮定位尺,以便使被测车轮定位。

⑥ 根据轮辋中心孔大小选择锥体,并将车轮装在转轴

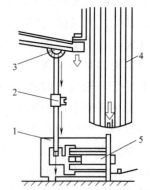

图4-89 动不平衡测量原理
1—底座 2—可调支杆 3—传感磁头
4—车轮 5—传感器

上，用快速螺母紧固。

2）检测步骤。

① 测量轮辋宽度 b、轮辋直径 d 和轮辋边缘至机箱距离 a，并输入到指示与控制装置。

② 按下车轮定位尺并放下车轮防护罩。

③ 按起动按钮，转轴带动车轮旋转，开始测试。

④ 显示测量结果后，按停止按钮或踩制动踏板使车轮停转，并从指示装置上读取车轮内、外侧不平衡量和不平衡位置。

⑤ 根据检测结果，分别在轮辋内、外两侧安装平衡块。

⑥ 检查平衡结果，直至车轮不平衡量<5g，指示装置显示"00"或"OK"时，车轮处于平衡状态。

⑦ 测试结束，切断电源，从转轴上取下车轮总成。

(2) 就车式车轮平衡机的检测方法

1）准备工作。

① 用千斤顶支起车桥。

② 取掉车轮轮辋上的旧平衡块，清除胎面泥土和花纹中夹嵌的泥土、碎石。

③ 检查轮胎气压，使其达到规定值。

④ 检查车轮转动是否轻便，车轮轴承是否松旷。

⑤ 在轮胎的胎侧上用粉笔做一个参考标记。

2）转向轮静平衡检测步骤。

① 安装传感器支架。用三角垫木塞紧另一侧车轮和后桥车轮，将转向桥落座于传感器支架上，调节好可调支杆高度并锁紧，使被测车轮升离地面。

② 使车轮平衡机转轮贴紧轮胎胎面，驱动电动机带动车轮高速旋转，注意车轮旋转方向应与汽车前进时车轮旋转方向一致。

③ 用频闪灯照射车轮，确定标记在车轮轮胎上的位置，在指示装置显示出不平衡量数值后，利用平衡机上的制动装置使其停止转动。

④ 轻转车轮，使标记位于频闪灯下的观察位置，轮辋最上部即为平衡块的安装位置。

⑤ 根据指示装置所显示的不平衡量，在轮辋上加装平衡块。

⑥ 重复上述步骤，复查测试，直至满足平衡要求。

3）转向轮动平衡检测步骤。

① 转向轮外转45°，将传感磁头吸附在制动底板边缘平整之处。

② 测量方法与转向轮静平衡的测量方法相同，但车轮平衡时，应在观察位置轮辋两侧各安装一块平衡块，并使其相隔180°，平衡后也需复查直至满足平衡要求。

4）驱动轮平衡与转向轮平衡的主要区别。

① 用千斤顶支起后桥后，不必用三角垫木塞紧另一侧的车轮。

② 用发动机通过传动系统带动后轮以 50~70km/h 的速度稳定运转，而不再用平衡机转轮带动车轮旋转。

③ 传感磁头支承在后桥尽可能靠近后轮的位置。

④ 测试结束后，用车轮制动器而不是用平衡机上的制动装置使车轮停止旋转。

驱动轮平衡的主要测试步骤与转向轮静、动平衡测试步骤相同。

五、悬架装置检测

悬架是汽车底盘的一个重要装置，通常由弹性元件、导向装置和减振器三部分组成。悬架系统直接影响汽车行驶平顺性、操纵稳定性和行驶安全性。因此，悬架装置的技术状况和工作性能，对汽车整体性能有着重要影响。所以，悬架装置的检测工作十分重要。

汽车悬架装置性能检测的方法有经验法、按压车体法和检测台检测法三种类型。前两种方法主要依靠检查人员的经验，因此存在主观因素影响大、可靠性差，只能定性分析而不能定量分析等缺点。

经验法是人工进行外观检视，主要从外部检查悬架装置的弹簧是否有裂纹，弹簧和导向装置的连接螺栓是否松动，减振器是否漏油、缺油和损坏等项目。

按压车体法既可以人工按压车体，也可以用检测台的动力按压车体。按压使车体上下运动，观察悬架装置减振器和各部件的工作情况，凭经验判断是否需要更换或修理减振器和其他部件。

检测台能快速检测、诊断悬架装置的工作性能，并能进行定量分析。根据激振方式的不同，悬架装置检测台可分为跌落式和共振式两种类型。其中，共振式悬架装置检测台根据检测参数不同，又分为测力式和测位移式两种类型。

1. 悬架装置检测台的工作原理、结构与检测方法

（1）悬架装置检测台的工作原理

1）跌落式悬架装置检测台的工作原理。测试中，先通过举升装置将汽车升起一定高度，然后突然松开支承机构，车辆落下产生自由振动。用测量装置测量车体振幅或用压力传感器测量车轮对台面的冲击压力，对振幅或压力进行分析处理后，评价汽车悬架装置的工作性能。

2）共振式悬架装置检测台的工作原理。如图4-90所示，通过检测台的电动机、偏心轮、蓄能飞轮和弹簧组成的激振器，迫使检测台台面及被检汽车悬架装置产生振动。在开机数秒后断开电动机电源，从而由蓄能飞轮产生扫频激振。由于电动机的频率比车轮固有频率高，因此蓄能飞轮逐渐降速的扫频激振过程总可以扫到车轮固有振动频率处，从而使台面-汽车系统产生共振。通过检测激振后振动衰减过程中力或位移的振动曲线，求出频率和衰减特性，便可判断悬架装置减振器的工作性能。由于共振式悬架装置检测台性能稳定、数据可靠，因此应用广泛。

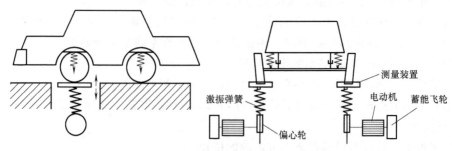

图4-90 共振式悬架装置检测台的工作原理

测力式悬架装置检测台和测位移式悬架装置检测台，一个是测振动衰减过程中的力，另一个是测振动衰减过程中的位移量,结构如图 4-91 所示。

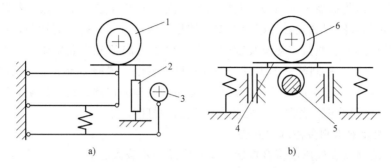

图 4-91　测力式和测位移式悬架装置检测台结构
a) 测位移式　b) 测力式
1、6—车轮　2—位移传感器　3—偏心轮　4—力传感器　5—偏心轴

3) 平板式悬架装置检测台基本原理。被测汽车以一定速度驶上测试平板 (图 4-42),驾驶人踩下制动踏板,使车辆在制动、悬架、轴重测试平板上制动至停车。由于制动时车身产生振动,致使前后车轮动态负荷相对静态负荷发生变化。每块平板下都设有垂直力传感器,因而能测得车轮的动态及静态负荷,然后计算出车轮的悬架效率。

(2) 共振式悬架装置检测台的结构　共振式悬架装置检测台一般由机械部分和电子控制部分组成。

1) 机械部分。共振式悬架装置检测台的机械部分由箱体和左右两套相同的振动系统构成,结构如图 4-92 所示。每套振动系统由上摆臂、中摆臂、下摆臂、支承台面、激振弹簧、驱动电动机、蓄能飞轮和传感器等构成。传感器一端固定在箱体上,另一端固定在台面上。

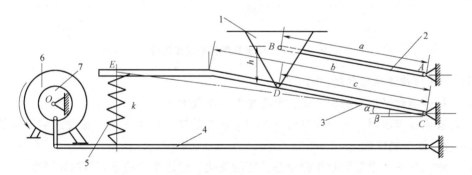

图 4-92　共振式悬架装置检测台单轮支承结构简图
1—支承台面　2—上摆臂　3—中摆臂　4—下摆臂　5—激振弹簧　6—驱动电动机　7—偏心惯性结构

上摆臂、中摆臂和下摆臂通过三个摆臂轴和六个轴承安装在箱体上。上摆臂和中摆臂与支承台面连接,并构成平行四边形的四连杆机构,以保证上下运动时能平行移动,以及台面受载时始终保持水平。中摆臂和下摆臂端部之间装有弹簧。驱动电动机的一端装有蓄能飞轮,另一端装有凸缘,凸缘上有偏心轴。连接杆一端通过轴承和偏心轴连接,另一端和下摆臂端部连接。

检测时,将汽车驶上支承台面,启动测试程序,驱动电动机带动偏心机构使整个汽车-台面系统振动。激振数秒钟达到角频率为 ω_0 的稳定强迫振动后,断开驱动电动机电源,然后由蓄能飞轮以起始频率为 ω_0 的角频率进行扫频激振。由于停在台面上车轮的固有频率处于 ω_0 和 0 之间，因此蓄能飞轮的扫频激振总能使汽车-台面系统产生共振。断开驱动电动机电源的同时，起动采样测试装置，记录数据和波形，然后进行分析、处理和评价。

2）电子控制部分。共振式悬架装置检测台的电子控制部分主要由微机、传感器、A/D 转换器、电磁继电器及控制软件等组成。控制软件是悬架装置检测台电子控制部分与机械部分联系的桥梁。软件不仅实现对悬架装置检测台测试过程的控制，还对悬架装置检测台所采集的数据进行分析和处理，并最终将检测结果显示和打印出来。

（3）用悬架装置检测台检测的方法

1）汽车轮胎规格、气压应符合规定，车辆空载，不载人。

2）将车辆每轴车轮驶上悬架装置检测台，使轮胎位于台面的中央位置，驾驶人离车。

3）起动检测台，使激振器迫使汽车悬架产生振动，使振动频率增加至超过振荡的共振频率。

4）在共振点过后，将激振源关断，振动频率减小，并将通过共振点。

5）记录衰减振动曲线，纵坐标为车轮动态负荷，横坐标为时间，测量共振时车轮动态负荷，如图 4-93 所示。计算并显示车轮动态负荷与静态负荷的百分比及其同轴左右轮百分比的差值。

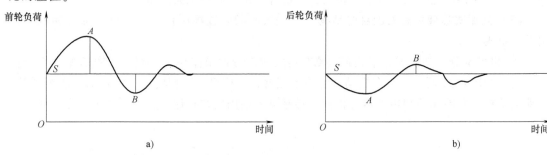

图 4-93 车轮垂直载荷的变化曲线

（4）用平板检测台检测的方法

1）平板检测台平板表面应干燥，没有松散物质及油污。

2）驾驶人将车辆对正平板检测台以 5~10km/h 的速度驶上平板，置变速器于空档，急踩制动踏板，使车辆停住。

3）连续测量并记录制动时车轮动态负荷的变化，记录车轮动态负荷的衰减曲线。

4）计算并显示悬架效率和同轴左右悬架效率之差。

5）打印检测报告及车轮振动衰减曲线图。

2. 汽车悬架性能的评价指标

（1）吸收率　用共振式悬架装置检测台检测汽车悬架特性时，其评价指标为吸收率（车轮接地性指数）。吸收率指被测汽车最小的动态车轮垂直接地力与静态车轮垂直接地力之比，以百分数表示。代表了车轮与路面间的最小相对动载，表明了悬架装置在汽车行驶中确保车轮与路面相接触的最小能力。

1）动态车轮垂直接地力指共振式悬架装置检测台台面与被测汽车悬架装置的车轮部分出现共振时，汽车车轮作用在台面上的垂直作用力。

2)静态车轮垂直接地力指共振式悬架装置检测台台面与被测汽车悬架装置处于静止状态时,汽车车轮作用在台面上的垂直作用力。

汽车行驶中,所有车轮的吸收率是不同的,这是由各轮悬架装置工作性能不一、各轮承受载荷不一、各轮气压不一等原因造成的。如果在检测台上人为使各轮承受的载荷和轮胎气压一致,那么车轮吸收率就主要取决于悬架装置的工作性能。因此,完全可以用吸收率评价悬架装置的工作性能。

(2)悬架效率 用平板式悬架装置检测台检测汽车悬架特性时,其评价指标为悬架效率。图4-93所示为汽车以5~10km/h的初速度在测试平板上制动时,其前后车轮垂直负荷随时间的变化曲线。制动时前部车身先加速向下,前轮垂直负荷先从静态负荷附近(S点)上升到最大值(A点),再从最大值下降到最小值(B点),如图4-93a所示;后部车身的振动引起的后轮垂直负荷变化的相位与前轮相反,即前部车身向下运动时后部车身向上抬起,如图4-93b所示。

由于汽车悬架装置能衰减、吸收车身的振动,所以车身的振动经过一段时间后就会消失。每侧车轮的悬架效率η可用下式计算:

$$\eta = \left(1 - \left|\frac{G_B - G_S}{G_A - G_S}\right|\right) \times 100\%$$

式中 η——悬架效率;
G_S——各车轮处静态负荷值;
G_A——A点的纵坐标绝对值;
G_B——B点的纵坐标绝对值。

3. 悬架装置工作性能的诊断标准

1)对于最大设计车速≥100km/h、轴载质量≤1500kg的载客汽车,应用悬架装置检测台按规定的方法检测悬架特性,受检车辆的车轮在受外界激振条件下测得的吸收率,即被测汽车共振时的最小动态车轮垂直负荷与静态车轮垂直负荷的百分比值,应不小于40%,同轴左右轮吸收率之差不得大于15%。

2)用平板检测台检测时,受检车辆制动时测得的悬架效率应不小于45%,同轴左右轮悬架效率之差不得大于20%。

在一些国家,悬架装置检测台已被广泛应用在检测汽车悬架装置工作性能上。欧洲使用的悬架装置检测台的主要生产厂家有德国的HOFMANN公司和意大利的CEMB公司等。它们生产的悬架装置检测台在检测中,悬架装置检测台台板连同其上的被检汽车按正弦规律做垂直振动,激振振幅固定而频率变化。力传感器感应到车轮作用到台板上的垂直作用力,并将力信号存入存储器。当全车所有车轮悬架装置检测完毕后,微机将力信号进行分析和处理,便可获得车轮的吸收率。

欧洲减振器制造协会将吸收率分为四级,见表4-23。

表4-23 悬架系统吸收率等级

吸收率	等级	吸收率	等级
80%~100%	很好	40%~59%	足够
60%~79%	好	0%~39%	不够

4. 电控悬架系统的检测与诊断

传统悬架系统的刚度和阻尼参数，是按经验设计或优化设计方法选择的，一经选定，在汽车行驶过程中就无法进行调节，使得传统的悬架只能保证汽车在一种特定的道路和速度条件下达到性能最优的匹配，并且只能被动地承受地面对车身的作用力，而不能根据道路、车速的不同而改变悬架参数，更不能主动地控制地面对车身的作用力。

而电控悬架系统通过控制悬架的刚度和减振器阻尼，突破了传统被动悬架系统的性能限制，使悬架特性与路面条件、装载质量、行驶车速等相适应，从而使汽车的平顺性和操纵稳定性在各种行驶条件下都能达到最佳组合。但电控悬架系统一旦出现问题，就会影响乘坐的舒适性，因此，有必要对其进行检测与诊断。

（1）**电控悬架系统基本检查** 对电控悬架系统进行检查时，应先进行基本检查，以确认电控悬架的故障性质，避免将故障复杂化。基本检查内容包括车身高度调整功能、减压阀功能、漏气和车身高度初始调整的检查。

1) 车身高度调整功能检查。

① 检查轮胎气压是否正确。

② 检查汽车高度。

③ 起动发动机，将高度控制开关从 NORM 位置切换到 HIGH，检查电控悬架完成高度调整所需的时间和汽车车身高度的变化量。正常时，在升高过程中，按下高度控制开关到压缩机起动的时间约为 2s，从压缩机起动到完成高度调整需 20~40s，车高的调整为 10~30mm。在车身降低过程中，按下高度控制开关到排气电磁阀打开的时间约为 2s，从压缩机起动到完成高度调整需 20~40s，车高的调整为 10~30mm。

2) 减压阀的检查。打开点火开关，短接悬架系统高度控制插头中端子 3 和 6，如图 4-94 所示，起动压缩机，等待一段时间后，检查减压阀应有空气逸出（注意连接时间不能超过 15s）。然后将点火开关关闭，清除故障码（因迫使压缩机运行时，ECU 会记录故障码）。

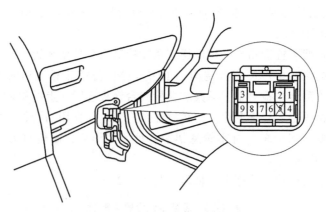

图 4-94 悬架系统高度控制插接器

3) 系统漏气检查。检查各管路有无压缩空气泄漏，步骤如下：

① 将肥皂水涂在所有空气管路接头上。

② 在压缩机插接器端子之间加 12V 电压，使压缩机运转，在空气管路中通入具有一定压力的空气。

③ 检查空气管路接头处是否有气泡出现，如果有气泡出现，则表明有漏气现象，此时，应进行必要的修理。

4）车身高度初始调整。

① 调整后使车身初始高度处于标准范围，以避免引起故障误诊断。

② 可通过调节悬架高度传感器的调节杆来调节悬架高度。

③ 被测车的前悬架高度传感器调节杆的长度为 53.5mm，后悬架高度传感器调节杆的长度为 27.5mm。使调节杆螺母旋转一圈，调整高差为 4mm；螺母在调节杆移动 1mm，车高相应变化 2mm。前悬架高度传感器调节杆可调极限为 8mm，后悬架高度传感器调节杆可调极限为 11mm。

④ 在进行汽车高度调整时，将汽车停放在水平地面上，高度控制开关处于 NORM 位置。

（2）**故障自诊断** 进行故障自诊断时，首先应通过一定程序或利用解码器使系统进入自诊断状态，然后读取故障码。故障排除后，还应将存储器内的故障码清除。

1）人工读取故障码。

① 将点火开关转至 ON 的位置。

② 用跨接线短接诊断插头上的 T_c 和 E_1 两端子，如图 4-95 所示。

③ 将仪表板上高度控制开关置于 ON 位置，根据指示灯 NORM 的闪烁情况读取故障码。

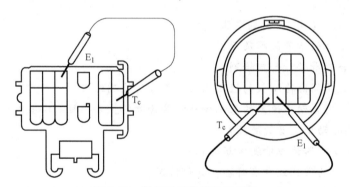

图 4-95 悬架系统故障诊断端子

2）读取故障码后，根据各种车型提供的故障码含义诊断其故障。

3）清除故障码，方法有以下两种：

① 点火开关置于 OFF 位置，用跨接线将高度控制插接器中端子 8 与 9 短接，同时将检测接线器的端子 T_c 与端子 E_1 短接。保持这一状态 10s 以上，然后将点火开关转至 ON 位置并脱开以上各端子。

② 点火开关置于 OFF 位置，断开接线盒中的 ECU-B 熔丝 10s 以上。

系统维修完成后，汽车进行道路试验，再次检查指示灯。如果指示灯不再闪烁，则故障排除；如果指示灯再次亮起，则仍需读取故障码。

4）输入信号检查。如果按上述方法无法读取故障码，则进行输入信号检查。输入信号检查的方法与故障码读取方法类似，只是在故障码读取中跨接的是 T_c 与 E_1 端子，而在输入信号检查中跨接的是 T_s 与 E_1 端子，如图 4-96 所示。

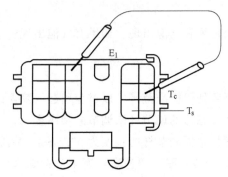

图 4-96 悬架系统信号检查端子

习题

1. 简述转向轮定位检测原理。
2. 转向轮侧滑反映了什么问题？侧滑对汽车运行有什么影响？
3. 简述侧滑量台架试验的检测原理。
4. 检测主销后倾角和主销内倾角时，向左和向右转动车轮的目的是什么？
5. 为什么要检测转向 20°时的前张角？如何检测？
6. 简述四轮定位的常见故障及原因。
7. 什么是离合器滑转？如何检测？
8. 简述数字式角间隙检测仪的检测原理，并分析检测结果。
9. 为什么要进行自动变速器的基础检验？其检验的主要项目有哪些？
10. 如何检测自动变速器的液压？
11. 简述自动变速器故障检测诊断的程序。
12. 自动变速器的常见故障有哪些？如何诊断？
13. 简述单轴反力式滚筒试验台的检测原理，并指出其应用的局限性。
14. 简述平板式制动试验台的检测原理，并说明其使用的特点。
15. 液压和气压制动系统都进行哪些检测？
16. ABS 的一般检查内容有哪些？
17. 如何应用 ABS 警告灯进行故障诊断？
18. ABS 无故障码的故障如何检测？
19. 制动系统常见的故障有哪些？如何诊断？
20. 简述 ASR 故障诊断程序，并分析如何进行电路检查。
21. 如何进行车轮动平衡检测？

第五章 / Chapter 5
汽车燃油经济性与环保性能检测

【教学目标】

通过本章的学习,学生能够了解到评价汽车经济性和环保性能好坏的指标,掌握燃油经济性和环保性能的检测原理和检测方法,并且能够运用所学知识分析检测结果并给出正确结论,达到分析和解决问题的能力。

【教学要求】

知识要点	能力要求	参考学时
汽车燃油经济性检测	了解评价燃油经济性指标;掌握容积和质量式油耗仪的检测原理;掌握燃油经济性室内台架试验方法及结果分析	1
汽车噪声和喇叭声级检测	了解汽车噪声类型及其危害;了解汽车噪声的评价指标;掌握声级计的检测原理、使用方法和噪声的检测方法;能够对汽车出现噪声超标的问题进行正确分析	1
汽油发动机汽车排气污染物检测	了解汽车排放污染物的表示方法和检测标准;掌握双怠速法、工况法检测方法;掌握用仪器检测排放污染物的原理、检测方法;能够正确分析汽油发动机排放超标的原因	4
柴油发动机汽车自由加速烟度检测	了解柴油发动机排气烟度限值和检测工况;掌握滤纸和不透光烟度检测原理和检测方法;了解排气颗粒物检测原理;能够正确分析柴油发动机排放污染物超标的原因	2

现代汽车主要以汽油或柴油作为燃料，汽油和柴油都是石油产品。石油是重要的、不可再生的能源。因此从总体上控制汽车燃油消耗量，对于保护人类生存环境、保持经济持续发展，具有重要的战略意义，也受到世界各国的高度重视。

汽车在道路上行驶对人体健康产生的损害和对人类生活环境造成的污染现象称为汽车公害。汽车给人们日常生活带来便利的同时，也对人类生活的环境造成了较为严重的影响。汽车产生的废气和噪声已经成为城市的两大公害。

本章主要介绍影响汽车燃油经济性⊖的因素、燃油经济性的检测方法，汽车噪声公害和排放公害的检测原理和检测方法。加强汽车环保性能的检测，监控汽车的噪声和有害气体排放水平，采取有效措施控制和降低汽车的使用公害，对提高人类生存环境特别是城市生活环境的质量，具有重要意义。

第一节 汽车燃油经济性检测

汽车使用经济性是一种使用性能，是指汽车为完成单位运输量所支付最少费用的能力。我国营运汽车的平均运输成本中，汽车运行材料费（燃油费、润滑油费、轮胎费等）所占比例最大（40%以上）。对汽车运行材料消耗和节约的研究，对提高汽车使用经济性具有重要作用。

需要指出，提高燃油经济性与控制汽车尾气排放、减小环境污染有密切的关系，"节能"与"减排"有本质上的一致性。

汽车的燃油消耗量除与发动机燃油供给系统的技术状况有关外，还与发动机的曲柄连杆机构、配气机构、点火系统、润滑系统、冷却系统和汽车底盘的传动系统、行驶系统、转向系统等有关，因此是一个综合性评价指标。

一、汽车燃油经济性的评价指标

汽车燃油经济性常用单位行程的燃油消耗量评价，即在一定运行工况下，汽车每行驶100km所消耗燃油的升数（L/100km）。汽车行驶100km所消耗的燃油升数越小，则汽车经济性越好。根据测试燃油消耗量时所采用的汽车运行工况的不同，百公里燃油消耗量又可分为等速百公里燃油消耗量、循环工况百公里燃油消耗量、一般道路平均百公里燃油消耗量等。

1. 等速百公里燃油消耗量

等速百公里燃油消耗量是一种常用的评价指标，是指汽车在一定的载荷下最高档在水平良好路面上等速行驶100km的燃油消耗量。通常是测出每隔10km/h速度间隔的等速百公里燃油消耗量，然后以车速为横坐标、燃油消耗量为纵坐标，在坐标图上将各采样点连成曲线，利用该曲线来评价汽车的燃油经济性。不同车型的等速百公里燃油消耗量曲线差别较大，但大多数车型在中等车速范围的百公里燃油消耗量较低。

等速百公里燃油消耗量检测简单、使用方便，但因为该指标不能反映汽车实际行驶中频繁出现的加速、减速、急速等非稳定行驶工况，所以不能全面反映汽车的燃油经济性。

⊖ 本章讲解最常见的汽油车、柴油车的燃料经济性，也即燃油经济性。

2. 循环工况百公里燃油消耗量

循环工况百公里燃油消耗量是按规定的循环行驶试验工况来模拟汽车的实际运行工况所折算成的汽车百公里燃油消耗量。循环行驶试验工况包括了换档、怠速、加速、减速、等速、离合器脱开等汽车运行工况。各国根据本国的道路、交通状况制定了一些典型的循环工况来模拟汽车的实际运行工况,并以百公里燃油消耗量来评定相应工况的燃油经济性。循环工况百公里燃油消耗量是按照规定的多工况循环试验得出的车辆百公里燃油消耗量。多工况循环行驶试验规定了车速-时间行驶规范,确定了换档时间、制动时刻及行车的速度、加速度等数值。多工况循环试验规定严格,大多是在室内汽车底盘测功机上进行的,简单的循环工况试验也可在道路上完成。

我国根据不同的试验车型制定了不同的试验工况。质量在 3500~14000kg 的货车按六工况进行试验,城市客车按四工况进行试验,轿车按十五工况进行试验。同时还规定以等速百公里燃油消耗量和最高档节气门全开加速行驶 500m 的加速燃油消耗量作为单项评价指标,以循环工况燃油消耗量作为综合性评价指标。欧洲经济委员会(ECE)规定,要测量车速为 90km/h 和 120km/h 的等速百公里燃油消耗量和按 ECE-R 15 循环工况的百公里燃油消耗量,并各取 1/3 相加作为混合百公里燃油消耗量来评定汽车的燃油经济性,即

$$混合百公里燃油消耗量 = \frac{1}{3} \times (ECE\ 循环工况燃油消耗量 + 90km/h\ 等速燃油消耗量 + 120km/h\ 等速燃油消耗量)$$

美国国家环境保护局(EPA)规定,要测量车辆城市循环工况(UDDS)及公路循环工况(HWFET)的燃油经济性,并以按式(5-1)计算得到的综合燃油经济性(mile/gal)(1mile=1.609km,1gal=3.785L)作为汽车燃油经济性的综合评价指标。相同质量的汽车,该数值越大,则说明该车的燃油经济性越好。

$$综合燃油经济性 = \left(\frac{0.55}{城市循环工况燃油经济性} + \frac{0.45}{公路循环工况燃油经济性}\right)^{-1} \quad (5-1)$$

二、常用油耗仪及工作原理

测量汽车燃油消耗量的方法主要有容积法、质量法、超声波法和碳平衡法,前两种方法需要用专用油耗仪。油耗仪由油耗传感器和计量显示装置组成,二者采用电缆连接。

1. 容积法

容积法是采用容积式油耗仪,通过测量发动机运转时累计消耗的燃油容积,同时记录汽车行驶时间和行驶里程,然后换算成汽车的燃油消耗量。

(1) **容积式油耗仪**　容积式油耗仪分为定容式和容量式两种。定容式油耗仪是通过测定消耗一定容量燃料所需的时间来计算燃油消耗量的,不能做连续测量,因此一般只在台架试验中使用。

容量式油耗仪是通过测量发动机工作中所消耗的燃料总容量,用时间和里程来计算燃油消耗量的,可以连续测量,其结构有多种,主要有行星活塞式、往复活塞式、膜片式等。其中,膜片式油耗仪具有结构简单、密封性好、对燃油清洁度要求低等优点,但使用中膜片将不可避免地产生塑性变形,因而需要经常校准;往复活塞式油耗仪的密封和排气不易解决,目前使用较少;行星活塞式油耗仪具有结构紧凑、布置对称、计量精度高、适合道路试验等

优点,目前测量主要采用行星活塞式油耗仪,但其设备成本高,对燃油清洁度要求高。

(2) **油耗仪的检测原理** 行星活塞式油耗仪的检测原理如图 5-1 所示。该装置由十字形配置的 4 个活塞和曲轴构成,用于将一定容积的燃油转变为曲轴旋转的圈数。

在泵油压力作用下,燃油推动活塞往复运动,4 个活塞各往复运动一次则曲轴旋转一周,完成一个进、排油循环。活塞在油缸中处于进油行程或是排油行程,取决于活塞相对于进、排油口的位置。图 5-1a 所示为活塞 1 处于进油行程,来自曲轴箱的燃油通过通道 P_1 推动其上行,并使曲轴做顺时针旋转。此时,活塞 2 处于排油行程终了位置,活塞 3 处于排油行程,燃油从活塞 3 上部经通道 P_3 从排油口 E_3 排出,活塞 4 处于进油终了位置。当活塞和曲轴的位置如图 5-1b 所示时,活塞 1 处于进油行程终了位置,活塞 2 处于进油行程,通道 P_2 导通,活塞 3 处于排油行程终了位置,活塞 4 处于排油行程,燃油从通道 P_4 经排油口 E_4 排出。图 5-1c 和图 5-1d 所示的进、排油状态及曲轴旋转方向如图中箭头所示。如此循环往复,曲轴每旋转一圈,各缸分别泵油一次,从而具有连续定容量泵油的作用。曲轴旋转一周的泵油量为

$$V = 4 \times \frac{\pi d^2}{4} \times 2h = 2\pi h d^2 \tag{5-2}$$

式中　V——四缸泵油量(cm^3);
　　　h——曲轴偏心距(cm);
　　　d——活塞直径(cm)。

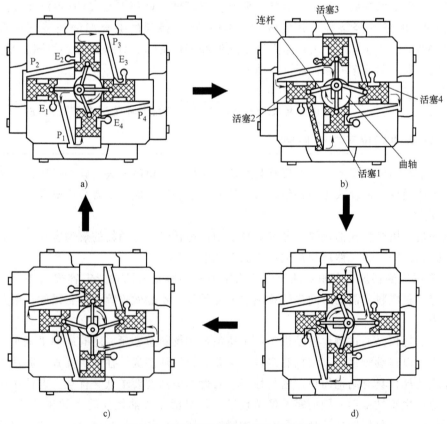

图 5-1　行星活塞式油耗仪的检测原理

由式（5-2）可知，经上述流量变换机构的转换后，将测得的燃油消耗量转化为测定流量变换机构曲轴的旋转圈数，这可由装在曲轴一端的信号转换装置完成。一般采用光电测量装置进行信号转换，将曲轴旋转圈数转化为电脉冲信号。

（3）**信号转换装置** 信号转换装置结构如图 5-2 所示，其装在曲轴的另一端，由主动磁铁、从动磁铁、转轴、光栅板、发光二极管、光电管、电缆插座及壳体等组成。主动磁铁装在曲轴上，从动磁铁装在转轴上，两磁铁相对安装但磁铁间有一定间隙，构成磁性联轴器。转轴通过轴承支承在壳体内，转轴的上端固定有转动光栅板，在固定光栅上、下方有发光二极管和光电管。当曲轴转动时，由于一对永久磁铁的吸引作用，转轴及其上的转动光栅也随之转动，通过发光二极管和光电管的光电作用，将曲轴的转动变成光电脉冲信号送入计量显示仪，经过内部运算处理后，即可显示出流经的燃油量。

（4）**测量仪表** 测量仪表使用单片机作为控制单元，硬件电路由流量传感器信号的隔离整形电路、路程传感器信号的测量电路、单片机及外围电路、键盘及 LED 显示电路、串口通信电路等组成，通过流量传感器信号和测量仪表的定时装置信号，可计算得到燃油消耗量，通过流量传感器信号和路程传感器信号可计算百公里燃油消耗量。

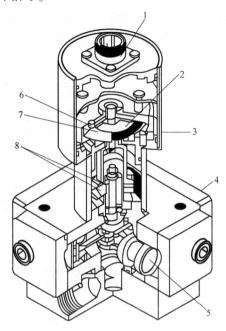

图 5-2 信号转换装置的结构
1—信号端子 2—转动光栅 3—转速/脉冲变换部件
4—流量/转速变换部件 5—活塞 6—磁性联轴器
7—固定光栅 8—光电管（对置）

这种油耗仪的活塞与油缸之间有较好的配合，检测精度高，运转灵敏，从进油口吹气就可使活塞转动。但检测时对燃油的清洁程度要求较高，如果燃油中有杂质，会使活塞卡住，导致燃油无法通过油耗仪，发动机将熄火。油耗仪使用完毕保存时，为防止燃油中的胶质粘住活塞，应倒出其中的燃油，用清洁的压缩空气吹干，充入黏度较低的机油，再用软管将进、出油口两端连通。

2. 质量法

按容积测定的燃油消耗量，会因燃料规格和环境温度的变化使燃油密度变化而引起测量误差。而按质量法测定燃油消耗量，则不受燃油密度变化的影响，因而广泛应用于燃油消耗量的精密测量中。

质量式油耗仪测量消耗一定质量的燃油所用的时间，根据在此时间内汽车的行驶里程可将其转化为单位行驶里程所消耗燃油的质量，依据测试状态下燃油的密度可换算得到汽车单位行驶里程所消耗的燃油量。单位时间内的燃油消耗质量为

$$G = 3.6 \frac{m_q}{t}$$

式中　m_q——燃油质量（g）；

t——测量时间（s）；
　　G——燃油消耗量（kg/h）。
　　质量式油耗仪由称重装置、计数装置和控制装置构成，如图5-3所示。称重装置通常利用台秤改制，量程为10kg，称重误差为±0.1%。行程限位器根据油杯中油量的多少控制限位开关，限位开关控制电磁阀是否从油箱中吸取燃油。

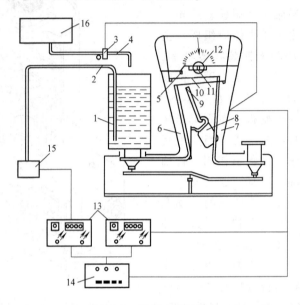

图5-3　质量式油耗仪
1—油杯　2—出油管　3—电磁阀　4—加油管　5、10—光电二极管　6、7—限位开关　8—限位器
9—光源　11—鼓轮机构　12—鼓轮　13—计数器　14—控制装置　15—发动机　16—燃油箱

　　1）先对油杯1充油，称量秤左端下沉，当平衡块行程限位器到达限位结束。电磁阀关闭，停止充油。

　　2）当油杯中燃油流向被测发动机时，由于质量减小而使称量秤左端上升，通过杠杆机构推动指针摆动，当光源的光束射到光电二极管5上时发出信号，记录仪开始工作。

　　3）当油杯中的燃油耗尽时，光束便射到光电二极管10上，发出信号使计数器13停止工作，记录仪由两个带数字显示的半导体计数器组成，一个用于计算发动机曲轴转速，另一个用于计时。

　　上述质量式油耗仪有一个系统误差，即测量时油杯中油面高度将发生变化，使得伸入油杯中的油管浮力的反作用力也随之发生变化，从而造成称重时存在系统误差，此项系统误差必须根据汽车耗油量及油杯液面高度变化情况进行修正。

3. 超声波法

　　超声波法是利用超声波测量燃油的流速或流量，进而计算出燃油消耗量。它是基于超声波流量计原理而设计的，其计量原理是：向顺流、逆流两个方向发射超声波，分别测出超声波顺流、逆流在液体传播的时间差，进而以传播时间差值来测定流体的流速、流量。超声波流量计由超声波换能器、电子转换线路、流量显示累积系统三部分组成。超声波换能器采用铸铁酸铅压电元件制作，利用压电效应发射和接收声波，通过检测流体对超声束（或超声脉冲）的影响来测量流体流量。超声波流量计具有安装维修方便、测量范围大、可靠性高、不受流体参数影响及方便控制等优点，这是其他油耗仪所不具备的。

根据检测方式的不同，超声波流量计常用的测量方法有传播速度差法（包括直接时差法、时差法、相位差法、频差法）、多普勒法、波束偏移法、噪声法及相关法等不同类型，而应用较多的是多普勒法和时差法。

（1）**多普勒法** 多普勒法的测量原理是依据声波中的多普勒效应，检测其多普勒频率差。超声波发生器为一固定声源，随流体以同一速度运动的固体颗粒与声源有相对运动，该固体颗粒可将入射的超声波反射回接收器。入射声波与反射声波之间的频率差就是由于流体中固体颗粒运动而产生的声波多普勒频移。由于该频率差正比于流体流速，所以通过测量频率差就可以求得流体流速，进而可以得到流体流量。

（2）**时差法** 时差法是利用声波在流体中顺流传播和逆流传播的时间差与流体流速成正比这一原理来测量流体流量。

目前超声波流量计主要用于大口径管道气体或流体流速、流量的测量，对管路、燃油的要求较高，结构较为复杂，用其对小口径管路进行测量价格较高且精度较低，在汽车燃油消耗量中的测量尚处于试验研究阶段。

4. 碳平衡法

碳平衡法是通过排气分析仪对汽车排气污染物中的 CO、CO_2 和 HC 进行定量的分析，得出排气中碳元素含量，从而间接算出燃油消耗量的方法。

我国实行新排放标准后，检测尾气排放有害污染物的方法将与燃油消耗量试验方法趋于一致，碳平衡法越来越受到重视。

汽油、柴油是以碳氢化合物为主要成分的混合物，燃烧生成 CO_2、CO、HC、H_2O 等物质，其燃烧产物中的碳元素均来自汽油或柴油，只要测出单位时间内汽车排气中的 CO_2、CO、HC 含量，再与单位体积燃油中的碳含量进行比较，就可以得出燃油消耗量。

碳平衡法的特点：①不需要拆解被测车辆，适应汽车不解体检测的发展方向；②不需要在汽车油路中串接油耗仪，解决了由于回油量大而影响测量精度的问题；③可以和汽车排气检测相结合。

应用碳平衡法进行燃油消耗量的计算基于以下假设：①废气中碳仅包含在 CO_2、CO、HC 之中；②废气中的 CO_2、CO、HC 仅来自于燃油；③废气中的碳含量等于试验时所消耗燃油中的碳含量；④试验车辆技术状况良好，即曲轴窜气量很少，排气系统无泄漏。

无论按照哪种运转循环进行燃油消耗量测试，燃油消耗量的计算方法基本相同。假定汽车运行距离为 L（km），平均燃油消耗量为 Q_{FE}（km/L），燃油密度为 ρ_{SG}（kg/L），燃油中 C 质量的含量为 $w_{CWF,F}$，则所消耗汽油中的 C 质量为

$$m_{C,F} = 1000 \times \rho_{SG} \times w_{CWF,F} \times L/Q_{FE} \tag{5-3}$$

按照汽车排气测试标准，可测量出汽车按照运转循环运行距离 L（km）时，排气中 CO_2、CO、HC 的排气量分别为 m_{CO_2}、m_{CO}、m_{HC}，单位为 g/km。另外，CO_2、CO 中碳质量占比分别为 0.273、0.429，碳氢化合物 CH_x 中碳质量占比为 $w_{CWF,CH_x} = 12/(12+x)$。则排气中的 C 质量总和为

$$m_{C,L} = (0.273 m_{CO_2} + 0.429 m_{CO} + w_{CWF,CH_x} \times m_{CH_x}) L \qquad (5\text{-}4)$$

由假设条件 $m_{C,F} = m_{C,L}$，根据式（5-3）和式（5-4）得到燃油消耗量为

$$Q_{FE} = \frac{1000 \times \rho_{SG} \times w_{CWF,F}}{0.273 m_{CO_2} + 0.429 m_{CO} + w_{CWF,CH_x} \times m_{CH_x}}$$

由此得到百公里燃油消耗量为

$$Q_{FC} = \frac{0.273 m_{CO_2} + 0.429 m_{CO} + w_{CWF,CH_x} \times m_{CH_x}}{10 \times \rho_{SG} \times w_{CWF,F}}$$

CO_2、CO、HC 的质量分数可以通过排气分析仪直接测量获得，通过下列公式可以计算得出 CO_2、CO、HC 的质量排气量。

$$m_{CO_2} = \frac{1000 V_{min} \rho_{CO_2} w_{CO_2}}{L}$$

$$m_{CO} = \frac{1000 V_{min} \rho_{CO} w_{CO}}{L}$$

$$m_{HC} = \frac{1000 V_{min} \rho_{HC} w_{HC}}{L}$$

式中　　　V_{min}——稀释排气的容积，可以直接测量；

ρ_{CO_2}、ρ_{CO}、ρ_{HC}——污染物的密度，在标准温度和压力下是常量；

w_{CO_2}、w_{CO}、w_{HC}——稀释排气中污染物的质量分数；

L——汽车试验循环所行驶的实际里程，可以通过底盘测功机直接测得。

三、油耗仪在燃油管路中的连接

要准确地测量汽车的油耗，必须考虑两个问题：

1）经过油耗仪的燃油必须是全部进入燃烧室的，不能有部分燃油经回油管返回油箱，否则传感器所计量的燃油必然多于实际的消耗量。

2）进入油耗仪的燃油不得含有气体。油路中的气泡对油耗测量结果的影响非常大，油耗仪会将气泡作为燃油消耗计量，会影响传感器的脉冲信号输出，使得测试数据大于实际值。

上述问题涉及油耗仪在燃油管路中的安装和必要的油路改接及排除管路中空气的操作方法。

1. 油耗仪在油路中的位置

（1）**油路的改接**　对于电控燃油喷射的发动机，因燃油压力调节器有回油管，所以需要改接油路，如图5-4所示，油耗仪的输出端增加一个三通阀，将压力调节器的回油管接到三通阀上。

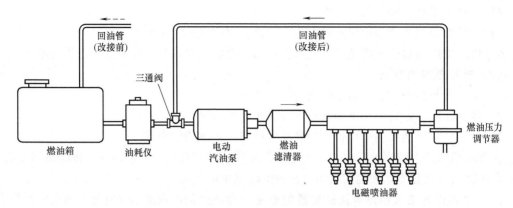

图 5-4　油耗仪在汽油车供油系统中的安装

（2）油耗仪和气体分离器在油路中的位置　在油耗仪进口处串接气体分离器，可以在测试过程中消除气泡对测量结果的影响，从而保证测量精度，如图 5-5 所示。

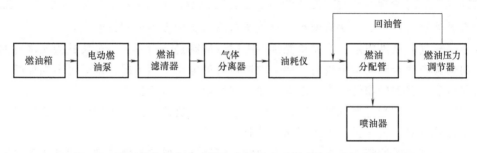

图 5-5　油耗仪和气体分离器在电控燃油喷射发动机上的安装位置

柴油车也有同样的问题。柴油车供油系统因所选油泵的不同而有不同的油路，但都设有回油管路，油路的改接与汽油车类似，一般将油耗仪接回油管路之前，并将回油管用三通阀接到传感器的输出端，如图 5-6 所示。

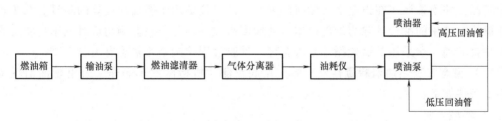

图 5-6　油耗仪和气体分离器在柴油机上的安装位置

2. 油路中气泡的排除

油路中的气泡占有一定容积，对检测结果的准确性有极大影响，应予以排除。因此，在安装油耗仪后，必须将气泡排除干净。

（1）油路中气泡产生的原因

1）拆装油管时，油管中油液滴漏，装好后形成气泡。

2）连接时，油管接头处夹箍没夹好，造成渗漏，形成气泡。

3）燃油泵进油阀皮碗雾化，密封性下降，造成供油压力不足，不断形成气泡。

4）发动机过热，形成气阻产生气泡。

5）从燃油箱到燃油泵的管路存在局部老化，密封性差，不断产生气泡。

6）燃油滤清器堵塞或燃油箱盖上气孔堵塞，燃油泵泵油时形成真空，产生气泡。

（2）排除气泡的方法

1）安装密封性好的、无堵塞的油管。

2）用性能较稳定的电动燃油泵和燃油滤清器代替原车相应部件。

3）尽量减小燃油泵到传感器的油管长度以减小油路的阻力等。

在柴油车油路中装好油耗仪后，在起动前需用手动泵泵油，以泵油压力排除油路中的气泡，在试验结束恢复原来油路后仍需再次排除油路中的气泡。

（3）**油耗仪与电源和显示仪表装置的连接**　油耗仪的电源线必须夹紧在蓄电池极桩上，不要随意就近接在电路某部位，以免供电电压发生较大变化，影响油耗仪正常工作。油耗仪串接到供油管路后，传输信号的电缆线应插入油耗仪的插座上，另一端插入显示仪表输入插座上。

四、汽车燃油经济性试验方法

汽车燃油经济性试验方法有两种，分别是道路试验和室内台架试验。

因道路和气候条件限制，汽车检测维修部门一般都是进行室内的台架试验测试燃油消耗量。台架试验在底盘测功机上进行，在室内模拟各种道路试验工况，即通过不同加载方式来模拟道路行驶所遇到的惯性阻力、滚动阻力、空气阻力及负荷特性等。

测试时一般多进行等速试验，即在一定车速、一定负荷条件下进行试验。近年来国内外已开发了在底盘测功机上进行多工况循环试验。

乘用车具体的燃油消耗量试验方法有两种：等速行驶燃油消耗量试验和循环工况燃油消耗量试验。等速行驶燃油消耗量试验可在道路或台架上进行，而循环工况燃油消耗量试验则应在台架上进行。

1. 室内台架试验法

汽车燃油消耗量的台架试验是由底盘测功机和油耗仪配合完成的。底盘测功机用于提供活动路面，并模拟汽车在道路上行驶时的阻力，油耗仪则用于燃油消耗量的测量。汽车燃油消耗量检测结果的准确性除与油耗仪本身的精度有关外，还与底盘测功机对汽车行驶阻力的模拟是否准确、所采用的试验循环是否合理、试验过程控制是否精确有关。

（1）**稳态工况燃油消耗量台架试验**　用底盘测功机检测汽车等速百公里燃油消耗量时的测试条件如下：

1）环境条件：

① 环境温度为 0~40℃。

② 环境湿度小于 85%。

③ 大气压力为 80~110kPa。

2）台架和车辆的准备。

① 试验车辆各性能应保证正常，汽车的装载质量、轮胎气压等都应符合规定，润滑油和燃油都应符合车辆制造厂的规定。

② 将底盘测功机预热到正常工作温度，底盘测功机和油耗仪应符合使用要求，工作正常。

③ 测量并记录环境温度、大气压力和燃料密度。

3) 等速百公里燃油消耗量检测方法。

① 在底盘测功机上设定检测车速：轿车为 60km/h，其他车辆为 50km/h。

② 将被测车辆驱动轮平稳驶上底盘测功机的滚筒上，压下举升器，起动汽车，逐步加速并换到直接档（无直接档用最高档），使车速达到规定值。给底盘测功机加载 P_{PAU}，使其模拟汽车满载等速行驶在平坦良好路面上时的行驶阻力功率 P：

$$P = P_{PAU} + P_{PL} + P_F$$

式中 P——汽车满载等速行驶在平坦良好路面时的行驶阻力功率（kW）；

P_{PAU}——底盘测功机吸收单元的吸收功率（kW）；

P_{PL}——底盘测功机内部摩擦损失功率（kW）；

P_F——汽车驱动轮、传动系统等摩擦损失，由底盘测功机使用者自行测定（kW）。

当 $P_{PL} + P_F \geq P$ 时，车辆不能在该底盘测功机上进行检测；当 $P_{PL} + P_F < P$ 时，需调整 P_{PAU}，使 $P_{PAU} + P_{PL} + P_F = P$。

其中行驶阻力功率 P 可按有关规定由试验测得，试验时基准质量为车辆满载质量，也可以按汽车在平坦良好路面上等速行驶所消耗的功率值计算得到。

在台架上检测汽车等速百公里燃油消耗量时，合理确定底盘测功机的加载量，模拟汽车在道路上以规定车速行驶时所受到的阻力极其重要。此时，汽车克服滚动阻力和空气阻力所消耗的驱动轮功率为

$$P_K = \left(Gf + \frac{1}{21.15}C_D A v^2\right)\frac{v}{3600} \tag{5-5}$$

式中 P_K——驱动轮输出功率（kW）；

G——汽车总重力（N）；

f——滚动阻力系数；

C_D——空气阻力系数；

A——迎风面积（m²）；

v——试验车速（km/h）。

在汽车底盘测功机上试验时，汽车驱动轮输出功率应等于底盘测功机加载装置的加载功率与底盘测功机内部摩擦阻力功率之和。对某一固定结构的底盘测功机来说，摩擦阻力功率为常数。因此，合理确定式（5-5）中各系数并求出试验车速下的驱动轮功率后，便可据此确定底盘测功机的模拟加载量。

③ 待车速稳定后开始测量，要求测量不低于 500m 距离的燃油消耗量。连续测量 2 次并记录测试值。

④ 计算等速百公里燃油消耗量和 2 次测试值的算术平均值。

可在不同试验车速下进行汽车的等速百公里燃油消耗量试验，只是要求底盘测功机对应不同车速加载不同的功率。根据试验数据，画出汽车的等速百公里燃油消耗量特性曲线。试验时，汽车使用常用档位，试验车速从 20km/h（最小稳定车速高于 20km/h 时，从 30km/h）开始，以 10km/h 的整数倍均匀选取试验车速，直到最高车速的 90%。根据试验结果，以车速为横坐标，燃油消耗量为纵坐标，绘制等速燃油消耗量散点图，根据散点图绘制等速百公里燃油消耗量的特性曲线，如图 5-7 所示。

(2) 循环工况燃油消耗量台架试验 循环工况燃油消耗量应在底盘测功机上进行，试

验循环按图 5-8 进行。试验要取得与道路试验一致的结果，关键是模拟道路上的行驶阻力，包括轮胎的滚动阻力和迎面风的空气阻力，将这些阻力转化为底盘测功机对被测汽车的负载。

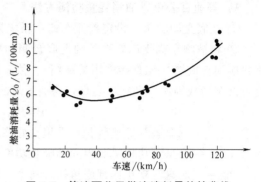

图 5-7 等速百公里燃油消耗量特性曲线

1) 试验准备。试验前确保车辆的性能正常，并根据标准对底盘测功机的载荷、惯量及行驶阻力进行设定。做好安全防范工作，避免人身和设备事故。

车辆试验质量：M_1 类车辆的试验质量为整车整备质量加上 100kg；N_1 类车辆试验为整车整备质量加上 180kg；当车辆的 50%装载质量大于 180kg 时，测试质量为整车整备质量加上 50%的装载质量（包括测量仪器和人员的质量）。

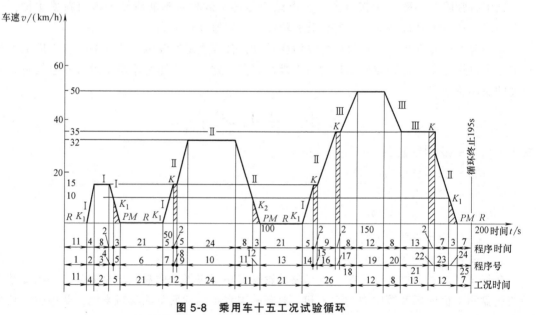

图 5-8 乘用车十五工况试验循环

K—离合器分离　K_1、K_2—离合器分离，变速器接合 1 档或 2 档
Ⅰ—1 档　Ⅱ—2 档　Ⅲ—3 档　PM—空档　R—怠速 （图中阴影表示换档）

2) 试验过程。燃油消耗量的测量值由两个连续的模拟城市工况循环所消耗的燃油量来决定。进行循环之前，应使发动机在规定条件下进行足够次数（至少 5 次）的模拟城市工况循环试验，直到其工作温度稳定，特别应使机油温度稳定，发动机温度应保持在制造厂规定的正常工作温度范围内。

试验循环分为 1 部（城市行驶）和 2 部（市郊行驶）两部分，如图 5-9 所示。在试验循环中记录试验车辆 HC、CO_2 和 CO 的排放量数值，并记录车辆排放容积。

3) 试验判定。根据碳平衡法原理，通过排气分析仪对汽车排气污染物中的 CO、CO_2 和 HC 进行定量分析后，得出的排气中碳元素含量应等于燃油中的碳元素含量。

因此，利用所测量的 HC、CO_2 和 CO 的排放量数值，最终计算出燃油的消耗量。对于

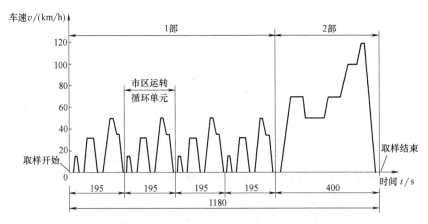

图 5-9 用于乘用车、轻型车测试的多工况循环试验规范

装备柴油机的车辆，其计算公式为

$$Q_{FC} = \frac{0.1155}{D}(0.866M_{HC} + 0.273M_{CO_2} + 0.429M_{CO}) \quad (5\text{-}6)$$

对于装备汽油机的车辆，计算公式为

$$Q_{FC} = \frac{0.1154}{D}(0.866M_{HC} + 0.273M_{CO_2} + 0.429M_{CO}) \quad (5\text{-}7)$$

式中 Q_{FC}——燃料消耗量（L/100km）；
D——模拟汽车在规定长度路段行驶距离（m）；
M_{HC}——测得的碳氢排放量（g/km）；
M_{CO_2}——测得的二氧化碳排放量（g/km）；
M_{CO}——测得的一氧化碳排放量（g/km）。

式（5-6）和式（5-7）中各系数与"碳质量比"有关。

所谓"碳质量比"就是碳元素在该种化合物中所占质量比例，如式（5-6）中的0.429表示CO中碳的质量占CO总质量的0.429。系数0.1155与柴油碳质量比的倒数有关。

汽车燃油消耗量室内台架模拟试验不受道路、气象条件的限制，可模拟复杂的汽车行驶工况，试验条件可控，试验结果重复性好，可同时进行燃油经济性和排放污染物试验。但其也存在不足：设备价格高；不易精确模拟汽车道路实际行驶时的阻力；底盘测功机用电惯量或机械惯量均难以准确实时地模拟汽车加、减速行驶时的惯性阻力。如果模拟的阻力与汽车在道路上实际行驶时的各种阻力差别较大，将会降低结果的可靠性。

2. 道路试验法

道路试验法是测量汽车在规定行驶工况下的燃油消耗量的常用方法。由于道路试验法简单、易操作，试验时汽车所受阻力与汽车实际行驶阻力一致，油耗测量数据的可靠性好，而且设备费用低，因此，道路试验法广泛用于评价汽车燃油经济性。但其也存在不足：需要有符合规定的道路；受气候条件限制；试验结果受道路条件和试验人员的影响，可比性和重复性较差；难以实现复杂的多工况循环行驶试验。

(1) 试验条件

1）道路条件。试验道路应为沥青或混凝土铺装的、平坦的直路，道路长2~3km，宽不小于 8m，纵向坡度在 0.1% 以内，最大横向路拱高度小于 1.5%。路面应干燥、清洁（需清除路面上的砂石颗粒）。

2）气象条件。试验应在无雨无雾、相对湿度小于 95%、气温为 0~40℃、风速不大于 3m/s、阵风风速不大于 5m/s 的气候条件下进行。试验时的空气密度与基准状态（气压 p = 100kPa，温度 T = 293.2K）下的空气密度相差不得超过 ±7.5%，否则需要进行修正。

3）试验仪器示值误差。燃油流量 0.5%，车速小于 0.1m/s 或 0.5%，时间小于 0.1s，距离小于 0.1m 或 0.3%，风速小于 0.5%。

4）试验车辆。汽车在进行循环工况燃油消耗量试验时不需要磨合，但在进行等速行驶燃油消耗量试验时需要磨合，磨合至少应行驶 3000km。试验车辆装备应符合生产厂出厂的规定，技术状况正常。

轮胎充气压力应符合该车技术条件的规定，误差不超过 ±10kPa，并保持各车轮气压一致；试验车辆应预热，使之处于正常行驶的温度。

5）试验车辆质量。M_1 类汽车、总质量小于 2t 的 N_1 类汽车的试验质量为整备质量加 180kg，若汽车的 50% 的载质量大于 180kg，则试验质量为整备质量加 50% 的载质量（包括测量人员和仪器的质量）；M_2、M_3 类城市客车试验质量为装载质量的 65%；最大总质量大于 2t 的 N 类及其他车辆的试验质量为满载质量。

(2) 稳态工况燃油消耗量试验 汽车稳态道路运行工况燃油消耗量试验，即等速百公里燃油消耗量试验，是评价汽车燃油经济性的常用方法，且已标准化。

进行等速百公里燃油消耗量试验时，在变速器最高档的速度范围内，测试车速从 20km/h（最小稳定车速高于 20km/h 时，从 30km/h）开始，以 10km/h 的整数倍均匀选取试验车速，直到最高车速的 90%，至少测定 5 个车速。试验时，汽车以规定测试车速等速通过 500m 长度的测量路段，同一车速往、返各进行 2 次，测定其燃油消耗量和通过时间。两次试验之间的时间间隔应尽可能缩短，以保持稳定的热状况，往返 4 次试验结果的燃油消耗量差值不应超过 ±5%。取 4 次试验结果的算术平均值为等速行驶燃油消耗量试验的测定值，而后折算得到汽车的百公里燃油消耗量。

测得汽车以稳定车速行驶通过长度为 D 的测量路段的燃油消耗量 q 及所用时间 t 后，按下式计算汽车的实际试验车速 v（km/h）和百公里燃油消耗量 Q（L/100km）：

$$v = 3.6\frac{D}{t}$$

$$Q = \frac{100q}{D}$$

式中　D——给定测量路段的长度（m）；

　　　t——汽车通过测量路段的时间（s）；

　　　q——汽车通过给定长度测量路段的燃油消耗量（mL）。

根据各车速下的百公里燃油消耗量数据，在横坐标为车速、纵坐标为百公里燃油消耗量的坐标系中绘出该车的百公里燃油消耗量特性曲线图，如图 5-7 所示。

乘用车常用 90km/h 和 120km/h 的燃油消耗量（L/100km）来评价其燃油经济性，因此一般取测试车速为 90km/h 或 120km/h，测试车速误差为 ±2km/h。

(3) 循环工况燃油消耗量试验 汽车运行工况可分为匀速、加速、减速和怠速等几种，

第五章 汽车燃油经济性与环保性能检测

实际运行时,往往是上述几种工况的组合,并以此确定汽车的燃油消耗量。所以,各国根据不同车型的常用工况,制定了不同的试验循环,从而既可使试验结果比较接近实际情况,又可缩短试验周期。

试验前,根据规定工况的行程在试验道路上安放标杆,以帮助驾驶人准确驾驶汽车按规定工况行驶。试验时,汽车按规定的车速-时间规范(如换档、怠速、加速、减速、等速、离合器脱开等)和档位通过测试路段,规定怠速工况时,离合器应接合,变速器置空档,从怠速运转工况转换为加速工况时,在转换前5s,分离离合器,将变速器档位换为低速档,换档时应迅速、平稳。减速工况中,应完全放松加速踏板,离合器仍然接合,当车速降至10km/h时,分离离合器,必要时,减速工况中允许使用车辆制动器。用试验仪器记录汽车的行程-车速-时间曲线,记录每一次循环试验的燃油消耗量和行驶时间。

在进行循环工况试验时,汽车终速度的允许偏差为±3km/h,其他各工况的速度偏差为±1.5km/h;在工况改变过程中,允许车速的偏差大于规定值,但在任何条件下超过车速偏差的时间不应大于1s,即时间偏差为±1s。

每次循环试验后,应记录通过循环试验的燃油消耗量和通过的时间。当按各试验循环完成一次试验后,车辆应迅速掉头,重复试验,试验往返各进行两次,取四次试验结果的算术平均值为多工况燃油消耗量试验的测定值。然后根据循环工况的距离折算得到汽车在相应循环工况下的百公里燃油消耗量。

1)四工况试验循环规范。GB/T 12545.2—2001《商用车辆燃料消耗量试验方法》规定城市客车和双层客车(包括城市铰接式客车)燃油消耗量试验采用四工况法循环试验,并规定了四工况循环中每个工况的运转状态、行程、持续时间、档位和换档车速等试验参数,试验参数见表5-1,试验循环如图5-10所示。四工况循环模拟城市公交客车站间的行驶工况,试验车辆载荷为65%载质量,其整个循环共需72.5s(或75.7s),累计行程700m。

2)六工况试验循环。GB/T 12545.2—2001《商用车辆燃料消耗量试验方法》规定城市客车及双层客车除外的车辆燃油消耗量试验采用六工况法循环试验,并规定了六工况循环中每个工况的行程、持续时间、车速、加速度等试验参数,试验参数见表5-2,试验循环如图5-11所示。六工况循环模拟干线公路车辆的行驶工况,试验车辆载荷为满载,其整个循环共需96.1s,累计行程1350m。

表5-1 城市客车和双层客车四工况循环试验参数

工况序号	运转状态 /(km/h)	行程 /m	累积行程 /m	时间 /s	变速器档位及换档车速	
					档位	换档车速/(km/h)
1	0~25 换档加速	5.5	5.5	5.6	2~3	6~8
		24.5	30	8.8	3~4	13~15
		50	80	11.8	4~5	19~21
		70	150	11.4	5	
2	25	120	270	17.2	5	
3	(30) 25~40	160	430	(20.9) 17.7	5	
4	减速行驶	270	700		空档	

注:对于5档以上变速器采用2档起步,按表中规定循环试验;对于4档变速器1档起步,将4档代替表中5档,其他依次代替,则按表中规定试验循环进行。括号内数字适用于铰接式客车及双层客车。

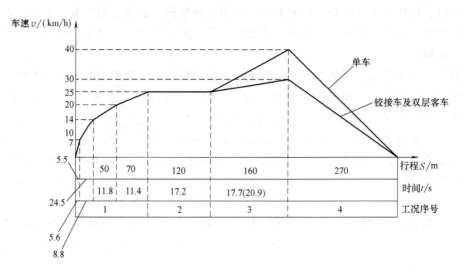

图 5-10 四工况试验循环

表 5-2 六工况循环试验参数

工况序号	运转状态 /(km/h)	行程 /m	累积行程 /m	时间 /s	加速度 /(m/s²)
1	40	125	125	11.3	—
2	40~50	175	300	14.0	0.20
3	50	250	550	18.0	—
4	50~60	250	800	16.3	0.17
5	60	250	1050	15.0	—
6	60~40	300	1350	21.6	0.26

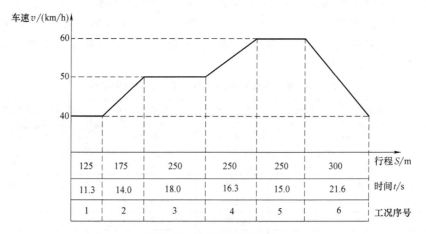

图 5-11 六工况试验循环

3. 限定条件下燃油消耗量的试验方法

汽车在实际使用中的燃油消耗量直接反映了汽车的燃油经济性水平，但是由于汽车实际使用条件的复杂性，实际燃油消耗量的离散性很大，为了使实际运行条件下的测试结果有一定的可比性,要求对实际运行条件加以适当的限制,这就是限定条件下的燃油消耗量试验。

试验时,测试路段应设在三级以上的平原干线公路上,试验路段长度不小于50km。所选择道路的交通情况应正常。试验车辆在保证交通安全和遵守交通法规的前提下,应基本保持一定的行驶速度。对于轿车,车速为60km/h;对于铰接式客车,车速为35km/h;对于其他车辆,车速为50km/h。各车速下速度偏差不应超过±2km/h。

客车试验时,每隔10km停车一次,怠速运转1min后重新起步。

试验中记录制动次数、各档位使用次数、行驶时间和行程、停车时间等,要测量每50km单程的燃油消耗量,并计算汽车百公里燃油消耗量和平均车速。试验往返各进行一次,以两次测量结果的算术平均值作为限定条件下的平均使用燃油消耗量的测定值。

五、燃油消耗量检测结果处理

1. 燃油消耗量测试数据的重复性

汽车的燃油消耗量测试数据必须满足的要求是

$$\frac{Q_{max}-Q_{min}}{Q_A} \leq R$$

式中 Q_{max}——百公里燃油消耗量测试数据中最大值(L/100km);

Q_{min}——百公里燃油消耗量测试数据中最小值(L/100km);

Q_A——百公里燃油消耗量测试数据的算术平均值(L/100km);

R——比例系数,其取值见表5-3。

表5-3 比例系数 R 的取值

试验次数 n	2	3	4	5	10
R	0.053	0.063	0.069	0.073	0.085

若测试数据的重复性达不到上述要求,必须在排除测试仪器及发动机或底盘的有关故障后重新进行检测。

2. 燃油消耗量测试数据的修正

在测试条件下测得的汽车燃油消耗量测试数据应修正为标准状态下的数值。标准状态指:气温为20℃,大气压力为100kPa,汽油密度为0.742g/mL,柴油密度为0.830g/mL。修正公式为

$$Q_c = \frac{Q_A}{C_1 C_2 C_3}$$

$$C_1 = 1+0.0025(20-t)$$
$$C_2 = 1+0.0021(p-100)$$
$$C_3 = 1+0.8(0.742-\rho)(汽油车)$$
$$C_3 = 1+0.8(0.830-\rho)(柴油车)$$

式中 Q_c——修正后的燃油消耗量(L/100km);

Q_A——实测的燃油消耗量均值(L/100km);

C_1——环境湿度修正系数;

C_2——大气压力修正系数；

C_3——燃油密度修正系数；

t——试验时的环境湿度（℃）；

p——试验时的大气压力（kPa）；

ρ——试验时的燃油密度（g/mL）。

六、汽车燃油消耗量限值

1. 乘用车燃油消耗量限值

GB 19578—2014《乘用车燃料消耗量限值》规定了乘用车燃油消耗量的限值，装有手动档变速器且具有三排以下座椅（只要具有可使用的座椅安装点，就算"座椅"存在）的车辆的燃油消耗量限值见表5-4，其他车辆的燃油消耗量限值见表5-5。

表5-4 车辆燃油消耗量限值（一）

整车整备质量(CM)/kg	车型燃油消耗量限值/(L/100km)	整车整备质量(CM)/kg	车型燃油消耗量限值/(L/100km)
CM≤750	5.2	1540<CM≤1660	8.1
750<CM≤865	5.5	1660<CM≤1770	8.5
865<CM≤980	5.8	1770<CM≤1880	8.9
980<CM≤1090	6.1	1880<CM≤2000	9.3
1090<CM≤1205	6.5	2000<CM≤2110	9.7
1205<CM≤1320	6.9	2110<CM≤2280	10.1
1320<CM≤1430	7.3	2280<CM≤2510	10.8
1430<CM≤1540	7.7	2510<CM	11.5

表5-5 车辆燃油消耗量限值（二）

整车整备质量(CM)/kg	车型燃油消耗量限值/(L/100km)	整车整备质量(CM)/kg	车型燃油消耗量限值/(L/100km)
CM≤750	5.6	1540<CM≤1660	8.4
750<CM≤865	5.9	1660<CM≤1770	8.8
865<CM≤980	6.2	1770<CM≤1880	9.2
980<CM≤1090	6.5	1880<CM≤2000	9.6
1090<CM≤1205	6.8	2000<CM≤2110	10.1
1205<CM≤1320	7.2	2110<CM≤2280	10.6
1320<CM≤1430	7.6	2280<CM≤2510	11.2
1430<CM≤1540	8.0	2510<CM	11.9

2. 货车燃油消耗量限值

为节约能源，保护环境，我国规定了货车百公里燃油消耗量限值，要求车辆在满足动力性的前提下，其百公里燃油消耗量应符合规定，见表5-6、表5-7。

表5-6 货车燃油消耗量限值

汽车总质量/t	燃油消耗量/[L/(100t·km)]	汽车总质量/t	燃油消耗量/[L/(100t·km)]
2.5~4.0	4.05~3.17	>9.0~12.0	2.64~2.50
>4.0~6.0	3.15~2.83	>12.0~15.0	2.48~2.39
>6.0~9.0	2.82~2.65		

表 5-7 重型货车燃油消耗量限值

汽车总质量/t	燃油消耗量/[L/(100t·km)]	汽车总质量/t	燃油消耗量/[L/(100t·km)]
>15~17	1.42~1.40	>22~26	1.37~1.33
>17~22	1.39~1.37	>26~32	1.32~1.30

营运车辆燃油消耗量限值是以该车型原厂规定的等速百公里燃油消耗量限值为基础确定的。根据我国营运车辆检测设备的实际情况和 JT/T 198—2016《道路运输车辆技术等级划分和评定要求》的执行情况，采用等速百公里燃油消耗量作为评价汽车燃油经济性的指标。在规定的检测车速（乘用车为 60km/h，其他车辆为 50km/h）下，其限值规定为该车型制造厂规定的相应车速等速百公里燃油消耗量的 103%。

第二节　汽车噪声和喇叭声级检测

汽车行驶时会发出各种声响，这使汽车成为一个噪声源。从减轻噪声对人听觉器官的刺激、防止噪声对人产生危害的角度出发，噪声的响度越低越好。从保证行车安全的角度出发，汽车喇叭必须有适当的响度。

> **思考：**
> 某客户在驾驶汽车的过程中感觉车内的噪声较大，加快车速时，噪声增大明显，为了使车辆在驾驶过程中更加舒适，该客户将车辆送至维修店进行检测。分析噪声产生的原因和检测方法。

噪声被称为城市新公害，统计显示，汽车所产生的噪声甚至已经占到了城市噪声的 85%。汽车行驶在路上，内燃机、喇叭、轮胎等都会发出大量噪声，严重影响人们的身体健康。道路噪声与车辆类型、道路条件、汽车行驶状态、交通流量等密切相关。目前，如何降低道路交通噪声已经成为城市环境污染治理的重要课题。

一、汽车噪声类型及其危害

噪声是人们不能接受的、令人烦躁的声音的总称。汽车噪声会直接影响人们的心情、工作、谈话、学习和休息。汽车噪声最大的特点是移动性，影响范围大，干扰时间长，受影响人数多。要降低汽车噪声给人们的生活带来的危害，就要对汽车噪声和喇叭声级进行检测。

汽车噪声的类型主要有发动机噪声、传动系噪声、制动噪声、轮胎噪声、车身噪声和喇叭噪声等。

1. 发动机噪声

发动机工作时会有空气从进气管进入气缸、曲轴压缩空气、燃料燃烧后废气从排气管排出，整个过程中都伴随着空气振动和曲轴活塞的运动。因此发动机的声音就通过发动机舱盖、防火墙、底盘等部位传到车内，形成噪声，具体有燃烧噪声、机械噪声、进排气噪声和风扇噪声等。燃烧噪声是可燃混合气燃烧时产生的气体压力作用在活塞、连杆、曲轴、缸体及气缸盖上引起发动机壳体表面振动而向外传输的噪声；机械噪声是发动机工作时各运动部件间及运动部件与固定部件间周期性变化的作用力引起的，它与激发力的大小和发动机结构动态特性等因素有关；进排气噪声是发动机在进、排气过程中因气体压力波动、气体流动引起振动而产生的；风扇噪声是冷却系统风扇或风冷发动机风机产生的空气动力噪声。

2. 传动系统噪声

传动系统噪声来自内部齿轮和轴承及其他机构传递时产生的固体声，包括变速器噪声、传动轴噪声及驱动桥噪声。变速器噪声主要是由齿轮交替啮合时有滚动又有滑动，在齿与齿间产生摩擦和撞击产生的；传动轴噪声的产生是因传动轴变形、轴承松动及装配不良，汽车行驶过程中会发出周期性响声；当驱动桥齿轮齿隙调整不当、齿轮装配不当、轴承调整不当时，都会产生较大声响。

3. 制动噪声

制动噪声是汽车制动过程中因制动器摩擦副存在摩擦而产生的刺耳的高频噪声。噪声强弱与制动蹄摩擦片一定长度上的压力分布规律有关，同时还受制动系统及零部件刚度的影响。制动噪声一般发生在制动蹄摩擦片端部和根部与制动鼓接触的位置，在制动器由热态转为冷态时较为明显。鼓式制动器比盘式制动器产生的制动噪声稍大。

4. 轮胎噪声

轮胎噪声主要由车轮花纹间隙与空气相互作用产生，同时，路面的不平整引起整个轮胎及悬架振动，经车门、底盘传递到车内。影响轮胎噪声的因素主要有轮胎花纹、负荷、气压、磨损程度及车速和路面状况等。

5. 车身噪声和喇叭噪声

车身部分的噪声主要是金属部件的共振和空气压力引起的，尤其是汽车在高速行驶时，车身与空气有摩擦，在车身表面形成空气涡流分离现象，车身前、后和上、下产生压差，因而产生噪声。车身噪声的大小与汽车车身的形状和表面状况有关，且车速越高，车身噪声越大。喇叭噪声是在按汽车喇叭时产生的。

总之，汽车的噪声是一项综合、复杂的指标，与车的结构、材料、路况、速度都有关系，改进车辆结构设计、增强车辆密封性、使用吸声隔声效果好的材料，能控制车内噪声。汽车喇叭噪声的控制主要在于提高驾驶人的素质，降低按喇叭频率。

二、汽车噪声的评价指标

噪声是一种声波，具有声波的特点和性质，可用高低、强弱、响度和音色等指标评价。

1. 声压与声压级

声音的强弱取决于声压，而声压指声波作用于大气使大气压强发生变化的变动量，声压越大，听到的声音越大。人耳可听到的声压范围是 2×10^{-5}Pa（听阈声压）~20Pa（痛阈声压），相差100万倍，因此用声压的绝对值表示声音的强弱会很不方便，所以人们常用声压级来表示声音的强弱。以听阈声压作为基准声压，以实际声压与基准声压比值的对数——分贝数（dB）表示声音强弱，即

$$L = 20\lg\frac{p}{p_0}$$

式中　L——声压级（dB）；

　　　p——实际声压（Pa）；

　　　p_0——基准声压（Pa），$p_0 = 2×10^{-5}$ Pa。

在噪声测量中，通常是测定它的声压级。但由于不同人对声音的敏感程度不同，所以受主观感受影响，无法对噪声做出科学的评价，所以常用响度与响度级。

2. 响度与响度级

声调的高低取决于声音的频率。频率越高，声调越高；频率越低，声调越低。人耳可听到的声音频率范围为 20~20000Hz。通常，感到声调高的频率范围为 2000~4000Hz，而感到声调低的频率范围在 200Hz 以下。响度是人耳主观感受的声音的强弱程度，大小主要取决于声强，与频率也有关，是声压级和频率的函数。响度单位为"sone"，1sone 等于声压级是 40dB、频率为 1000Hz 纯音所产生的响度。响度级是一个相对量，用于不同频率、不同强度级声音的主观音响感觉的比较。响度级以"phon"为单位，"phon"是 1000Hz 纯音的声压级分贝值。

将频率不同、响度级相同的点连成曲线，得到等响度曲线，如图 5-12 所示。等响度曲线反映了人耳对高频声音敏感的特性，特别对于 3000~4000Hz 的声音特别灵敏。

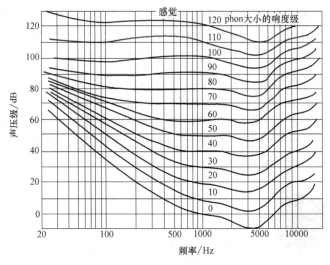

图 5-12　等响度曲线

3. 噪声级

为了使声音的客观量度和人耳的听觉主观感受近似取得一致，通常对不同频率声音的声压级进行某一特定的加权修正，再叠加计算可得到噪声总的声压级，此声压级称为计权声级。声级计是测量声音强弱的仪器，其输入是声音客观存在的物理量——声压和频率，而输出不仅要求是对数关系的声压级，还应符合人耳特性的主观感受。而计权网络是近似以人耳对纯音的响度即频率特性而设计的。国际电工委员会规定了四种计权网络：A、B、C、D，而声级计的频率计权网络主要有 A、B、C 三种标准计权网络。

A 计权网络是效仿 40phon 等响曲线设计的，其特点是对低频和中频声有较大的衰减，即测量仪器对高频敏感，对低频不敏感，这与人耳对声音的感觉比较接近；B 计权网络是效仿 70phon 等响曲线设计的，被测的声音通过时，低频段有一定的衰减；C 计权网络是效仿 100phon 等响曲线设计的，任何频率都没有衰减，因而可用 C 计权网络测得的读数代表总声压级。

经过 A 计权网络测出的声压级读数称 A 计权声级，简称 A 声级（LA），并用以分贝 dB（A）为其单位。由于噪声的 A 声级与人们的主观感觉比较接近，同时 A 声级的测量比较方便，因此，A 声级已成为国际标准化组织和绝大多数国家评价噪声的主要指标。

三、汽车噪声测量仪器——声级计

声级计是最基本的噪声测量仪器，它是一种电子仪器，但又不同于电压表等客观电子仪表。在将声信号转换成电信号时，可以模拟人耳对声波反应速度的时间特性，对高低频有不同灵敏度的频率特性及不同响度时改变频率特性的强度特性。因此，声级计是一种主观性的电子仪器。根据所用电源的不同，声级计可分为交流式和直流式两种。其中，直流干电池式声级计因体积小、质量小、操作携带方便，应用比较广泛。

1. 声级计的基本组成

声级计由传声器、放大器、衰减器、计权网络、检波器、指示仪表和电源等组成，如图 5-13 所示。

（1）**传声器** 传声器是将声波压力信号转换成电压信号的装置，俗称话筒，是声级计的传感器，有晶体式、驻极式、动圈式和电容式等常见类型。电容式传声器的金属膜片与金属电极构成了平板电容的两个极板，膜片受到声压作用时发生变形，使两个极板之间的距离发生变化，于是改变了电容量，测量电路中的电压也发生了变化，实现了将声压信号转变为电压信号的作用，如图 5-14 所示。电容式传声器是声学测量中比较理想的传声器，具有动态范围大、频率响应平直、灵敏度高和在一般测量环境下稳定性好等优点，因而应用广泛。由于电容式传声器输出阻抗很高，因而需要通过前置放大器进行阻抗变换，前置放大器装在声级计内部靠近电容式传声器的部位。

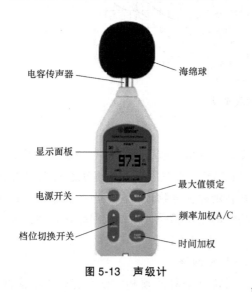

图 5-13 声级计

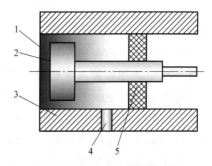

图 5-14 电容式传声器示意图
1—金属膜片　2—金属电极　3—壳体　4—平衡孔　5—绝缘体

（2）**放大器** 一般采用两级放大器，即输入放大器和输出放大器，其作用是将微弱的电信号放大。输入衰减器和输出衰减器是用来改变输入信号衰减量和输出信号衰减量的，以便使表头指针指在适当的位置。输入放大器使用的衰减器调节范围为测量低端，输出放大器使用的衰减器调节范围为测量高端。许多声级计的高低端以70dB为界限。

（3）**衰减器** 衰减器的作用是调整输入信号和输出信号的幅度，以控制指示仪表获得适当的指示值。

（4）**计权网络** 声级计内通常设有A、B、C三种标准的计权网络，作用是使仪器检测噪声的频率特性更接近人耳的听觉特性，对所测噪声进行听感修正。

（5）**检波器** 检波器的作用是将迅速变化的电压信号转变成变化较慢的直流电压信号。这个直流电压的大小要正比于输入信号的大小。

（6）**指示仪表** 指示仪表的作用是直接显示噪声级的dB值，可用数字显示或指针显示。

另外，声级计表头响应按灵敏度有"快"和"慢"两档，"快"档是在对稳态噪声进行测量或需要记录声级变化过程时使用的，平均时间为0.27s；"慢"档在噪声波动较大时采用，平均时间为1.05s。

2. 声级计工作原理

声级计工作原理框图如图5-15所示。检测时，通过传声器将测量的噪声转换成电压信号，并由前置放大器变换阻抗，使其与输入衰减器相匹配，然后信号经输入放大器送入计权网络处理，再经输出衰减器及放大器将信号放大到一定的幅度，最后经有效值检波器进入指示仪表，从表头得到相应的声级读数。

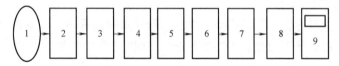

图5-15 声级计工作原理框图

1—传声器 2—前置放大器 3—输入衰减器 4—输入放大器 5—计权网络
6—输出衰减器 7—输出放大器 8—检波器 9—表头

3. 声级计的使用方法

在检测汽车的喇叭声级和车内、车外噪声时，其测试条件、测点位置和测试方法应严格符合GB 7258—2017《机动车运行安全技术条件》、GB 18565—2016《道路运输车辆综合性能要求和检验方法》、GB 1495—2002《汽车加速行驶车外噪声限值及测量方法》、GB/T 14365—2017《声学 机动车辆定置噪声声压级测量方法》和其他相关标准的有关规定。在检测过程中，应按使用说明书的要求正确使用声级计，一般应注意以下几点：

（1）**回零和校准** 回零即是在未接通电源前，检查仪表指针是否在零点，若不在零点，则应用零点调整螺钉调至零点。校准指每次测量前或使用一段时间后，应按使用说明书的要求对仪器的电路和声级计传声器进行校准，若不正常，则应调节微调电位器将其调至正常。

（2）**预热** 使用仪器前要预热5~10min。

（3）**选择量程开关** 声级计的测量范围有35~80dB、60~105dB和85~130dB三档。测量前，应根据被测声音强弱将量程开关置于适当位置。若无法估计大小，应先将量程开关置

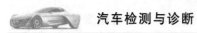

于最高档。测量喇叭声级时，应使用 85~130dB 档。

（4）选择时间计权开关　根据所测声响的波动情况，选择时间计权开关的位置。测量喇叭声级和车外加速噪声时，应将时间计权开关拨到"F"（快）档。

（5）选择"读/保持"开关　一般测量时，将此开关置于"5 秒"。测量喇叭声级时，为测出喇叭发出的最大声响，可用"保持"档。此时按一下复位按钮，仪器即工作在最大值保持状态，显示值为仪器复位以来所测声级的最大值。每按一次复位按钮即结束前次的保持，并开始新的保持周期。

（6）复位　在测量中，改变任何开关位置都必须按一下复位按钮，以消除开关换档时可能引起的干扰。

（7）其他注意事项

1）勿使声级计受到冲击、振动。

2）将声级计放置在通风、干燥处，并避免阳光直射。

3）声级计传声器、引线是与原仪器配套的，不要与其他仪器交换使用。

4）干电池式声级计在不使用时，应将干电池取出。

四、汽车噪声的检测方法

车内噪声很大程度上会直接影响车内乘坐人员对整车质量的评价。汽车噪声是一个由多种声源组成的综合性噪声，影响因素很多。对于同一辆车，由于其使用条件不同，噪声也不同。要全面评价或模拟汽车发出的噪声是困难的。从防止噪声公害的角度出发，只能通过简单再现汽车使用中的某一特定状态或工况进行检测。

1. 汽车定置噪声的测量

定置噪声指车辆不行驶，发动机处于空载运行状态时的噪声。测量内容包括汽车排气噪声和发动机噪声。定置噪声测量按 GB/T 14365—2017《声学　机动车辆定置噪声声压级测量方法》的规定进行。

（1）测量条件

1）测量场地。测量场地应为由混凝土，密实型沥青或类似的无明显孔隙的坚硬材料所构成的平坦开阔地面，避免在雪地、草堆、稀松的土壤或其他具有吸声特性的地面上进行，待测车辆周边 3m 内和传声器 3m 之内无较大的反射物，如车辆、建筑物、广告牌、树木、平行的墙、人等。

测量也可在半消声室内进行，半消声室应符合 3m 内无较大反射物的声学环境要求，并且，半消声室的截止频率低于以下两个频率中的较低者：

① 在测试过程中，低于发动机的最小基频的 1/3 倍频带中心频率。

② 100Hz。

半消声室声学性能依据半消声室的截止频率而定，在截止频率以上，上述半消声室声学环境可看作半自由场。

2）气象条件。测量期间，风速（包括阵风）不大于 5m/s，在风速超过 2m/s 时建议使用防风罩。

3）背景噪声。测量期间，背景噪声（A 计权声压级）至少比被测噪声低 10dB，测量结果有效。在测试过程中，如果防风罩对声级计灵敏度的影响可以修正，可使用合适的防风罩。

第五章 汽车燃油经济性与环保性能检测

(2) 测量方法

1) 概述。应由专业人员选定合适的仪器并组织测试。专业人员是指针对当前声学测量技术经过专业培训且有一定经验的测试人员。需要注意的是，测量场地、天气状况和测量设备的不一致都有可能导致测量声压级的差异。传感器相对声源的朝向及测试人员相对传感器的位置，应按照仪器使用规范进行布置。测试若使用手持式声级计，手持声级计的传感器应固定在稳定的支架上。如果可能，应使用延长电缆使测量或记录设备运离传感器。

对中置或后置发动机车辆，发动机及冷却风扇噪声可能影响排气噪声测量准确度。

2) 车辆的准备和位置。为了安全，在测量前应拉紧驻车制动器，对手动档车辆，变速器挂空档，离合器接合；对自动档车辆，变速器挂 P 档，对有空调装置的车辆，应关闭车内空调。如果车辆的冷却风扇有自动起动功能，应保证在声压级测试过程中冷却风扇不会起动。测试时，应合上发机机舱盖。在每次测试前，都应将发动机的工作温度控制到车辆说明书要求的正常工作温度范围。对于摩托车等没有空档的两轮车辆，测量时，应将其后轮支起离地，使其驱动轮可以自由转动。在进行两轮车辆测试时，应调整传感器的测试点，保证离

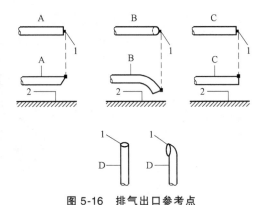

图 5-16 排气出口参考点
1—参考点 2—道路表面
A—斜面管 B—下弯管 C—平直管 D—垂直管

地后的排气出口参考点位置达到规定的距离，参考点的位置如图 5-16 所示。

3) 传感器位置。传感器置于距离图 5-16 所示的排气出口参考点 (0.5±0.01) m 位置，与包含排气口末端轴线的竖直平面成 45°±5° 角，传感器应与参考点等高，但在任何情况下距地面不得小于 0.2m。传感器的轴线应与地面平行，朝向排气口参考点。当排气管两侧都能布置传感器时，传感器布置在离车辆纵向轴线较远一侧。当排气管轴向与车身纵向轴线成 90° 角时，传感器布置在距离发动机较远的一侧。

如果车辆有两个或两个以上排气口，相互距离不超过 0.3m，并且连接同一消声器，则只取一个测量位置。传感器应以最靠近车辆外侧的排气管为参考进行布置，如果排气管上下排列，传感器应以靠上的排气管为参考进行布置。

如果车辆的多个排气口相距大于 0.3m，或者使用了多个消声器，应对每个排气口进行测量，记录其中最高声压级，图 5-17 所示为根据上述原则给出的不同类型车辆排气口位置相应的传感器位置示例，图中长度单位为 m。

如图 5-17c、d 所示，对于排气口参考点位置不宜布点的车辆，由于某些车辆部件（如备胎、油箱、蓄电池等）妨碍了测量点，传感器应安置在距离最近的妨碍部件（包括车身）至少 0.2m 处，并最大程度避开妨碍部件，其轴线正对排气口。

如图 5-17d 所示，存在多个可测量位置时，取 d_1、d_2 值中较小的一个作为测量位置。

如图 5-17e 所示，对于垂直排气系统的车辆（如商用车），传感器应与排气管口等高，传感器轴线垂直，方向朝上。将传感器布置在距离图 5-16 所示的排气管参考点 (0.5±0.01)m 的位置，但是测量点距排气管较近一侧的车辆侧面不能小于 0.2m。

为了保证检测时测量方便，参考点应取在车身表面靠外的位置。

2. 汽车加速行驶噪声的测量

汽车加速行驶噪声的测量按 GB 1495—2002《汽车加速行驶车外噪声限值及测量方法》的规定进行。

（1）测量条件

1）测量仪器应采用精密声级计。

2）测量场地应平坦而空旷，在测试中心以 50m 为半径的范围内不应有大的声反射物，如建筑物、围墙等。

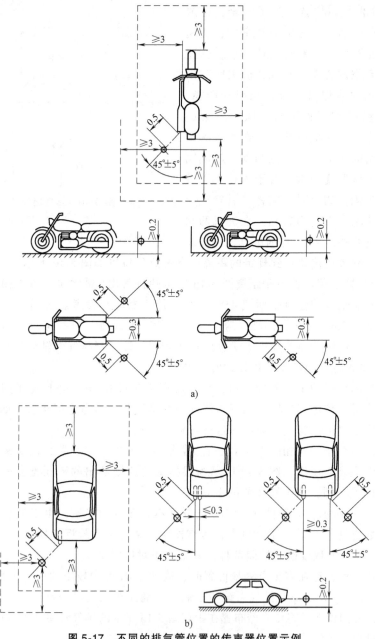

图 5-17 不同的排气管位置的传声器位置示例

a）两轮车辆　b）四轮车辆

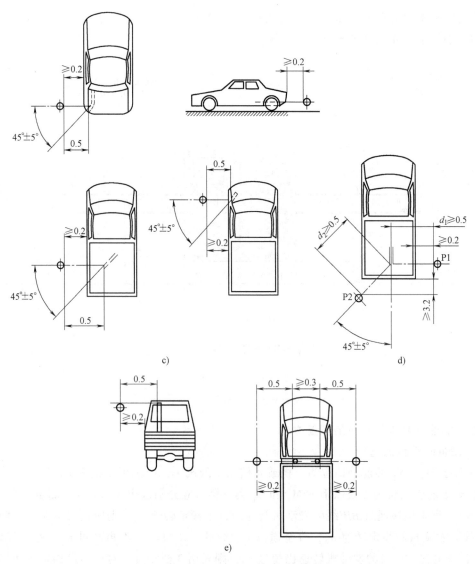

图 5-17 不同的排气管位置的传声器位置示例（续）

c）排气口参考点位置不宜布点的四轮车辆
d）存在多个可测量位置车辆　e）垂直排气系统车辆
P1、P2—传声器 1 和 2 的位置　d_1、d_2—排气管至 P1 和 P2 的距离

3）测试场地应有规定的平直、干燥的沥青路面或混凝土路面，路面坡度不超过 0.5%。

4）背景噪声应比所测车辆噪声至少低 10dB（A），并保证测量不被偶然的其他声源所干扰。

5）测量应在良好的天气条件进行，风速不超过 5m/s，为避免风噪声干扰，可采用防风罩，但应注意防风罩对声级计灵敏度的影响。

6）声级计附近除测量者外，不应有其他人员，若其他人员不可缺少，则必须站在测量者背后。声源与传声器间不应有任何人员站留。

7）被测车辆应空载，技术状况正常，测量时发动机应处于正常使用温度。

8）测量场地及测点位置如图 5-18 所示，测试时传声器位于 20m 跑道中心点的两侧，传声器应用三脚架固定在离地面高（1.2±0.02）m、距行驶中心线（7.5±0.05）m的两侧，其参考轴线必须水平并垂直指向行驶中心线。

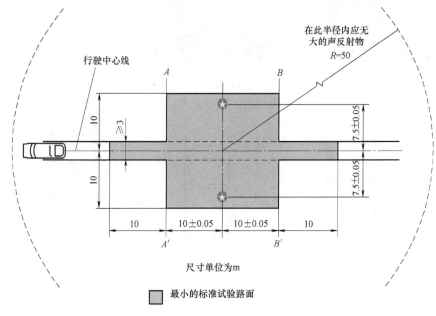

图 5-18 测量场地和测量区及传声器的布置

（2）加速行驶车外噪声的测量方法

1）测量时档位的选择。

① 对于 M_1、N_1 类前进档位为4档或4档以下的汽车，应选用2档测量。

② 对于前进档位为4档以上的 M_1 和 N_1 类车辆，应分别选用2档和3档测量。当选用2档测量时，汽车尾端通过 BB' 线时发动机转速超过了额定转速 n_0，则应逐次按5% n_0 降低接近 AA' 线时发动机的稳定转速 n_A，直至通过 BB' 线的发动机转速不再超过 n_0，若 n_A 降到了急速，汽车通过 BB' 线的发动机转速仍超过 n_0，则只用3档测量。对于前进档多于4档并装用额定功率大于140kW的发动机，且比功率大于75kW/t的 M_1 类汽车，若该车用3档其尾段通过 BB' 线时的速度大于61km/h，则只用3档测量。

2）按规定条件稳定地到达始端线。接近 AA' 线时稳定速度取下列速度中的较小者：

① 50km/h。

② 对于 M_1 类和发动机功率不大于225kW 的其他各类汽车，对应于 $3/4n_0$ 的车速。

③ 对于 M_1 类以外的且发动机功率大于225kW的各类汽车，对应于 $1/2n_0$ 的车速。

3）加速通过测量区。从车辆前端到达始端线开始，立即将加速踏板踩到底并保持不变，使车辆直线加速行驶，当车辆后端到达终端线时，立即松开加速踏板。

4）声级测量。声级计用A计权网络、"快"档进行测量。

① 在汽车每一侧至少应测量四次。

② 应测量汽车加速驶过测量区时的最大声级。每一次测得的读数值应减去1dB（A）作为测量结果。

③ 若在汽车同侧连续四次测量结果相差不大于 2dB（A），则认为测量结果有效。

④ 将每一档位条件下每一侧的四次测量结果进行算术平均，然后取两侧平均值中较大者作为中间结果。

5）汽车最大噪声级的确定。对于只用一个档位测量的汽车，直接取中间结果作为最大噪声级；采用两个档位测量的汽车，取两档中间结果的算术平均值作为最大噪声级。最大噪声级的值按有关规定修正到一位小数。

3. 车内噪声测量方法

车内噪声的测量可按 GB/T 18697—2002《声学 汽车车内噪声测量方法》的规定执行。

（1）测量的基本条件

1）测量仪器应采用精密声级计。

2）测量跑道应有试验需要的足够长度，应为平直、干燥的沥青路面或混凝土路面。

3）测量时环境温度为 -5~35℃，风速不大于 5m/s。

4）测量时车辆门窗应关闭。

5）背景噪声应比所测的车内噪声至少低 10dB，并保证测量不被偶然的其他声源所干扰。

6）测量时汽车空载，车内除驾驶人和测量人员外，不应有其他人员。

7）测量时，确保汽车技术状态正常，发动机处于正常工作温度。

（2）客车车内噪声测量方法

1）确定车内噪声测点。客车室内噪声测点可选在车厢中部及最后一排座椅的中间位置，其高度通常在人耳附近，其传声器在测点处朝向车辆前进方向，其车内噪声测点的布置如图 5-19 所示。

2）使车辆用常用档位以 50km/h 的车速匀速行驶。

3）用声级计测量 A 计权声级的数值。

（3）驾驶人耳旁噪声测量方法

1）按照图 5-19 所示的布置方式在驾驶人座位确定噪声测点及安装传声器。

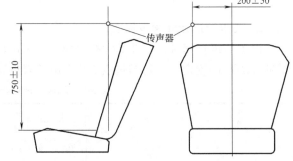

图 5-19 车内噪声测点的布置

2）将变速杆置于空档，车辆处于静止，发动机处于额定转速状态。

3）将声级计置于 A 计权、快档进行测量，读取声级计的读数。

五、汽车喇叭声级测量方法

汽车喇叭声级的测点位置如图 5-20 所示，传声器朝向汽车，轴线与汽车纵轴线平行。检测时应注意不被偶然的其他声源所干扰。测量次数为 2 次以上，并监听喇叭声音是否悦耳。

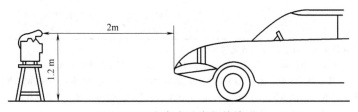

图 5-20 汽车喇叭声级的检测

检测时应将声级计置于距车前2m、离地1.2m处,声级计置于A计权、快档,在这种情况下测得的喇叭声级应在90~115dB(A)的范围内。

六、汽车噪声的检测标准

1. 汽车定置噪声标准

我国在用车辆处于定置工况下的噪声应符合 GB 16170—1996《汽车定置噪声限值》的规定,不得超过表5-8列出的限值。

表5-8 汽车定置噪声限值

车辆类型	燃料种类及其他		噪声限值/dB(A)	
			1998年1月1日前出厂的车辆	1998年1月1日起出厂的车辆
轿车	汽油		87	85
微型客车、货车	汽油		90	88
轻型客车、货车、越野车	汽油	$n_r \leq 4300$r/min	94	92
		$n_r > 4300$r/min	97	95
	柴油		100	98
中型客车、货车、大型客车	汽油		97	95
	柴油		103	101
重型货车	$P \leq 147$kW		101	99
	$P > 147$kW		105	103

注:P 为发动机额定功率(kW),n_r 为发动机额定转速(r/min)。

2. 汽车加速行驶噪声标准

汽车加速行驶时,车外最大噪声应符合 GB 1495—2002《汽车加速行驶车外噪声限值及测量方法》的规定,不得超过表5-9列出的限值。

表5-9 汽车加速行驶车外噪声限值

汽车分类	噪声限值/dB(A)	
	第一阶段 2002年10月1日~2004年12月30日期间生产的汽车	第二阶段 2005年1月1日以后生产的汽车
M_1	77	74
M_2(GVM≤3.5t)或 N_1(GVM≤3.5t): GVM≤2t 2t<GVM≤3.5t	78 79	76 77
M_2(3.5t<GVM≤5t)或 M_3(GVM>5t): $P<150$kW $P \geq 150$kW	82 85	80 83
N_2(3.5t<GVM≤12t)或 N_3(GVM>12t): $P<75$kW 75kW≤$P<150$kW $P \geq 150$kW	83 86 88	81 83 84

注:1. GVM 为最大总质量(t),P 为发动机额定功率(kW)。
2. M_1、M_2(GVM≤3.5t)和 N_1 类汽车装用直喷式柴油机时,其限值增加1dB(A)。
3. 对于越野车,其 GVM>2t 时:如果 $P<150$kW,其限值增加1dB(A);如果 $P \geq 150$kW,其限值增加2dB(A)。
4. M_1 类汽车,若其变速器前进档多于4个,$P>140$kW,P/GVM 大于 75kW/t,并且用3档测试时其尾端出线的速度大于61km/h,则其限值增加1dB(A)。

第五章　汽车燃油经济性与环保性能检测

3. 车内噪声标准

（1）**客车车内噪声标准**　客车以 50km/h 的速度行驶时，车内噪声声级应不大于 79dB（A）。

（2）**驾驶人耳旁噪声标准**　汽车驾驶人耳旁噪声声级应不大于 90dB（A）。

4. 汽车喇叭检测标准

从防止噪声对环境污染的角度出发，汽车喇叭噪声越低越好。然而从保证行车安全的角度出发，汽车的喇叭必须有一定的响度。为此，汽车喇叭应符合如下要求：

1）具有连续发声的功能，其工作应可靠。

2）在距车前 2m，离地 1.2m 处测量时，喇叭声级的值应为 90~115dB（A）。

安全环保检测的目的是在汽车不解体的情况下，建立安全和公害监控系统，确保车辆具有符合要求的外观容貌、良好的安全性能和符合标准的尾气排放，使汽车运行高效而低污染。

第三节　汽油发动机汽车排气污染物检测

> **思考：**
> 丰田凯美瑞 5S-FE 轿车怠速不稳，用仪器检测其排放的尾气，分析其排放是否合格。排放超标的原因是什么？如何诊断？

随着汽车保有量的不断增加，以燃油发动机为动力的汽车排放的尾气对城市环境造成的危害越来越严重。

一、汽车排放物的表示方法

1. 浓度排放量

浓度排放量常用体积分数和质量浓度表示。体积分数是指排气体积中污染物所占的体积比，根据实际污染物浓度的不同，可分别用百分数（%）、10^{-6} 或 10^{-9} 来表示。例如，排气中浓度较高的 CO 和 CO_2 一般用百分数来表示；对浓度较低的 HC、NO_x 用 10^{-6} 表示；而对浓度更低的成分可用 10^{-9} 表示。质量浓度是指单位排气体积中污染物的质量，常以 mg/m^3 为单位。

2. 质量排放量

质量排放量是指实际检测时每小时或每测试循环发动机排放的污染物质量，常用 g/h 或 g/测试来表示。在实际环境治理工作中，若对排放污染物进行总量监测，或在车辆排放检测中按规定的工况循环测量排放量，可用质量排放量表示。

3. 比排放量

比排放量是指检测时汽车单位行驶里程所排放的污染物质量或发动机单位功所排放的污染物质量，常用的比排放量单位为 g/km 或 g/(kW·h)。

在进行整车试验时，用单位测试循环的质量排放量（g/测试）除以每测试循环的运转千米数可得到每千米的排放量（g/km）。当进行发动机排放特性试验时，可以用单位功所排放的污染物质量作为评价指标，但一般测试仪器输出的是浓度排放量，此时可用浓度排放量、排气流量、排气密度及发动机有效功率进行计算，得出单位功所排放的污染物质量。

4. 排气烟度

排气烟度常用波许烟度 R_b 值和光吸收系数 K 值表示。采用滤纸式烟度计检测排烟时，用 R_b 值表示其排烟的浓度，R_b 越大，表示排烟越浓，碳微粒越多；采用不透光烟度计检测排烟时，用光吸收系数 K 值表示，K 值越大，表示碳烟的质量浓度越高。

二、汽油发动机汽车排气污染物检测标准

GB 18285—2018《汽油车污染物排放限值及测量方法（双怠速法及简易工况法）》规定了汽油发动机汽车排气污染物的排放限值及测量方法。

1. 新生产汽车下线

生产企业可以选择采用 GB 18285—2018 中附录 B、附录 C 和附录 D 规定的任意一种方法（对无法手动切换两驱驱动模式的全时四驱和适时四驱等车辆可以采用双怠速法）进行。排放结果不得超过规定的排放限值。生产企业也可采用其他方法进行排放检测，但应证明其等效性。

单一燃料汽车，仅按燃用单一燃料进行排放检测；两用燃料汽车，要求使用两种燃料分别进行排放检测。

新定型混合动力电动汽车污染物测试应在最大燃料消耗模式下进行，车辆应具备明显可见的最大燃料消耗模式切换开关，方便切换为最大燃料消耗模式，并能在最大燃料消耗模式下正常运行（包括怠速），便于进行排放测试，且开关位置应在汽车使用说明书中明确说明。

2. 注册登记和在用汽车

（1）**一般规定** 单一燃料汽车，仅按燃用单一燃料进行排放检测；两用燃料汽车，要求使用两种燃料分别进行排放检测。

有手动选择行驶模式功能的混合动力电动汽车应切换到最大燃料消耗模式进行测试，若无最大燃料消耗模式，则应切换到混合动力模式进行测试，若测试过程中发动机自动熄火，自动切换到纯电模式，无需中止测试，可进行至测试结束。

（2）**双怠速法** 按 GB 18285—2018 附录 A 进行检测，其检测结果应小于表 5-10 规定的排放限值。

表 5-10 双怠速法检验排气污染物排放限值

类别	怠速		高怠速	
	CO（%）	HC（$\times 10^{-6}$）[①]	CO（%）	HC（$\times 10^{-6}$）[①]
限值 a	0.6	80	0.3	50
限值 b	0.4	40	0.3	30

① 对以天然气为燃料的点燃式发动机汽车，该项目为推荐性要求。

排放检验的同时，应进行过量空气系数（λ）的测定。发动机在高怠速转速工况时，λ 应在 1.00±0.05 之间，或者在制造厂规定的范围内。

（3）**稳态工况法（ASM）** 按 GB 18285—2018 附录 B 进行检测，其检测结果应小于表 5-11 规定的排放限值。

表 5-11　稳态工况法检验排气污染物排放限值

类别	ASM5025 工况			ASM2540 工况		
	CO(%)	HC($\times 10^{-6}$)①	NO($\times 10^{-6}$)	CO(%)	HC($\times 10^{-6}$)①	NO($\times 10^{-6}$)
限值 a	0.50	90	700	0.40	80	650
限值 b	0.35	47	420	0.30	44	390

① 对于装用以天然气为燃料的点燃式发动机汽车，该项目为推荐性要求。

应同时进行过量空气系数（λ）的测定。

（4）**瞬态工况法**　按 GB 18285—2018 附录 C 进行检测，其检测结果应小于表 5-12 规定的排放限值。

表 5-12　瞬态工况法检验排气污染物排放限值

类别	CO/(g/km)	HC+NO$_x$/(g/km)
限值 a	3.5	1.5
限值 b	2.8	1.2

应同时进行过量空气系数（λ）的测定。

（5）**简易瞬态工况法**　按 GB 18285—2018 附录 D 进行检测，其检测结果应小于表 5-13 规定的排放限值。

表 5-13　简易瞬态工况法检验排气污染物排放限值

类别	CO/(g/km)	HC/(g/km)①	NO$_x$/(g/km)
限值 a	8.0	1.6	1.3
限值 b	5.0	1.0	0.7

① 对于装用以天然气为燃料的点燃式发动机汽车，该项目为推荐性要求。

应同时进行过量空气系数（λ）的测定。

（6）**蒸发排放系统检测**　按 GB 18285—2018 附录 E 进行蒸发排放系统检测，其检测结果应符合要求。

三、汽油发动机汽车排气污染物检测方法——双怠速法

1. 双怠速工况

双怠速工况是怠速工况和高怠速工况的合称。高怠速工况指发动机无负载稳定运转在 50% 额定转速或制造厂技术文件中规定的某一高转速时的工况。高怠速时，混合气的雾化及燃烧条件会有所改善，CO 和 HC 的排放量有所下降，为全面反映汽车 CO 和 HC 的排放状况，提高测量精度，并监控因三元催化转化器效率降低造成的汽车排气恶化，应将高怠速工况纳入检测范围。

2. 检测仪器

在双怠速工况下检测汽车排放废气中的 CO、HC 浓度时，所用仪器为不分光红外线分析仪，根据能够测量气体的种类，可分为二气体、三气体、四气体和五气体分析仪。采用多气体排气分析仪可同时检测 O_2、CO、CO_2、HC、NO_x 的浓度，同时可对发动机及三元催化转化器的工作情况进行评价。排气测量仪应满足有关标准的要求。

3. 测试程序

1）应保证被检测车辆处于制造厂规定的正常状态，发动机进气系统应装有空气滤清

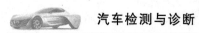

器，排气系统应装有排气消声器和排气后处理装置，排气系统不允许有泄漏。

2) 进行排放测量时，发动机冷却液或机油温度应不低于80℃，或者达到汽车使用说明书规定的热状态。

3) 发动机从怠速状态加速至70%额定转速或企业规定的暖机转速，运转30s后降至高怠速状态。将双怠速法排放测试仪取样探头插入排气管中，深度不小于400mm，并固定在排气管上。维持15s后，由具有平均值计算功能的双怠速法排放测试仪读取30s内的平均值，该值即为高怠速污染物测量结果。对使用闭环控制电子燃油喷射系统和三元催化转化器的汽车，还应同时计算过量空气系数（λ）的数值。

4) 发动机从高怠速降至怠速状态15s后，由具有平均值计算功能的双怠速法排放测试仪读取30s内的平均值，该值即为怠速污染物测量结果。

5) 在测试过程中，如果任何时刻CO与CO_2的浓度之和小于6.0%。或者发动机熄火，应终止测试，排放测量结果无效，需重新进行测试。

6) 对多排气管车辆，应取各排气管测量结果的算术平均值作为测量结果。

7) 若车辆排气系统设计导致的车辆排气管长度小于测量深度时，应使用排气延长管。

4. 结果评价

若汽车排气污染物检测结果有一项超过限值的规定，则认为被测车的排放性能不合格；对于使用闭环控制电子燃油喷射系统和三元催化转化器的车辆，过量空气系数若超过标准要求，则认为排放性能不合格。

四、汽油发动机汽车排气污染物检测方法——工况法

1. 工况法排气污染物检测简介

工况法是将汽车若干常用工况和排放污染较重的工况结合在一起来测量排放污染物的方法。该方法的循环试验模式应根据汽车的排放性能、行驶特点、交通状况、道路条件、车流密度和气候地形等因素，通过统计、分析获取的大量数据而制定，以最大限度地重现汽车运行时的排放特性。工况法是得到广泛使用的汽车排放试验方法。

与怠速法相比，工况法更能全面评价车辆的排放性能，但工况法要复杂一些。采用工况法检测汽车排放性能时要使用汽车底盘测功机，并配以气体分析仪，按照规定的工况循环可对汽车排放情况进行测量。这种方法比怠速和双怠速法能更好地模拟汽车的实际行驶状况。

2. 稳态工况法

（1）**检测设备** 利用稳态工况法检测汽车排气污染物时，所需要的主要仪器设备有汽车底盘测功机及惯性模拟装置、气体分析仪、计算机控制系统、辅助装置和转速计、湿度计、温度计、计时器等。

1) 底盘测功机用来承载测试车辆。由于需模拟一定的车速，必须施加对应于该车速的负荷，所以底盘测功机要配置功率吸收装置；此外，还应按规定配备惯性飞轮（或电模拟惯量），以模拟加速工况。

2) 气体分析仪用来测量车辆排气管中排出的CO、HC、CO_2、NO_x、O_2的浓度，并将检测结果传给控制系统。其中，CO、HC、和CO_2采用不分光红外法检测，NO_x和O_2采用电化学法检测。

3) 计算机控制系统由主控柜、工业控制计算机、打印机、电气控制系统、计算机软件

系统组成，用于稳态工况法测量过程的控制、数据测量处理与评价。

4）其他辅助设备。显示屏为引车员提供操作指示画面，以便引车员按检测规程对车辆的速度进行控制。车辆散热风扇用于在检测过程中对车辆进行散热，以免车辆因发动机过热而造成损害。挡车器和地锚作为测试系统的安全装置，挡车器用来固定未检轴的位置，以免车辆前后窜动，地锚用于安装安全带，安全带固定在被测车辆上，避免车辆高速测量时窜出底盘测功机。

（2）**检测工况** 试验运转循环由 ASM5025 和 ASM2540 两个稳态工况组成，其规范如图 5-21 所示。检测时，通过底盘测功机对车辆加载：ASM5025 工况时，底盘测功机以车辆 25.0km/h 的速度稳定运行；ASM2540 工况时，底盘测功机以车辆 40.0km/h 的速度稳定运行。

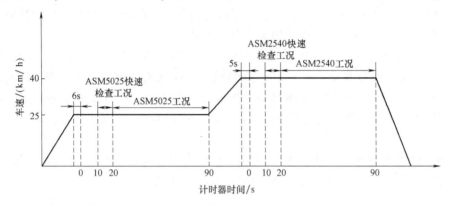

图 5-21 稳态工况法测试运转循环

（3）**测试程序**

1）车辆驱动轮置于底盘测功机滚筒上，将排气分析仪取样探头插入排气管中，插入深度至少为 400mm，并固定于排气管上，对独立工作的多排气管应同时取样。

2）ASM5025 工况。车辆经预热后，加速至 25km/h，底盘测功机根据车辆基准质量自动进行加载，驾驶人控制车辆保持在（25±2）km/h 等速运转，维持 5s 后，系统自动开始计时 $t=0$s。如果底盘测功机的速度或者转矩，连续 2s 或者累计 5s 超出速度或者转矩允许波动范围（实际转矩波动范围不容许超过设定值的±5%），工况计时器置 0，重新开始计时。ASM5025 工况时间长度不应超过 90s（$t=90$s），ASM5025 整个测试工况最大时长不能超过 145s。

ASM5025 工况计时开始 10s 后（$t=10$s），开始进入快速检查工况，排气分析仪器开始采样，每秒测量一次，并根据稀释修正系数和湿度修正系数计算 10s 内的排放平均值，运行 10s（$t=20$s）后，ASM5025 快速检查工况结束，进行快速检查判定。如果被检车辆没有通过快速检查，则车辆继续运行至计时器 $t=90$s，ASM5025 工况结束，期间车速应控制在（25±2）km/h 内。

在 0~90s 的测量过程中，如果任意连续 10s 内第 1s 至第 10s 的车速变化相对于第 1s 小于±1km/h，则测试结果有效。快速检查工况 10s 内的排放平均值经修正后如果等于或低于排放限值的 50%，则测试合格，排放检测结束，输出检测结果报告；否则应继续进行完成整个 ASM5025 工况。如果所有检测污染物连续 10s 的平均值经修正后均不大于标准规定的限值，则该车应被判定为 ASM5025 工况合格，排放检验合格，打印检验合格报告。如果任何一种污染物连续 10s 的平均值修正后超过限值,则应继续进行 ASM2540 工况检测;在检测过程中如果任意连续 10s 内的任何一种污染物 10s 排放平均值经修正后均高于限值的 500%,则测试不合格,输出检测结果报告,检测结束。

在上述任何情况下,检验报告单上输出的测试结果数据均为测试结果的最后 10s 内,经修正后的平均值。

3) ASM2540 工况。ASM5025 工况排放检验不合格的车辆,需要继续进行 ASM2540 工况排放检验。被检车辆在 ASM5025 工况结束后应立即加速运行至 40km/h,底盘测功机根据车辆基准质量自动加载,车辆保持在 (40±2)km/h 范围内等速运转,维持 5s 后开始计时 ($t=0s$)。如果底盘测功机的速度或者转矩,连续 2s 或者累计 5s 超出速度或者转矩允许波动范围(实际转矩波动范围不容许超过设定值的±5%),工况计时器置 0,重新开始计时,ASM2540 工况时间长度不应超过 90s ($t=90s$),ASM2540 整个测试工况最大时长不能超过 145s。

ASM2540 工况计时 10s ($t=10s$) 后,开始进入快速检查工况,计时器为 $t=10s$,排气分析仪器开始测量,每秒测量一次,并根据稀释修正系数及湿度修正系数计算 10s 内的排放平均值,运行 10s ($t=20s$) 后,ASM2540 快速检查工况结束,进行快速检查判定。如果没有通过快速检查,则车辆继续运行至 90s ($t=90s$),ASM2540 工况结束,期间车速应控制在 (40±2)km/h 内。

在 0~90s 的测量过程中,任意连续 10s 内第 1s 至第 10s 的车速变化相对于第 1s 小于±1km/h,测试结果有效。快速检查工况 10s 内的排放平均值经修正后如果不大于限值的 50%,则测试合格,排放检测结束,输出检测结果报告;否则应继续进行至 90s 工况。如果所有检测污染物连续 10s 的平均值经修正后均低于或等于标准规定的限值,则该车应判定为排放检验合格,排放检测结束,输出排放检验合格报告。如果任何一种污染物连续 10s 的平均值经修正后超过限值,则车辆排放测试结果不合格,继续进行到本工况检测结束,输出不合格检验报告。在检测过程中如果任意连续 10s 内的任何一种污染物 10s 排放平均值经修正后均高于限值的 500%,测试不合格,检测结束。

在上述任何情况下,检验报告单上输出的测试结果数据均为测试结果的最后 10s 内,经过修正的平均值。

3. 简易瞬态工况法

(1) 简易瞬态工况法简介　　轻型汽油发动机汽车简易瞬态工况污染物排气检测系统(简称 VMAS 系统),是基于轻型车污染物质量排气的测试系统。

与基于浓度排气测试的简易稳态工况污染物排气系统(ASM)不同,ASM 只能检测污染物浓度,不能检测污染物的排气总量;而 VMAS 系统能直接获取汽车排气污染物的总质量。同时,采用简易瞬态工况法检测时,汽车在底盘测功机上行驶以模拟汽车真实运行工况,在加载情况下测定汽车发动机排出的各种废气的瞬态浓度值,可以较真实地反映地汽车实际运行时的排放性能。

简易瞬态工况法能检测每千米的排气污染物量,以 g/km 为单位,有利于归纳排放因子,估算和统计城市机动车污染物的排放总量,对城市制定机动车污染控制规划具有现实意义。

瞬态工况试验循环包括了怠速、加速、等速和减速等各种工况,比怠速法和稳态工况法复杂,且排气测试系统(图 5-22)体积庞大,价格昂贵,因此限制了该法的广泛应用。一一般按多工况循环法制定的汽车排放标准适宜进行定型车鉴定、科研和生产车抽检。

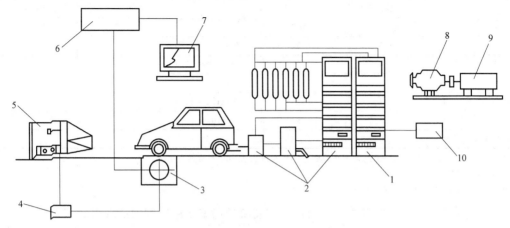

图 5-22 瞬态工况法排气测试系统

1—排气分析仪 2—采样系统 3—底盘测功机 4—变频器 5—鼓风机
6—底盘测功机控制台 7—监测器 8—发动机 9—测功器 10—加热过滤器

(2) **检测设备** 利用简易瞬态工况法检测汽油发动机汽车排放性能时，所用检测设备包括底盘测功机、气体分析仪和气体流量分析仪等。

底盘测功机应配备功率吸收装置和惯性飞轮组（或电模拟惯量），以模拟道路行驶阻力和汽车加速惯量；应装备双滚筒，且滚筒直径为 200~530mm，可适用于最大总质量 ≤3500kg 的轻型客车和货车；其最大功率要保证在 100km/h 时为 56kW，最大安全测试速度为 130km/h。

气体流量分析仪的作用是要最终检测出排气污染物的质量，其由微处理器、锆氧传感器、鼓风机、通风室、流量传感器、温度和压力传感器组成。

(3) **检测原理** 利用简易瞬态工况法检测汽油发动机汽车的排放性能时，底盘测功机模拟汽车的加速惯量和道路行驶阻力，使汽车产生接近实际行驶时的排气量。

锆氧传感器主要用来测试稀释气体的氧气浓度，并与五气体分析仪检测的氧气浓度对比，计算稀释比。流量传感器测得的流量值是稀释气体的实际流量，该值经温度和压力补偿校正后，可以得到稀释气体的标准流量。

采样系统有两个：一个是气体分析仪采样管取少量原始排气气体送至气体分析仪，用来分析原排气污染物的浓度；另一个是气体流量分析仪抽取的排气管剩余的排气气体，与环境空气混合稀释后，送到气体流量分析仪，通过分析得到排气流量。

在数据采集过程中，系统将实时测量的排气气体浓度和稀释流量值送给计算机，并由计算机计算出单位时间（s）的污染物质量排放值（g/s）。

(4) **检测工况** 在进行排气污染物检测前，系统应根据车辆参数自动设定底盘测功机载荷，或根据基准质量设定试验工况吸收功率值，吸收功率应采用表 5-14 中的推荐值。

(5) **测试程序**

1) 驾驶人将受检车辆驾驶到底盘测功机上，车辆驱动轮应置于滚筒上，必须确保车辆横向稳定，车辆轮胎应干燥，轮胎间无夹杂石子等杂物。

2) 车辆应限位良好，对前轮驱动车辆，测试前应使驻车制动起作用。

表 5-14　在 50km/h 时驱动轮的吸收功率

基准质量 RM/kg	底盘测功机吸收功率 P/kW		基准质量 RM/kg	底盘测功机吸收功率 P/kW	
	A 类[①]	B 类[②]		A 类[①]	B 类[②]
RM≤750	1.3	1.3	1700<RM≤1930	2.1	2.1
750<RM≤850	1.4	1.4	1930<RM≤2150	2.3	2.3
850<RM≤1020	1.5	1.5	2150<RM≤2380	2.4	2.4
1020<RM≤1250	1.7	1.7	2380<RM≤2610	2.6	2.6
1250<RM≤1470	1.8	1.8	2610<RM	2.7	2.7
1470<RM≤1700	2.0	2.0			

注：对于基准质量大于 1700kg 的乘用车或四轮驱动车辆，表中功率值乘以 1.3。
① 适用于乘用车。
② 适用于非乘用车和四轮驱动车辆。

3）关闭发动机，根据需要在发动机上安装机油温度传感器等测试仪器。

4）将分析仪取样探头插入排气管中，插入深度至少为 400mm，并固定在排气管上。

将气体质量分所系统的锥形管安装到车辆排气管上，并按要求进行固定，注意排气收集软管的布置和走向不应明显增加系统流动阻力。

5）气体质量分析系统中环境空气 O_2 浓度的校正。每次排放测试前，都应利用气体质量分析系统中的氧传感器测量环境空气中 O_2 的浓度，在读数前，气体质量分析系统的鼓风机应该至少运行 1min 以上，环境空气中 O_2 浓度的读数应该为（20.8±0.3）%，如果气体质量分析系统测量的环境 O_2 浓度超出上述范围，主控计算机显示器上应该显示"警告"的字样，要求检验操作人员确认气体质量分析系统的排气采样管（锥形喇叭口）是否正确连接在排气管上，然后主控计算机继续进行环境空气 O_2 浓度测量，如果再次失败，主控计算机应该自动进入环境空气检查程序进行检查。

6）排放测试。

a）起动发动机。

Ⅰ. 按照制造厂使用说明书的规定，起动汽车发动机。

Ⅱ. 发动机保持怠速运转 40s，在 40s 结束时开始排放测试循环，并同时开始排气取样。

Ⅲ. 在测试期间，驾驶人应该根据驾驶人引导装置上显示的速度-时间曲线轨迹规定的速度和换档时机驾驶车辆，试验期间严格禁止转动转向盘。

b）怠速。

Ⅰ. 手动或半自动变速器。

——怠速期间，离合器接合，变速器置空档。

——为能够按循环正常加速，在循环的每个怠速后期，加速开始前 5s，驾驶人应松开离合器，变速器置 1 档。

Ⅱ. 自动变速器。在测试开始时，放好档位选择器后，在整个测试期间的任何时候，都不得再次操作档位选择器。但当不能在规定时间内完成加速过程时，应按手动变速器的要求，可以操作档位选择器，必要时可以使用超速档。

c）加速。

Ⅰ. 在整个加速工况期间，应尽可能使车辆加速度保持恒定。

Ⅱ. 若在规定时间内未能完成加速过程，超出的时间应从工况改变的复合公差允许的时间中扣除，否则应从下一个等速工况时间内扣除。

Ⅲ．手动变速器。如果不能在规定时间内完成加速过程，应按手动变速器的要求。操作档位选择器进行换档。

d）减速。

Ⅰ．在所有减速工况时间内，应将加速踏板完全松开，离合器接合，当车速降至10km/h左右时，松开离合器，但不得进行换档操作。

Ⅱ．如果减速时间比相应工况规定的时间长，允许使用车辆制动器，以便使循环按照规定的时间进行。

Ⅲ．如果减速时间比相应工况规定的时间短，则应在下一个等速或急速工况时间中恢复至理论循环规定的时间。

e）等速。

Ⅰ．从加速过渡到下一等速工况时，应避免猛踩加速踏板或关闭节气门。

Ⅱ．应采用保持加速踏板位置不变的方法实现等速驾驶。

f）循环终了时（车辆停止在转鼓上），变速器置于空档，离合器接合，排气分析系统停止取样。

g）根据驾驶人引导装置的提示，将受检车辆开出底盘测功机，或者继续进行后续的测试。

五、汽油发动机汽车排气污染物检测原理与设备

对在用汽油发动机汽车应检测双怠速工况下的 CO 和 HC，所采用的设备为不分光红外线吸收型（NDIR）检测仪，此外，常用的气体分析方法还有氢火焰离子分析法（FID）、化学发光分析法（CLD）等。

1. 不分光红外气体分析

（1）**基本检测原理** 不分光红外线分析检测是基于某些待测气体对特定波长红外辐射能的吸收程度来测定气体浓度的。

由单原子气体（如 Ar、Ne）和同原子组成的双原子气体（如 N_2、O_2 和 H_2）不吸收红外线波长能量，而由相异原子组成的气体如排气中的 CO、HC、CO_2 等能吸收一定波长的红外线的能量，并且不同气体吸收红外线的波长不同，如图 5-23 所示，这样检测仪器就能区分出排气的成分。红外线被吸收的程度与被测气体的浓度有对应关系，即气体浓度越高，吸收红外线的能量就越多。不分光红外线分析仪就是根据废气吸收红外线的能量的变化，来测量废气中各种污染物的浓度的。

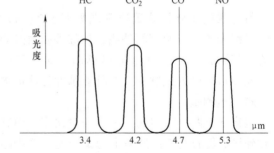

图 5-23 气体红外吸收光谱

> **注意：**
> 对于特定的被测气体，测量时所用的红外光的波长是一定的。如测 CO 吸收的红外光波长为 4.7μm。

汽车排气中不同气体的特征波长和吸收系数见表 5-15。

表 5-15 不同气体的特征波长和吸收系数

气体种类	CO	CO_2	CH_4	C_6H_{14}	NO_x
特征波长/μm	4.7	4.2	7.7	3.5	5.3
吸收系数 k	8.5	110	60	90	7.5

（2）不分光红外线气体分析仪结构和工作原理　不分光红外线气体分析仪由废气取样装置、废气分析装置、浓度指示装置和校准装置构成。图 5-24 所示为汽车排放的废气在分析仪中的流动路线示意图。废气取样装置由取样探头、滤清器、导管、水分离器和泵等组成。通过取样探头、导管和泵从汽车排气管中取出废气，经滤清器和水分离器除去废气中的炭渣、灰尘和水分后，送入废气分析装置。

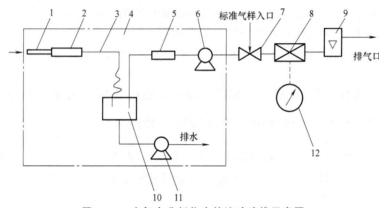

图 5-24　废气在分析仪中的流动路线示意图
1—取样探头　2、5—滤清器　3—导管　4—废气取样装置　6、11—泵　7—换向阀
8—废气分析装置　9—流量计　10—水分离器　12—浓度指示装置

红外线气体分析装置原理图如图 5-25 所示。两个红外线光源发出两束红外线，当红外线通过旋转的遮光片时，两束红外线被同时遮断，随后又同时导通，从而形成红外线脉冲。红外线脉冲经滤清器、气样室进入检测室。

气样室由两个腔构成：一个是对比室，内充不吸收红外线能量的氮气；另一个为试样室，其中连续流过被测汽车所排放的废气，某种废气成分（如 CO 或 HC）的浓度越高，吸收试样室相应波长的红外线能量越多，当两腔中的红外线到达检测室时，左右腔便产生了能量差。检测室两腔的容积相等，中间由金属膜片隔开，开始时两室充有相同浓度的被测气体，如测废气中 CO 含量时，两室均充有 CO，而测 HC 含量时，充入 C_6H_{14} 气体。由于通过对比室到达检测室的红外线能量未被吸收，因此对比室下方检测室中的被测气体吸收了较多的能量，而通过试样室到达检测室的红

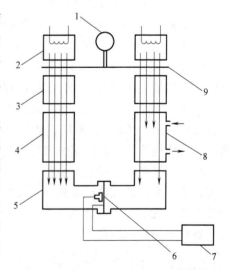

图 5-25　红外线气体分析装置原理图
1—电动机　2—红外线辐射仪　3—滤清器
4—对比室　5—检测室　6—膜片
7—电测量装置　8—试样室　9—旋转遮光片

外线之前已被废气吸收了一部分能量,因此试样室下方检测室中的被测气体只能吸收较少能量。这样,检测室两腔中的气体便产生了温差并使两腔压力出现了差异,压力差使作为电容一个极的金属膜片产生弯曲振动,其振动频率取决于旋转遮光片的转速,振幅则取决于所测气体的浓度。膜片的弯曲振动使电容的电容值交替变化,从而产生交变电压。经放大整流后,转换为直流信号输送给指示装置,指示出废气的含量。

利用不分光红外线气体分析仪上的零点调整旋钮、量程转换开关可使仪表指示零位及指示值量程可调节。校准装置的作用是保证测试结果准确,可用标准气样和机械校正两种方法校准。

2. 氢火焰离子分析

氢火焰离子分析法(FID)是目前测定发动机排气中碳氢化合物最有效的方法。其突出特点是对几乎所有的有机物均有响应,特别是对碳氢化合物的灵敏度高且响应与碳原子数成正比,检测极限最小可达 10^{-9} 数量级。另外,FID 线性范围广、结构简单、操作方便,对环境温度及大气压力也不敏感。

FID 是基于大多数有机碳氢化合物在氢火焰中产生大量电离的现象来测定 HC 浓度的。由于电离度与引入火焰中的碳氢化合物分子中碳原子数成正比,所以这种方法对不同类型的碳氢化合物没有选择性,只能测定 HC 的总量。

氢火焰离子分析仪通常由燃烧器、离子收集器及检测电路组成。图为 5-26 所示为 FID 工作原理图,从毛细管柱后

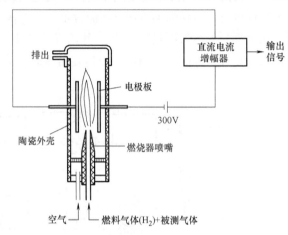

图 5-26 FID 工作原理图

流出的气体在喷嘴处与进入的氢气及进入的尾气混合,用点火灯丝点燃氢火焰,从空气入口通入空气助燃。极化极和收集器通过高电阻、基流补偿和 50~350V 的直流电源组成检测电路,测量氢火焰中产生的微电流,检测电路又是微电流放大器的输入。微电流的强度与 HC 中 C 原子数成正比,只要测出这个离子电流的大小,就可得到 HC 的浓度。微离子流经放大器后送入指示或记录仪表。整个系统应加电磁屏蔽,以避免外界电磁干扰的影响。

FID 法可直接用于轻型汽车排气污染物中 HC 的排气测定。为避免高沸点的 HC 在采样过程中发生凝结和防止水蒸气冷凝后堵塞毛细管,应对包括检测器在内的整个附加设备进行保温处理。在进行台架试验中,测量车用柴油机或汽油机排气污染物中的 HC 时,应采取加热方式,使除取样探头外的其余部分温度保持在 (190±10)℃ (柴油车) 或 (130±10)℃ (汽油车) 的范围之内,这种方式称为 HFID。

3. 化学发光分析

汽油机排出的废气中,对人有直接危害的成分主要是 CO、HC 和 NO_x,对大气环境有影响的气体成分除上述外,还有 CO_2。

汽车排气中的含氧量是装有电控燃油喷射装置发动机的汽车计算机监测空燃比、控制排气量、保护三元催化转化器正常工作的重要信号。同时,排气中的 CO_2 和 O_2 的含量还反映了发动机的燃烧效率。因此,为全面反映汽车的污染物排放情况、燃烧效率和供给系统工作

情况，需进行四气（CO、NO_x、HC、O_2）或五气（CO、NO_x、HC、O_2、CO_2）分析。

以上五种气体的浓度通常采用两类方法测定，其中 CO、HC 和 CO_2 利用不分光红外线气体分析的基本原理进行测定，而 NO_x 和 O_2 的浓度可采用电化学的原理测定。

在测试通道中设置氧传感器，即可测试排气中 O_2 的浓度，NO_x（$NO+NO_2$）浓度可采用化学发光法精确测定。其基本原理是，首先通过适当的化学物质（如碳化物、钼化物）将排气中的 NO_2 全部还原成 NO；NO 与 O_3 接触时发生如下化学反应：

$$NO+O_3 \longrightarrow NO_2^*+O_2$$
$$NO_2^* \longrightarrow NO_2+h\gamma$$

NO 与 O_3 反应生成的 NO_2 中，约有 10% 处于激发态。当处于激发态的 NO_2^* 恢复到基态时，会发出波长为 $0.59\sim2.5\mu m$ 光量 $h\gamma$（h 为普朗克常数，γ 为光子频率）。其发光强度与排气中存在的 NO 的质量流量成正比。使用适当波长的光电检测器（如光电二极管），即可根据其输出电信号强弱换算出 NO 的含量。该方法称为 CLD 法，其测试过程如图 5-27 所示。

化学发光分析仪测量 NO_x 是一种较好的方法。它测量精度高，响应特性好，在 $10^{-2}\sim 0$ 的范围内具有良好的线性输出；仪器灵敏度高，体积分数可达 10^{-7}。

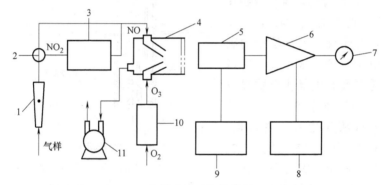

图 5-27 化学发光分析仪检测原理图

1—流量计 2—二通阀 3—三元催化转化器 4—反应室 5—光电倍增器 6—放大器
7—指示仪表 8—电流放大器 9—高压电表 10—臭氧发生器 11—抽气泵

4. 汽车综合排放分析仪

汽车综合排放分析仪是根据汽车排放法规的要求，将各种废气成分有机组合到一起的检测仪器，可对排放法规中规定的全部气体排放物进行分析测量。它用 NDIR 原理测量 CO 和 CO_2，用 HFID 原理测量 HC，用 CLD 原理测量 NO_x。

为适应电控燃油喷射发动机汽车检测的需要，目前开发的汽车综合排放分析仪还增加了 O_2 的检测功能，能检测五种气体成分的浓度。但因 CLD 测量 NO_x 浓度的设备结构复杂，现在多用在线快速检测用的五气体分析仪采用 NDIR 来测量 NO_x 浓度，但测量精度较低。

汽车综合排放分析仪可同时快速检测汽车排气中的五种气体，检测全面，能满足发动机台架试验或整车底盘测功机试验的排放测量要求，但价格较贵，成本高。

六、汽油机检测结果分析

在进行排气污染物分析前，首先要有该车型发动机在不同工作状况下排放正常值的资料，然后通过被检汽车实际排放值与正常值比较，用于辅助判断发动机有关系统的故障。

HC 检测值过高时，说明发动机混合气过稀或点火系统工作不良。混合气过稀主要由燃油滤清器堵塞、燃油压力低、喷油器阻塞、真空系统漏气和排气再循环（EGR）阀泄漏等原因引起，混合气过稀时，燃烧室内的火焰不能完全传播，使 HC 不能迅速氧化而导致排放量过高，检查时应从空气供给和燃油供给两个系统进行分析。汽油机点火时刻过迟，会使混合气燃烧不彻底，使排气中 HC 含量增加，在电控点火系统中，应主要检查火花塞的工作状况。

CO 和 HC 检测值都高时，说明发动机混合气很浓，存在不完全燃烧的情况。此外，冷却系统温度过低、曲柄连杆机构磨损严重也会导致 CO、HC 检测值偏高。发动机冷却系统不良，工作时温度过低，使得燃油不能充分雾化燃烧，导致排气的 CO、HC 含量增加；气缸、活塞、活塞环等磨损严重，漏气增加，压缩终了时的气缸内压力不足，同样使得混合气不能充分燃烧，进而造成废气中 CO、HC 的含量增加。对于因混合气过浓而导致的 CO、HC 排放量过高，应检查空气滤清器、喷油量及怠速控制系统，重点检测空气滤清器滤芯是否被灰尘堵塞，对于湿式滤芯，还应检查空气滤清器内润滑油油面高度是否超限，此外，还需检查喷油泵的供油压力和喷油器的工作状况。对于因冷却系统温度过低、曲柄连杆机构磨损而导致的 CO、HC 排放量过高，应检查节温器、冷却风扇的工作情况，检查散热器容量是否过大，同时还应测量气缸压缩压力，以便确定气缸及活塞组件的技术状况。

O_2 的检测值也是重要的辅助诊断参数。当汽车装有三元催化转化器时，O_2 的检测值通常应在 1.0%~2.0%的范围内，此时表明发动机燃烧状况较好，只有少量的 O_2 排出气缸。若 O_2 的检测值低于 1.0%，说明混合气过浓；若 O_2 的检测值高于 2%，则说明混合气过稀。

第四节　柴油发动机汽车自由加速烟度检测

柴油车排放的主要污染物是烟尘。所谓烟尘是指悬浮在发动机排放气流中的固态和液态微粒。

GB 3847—2018《柴油车污染物排放限值及测量方法（自由加速法及加载减速法）》规定了柴油车污染物的检测方法，本节仅介绍自由加速法。

烟度是指一定容量的排气所透过滤纸的黑度。滤纸被染黑的程度用数量表示，称为 FSN（Filter Smoke Number），又称波许（Bosch）烟度单位，用 R_b 表示。滤纸最白为 R_{b0}，最黑为 R_{b10}。

柴油机排烟有三种形态：

第一种是"白烟"（冷烟），多发生在冷机起动时。由于发动机气缸内温度较低，燃料未能充分燃烧，部分残余燃油微粒混入排气中；或因温度低气缸内积有冷凝水，起动时遇热汽化，以水蒸气形式排出。

第二种是"蓝烟"。蓝烟是机油参与燃烧的产物。气缸与活塞磨损严重，彼此间隙过大，或气门与气门导管间隙过大，都会导致部分机油进入气缸混入燃油中。

第三种是"黑烟"（热烟）。主要是由于混合气过浓，在高温缺氧条件下，燃料未能充分燃烧，而生成一种有机碳颗粒，悬浮在排气中，形成黑色或灰色烟尘。黑烟在发动机大负荷或突然加速时最容易产生。

一、排气污染物检测

(1) **新生产汽车下线** 按照规定进行下线车辆排放抽测。排放结果应小于表 5-12 规定的排放限值。生产企业也可采用其他方法进行排放检测,但应证明其等效性。

新定型混合动力汽车污染物测试应在最大燃料模式下进行,车辆应具备明显可见的最大燃料消耗模式切换开关,方便切换为最大燃料消耗模式,并能在最大燃料消耗模式下正常运行(包括急速),便于进行排放测试,且开关位置应在汽车使用说明书中明确说明。

(2) **注册登记和在用汽车** 有手动选择行驶模式功能的混合动力电动汽车应切换到最大燃料消耗模式进行测试,若无最大燃料消耗模式,则切换到混合动力模式进行测试,在测试时若发动机自动熄火自动切换到纯电模式,无需中止测试,可进行至测试结束。

应按照规定的方法进行检测,其检测结果应小于表 5-16 规定的排放限值。

表 5-16 注册登记和在用汽车排放检验排放限值

类别	自由加速法	加载减速法		林格曼黑度法
	光吸收系数(m^{-1})或不透光度(%)	光吸收系数(m^{-1})或不透光度(%)[①]	氮氧化物($\times 10^{-6}$)[②]	林格曼黑度(级)
限值 a	1.2(40)	1.2(40)	1500	1
限值 b	0.7(26)	0.7(26)	900	

① 海拔高于 1500m 的地区加载减速法可以按照每增加 1000m 增加 $0.25m^{-1}$ 幅度调整,总调整不得超过 $0.75m^{-1}$。
② 2020 年 7 月 1 日前限值 b 过渡限值为 1200×10^{-6}。

二、柴油发动机汽车排气烟度检测工况

压燃式发动机汽车的排气烟度检测工况有稳态和非稳态两种。

稳态烟度检测通常在压燃式发动机全负荷稳定运转时进行。检测过程必须对发动机加载,因此必须在试验台架上进行。同时,对于许多高强化的增压燃式发动机,由于在加速过程中排气烟度很高,因此稳态烟度检测不能客观反映其排放性能。

压燃式发动机在非稳态下的排气烟度受多种不稳定因素影响而变化很大。为了客观准确地反映发动机排气烟度的排放特性,对非稳态烟度测定应有严格控制的试验程序。目前,非稳态烟度有自由加速法和控制加速法两种规范,我国使用的是自由加速法。自由加速法是指在压燃式发动机从急速状态突然加速至高速空载过程中,进行排气烟度测定的一种方法。由于自由加速法不需对发动机加载,因此适用于检测站对在用压燃式发动机汽车的年检,以及环保部门对该类汽车进行监测。

自由加速烟度法是指柴油机从急速状态突然加速至高速空载过程中进行排气烟度测量的一种方法。典型的自由加速烟度检测试验循环如图 5-28 所示。

三、自由加速法

(1) **试验条件**
1) 试验应针对整车进行。
2) 试验前车辆发动机不应停机,或长时间怠速运转。
3) 不透光烟度计及其安装应符合规定。

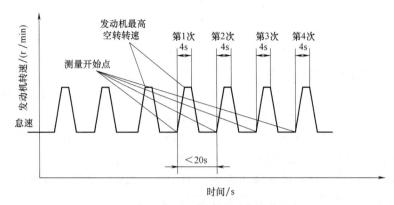

图 5-28　自由加速烟度检测试验循环

4）试验应采用符合国家标准的车用燃料，可以直接使用车辆油箱中的燃料进行测试。

（2）车辆准备

1）车辆在不进行预处理的情况下也可以进行自由加速烟度试验。但出于安全考虑，试验前应确保发动机处于热状态，并且机械状态良好。

2）发动机应充分预热，例如，在发动机机油标尺孔位置测得的机油温度至少为 80℃。如果由于车辆结构限制无法进行温度测量，可以通过其他方法判断发动机温度是否处于正常运转温度范围内。

3）在正式进行排放测量前，应采用三次自由加速过程或其他等效方法吹拂排气系统，以清扫排气系统中的残留污染物。

（3）试验方法

1）通过目测进行车辆排气系统相关部件泄漏检查。

2）发动机（包括废气涡轮增压发动机），在每个自由加速循环的开始点均处于怠速状态，对重型车用发动机，将加速踏板放后至少等待 10s。

3）在进行自由加速测量时，必须在 1s 的时间内，将加速踏板连续完全踩到底，使供油系统在最短时间内达到最大供油量。

4）对每个自由加速测量，在松开加速踏板前，发动机必须达到断油转速。对使用自动变速器的车辆，应达到发动机额定转速（如果无法达到，不应小于额定转速的 2/3）。

在测量过程中应监测发动机转速，检查是否符合试验要求（特殊无法测得发动机转速的车辆除外），并将发动机转速数据实时记录并上报。

5）检测结果取最后三次自由加速烟度测量结果的算术平均值。

四、不透光烟度计

1. 不透光烟度计的基本技术要求

1）被测气体应封闭在一个内表面不反光的容器内。

2）确定通过气体光通道有效长度时，应考虑保护光源和光电池的器件可能产生的影响。光通道的有效长度应在仪器上标注。

3）不透光烟度计显示仪表应有两种计量单位，一种为绝对光吸收系数单位，从 0 到趋于 ∞（m^{-1}），另一种为不透光度的线性分度单位，从 0 到 100%。两种计量单位的量程，均应以光全通过时为0，全遮挡时为满量程。

2. 结构要求

烟度计的设计应保证在稳定转速工况下，充入烟室内的烟气，其不透光的程度是均匀的。

(1) **烟室和不透光烟度计外壳**

1) 由于内部反射或漫射作用产生的漫反射光对光电池的影响应减小到最低程度，也可用无光泽的黑色材料装饰内表面，并采用合适的总体布置。

2) 不透光烟度计的光学特性应为：当烟室内充满光吸收系数接近 $1.7m^{-1}$ 的烟气时，反射和漫射的综合作用应不超过线性分度的一个单位。

(2) **光源** 烟度计所使用的光源应为色温为 2800~3250K 范围的白炽灯，或光谱峰值为 550~570nm 的绿色发光二极管，或采用其他等效光源。

应采取措施保护光源不受排气污染物的影响，该措施不应使光通道的有效长度超出制造规定的范围。

(3) **接收器**

1) 接收器应由光电池组成，其光谱响应曲线应类似于人眼的光适应曲线。最大响应在 550~570nm，波长小于 430nm 或超过 680nm 时，其响应应小于最大响应的 4%。

2) 包括显示仪表的测量电路应保证在光电池的工作温度范围内，光电池的输出电流与所接收的光强度成线性关系。

(4) **测量刻度**

1) 光吸收系数 k 的计算式为

$$\varphi = \varphi_0 e^{-kL}$$

式中　L——通过被测气体的光通道的有效长度；

　　　φ_0——入射光通量；

　　　φ——出射光通量。

2) 不透光度 0~100% 与光吸收系数 k 之间的关系由下列公式给出：

$$k = -\frac{1}{L}\ln\left(1 - \frac{N}{100}\right)$$

式中　N——不透光度读数（%）；

　　　k——相应的光吸收系数值。

3) 不透光烟度计显示仪表应保证光吸收系数为 $1.7m^{-1}$ 时，其读数准确度为 $0.025m^{-1}$。

(5) **测量仪器的调整和检查**

1) 光电池和显示仪表的电路应是可调的，以便在光束通过充满清洁空气的烟室，或通过具有相同特性的腔室时，可将指针重调至零位。

2) 当关掉光源时，无论测量电路处于断开或接通状态，光吸收系数的读数应为趋于 ∞^{-1}，而当测量电路重新接通时，读数仍应保持在趋于 ∞^{-1}。

3) 应将一片遮光屏放置在烟室中进行中间检查，此遮光屏代表一种光吸收系数 k 已知的气体，k 值为 1.6~$1.8m^{-1}$。k 值必须已知，其精度在 $0.025m^{-1}$ 以内。本检查在于校验当遮光屏插入光源和光电池之间时，不透光烟度计显示仪上的读数与此值相差不超过 $0.05m^{-1}$。

(6) **不透光烟度计响应**

1) 测量电路的响应时间应为 0.9~1.1s，即插入遮光屏使光电池全被遮住后，显示仪表指针偏转到满量程的90%时所需要的时间。

2）测量电路的阻尼应保证输入发生任何瞬变之后（如插入标定遮光屏），指针在线性刻度上的最初偏摆，其超过最终稳定读数的幅度，应不大于该读数的4%。

3）由于烟室中的物理现象而产生的不透光烟度计响应时间，是从气体进入烟室开始到完全充满烟室为止所经历的时间，应不超过0.4s。

（7）被测气体和清扫空气压力

1）烟室中排气的压力与大气压力之差应不超过735Pa。

2）对于光吸收系数为$1.7m^{-1}$的气体，被测气体和清扫空气的压力波动引起的光吸收系数的变化应不大于$0.05m^{-1}$。

3）不透光烟度计应装有合适的装置，以测量烟室中的压力。

4）仪器制造厂应标明烟室中气体和清扫空气的压力波动极限。

（8）波测气体的温度

1）测量过程中，烟室中各点的气体温度应在70℃至不透光烟度计制造厂规定的最高温度之间，当烟室中充满光吸收系数为$1.7m^{-1}$的气体时，在此温度范围内读数的变化应不超过$0.1m^{-1}$。

2）不透光烟度计应装有合适的温度测量装置，以测量烟室中的温度。

3. 不透光烟度计的光通道有效长度 L

（1）总则

1）有些型式的不透光烟度计，在光源和光电池之间，或在保护光源和光电池的透明部件之间的气体，其不透光度不是恒定的。在这种情况下，有效长度 L 应等于具有均匀不透光度的气柱的有效长度，该气柱对光的吸收程度与该气体正常引入不透光烟度计时所获得的相同。

2）光通道的有效长度可通过比较读数 N 和 N_0 而得到，N 是不透光烟度计正常工作时的读数，N_0 是对不透光烟度计进行更改后，试验气体充满长度 L_0 的柱腔而获得的读数。

3）为确定由于零点漂移所需的修正，需要快速连续地读取用作比较的读数。

（2）确定 L 的方法

1）试验气体应为不透光度恒定的排气，或者是一种与排气密度相近的吸收光线的气体。

2）应精确定长度为 L_0 的不透光烟度计柱腔，该柱腔能够均匀地充满试验气体，柱腔的两端与光通道基本上成直角，其长度 L_0 应和不透光烟度计的有效长度接近。

3）应测量烟室中试验气体的平均温度。

4）必要时，可在取样管路中接入结构紧凑、具有足够容积的膨胀箱，以减弱脉动，膨胀箱应尽可能靠近取样探头，也可以加装冷却器。但加装膨胀箱和冷却器不应干扰排气的成分。

5）确定有效长度试验时，应将试验样气交替通过正常工作的不透光烟度计。

① 试验期间不透光烟度计的读数应用记录仪连续记录下来，记录仪的响应时间应等于或小于不透光烟度计的响应时间。

② 不透光烟度计正常工作时，不透光度线性分度单位的读数为 N，气体平均温度为 T（K）。

③ 在已知长度为 L_0 的柱腔中充满同样的试验气体，不透光度线性分度单位读数为 N_0，气体平均温度为 T_0（K）。

6) 有效长度为

$$L = L_0 \times \frac{T}{T_0} \times \frac{\ln\left(1-\frac{N}{100}\right)}{\ln\left(1-\frac{N_0}{100}\right)} \tag{5-8}$$

7) 本试验应至少采用四种试验气体重复进行，这四种气体给出的线性分度单位读数应在 20~80 之间均匀分布。

8) 不透光烟度计的有效长度 L 等于按式（5-8）计算的每种气体试验所求得的有效长度 L 的算术平均值。

9) 不透光烟度计光通道有效长度为 0.430m。试验结果均应折算该标准有效长度下的光吸收系数。

4. 不透光烟度计安装要求

1) 取样探头与排气管横截面积之比应不小于 0.05，在排气管中探头开口处测得的背压应不超过 735Pa。

2) 探头应是一根管子，其开口端向前并位于排气管或其延长管（必要时）的轴线上。探头应位于烟气分布大致均匀的断面上，为此，探头应尽可能放置在排气管的最下游，必要时放在延长管上。如果使用延长管，则接口处不允许有空气进入。

3) 取样系统应保证在发动机所有转速下，不透光烟度计内样气的压力在规定的限值范围内。这可以通过记录发动机怠速和最大无负荷转速下的样气压力来进行检查。在排气管中探头开口处测得的背压应不超过 735Pa。

4) 连接不透光烟度计的各种管子也应尽可能短。管路应从取样点倾斜向上至不透光烟度计，且应避免会使碳烟积聚的急弯。在不透光烟度计上游可设置一旁通阀，以便在不测量时，将不透光烟度计与排气流隔开。

5. 不透光烟度计量性能要求

1) 不透光度读数。

① 示值范围：0~99%。

② 分辨力：0.1%。

③ 最大允许误差：±2.0%。

④ 重复性：±1.0%。

⑤ 零点漂移：在 30min 内，烟度计的漂移不得超过±1.0%。

2) 光吸收系数。

① 示值范围：0~9.99m^{-1}。

② 分辨力：0.01m^{-1}。

3) 仪器的光吸收系数 k 的示值与按仪器的不透光度读数 N 的示值用公式计算得到的光吸收系数 k 值之间的差异，不得大于 0.05m^{-1}。

4) 烟度计测量电路的响应时间为不透光的遮光片使光通过暗通道被全遮挡时，仪表从 10%满量程到 90%满量程的时间，响应时间为（1.0±0.1）s。

5) 烟度计的烟气温度示值误差不超过±2℃。

① 对带有发动机油温显示功能的烟度计，其机油温度示值误差应不超过±2℃。

② 对带有发动机转速显示功能的烟度计，其转速示值误差应不超过±50r/min。

6. 全流式不透光烟度计

美国 PHS 烟度计是一种将柴油机全部排气都导入检测部分进行烟度测定的全流式不透光烟度计，其结构原理图如图 5-29 所示。它是基于光电转换原理，用透光度来测定排烟浓度。在排气管口端不远处的排气烟束两侧分别布置光源和光电池，排烟时，光电池接收到的光线与排气烟度成正比。为了减小排气的热影响，光源和光电元件放在离排气通路有一定距离的地方。

7. 分流式不透光烟度计

英国哈特里奇烟度计是一种典型的分流式不透光烟度计，它利用光线通过部分烟气时透光的衰减率来测量排气烟度，其结构原理图如图 5-30 所示。测定前，用鼓风机向空气校正管吹入干净空气，旋转转换手柄，使光源和光电池分别置于校正管两侧，做零点校正。然后，

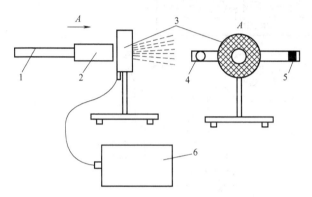

图 5-29　全流式不透光烟度计的结构原理图

1—排气管　2—排气导入管　3—检测通道　4—光源
5—光电检测单元　6—烟度显示记录仪

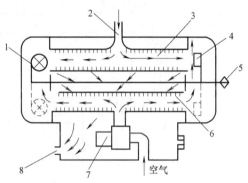

图 5-30　分流式不透光烟度计的结构原理图

1—光源　2—排气入口　3—排气测试管　4—光电池
5—转换手柄　6—空气校正管　7—鼓风机　8—排气出口

再旋转转换手柄，将光源和光电池移至测试管两侧，并将需要测定的一部分汽车排气连续不断地导入测试管，光源发出的光部分地被排气中的烟气吸收衰减，光电检测单元则可连续测出光源发射透过排放气体的透光强度，并通过光电转换显示测量结果。烟度指示值以 0 表示无烟，以 100 表示全黑。

不透光烟度计可以对柴油车排烟进行连续测量，可以按排放法规的要求进行稳态和非稳态工况下的烟度测量，在低烟度时有较高的分辨率，可以用来研究柴油机的瞬态碳烟排放特性。

五、排气颗粒物测量系统

汽车的排气颗粒物需要通过稀释风道测量系统测出。根据柴油机排气通过稀释风道的比例不同，柴油机排气颗粒物测量系统可分为全流式稀释风道测量系统和分流式稀释风道测量系统两种类型。在美国轻型车和重型车排放标准及欧洲轻型车的排放标准中，都必须使用全流式稀释风道测量系统来测量柴油机的颗粒排放物。在欧洲重型车排放标准中，允许使用分流式稀释风道测量系统。

1. 全流式稀释风道测量系统

在全流式稀释风道测量系统中，全部排气被引入稀释风道。图 5-31 所示为全流式稀释

风道测量系统示意图。

测量颗粒物时,整车或发动机按规定的工况运转,在抽气泵的作用下,环境空气经空气过滤器以恒定的容积流量进入稀释风道,发动机排出的废气进入稀释风道并与空气混合,形成稀释样气,其稀释比一般为 8~10,在距排气入口处 10 倍于稀释风道直径的风道上,温度不超过 52℃ 的稀释样气在颗粒取样泵的抽吸下以一定的流速流过颗粒收集滤纸,使颗粒被过滤到滤纸上获得排气颗粒物,然后用微克级精密天平称得滤纸在收集前后的质量差,据此就可得到颗粒物的质量,并根据需要计算出颗粒排放率,可以 g/m^3、g/km、$g/(kW \cdot h)$ 为单位。

这种方法测量精度高,但测量系统体积庞大,价格昂贵。

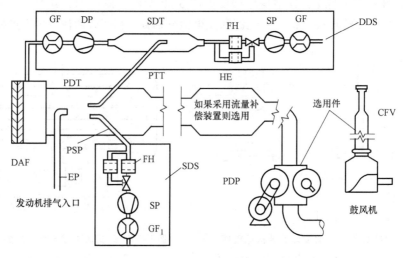

图 5-31 全流式稀释风道测量系统示意图

EP—排气管　PDP—容积式泵　CFV—临界流量文杜里管　HE—热交换器　PDT—初级稀释通道
SDS—单级稀释系统　DDS—双级稀释系统　PSP—颗粒物取样探头　PTT—颗粒物传输管　SDT—次级稀释通道
DAF—稀释用空气过滤器　FH—滤纸保持架　SP—颗粒物取样泵　DP—稀释用空气泵　GF—气体计量仪或流量测定仪

2. 分流式稀释风道测量系统

在分流式稀释风道测量系统中,部分排气被引入稀释风道。图 5-32 所示为带多管分流、浓度测量和部分取样的分流式稀释风道测量系统示意图。颗粒物测量时,发动机按规定工况运转,在抽气泵 SB 的作用下,环境空气经稀释用空气过滤器 DAF 稀释风道,来自排气管 EP 的原始排气,由装在 EP 内的若干尺寸相同(直径、长度和弯曲半径相同)的管子组成的分流器,通过传输管 TT,输送到稀释风道 DT 与空气混合,而通过其余管子的排气则流经缓冲室 DC,因而由总管数确定分流,为控制分流流量恒定,将新鲜空气喷入 DT 内,使 DT 与 TT 出口间压差为零(由压差传感器 DPT 控制),用排气分析仪 EGA 测量原始排气、稀释排气和稀释空气中的示踪气(CO_2 或 NO_x)的浓度,这是检查排气的分流所必需的,而且可用来调节喷射空气流量以精确控制分流,稀释比由示踪气浓度计算。用取样泵 SP 通过颗粒物取样探头 PSP 和颗粒物输送管,从分流稀释风道中抽取稀释的排气样气进入颗粒物取样系统,并通过颗粒收集滤纸获取颗粒物。其排气样气的流量由流量控制器控制。这种方法的稀释风道测量系统的体积小,价格便宜,但测量精度稍低。

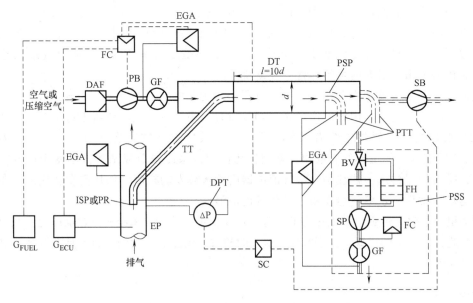

图 5-32 分流式稀释风道测量系统示意图

EP—排气管　PR—取样探头　ISP—等动态取样探头　EGA—排气分析仪　TT—颗粒物取样传输管
SC—压力控制装置　DPT—压差传感器　FC—流量控制器　GF—气体计量仪或流量测定仪　SB—抽气泵
PB—压力机　DAF—稀释用空气过滤器　DT—稀释风道　PSS—颗粒物取样系统　PSP—颗粒物取样探头
PTT—颗粒物传输管　FH—滤纸保持架　SP—颗粒物取样泵　BV—球阀

六、柴油机检测结果分析

柴油机自由加速烟度超过限值时，其主要原因是柴油机供油系统调整不当。此外，柴油机气缸活塞组和曲柄连杆机构的技术状况及柴油的质量等对烟度排放也有影响。柴油机供油系调整不当和相关系统技术状况的变化，主要体现在柴油机出现冒黑烟、蓝烟及白烟等故障。原因主要有：

(1) **黑烟故障**　柴油机工作时黑烟浓重，主要是由喷油量过大、雾化不良、各缸喷油量不均匀、喷油时刻过早、调速器失调和空气滤清器堵塞等因素引起的。

个别缸喷油量过大时，可用分缸停止供油和结合观察排气烟色的方法判别。当某缸停止供油后烟色减轻，即为该缸喷油量过大。

在柴油机冒黑烟时，若还能听到气缸内有清脆的敲击声，说明喷油时刻过早，应正确校准喷油正时。检查中若发现空气滤清器堵塞（滤芯脏污），应及时清洗、吹净，并按规定加注新润滑油。

此外，柴油机冒黑烟还与柴油质量有关。为使着火性能良好，一般柴油机选用十六烷值为 40~45 的柴油为宜。若十六烷值超过 65，则柴油蒸发性变差，致使燃烧不彻底，工作时也可能产生冒黑烟现象。

(2) **蓝烟故障**　蓝色烟雾一般是机油窜入燃烧室后燃烧而引起的。因此，发现蓝色烟雾后，首先要检查油底壳的油面高度是否超高，因为机油面过高易造成机油上窜。应注意的是，检查油面高度时，不应在发动机停止工作后就抽出机油尺查看，因为此时飞溅到曲轴箱壁上的机油尚未完全流回，需待机 10min 后，再抽出油尺查看。

如果经检查油面高度正常，则应进一步检验气缸压力。若气缸压力低，则表明气缸、活塞、活塞环磨损，间隙增大，漏气量增加，机油上窜也较严重。对于新车或刚大修过的汽车，一般不会因气缸间隙过大而引起机油上窜，往往是因活塞环内、外切口（或切角）装反而引起机油上窜，必要时可解体检查发动机。

此外，空气滤清器堵塞会使气缸进气过程中阻力增加，进气不畅，气缸内有一定负压，也会将机油吸入燃烧室。因此，出现冒蓝烟故障时，还应对空气滤清器进行检查与清洁。

(3) 白烟故障 燃油中含有水分或冷却液漏入气缸（缸套有砂眼、裂纹，缸垫损坏等），受热后变为气体由排气管喷出，常被视为白烟。寒冷季节或雨天汽车露天停放，初次起动时，排气管冒白烟，往往是由排气消声器内积水被发动机废气加热蒸发造成的，在发动机起动运转正常后，水蒸气蒸发殆尽，症状也即消失。

柴油机喷油时刻过迟、喷油压力低、雾化不良，可导致柴油未经充分燃烧即化为灰色烟雾排出。为此，发现柴油机冒灰白烟雾时，应及时检查喷油正时、喷油压力等是否符合要求。

习题

1. 测量燃油消耗量的方法有哪几种？简述容积式油耗仪的检测原理。
2. 如何进行多工况燃油消耗量测试？
3. 汽车噪声的主要检测项目有哪些？
4. 如何检测汽车的喇叭声级？
5. 声级计的听觉修正网络有什么作用？简述声级计的检测原理。
6. 在用汽车应检测的排放污染物有哪些？
7. 什么是双怠速工况？什么是自由加速工况？什么是ASM工况？
8. 简述不分光红外线气体分析仪的结构和检测原理。
9. 简述化学发光分析法和氢火焰离子分析法的检测原理。

第六章 / Chapter 6

车载网络技术及其故障诊断

【教学目标】

通过本章的学习，学生能够掌握车载网络的基础知识和车上所应用的各类总线技术，并且能够运用所学知识判断车载网络系统出现故障的类型和故障状态，同时选取科学有效的方法，查找故障的部位，分析产生的原因，并排除故障，达到分析和解决问题的能力。

【教学要求】

知识要点	能力要求	参考学时
概述	了解车载网络技术及其基础知识；理解车载网络传输的基本原理；掌握车载网络系统功能；了解汽车总线网络应用及发展趋势	1
CAN 总线	掌握 CAN 总线特征、工作原理及其应用；掌握 CAN 协议与标准；了解 CAN 协议的差动传递防干扰技术	2
LIN 总线	了解 LIN 总线特征、结构、协议及应用	2
车载网络系统具体应用	了解车载网络系统在大众/奥迪轿车上的应用；了解东风雪铁龙毕加索汽车的 VAN 网络	1
车载网络系统的故障检修	了解车载网络系统故障类型故障状态；掌握车载网络系统故障检修注意事项；掌握车载网络系统故障自诊断方法及故障检修步骤与方法；能够对车载网络系统出现的故障进行系统分析	2

汽车网络技术已成为现代高端汽车的标准配置，是实现舒适、安全、环保、节能等先进控制装备对车身进行控制的重要技术方法之一。

现代汽车上使用了大量的电控装置，许多中高档轿车采用了很多电控单元，而每一个电控单元连接着多个传感器和执行器，并且各电控单元间也需要进行信息交换。如果每项信息都通过各自独立的数据线进行传输，会导致电控单元针脚数增加，整个电控系统的线束和插接件也会增加，最终导致故障率增加。

为了简化线路，提高各电控单元之间的通信速度，降低故障率，汽车网络系统应运而生。CAN、LIN、MOST、FlexRey、VAN、Byteflight等总线系统成为汽车电子领域的最大热点，其网络传输协议已成为现代汽车网络传输的关键技术。

第一节 概 述

车载网络是指汽车上多个处理器之间相互连接、协调工作并共享信息所构成的汽车车载计算机网络系统。

一、车载网络技术介绍

1. 车载网络技术的发展背景

自20世纪50年代汽车技术与电子技术开始融合以来，电子技术在汽车上的应用范围越来越大，特别是集成电路、大规模集成电路和超大规模集成电路的发展，使为汽车提供功能强大、速度快、性能可靠的汽车电控系统成为现实。电控系统提高了汽车的动力性、燃料经济性、安全性和舒适性。但随着电子技术的应用，汽车电控单元的数量不断增多，造成相应的传感器、执行器的数目不断增加，使汽车电路越来越复杂。汽车电路数量的增加，会造成汽车的布线十分复杂，这一方面占用汽车空间，使得在有限的汽车空间内布线越来越困难，另一方面也限制了功能的扩展。

复杂的电路也降低了汽车的可靠性，一旦汽车线束中出现问题，查找故障也很困难，增加了维修的难度。据统计，导线质量在汽车上可占整车质量的4%，导线质量每增加50kg，汽车油耗每百公里会增加0.2L。

为解决上述问题，现代汽车广泛采用车载网络技术，将过去一线一用的专线制改为一线多用制。车载网络技术在一条传输线上传递的信号，可以被多个系统共享，从而最大限度地提高了系统的整体效率，充分利用有限的资源，减少汽车上传输线的数目，缩小线束的直径。车载网络技术将计算机技术融入整个汽车系统之中，加速了汽车智能化的发展。

传统的汽车信息传递方式是每项信息需独立的传输线完成，有几个信号就要有几条信号传输线。例如，宝来汽车发动机电控单元J220与自动变速器电控单元J217之间就需要5条信号传输线，如图6-1所示。

如果需要传递的信号多，就需要更多的信号传输线，而采用车载网络技术，只需要1根或2根传输线即可，如图6-2所示。

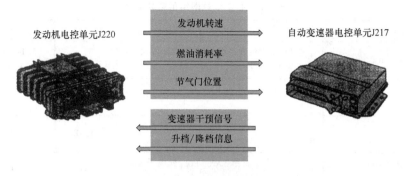

图 6-1 传统信号传递方式

图 6-2 数字总线信号传递方式

另外，汽车上将越来越多地使用线控技术（XBW），线控系统在人机接口、执行机构和传感机构之间及其他系统之间要进行大量的信息传输，即线控技术是以网络通信为基础的，而基于串行通信的网络技术是实现这种通信功能的最佳结构。

未来的汽车应能提供任何办公室或家庭中的网络信息服务，在智能交通系统中，一辆汽车应具有接收和提供相关信息的功能，完成这些功能需要很强的通信能力和数据共享能力，因此也要用到汽车网络技术。

2. 国内外车载网络技术的发展

20 世纪 80 年代末，博世（Bosch）公司和英特尔公司研制了专门用于汽车电气系统的总线——控制器局域网（Controller Area Network）规范，简称 CAN。

20 世纪 90 年代，由于集成电路技术和电子器件制造技术的迅速发展，用单片机作为总线的接口端，采用总线技术的成本逐步降低，总线技术进入了实用化阶段。

随着汽车电子技术的发展，欧洲提出了控制系统的新协议 TTP（Time Triggered Protocol）。

随着汽车信息系统对网络传输信息量要求的不断提高，多媒体系统总线协议标准（如 D2B 协议和 MOST 协议）应运而生。

车载网络技术已运用到众多大型汽车企业生产的汽车上，同时相关单位也对车载网络技术传输制定了表 6-1 所列的标准。

表 6-1 主要车载网络的基本情况

车载网络	内容	速率/(bit/s)	研发组织
CAN(Controller Area Network)	车身/动力传动系统控制用 LAN 协议,可能成为世界标准	1M	Robert Bosch 公司、国际标准化组织(ISO)
VAN(Vehicle Area Network)	车身系统控制用 LAN 协议,以法国为中心	1M	ISO
J1850	车身系统控制用 LAN 协议,以美国为中心	41.6K	Ford Motor 公司
LIN(Local Interconnect Network)	车身系统控制用 LAN 协议,低端子系统专用	20K	LIN 协会
TTP/C(Time Triggered Protocol by CAN)	重视安全,按用途分类的控制用 LAN 协议,通用时分多路复用	2~25M	TIT 公司

二、车载网络基础知识

1. 局域网

局域网是在一个有限区域内连接的计算机网络,通过该网络实现系统内的资源共享和信息通信。连接到网络上的节点可以是计算机、基于微处理器的应用系统或控制装置。车载网络作为一种局域网,其数据传输速率一般在 105kbit/s 范围内,传输距离在 250m 范围内。

2. 数据总线

数据总线是指模块间运行数据的通道,即所谓的信息高速公路,如图 6-3 所示。如果模块可以发送和接收数据,则这样的数据总线就称为双向数据总线,汽车上的信息高速公路实际上是一条或两条导线。

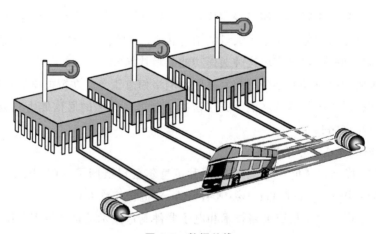

图 6-3 数据总线

为了对抗电子干扰,双线制数据总线的两条线是绞在一起的,如图 6-4 所示。各汽车制造商一直在设计各自的数据总线。如果数据总线不兼容,就称为专用数据总线;如果是按照某种国际标准设计的,就是非专用的,但基本上都是专用的数据总线。

3. 模块/节点

模块/节点是一种电子装置,如温度、压力传感器。传感器是一个模块装置,温度和压力不同将产生不同的电压信号,这些电压信号在数字装置的输入接口被转变成数字信号,在计算机多路传输系统中的控制单元模块被称为节点。

4. 局域网的拓扑结构

所谓拓扑结构,就是网络的物理连接方式。局域网的常用拓扑结构有三种:星型、环型、总线型。局域网多用总线型方式,总线型网络即所有入网计算机通过分接头接入到一条载波传输线上,信道利用率较高,但同一时刻只能有两处网络节点在相互通信,网络延伸距离有限,网络容纳节点数有限,适用于传输距离较短、地域有限的组网环境,如图6-5所示。

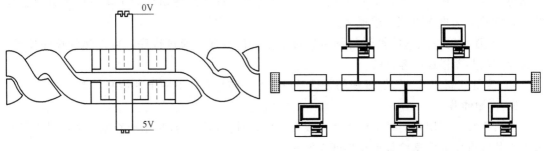

图6-4 双绞线　　　　　　　　图6-5 总线型网络拓扑结构

5. 链路

链路指网络信息传输的媒体,分为有线和无线两种类型,目前汽车上使用的大多数链路都是有线网络。通常用于局域网的传输媒体有双绞线、同轴电缆和光纤。

双绞线是局域网中最普通的传输媒体,一般用于低速传输,最大传输速率可达数兆比特每秒;双绞线成本较低,传输距离较近,是汽车网络使用最多的传输媒体。

同轴电缆可以满足较高性能的传输要求,连接的网络节点较多,跨越的距离较大。

光纤在电磁兼容性等方面有独特的优点,数据传输速率高,传输距离远。在车载网络上,特别在一些要求传输速率高的车载网络(如车上信息与多媒体网络)上,光纤都有很好的应用前景。

6. 数据帧

为了可靠地传输数据,通常将原始数据分割成一定长度的数据单元,数据单元即称为数据帧。一帧数据内应包括同步信号、错误控制、流量控制、控制信息、数据信息、寻址信息等。数据帧是独立的网络信息传输单元,是网络传输的最小单位,如图6-6所示。

图6-6 数据帧

7. 传输协议

协议可定义为在两实体间控制信息交换的规则的集合。即在通信内容、如何通信及何时通信等方面,两个实体要遵从相互可以接受的一组约定和规则。这些约定和规则的集合称为协议。

(1)协议的三要素　一个通信协议通常对语法、语义和定时规则三个方面进行约定。

1)语法。确定通信双方之间"如何讲",即由逻辑说明构成,要对信息或报文中各字段格式化,说明报头字段、命令和应答的结构等。

2）语义。确定通信双方之间"讲什么",即由过程说明构成,要对发布请求、执行动作及返回应答予以解释,并确定用于协调和差错处理的控制信息。

3）定时规则。指出事件的顺序及进度匹配、排序。

（2）协议的功能

1）差错监测和纠正。面向通信传输的协议常使用"应答-重发"和通信校验进行差错的检测和纠正工作,一般来说,协议中对异常情况的处理说明要占很大的比重。

2）分块和重装。为符合协议的格式要求,需要对数据进行加工处理。分块是将大的数据划分成若干小块,如将报文划分成几个子报文组。重装是将划分的小块数据重新组合复原,如将几个子报文组还原成报文。

3）排序。对发送的数据进行编号以标识它们的顺序,通过排序,可以达到按序传递、信息流控制和差错控制等目的。

4）流量控制。通过限制发送的数据量或速率,防止在信道中出现堵塞现象。

8. 传输仲裁

当出现数个使用者同时申请利用总线发送信息时,传输仲裁是用于避免发生数据冲突的机构。仲裁可保证信息按其重要程度来发送。

9. 车载网络分类及应用

（1）A类网络 A类网络是面向传感器/执行器控制的低速网络,数据传输位速率通常为1~10kbit/s。A类网络主要应用于电动门窗、中控锁、座椅调节、灯光控制等,如图6-7所示。A类网络包括 LIN J1587/J1708/J1922 及 BEAN 等。

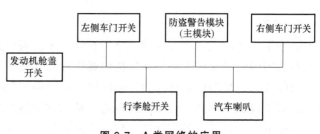

图6-7 A类网络的应用

（2）B类网络 B类网络是面向独立模块间数据共享的中速网络,位速率一般为10~125kbit/s。B类网络主要应用于电子车辆信息中心、故障诊断、仪表显示、安全气囊等系统,如图6-8所示。B类网络包括:J1850、LS-CAN 等。

（3）C类网络 C类网络是面向高速、实时闭环控制的多路传输网络,最高位速率可达1Mbit/s,主要用于发动机和自动变速器的动力控制、防滑控制、悬架控制等系统,以简化分布式控制和进一步减少车身线束,如图6-9所示。C类网络包括 HS_CAN 等。

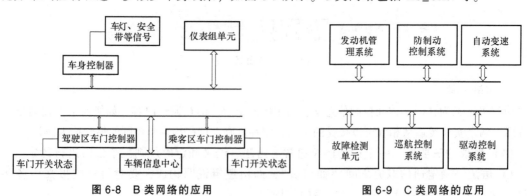

图6-8 B类网络的应用   图6-9 C类网络的应用

(4) **D 类网络** D 类网络称为智能数据总线（IDB），主要面向信息、多媒体系统等，传输速率为 250kbit/s~400Mbit/s。多采用 D2B、MOST 光纤传输和 IDB-Wireless 无线通信技术，用于实时的音频和视频通信。

(5) **E 类网络** E 类网络是主要面向乘员的安全系统网络，其传输速率为 10Mbit/s。

随着汽车智能化和网联化的发展，对网络宽带和传输速率的要求越来越高，车载网络类型会不断增加。智能网联汽车各种网络之间是一种相辅相成的配合关系，整车厂可以从实时性、可靠性、经济性等多方面出发，选择合适的网络配合使用，充分发挥各类网络技术的优势。

三、车载网络传输的基本原理

1. 数据传输的基本原理

车载网络中数据传输总线的数据传递如同电话会议，电话用户（控制单元）将数据"讲"入网络中，其他用户通过网络"接听"这个数据，对这个数据感兴趣的用户就会利用数据，而其他用户则选择忽略，如图 6-10 所示。

数据传输总线是车内电子装置中的一个独立系统，用于在连接的控制单元之间进行信息交换。如果数据传输总线系统出现故障，故障就会存入相应的控制单元故障存储器内，可以用诊断仪读出这些故障。控制单元拥有自诊断功能，通过自诊断功能，还可识别出与数据传输总线相关的故障。用诊断仪读出数据传输总线故障记录后，可按这些信息准确地查寻故障。控制单元内的故障记录用于初步确定故障，还可用于读出排除故障后的无故障说明。

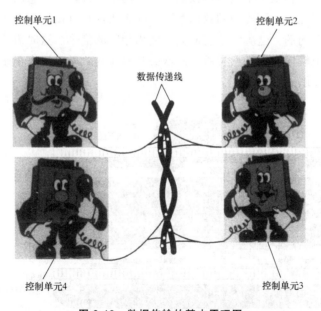

图 6-10 数据传输的基本原理图

车载网络系统由多个控制单元组成，这些控制单元通过所谓的收发器（发射/接收放大器）并联在总线导线上，所有控制单元的地位均相同，没有哪个控制单元有特权。在这个意义上也称之为多主机结构，如图 6-11 所示。信息交换是按顺序连续完成的。

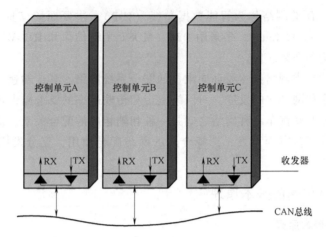

图 6-11 基本车载网络系统的总线连接示意图

数据传输总线原则上用一条导线就足以满足功能要求,但通常总线系统上仍配备了第二条导线,信号在第二条导线上按相反顺序传送,可有效抑制外部干扰。

2. 网关的基本原理

网关又称协议转换器,是连接不同网络能实现不同网络协议转换的设备。网关是一种复杂的网络连接设备,可以支持不同协议之间的转换,实现不同协议网络之间的互联。网关具有对不兼容的高层协议进行转换的能力,为了实现异构设备之间的通信,网关需要对不同的链路层、专用会话层、表示层和应用层协议进行翻译和转换。

车载网络的网关具备从一个网络协议到另一个网络协议转换信息的能力,由于电压电平和电阻配置不同,因此在不同类型的数据总线之间无法进行直接耦合连接。另外,各种数据总线的传输速率是不同的,这决定了它们无法使用相同的信号。这时需要在这两个系统之间完成一个转换,这个转换过程是通过所谓的网关来实现的。可以用火车站作为例子来清楚地说明网关的原理,如图 6-12 所示。

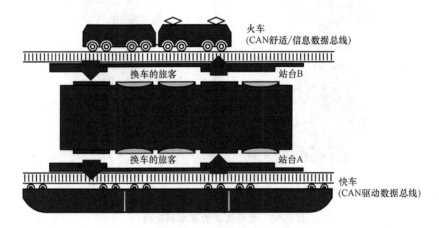

图 6-12 网关的原理示意图

在站台 A(站台即网关)到达一列快车(CAN 驱动数据总线,500kbit/s),车上有数百名旅客。在站台 B 已经有一辆火车(CAN 舒适/信息数据总线,100kbit/s)在等待,有一

第六章　车载网络技术及其故障诊断

些乘客换到这辆火车上，还有一些乘客要换乘快车继续旅行。车站/站台的这种功能，即让旅客换车以便通过不同速度的交通工具到达各自目的地的功能，与CAN驱动数据总线和CAN舒适/信息数据总线两个系统网络的网关功能是相同的。网关的主要任务是使两个速度不同的系统之间能进行信息交换。

根据车辆的不同，网关可能安装在组合仪表内、车上供电控制单元内或在自己的网关控制单元内。由于通过各种数据传输总线的所有信息都供网关使用，因此网关也用作诊断接口。过去通过K线来查寻诊断信息，现在很多车型是通过数据传输总线和诊断线来完成诊断查寻工作的。

四、车载网络系统的功能

1. 多路复用功能

多路复用通信系统允许某些数字信号在公共传输线上传输。

2. "激活"和"休眠"功能

点火开关关闭时，"激活"和"休眠"效能用于减少使用蓄电池电量。当系统处于"休眠"状态时，多路复用通信系统将不再具有信号传输和ECU控制之类的功能，从而节省蓄电池电量。当需激活时，处于"休眠"状态的控制装置立即起作用。同时，"激活"信号也经由传输电流所经过的路线发送到其他控制设备。

3. 防止故障的功能

防止故障功能包括故障转移保护和软件保护功能。

4. 自我诊断功能

自我诊断功能包括多路复用通信系统的自我诊断模式和每个系统传输电流所经过路线的故障的自我诊断模式。

五、汽车总线网络应用及发展趋势

1. 典型的汽车总线网络

（1）**低端控制系统**　包括仅需要简单串行通信的ECU、智能传感器、执行器等，这是LIN总线适合的领域。

（2）**底盘及车身控制系统**　包括传统的车身控制和动力传动控制、ABS、自动变速器等，这是CAN适合的领域。

（3）**高安全线控系统**（X-By-Wire）　包括安全性要求很高的制动和转向系统，通信要求高容错性、高可靠性和高实时性，主要协议有TTCAN、FlexRay、TTP/C等。

（4）**信息娱乐系统**　要求有高速率和高带宽，如媒体播放器、导航系统等信息娱乐设备之间的互联需要更高速通信协议。目前主流协议有MOST、D2B和IDB-1394等。

2. 车载网络技术的发展趋势

1）CAN、LIN将继续在车身及动力系统领域得到广泛的应用。

2）信息娱乐系统通信总线应具有容量大、通信速度高等特点，因此，传输介质逐渐使用光纤取代以往的铜线，面向信息娱乐系统的MOST和D2B将在此领域得到广泛应用。

3）对于安全等级要求更高的系统，如转向控制和制动系统及安全气囊的网络互联的发展方向是采用线控技术。FlexRay、Byteflight将会在该领域得到广泛应用。

第二节　CAN 总线

控制器局域网（Controller Area Network，CAN）广泛应用于汽车工业、航天工业等领域，是目前最有前途的现场总线之一。CAN 总线是德国 Bosch 公司为解决现代汽车中众多的控制与测试仪器之间的数据交换问题而开发的一种串行数据通信协议，是一种多主总线。

一、CAN 总线介绍

1. CAN 数据传输原理

当 CAN 总线上的一个节点（站）发送数据时，它以报文形式广播给网络中所有节点。对每个节点来说，无论数据是否是发给自己的，都对其进行接收。每组报文开头的 11 位字符为标识符 ID（CAN2.0A），定义了报文的优先级，这种报文格式称为面向内容的编址方案。在同一系统中标识符是唯一的，不可能有两个节点发送具有相同标识符的报文。当一个节点要向其他节点发送数据时，该节点的 CPU 将要发送的数据和自己的标识符传送给本节点的 CAN 芯片，并处于准备状态；当它收到总线分配时，转为发送报文状态。

例如，现有 3 个电控单元，即发动机电控单元、ABS 电控单元和组合仪表电控单元，3 个单元同时向外发送信息。其中，发动机电控单元向外发送的信息代码为 10101010，ABS 电控单元向外发送信息的代码为 10101011，组合仪表电控单元向外发送信息的代码为 10111111。

3 个电控单元向外发送信息的第 1 位、第 2 位、第 3 位都相同，此时不存在冲突，但当 3 个电控单元向外发送第 4 位信息时，组合仪表电控单元的第 4 位为 1，其他的两个电控单元的第 4 位为 0，此时总线的状态为 0。对于组合仪表电控单元，向外发送 1（TX 状态 1），但接收到 0（RX 状态 0），根据仲裁原则，组合仪表电控单元停止发送信息，转为接收信息，等待下一次发送周期时，再次请求发送。

同理，发动机电控单元和 ABS 电控单元继续向外发送信息的第 5 位、第 6 位、第 7 位（101），且这 3 位的信息相同，不存在冲突。发送第 8 位时，发动机电控单元的第 8 位为 0，而 ABS 电控单元的第 8 位为 1，此时总线的状态为 0。对于 ABS 电控单元，向外发送 1（TX 状态 1），但接收到 0（RX 状态 0），根据仲裁原则，ABS 电控单元停止发送信息，转为信息接收，等待下一次发送周期时，再次请求发送。

因此，发动机电控单元接管数据总线控制权，继续发送剩余的信息，最终数据总线的信息与发动机电控单元向外发送的信息相同。

CAN 芯片将数据根据协议组织成一定的报文格式发出，这时网上的其他节点处于接收状态。每个处于接收状态的节点对接收到的报文进行检测，判断这些报文是否是发给自己的，以确定是否接收它。

由于 CAN 总线是一种面向内容的编址方案，因此很容易建立高水准的控制系统并灵活地进行配置，可以很容易地在 CAN 总线中加入一些新节点而无需在硬件或软件上进行修改。当所提供的新节点是纯数据接收设备时，数据传输协议不要求独立的部分有物理目的地址。它允许分布过程同步化，即总线上控制器需要测量数据时，可由网上获得，而无需每个控制器都有自己独立的传感器。

第六章　车载网络技术及其故障诊断

2. CAN 总线特点

1) CAN 总线是一种串行数据通信协议,最大通信距离可达 10km,最大通信速率可达 1Mbit/s。CAN 总线通信接口中集成了 CAN 协议的物理层和数据链路层功能,可完成对通信数据的成帧处理,包括位填充、数据块编码、循环冗余检验、优先级判别等工作。

2) CAN 控制器工作于多主方式,网络中的各节点都可根据总线访问优先权(取决于报文标识符)采用无损结构的逐位仲裁的方式竞争向总线发送数据,且 CAN 协议废除了节点地址编码,而代之以对通信数据进行编码,这可使不同的节点同时接收到相同的数据。这些特点使得 CAN 总线构成的网络各节点之间的数据通信实时性强,并且容易构成冗余结构,提高系统的可靠性和系统的灵活性。

二、CAN 协议与标准

1. CAN 协议规范

CAN 为串行通信协议,能有效地支持具有很高安全等级的分布实时控制。为了达到设计透明度及实现灵活性,根据 ISO/OSI 参考模型,CAN 2.0 规范细分为数据链路层和物理层。

数据链路层的逻辑链路控制(LLC)子层和介质访问控制(MAC)子层的服务及功能分别被解释为"对象层"和"传输层",LLC 子层的作用主要是为远程数据请求及数据传输提供服务,确定由实际要使用的 LLC 子层接收哪一个报文,为恢复管理和过载通知提供手段。

MAC 子层的作用主要是传送规则,也就是控制帧结构、执行仲裁、错误检测、出错标定、故障界定。总线上何时开始发送新报文及何时开始接收报文,均在 MAC 子层中确定。位定时的一些普通功能也可以看成是 MAC 子层的一部分。显然,MAC 子层的修改是受到限制的。

物理层的作用是在不同节点之间根据所有的电气属性进行位的实际传输,同一网络的物理层对于所有的节点是相同的。

只要 CAN 总线空闲,就自动将破坏的报文重新传输,将节点的暂时性错误和永久性错误区分开来,并且可以自动关闭错误节点。

2. CAN 标准

(1) **报文**　总线上每条报文都具有唯一的一个 11 位或 29 位标识符,当总线空闲时,任何连接的单元都可以开始发送新的报文。

(2) **信息路由**　在 CAN 系统里,CAN 的节点不使用任何关于系统配置的报文(如节点地址)。这样不需依赖应用层及任何节点软件和硬件的改变,就可以在 CAN 网络中直接添加节点,提高了系统灵活性。报文的内容由识别符命名。识别符不指出报文的目的地,但解释数据的含义。因此,网络上所有的节点可以通过报文滤波确定是否应对该数据做出反应。由于引入了报文滤波的概念,任何节点都可以接收报文,并同时对此报文做出反应。应确保报文在 CAN 网络中同时被所有的节点接收(或同时不被接收),因此,系统的数据连贯性是通过多播和错误处理的原理实现的。

(3) **位速率**　不同的系统,CAN 的速度不同。在一个给定的系统中,位速率是唯一的,并且是固定的。

（4）优先权　在总线访问期间，识别符定义一个静态的报文优先权，报文标识符的值越小，报文具有越高的优先权。

（5）远程数据请求　通过发送远程帧，需要数据的节点可以请求另一节点发送相应的数据帧。数据帧和相应的远程帧是由相同的识别符命名的。

（6）仲裁　只要总线空闲，任何单元都可以开始发送报文。具有较高优先权报文的单元可以获得总线访问权。如果2个或2个以上的单元同时开始传送报文，那么就会有总线访问冲突。仲裁的机制确保了报文和时间均不损失。当具有相同识别符的数据帧和远程帧同时初始化时，数据帧优先于远程帧。仲裁期间，每一个发送器都对发送位的电平与被监控的总线电平进行比较。如果电平相同，则这个单元可以继续发送。如果发送的是"隐性"电平而监视的是"显性"电平，那么单元就失去了仲裁，必须退出发送状态。

举例说明仲裁过程，如图6-13所示。

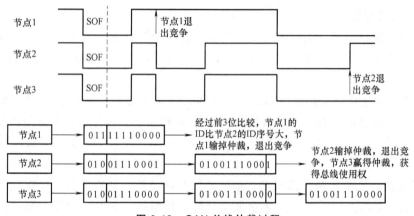

图6-13　CAN总线仲裁过程

（7）错误检测　为了获得最安全的数据发送，CAN的每一个节点均采取了强有力的措施以便于错误检测、错误标定及错误自检。要进行错误检测，必须采取监视（发送器对发送位的电平与被监控的总线电平进行比较）、循环冗余检查、位填充、报文格式检查、错误检测的执行等措施。错误检测的机制要具有检测到所有的全局错误、检测到发送器所有的局部错误、可以检测到报文中多达5个任意分布的错误、检测到报文中长度低于15（位）的突发性错误、检测到报文中任一奇数个的错误等属性。任何检测到错误的节点会标志出损坏的报文，此报文会失效并将自动地开始重新传送。如果不再出现错误，从检测到错误的节点会标志出损坏的报文，此报文会失效并将自动地开始重新传送。如果不再出现错误，从检测到错误到下一报文的传送开始为止，恢复时间最多为31个位的时间。

（8）故障界定　CAN节点能够将永久故障和短暂扰动区别开来，故障的节点会被关闭。

（9）总线值　总线有两个互补的逻辑值："显性"与"隐性"。"显性"位和"隐性"位同时传送时，总线的结果值为"显性"。例如，在总线的"写与"执行时，逻辑0代表"显性"等级，逻辑1代表"隐性"等级。

（10）应答　所有的接收器检查报文的连贯性。对于连贯的报文，接收器应答，对于不连贯的报文，接收器做出标志。

3. CAN 的报文及结构

在总线上的任意节点均可以作为发送器或接收器，将发出报文的节点称为发送器，该节点在总线空闲或丢失仲裁前始终为发送器。如果一个节点不是发送器，且总线不是处于空闲状态，则该节点就称为接收器。报文由一个发送器发出，再由一个或多个接收器接收。报文传输由4个不同类型的帧表示和控制，分别为数据帧、远程帧、错误帧、过载帧。

（1）**数据帧**　数据帧携带数据从发送器至接收器。数据帧由7个不同的位场组成：帧起始、仲裁场、控制场、数据场、CRC（循环冗余校验）场、应答场、帧结尾。数据场的长度可以为0。CAN 2.0A数据帧的组成如图6-14所示。

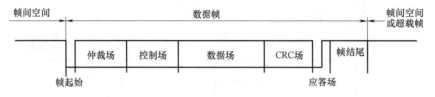

图6-14　数据帧的组成

1）帧起始。帧起始标志数据帧和远程帧的起始，仅由一个"显性"位组成，只在总线空闲时才允许站开始发送。所有站必须同步于首先开始发送报文的站的帧起始前沿。

2）仲裁场。仲裁场包括识别符和远程发送请求位（RTR），图6-15所示为仲裁场的组成。

图6-15　仲裁场的组成

标准格式识别符的长度为11位，相当于扩展格式的基本ID（Base ID）。这些位按ID-28到ID-18的顺序发送。最低位是ID-18。7个最高位（ID-28~ID-22）必须不能全是"隐性"。

扩展格式识别符和标准格式形成对比，如图6-16所示，扩展格式由29位组成。其格式包含两个部分：基本ID、扩展ID。基本ID包括11位，它按ID-28到ID-18的顺序发送，它相当于标准识别符的格式，基本ID定义扩展帧的基本优先权。扩展ID包括18位，它按ID-17到ID-0的顺序发送。

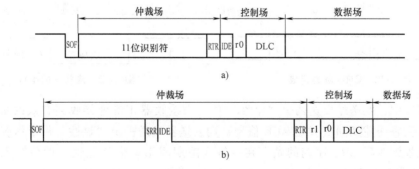

图6-16　标准格式数据帧与扩展格式数据帧的仲裁场
a）标准格式数据帧　b）扩展格式数据帧

标准帧中，识别符其后是 RTR 位。RTR 的全称为"远程发送请求位（Remote Transmission Request bit）"。SRR 是隐性位。它在扩展格式的标准帧 RTR 位位置，因此代替标准帧的 RTR 位。

标准帧与扩展帧的冲突是通过标准帧优先于扩展帧这一途径解决的，扩展帧的基本 ID 如同标准帧的识别符。

IDE 的全称是"识别符扩展位（Identifier Extension bit）"，标准格式中的 IDE 位为"显性"，而扩展格式中的 IDE 位为"隐性"。

3）控制场。控制场由 6 个位组成，如图 6-17 所示。

图 6-17 控制场的组成

标准格式中的帧包括数据长度代码、IDE 位（为显性位）及保留位 r0。扩展格式中的帧包括数据长度代码和两个保留位 r1 和 r0。

① 保留位。必须发送为显性，但是接收器认可"显性"和"隐性"位的组合。

② 数据长度代码。数据长度代码指示了数据场中的字节数量。数据长度代码为 4 个位，它在控制场中发送。数据长度代码中数据字节数的编码：d——显性；r——隐性。

4）数据场。数据场由数据帧中的发送数据组成，它可以为 0~8 个字节，每字节包含了 8 个位，首先发送最高有效位（MSB）。

5）CRC 场。CRC 场包括 CRC 序列（CRC sequence）和 CRC 界定符（CRC delimiter），如图 6-18 所示。CRC 序列由循环冗余码求得的帧检查序列组成，适用于位数低于 127 位（BCH 码）的帧。为进行 CRC 计算，被除的多项式系数由无填充位流给定，组成这些位流的成分是帧起始、仲裁场、控制场、数据场（若有），而 15 个最低位的系数是 0。CRC 序列之后是 CRC 界定符，它包含一个单独的"隐性"位。

6）应答场。应答场长度为 2 个位，包含应答间隙（ACK slot）和应答界定符（ACK delimiter），如图 6-19 所示。

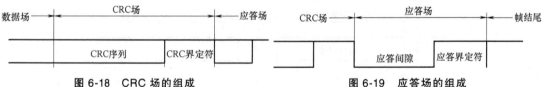

图 6-18 CRC 场的组成　　　　图 6-19 应答场的组成

在应答场中，发送站发送两个"隐性"位。当接收器正确地接收到有效的报文时，接收器就会在应答间隙期间（发送 ACK 信号）向发送器发送一个"显性"位以示应答。

所有接收到匹配 CRC 序列的站会在应答间隙期间用一个"显性"的位写入发送器的"隐性"位来做出回答。

应答界定符是应答场的第二个位，并且是一个必须为"隐性"的位。因此，应答间隙被两个"隐性"的位所包围，也就是 CRC 界定符和应答界定符。

7）帧结尾。每一个数据帧和远程帧均由一个标志序列定界，这个标志序列由7个"隐性"的位组成。

（2）远程帧　远程帧是由总线单元发出，请求发送具有同一识别符的数据帧，数据帧（或远程帧）通过帧间空间与其他各帧分开。通过发送远程帧，作为某数据接收器的站可以初始化通过其资源节点传送不同的数据。

远程帧也分为标准格式和扩展格式，而且都由帧起始、仲裁场、控制场、CRC场、应答场、帧结尾6个不同的位场组成，如图6-20所示。

图6-20　远程帧的组成

与数据帧相反，远程帧的RTR位是"隐性"的，它没有数据场，数据长度代码的数值是不受制约的（可以标注为容许范围中0~8的任何数值）。此数值是相应于数据帧的数据长度代码。RTR位的极性表示所发送的帧是数据帧（RTR位"显性"）还是远程帧（RTR位"隐性"）。

（3）错误帧　任何单元在检测到总线错误时都会发出错误帧。错误帧由两个不同的场组成（图6-21），第1个场是不同站提供的错误标志的叠加，第2个场是错误界定符。为了能正确地终止错误帧，"错误被动"的节点要求至少有长度为3个位时间的总线空闲（如果"错误被动"的接收器有局部错误），总线的载荷不应为100%。

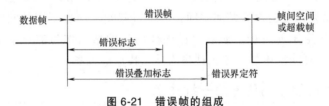

图6-21　错误帧的组成

有两种形式的错误标志：主动的错误标志和被动的错误标志。
1）主动的错误标志由6个连续的"显性"位组成。
2）被动的错误标志由6个连续的"隐性"的位组成，除非其他节点的"显性"位重写。

检测到错误条件的"错误激活"的站通过发送主动错误标志指示错误。错误标志的形式破坏了从帧起始到CRC界定符的位填充的规则，或者破坏了ACK场或帧结尾场的固定形式。所有其他的站由此检测到错误条件并同时开始发送错误标志。因此，"显性"位（此"显性"位可以在总线上监视）的序列导致一个结果，这个结果就是将部分站发送的不同的错误标志叠加在一起。这个序列的总长度最小为6个位，最大为12个位。

检测到错误条件的"错误被动"的站试图通过发送被动错误标志指示错误。"错误被动"的站等待6个相同极性的连续位（这6个位处于被动错误标志的开始）。当这6个相同的位被检测到时，被动错误标志的发送就完成了。错误界定符包括8个"隐性"的位。

（4）过载帧 过载帧用以在先行的和后续的数据帧（或远程帧）之间提供附加的延时。过载帧包括两个位场：过载标志和过载界定符（图6-22）。

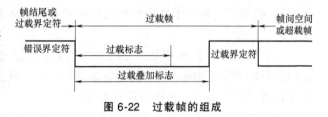

图 6-22 过载帧的组成

有三种过载的情况，这三种情况都会引发过载标志的传送：

1）接收器的内部情况（此接收器对于下一数据帧或远程帧需要有延时）。

2）在间歇的第一和第二字节检测到一个"显性"位。

3）如果CAN节点在错误界定符或过载界定符的第8位（最后一位）采样到一个显性位，节点会发送一个过载帧（不是错误帧）。错误计数器不会增加。

根据第一种过载情况引发的过载帧只允许起始于所期望的间歇的第一个位时间，而根据第二和第三种情况引发的过载帧应起始于检测到"显性"位之后的位。通常为了延时下一个数据帧或远程帧，两种过载帧均可产生。

过载标志由6个"显性"的位组成，过载标志的所有形式和主动错误标志的相同。过载标志的形式破坏了间歇场的固定形式。因此，所有其他的站都检测到过载条件并同时发出过载标志。如果一些节点在间歇的第3个位期间检测到"显性"位，则这个位将解释为帧的起始。

过载界定符包括8个"隐性"的位。过载界定符的形式和错误界定符的形式相同。过载标志被传送后，站就一直监视总线直到检测到一个从"显性"位到"隐性"位的跳变。此时，总线上的每一个站完成了过载标志的发送，并开始同时发送其余7个"隐性"位。

帧间空间用于隔离数据帧（或远程帧）与先行帧（数据帧、远程帧、错误帧、过载帧）。而过载帧与错误帧之前没有帧间空间，多个过载帧之间也不用帧间空间隔离。帧间空间包括间歇场、总线空闲的位场。如果"错误被动"的站已作为前一报文的发送器，则其帧间空间除了间歇、总线空闲外，还包括称为挂起传送的位场。

三、CAN协议的差动传递防干扰技术

电控单元是通过收发器连接到CAN驱动总线上的，在收发器内有一个接收器，该接收器是安装在接收一侧的差动信号放大器。收发器内的CAN-H线和CAN-L线上的信号转换是通过差动信号放大器来实现的，这个转换后的信号称为差动信号放大器的输出电压。差动信号放大器用CAN-H线上的电压（U_{CAN-H}）减去CAN-L线上的电压 U_{CAN-L}，就得出了输出电压。CAN-H信号和CAN-L信号经过差动信号放大器处理后，差动信号放大器再将转换后的信号传至电控单元的CAN接收区，这种技术称为差动传递技术，如图6-23所示。

由于数据总线也要布置在发动机

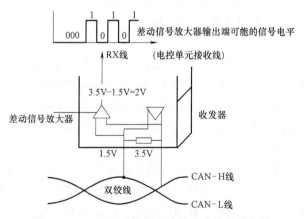

图 6-23 CAN驱动数据总线的差动信号放大器

舱内，所以数据总线就会遭受各种干扰（在保养时要考虑对地短路和蓄电池电压、点火装置的火花放电和静态放电）。差动传递技术可最大限度地消除干扰的影响。由于 CAN-H 线和 CAN-L 线是绞在一起的，所以干扰脉冲 X 总是有规律地作用在两条线上，由于差动信号放大器总是用 CAN-H 线上的电压（3.5V−X）减去 CAN-L 线上的电压（1.5V−X），因此在经过处理后，差动信号中就不再有干扰脉冲了，即输出电压为（3.5V−X）−（1.5V−X）= 2V，如图 6-24 所示。这种差动传递技术的另一个优点是即使车上的供电电压有波动（如在起动发动机时），也不会影响各个电控单元的数据传递，从而保证了数据传递的可靠性。

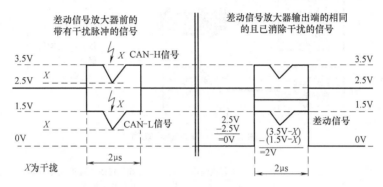

图 6-24 CAN 驱动数据总线差动信号放大器内的干扰过滤

收发器将 CAN 信号输送到 CAN 总线的两条导线上，相应地在 CAN-H 线上的电压升高，而在 CAN-L 线上的电压降低一个同样大小的值。对于驱动 CAN 总线来说，一条导线上的电压改变值不低于 1V。电控单元循环往复地在发送信息。CAN 驱动数据总线由点火开关接通，短时工作后，又完全关闭。

收发器发送一侧的任务是将电控单元内的 CAN 控制器的较弱信号放大，使之达到 CAN 导线上的信号电平和电控单元输入端的信号电平。

第三节　LIN 总线

LIN 是 Local Interconnect Network 的缩写。Local Interconnect（局域互联）表示所有的控制单元都装在一个有限的空间内（如车顶），它也被称为"局域子系统"，LIN 总线系统是由奥迪、宝马、大众、沃尔沃等公司和部门（LIN 联合体）提出的一个汽车低层网络协议，目的是在汽车网络层次结构中作为低端网络的通用协议，并取代目前各种各样的低端总线系统。LIN 总线的标准与其相应的开发、测试及维护平台的应用，会降低车辆电子系统的开发、生产、使用和维护成本。从某种意义上讲，LIN 总线可认为是 CAN 的通信网络，其示意图如 6-25 所示。

1. LIN 总线的应用

现代汽车电子系统已经实现了多路传输，使汽车的大量线路和内部连接被取消，在这种条件下，CAN 网络的电控单元间的连接虽然已是最优结构，但是一个电控单元和它的传感器与执行器之间的连接并不一定是多路传输的，如图 6-26 所示。

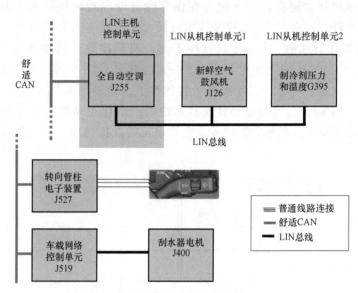

图 6-25 LIN 总线示意图

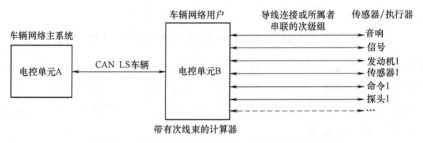

图 6-26 没有配备 LIN 总线的 CAN 网络结构图

引入 LIN 总线后,几乎所有的电控单元和其传感器、执行器之间的连接都已经实现多路传输,车上各个 LIN 总线系统之间的数据交换是由控制单元通过 CAN 数据总线实现的,如图 6-27 所示。

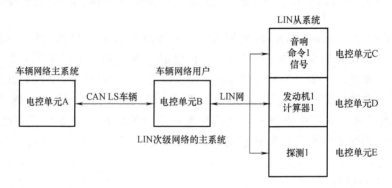

图 6-27 配备 LIN 总线的 CAN 网格结构图

2. LIN 总线的结构

LIN 总线是主/从结构的网络,主要用于控制车身附属系统,如图 6-28 所示。

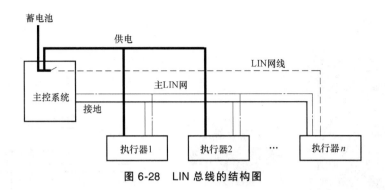

图 6-28 LIN 总线的结构图

（1）**LIN 主控单元** LIN 主控单元连接在 CAN 数据总线上，如图 6-29 所示。LIN 主控单元主要监控数据传递和数据传递的速率，发送信息标题，主控单元的软件内已经设定了决定何时将哪些信息发送到 LIN 数据总线上多少次的一个周期。主控单元在 LIN 数据总线与 CAN 总线之间起"翻译"作用，它是 LIN 总线系统中唯一与 CAN 数据总线相连的控制单元，通过 LIN 主控单元进行 LIN 系统自诊断。

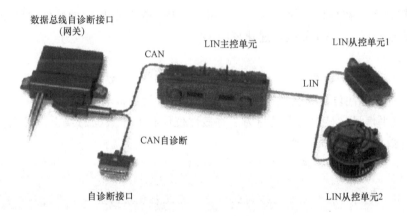

图 6-29 LIN 主控单元

（2）**LIN 从控单元** LIN 主控单元通过集成的传感器来获知执行元件的实际状态，然后就可以进行规定状态和实际状态的对比，如图 6-30 所示。在 LIN 数据总线系统内，单个的控制单元或传感器及执行元件都可看成 LIN 从控单元。传感器内集成一个电子装置，该装置对测量值进行分析。测量值是作为数字信号通过 LIN 总线传递的。有些传感器和执行元件只使用 LIN 主控单元插口上的一个针脚。LIN 执行元件都是智能型的电子或机电部件，这些部件通过 LIN 主控单元的 LIN 数字信号接收任务。

3. **LIN 协议**

（1）**传输媒体** LIN 网络一般使用一根单独的铜线作为介质。

（2）**节点** 一个 LIN 电控单元拥有一个统一的接口，以便于与其他 LIN 电控单元处理数据，LIN 总线节点的结构如图 6-31 所示，节点主要由 2 部分组成：协议控制器和线路接口。协议控制器集成在微控制器中的一个标准单位（URAT）上实现，微控制器主要实现发送/接收 8 位字节、构成请求、接收和发送；线路接口主要负责将 LIN 总线的信号翻译成无干扰的信号进入 LIN 协议控制器，以及相反地将协议控制器的信号进行翻译传入 LIN 总线。

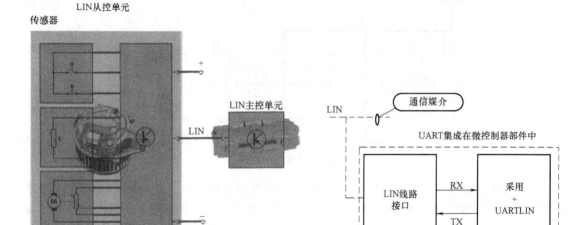

图 6-30　LIN 从控单元　　　　　图 6-31　LIN 总线节点的结构

（3）**传输速率**　数据传递速率为 1~20kbit/s，在 LIN 控制单元的软件内已经设定完毕，该速率最大能达到舒适 CAN 数据传递速率的 1/5。

（4）**信号**

1）隐性电平信号。隐性电平是指如果无信息发送到 LIN 数据总线上或者发送到 LIN 数据总线上的是一个隐性位，那么数据总线导线上的电压就是蓄电池电压。

2）显性电平信号。显性电平是指为了将显性位传到 LIN 数据总线上，发送控制单元内的收发报机将数据总线导线接地。

> **注意：**
> 由于控制单元内的收发报机有不同的型号，因此表现出的显性电平是不一样的。

（5）**传递安全性**　在收发隐性电平和显性电平时，通过预先设定公差值来保证数据传输的稳定性。为了在有干扰辐射的情况下仍能收到有效的信号，接收信号的允许电压值要稍高一些。

（6）**LIN 帧结构**　一个 LIN 帧结构由字节分隔开的一系列字节组成，LIN 帧结构如图 6-32 所示。LIN 帧的开始是异步中断域，它通过 LIN 网的主节点发出，并且支持所有的 LIN 节点自动适应总线速度；异步域使得所有总线上的节点异步；标识域可表示 64 个节点，它指明数据

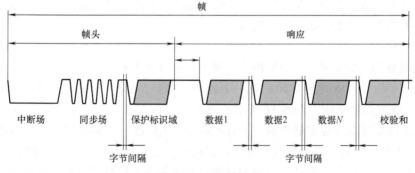

图 6-32　LIN 帧结构

第六章　车载网络技术及其故障诊断

的目的地或者所询问的节点地址；数据域由 1~8 个字节构成，包含了有用的命令或回应信息；检查域由 1 个字节构成，以保证 LIN 帧内容的完整性。

（7）信息的顺序和回应信息内容　LIN 主控单元已经设定了工作顺序，LIN 主控单元按顺序将信息发送至 LIN 总线上（若是主信息，则发送的是回应）。为了减少 LIN 主控单元部件的种类，主控单元将全部装备控制单元的信息标题发送到 LIN 总线上。

对于带有从控单元回应的信息，LIN 从控单元会根据识别码给该回应提供信息，对于主控单元带有数据请求的信息，根据识别码的情况，相应的 LIN 从控单元会根据这些数据执行各种功能。

第四节　车载网络系统具体应用

一、大众/奥迪轿车

1. 介绍

大众/奥迪车系使用的 CAN 总线包括：动力 CAN 总线，传输速率为 500kbit/s；舒适 CAN 总线，传输速率为 100kbit/s。自 2000 年起，大众/奥迪车系开始使用新型的舒适 CAN 总线和信息 CAN 总线，其传输速率都为 100kbit/s。信息 CAN 总线（低速）用于将收音机、电话和导航系统连成网络。新型的舒适 CAN 总线和信息 CAN 总线通过带网关的组合仪表，可与动力 CAN 总线进行数据交换。

动力 CAN 总线通过 15 号接线柱切断，或经过短时无载运行后切断；舒适 CAN 总线由 30 号接线柱供电，且必须保持随时可用状态。为了尽可能降低对供电网络产生的负荷，在 15 号接线柱关闭后，若总线系统不再需要舒适数据总线，则舒适数据总线进入"休眠"模式。当舒适/信息 CAN 总线的一条数据总线短路，或一条 CAN 总线断路时，可用另一条数据总线继续工作，此时自动切换到"单线工作"模式。动力 CAN 总线与舒适 CAN 总线的电信号不同。

2. 动力 CAN 总线

（1）动力 CAN 总线的主要联网单元　动力 CAN 总线的主要联网单元有发动机电控单元、ABS 电控单元、电子稳定程序系统电控单元、自动变速器电控单元、安全气囊（SRS）电控单元和组合仪表电控单元。电控单元通过动力 CAN 总线的 CAN-H 线和 CAN-L 线进行数据交换。

（2）动力 CAN 总线上的信号电压变化

1）隐性状态。CAN-H 线和 CAN-L 线有相同的预设值，该值约为 2.5V，称为静电平，也称为静止状态，连接的所有电控单元均可修改它。

2）显性状态。CAN-H 线的电压会升高至一个预定值，至少为 1V；CAN-L 线的电压会降低一个相同的值，即至少也为 1V。于是 CAN-H 线处于激活状态，其电压不低于 3.5V，而 CAN-L 线的电压值最多为 1.5V。因此，在隐性状态时，CAN-H 与 CAN-L 线的电压差为 0V；在显性状态时，二者的电压差最低为 2V，如图 6-33 所示。

（3）动力 CAN 收发器　动力 CAN 收发器内有一个接收器，安装在差动信号放大器的一侧，如图 6-23 所示。差动信号放大器用于处理来自 CAN-H 线和 CAN-L 线的信号，同时还将转换后的信号传到电控单元的 CAN 接收区。转换后的信号称为差动信号放大器的输出电压，如

图 6-34 所示。差动信号放大器用 CAN-H 线的电压减去 CAN-L 线的电压得到输出电压。

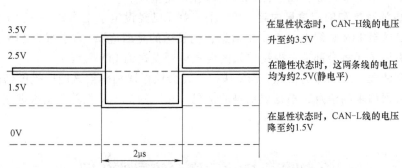

图 6-33　动力 CAN 总线上的信号电压变化

图 6-34　差动信号放大器的信号处理

3. 舒适/信息 CAN 总线

（1）**舒适/信息 CAN 总线的联网单元**　舒适/信息 CAN 总线的联网单元有空调电控单元、车门电控单元、舒适电控单元、收音机和导航电控单元。电控单元通过舒适/信息 CAN 总线的 CAN-H 线和 CAN-L 线进行数据交换，如车门开/关、车内灯开/关、车辆位置确定等。由于使用同样的脉冲频率，舒适 CAN 总线和信息 CAN 总线共用一对导线。

（2）**舒适/信息 CAN 总线上的信号电压变化**　为了提高低速 CAN 总线的抗干扰性能且降低电流消耗，舒适/信息 CAN 总线与动力 CAN 总线相比有一些改动。

1）使用独立的发送器（功率放大器），使 CAN-H 线和 CAN-L 线不是通过电阻相连，即 CAN-H 线和 CAN-L 线不再相互影响，而且彼此独立作为电压源工作。

2）取消了共同的中压。在隐性状态时，CAN-H 线上的电压约为 0V；在显性状态时，CAN-H 线上的电压约为 3.6V。对于 CAN-L 信号，隐性电压约为 5V，显性电压不高于 1.4V。于是在差动信号放大器内两电压相减后，隐性电压约为 -5V，显性电压约为 2.2V，隐性电压和显性电压之间的电压提高到不低于 7.2V。

（3）**舒适/信息 CAN 总线的 CAN 收发器**　舒适/信息 CAN 总线的收发器的工作原理与动力 CAN 总线收发器基本相同，只是输出的电压电平和出现故障时切换到 CAN-H 线或 CAN-L 线（单线工作模式）的方法不同。另外，CAN-H 线和 CAN-L 线之间的短路会被识别出来，并且在出现故障时关闭 CAN-L 发送器，此时 CAN-H 和 CAN-L 的信号电压相同，如图 6-35 所示。

CAN-H 线和 CAN-L 线上的数据传递由安装在收发器内的故障逻辑电路监控，故障逻辑电路检验两条 CAN 导线上的信号。如果出现故障，如某条 CAN 导线断路，则故障逻辑电路会识别出该故障，从而使用完好的另一条导线（单线工作模式）。

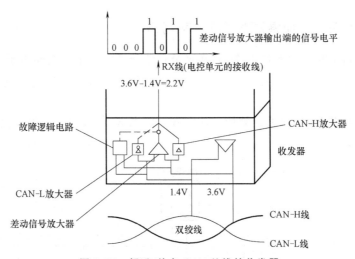

图 6-35 舒适/信息 CAN 总线的收发器

在正常的工作模式下，使用 CAN-H 与 CAN-L 的电压差信号，即可以将故障对舒适/信息 CAN 总线两条导线的影响降至最低，这点与动力 CAN 总线相同。

（4）单线工作模式 如果因短路、断路或与蓄电池电压相连而导致两条 CAN 导线中的一条不工作，则切换到单线工作模式。在单线工作模式下，只使用完好的 CAN 导线中的信号，舒适/信息 CAN 总线仍可工作。同时，电控单元记录一个故障信息：系统工作在单线模式。单线工作模式信号如图 6-36 所示。

4. CAN 总线上的阻抗匹配

标准 CAN 总线的形式中，数据传输终端接在总线两端，如图 6-37 所示。大众车系则将负

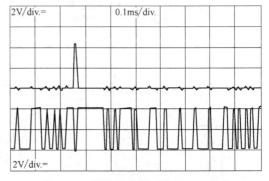

图 6-36 单线工作模式信号（DSO）

载电阻分布在各个电控单元内，其中在发动机电控单元中装有中央终端电阻，其他电控单元中安装大电阻。

驱动系统中，CAN-H 线和 CAN-L 线之间的总电阻为 50~70Ω。如 15 号线（点火开关）断开，可以用万用表测量 CAN-H 线和 CAN-L 线之间的电阻。舒适/信息 CAN 总线的特点是，电控单元的负载电阻不是在 CAN-H 线和 CAN-L 线之间，而是在导线与搭铁之间。电源断开时，舒适/信息 CAN 总线的 CAN-L 线的电阻也断开，因此，不能用万用表测量。大众车系中设置了两种终端电阻：66Ω 和 2600Ω，如图 6-38 所示。

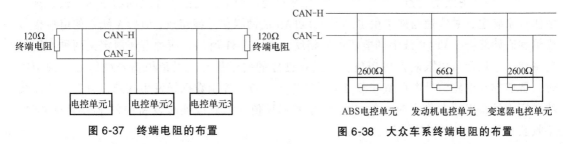

图 6-37 终端电阻的布置　　　　　图 6-38 大众车系终端电阻的布置

二、东风雪铁龙毕加索汽车的 VAN 网络

VAN（车辆局域网）由标致-雪铁龙-雷诺公司联合开发研制，主要用于车身电气设备的控制。

1. VAN 总线

（1）**毕加索汽车 VAN 总线的结构** 如图 6-39、图 6-40 所示，毕加索汽车的 VAN 总线共连接 7 个控制单元。

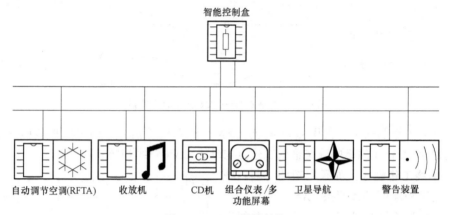

图 6-39 VAN 总线结构

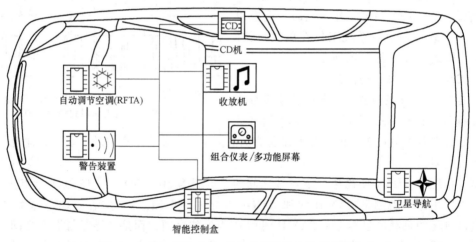

图 6-40 毕加索汽车的 VAN 总线结构中控制单元分布

（2）**VAN 总线的特点** 毕加索汽车 VAN 总线结构中，电控单元之间的通信方式、规则由协议来确定，总线通信网络由 DATA、DATAB 的两根信号线组成，DATA 线上的电压信号逻辑状态始终与 DATAB 线上的电压信号相反，如图 6-41 所示。两种电压值定义两种不同的逻辑状态，从而可以限制发射幅值，并具备良好的抗干扰性。当某根信号线信号传输中断时，智能控制盒将信号电压值与参考电压值进行比较，提示数据线发生故障。只有 DATA 线的电压信号逻辑状态确定时，DATAB 线才取相反值。当总线连接设备中的信号无歧义时，接收装置及命令执行状态才可能无误。

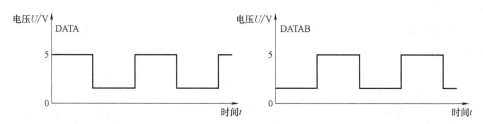

图 6-41　DATA 和 DATAB 的信号

（3）VAN 总线的通信信息格式　VAN 总线传递的 1 帧（即 1 条）数据，由 9 个区段组成，如图 6-42 所示。段 1 表示信息起始识别区，用以标记信息的起始；段 2 表示判断识别区，用以指明信息的接收器件；段 3 表示判断格式化区，该区可在申请信息或传送信息时确认接收方的获取申请是否格式化；段 4 表示信息数据区，传递数据信息；段 5 表示信息有效性检测区，以审核抵达的数据是否完整；段 6 表示数据结束指示区，用以指示信息已传递完毕；段 7 表示获取区，用以接收方确认信息接收良好；段 8 表示帧结束区，表明一个帧已经结束；段 9 表示帧分离区，后续帧同样按 9 分格出现。

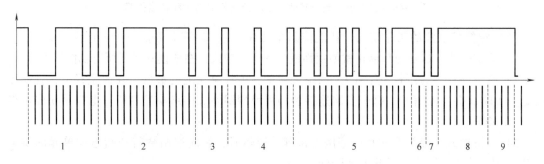

图 6-42　VAN 总线的通信信息格式

2. 智能控制盒

（1）智能控制盒的安装位置　如图 6-43 所示，智能控制盒安装于仪表板的左下方。

（2）智能控制盒的作用　智能控制盒是一个电控单元，主要用作继电器、熔断器、诊断接口、高频信号接收器等电子元件接口。智能控制盒是 VAN 网络的一个主控元件，管理所有电控单元之间的通信；智能控制盒还能自主控制开启件的锁定、指示信号、视野改善、内部照明、防盗启动等基本功能，完成车辆的防盗保护信息。另外，智能控制盒具有整体测试、系统诊断及电控单元编码等功能。

（3）智能控制盒的管理内容　智能控制盒在网络中的管理内容包括指示信号、锁定、

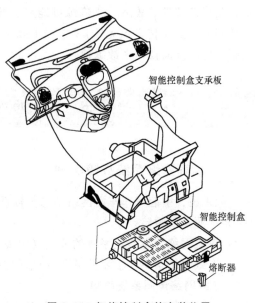

图 6-43　智能控制盒的安装位置

车辆停驶、内部照明、开启、视野管理、驾驶人信息、空调控制等。

（4）智能控制盒的输入/输出信号　智能控制盒与其他控制单元之间的输入和输出关系如图 6-44 所示。

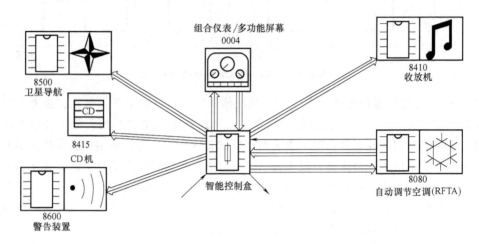

图 6-44　智能控制盒与其他控制单元之间的输入和输出关系

（5）智能控制盒的工作模式　智能控制盒具有额定、睡眠和经济三个工作模式。

1）额定模式。这是为车辆正常使用而设计的工作模式，在该模式下的所有功能均可运行。

2）睡眠模式。睡眠模式下 VAN 网络无通信，电控单元能耗最低。在此模式下，智能控制盒会不断捕捉复苏信号，每个多路连接器均可唤醒网络。网络唤醒后所有电控单元即可得到 +VAN 电源。

3）经济模式。经济模式是指当网络持续无通信时，智能控制盒将切断电控单元的供电（+VAN 信号），电能消耗因此大大降低。

（6）智能控制盒的诊断功能　智能控制盒作为 VAN 网络及诊断仪之间的桥梁，可用来识别某些系统部件的故障。故障源可能来自接地或 +12V 短路、断路（电线断开）、功能失效（传感器或探头传送值无效）、电控单元无法连上网络（网络中断或电控单元失效）。智能控制盒可向诊断仪传送故障信息。

第五节　车载网络系统的故障检修

一、车载网络系统故障类型

一般来说，引起汽车车载网络信息传输系统出现故障的原因有三类：

1）电源系统故障。

2）车载网络信息传输系统的节点（电控模块）故障。

3）车载网络信息传输系统链路（或通信线路）故障。

1. 车载网络电源系统故障

汽车车载网络信息传输系统的核心部分是含有通信芯片的电控模块（ECM），电控模块的正常工作电压为10.5~15.0V。如果汽车电源系统提供的工作电压低于该范围，就会造成一些对工作电压要求高的电控模块出现短暂的不工作，从而使整个汽车多路信息传输系统出现暂时无法通信的现象。

这类故障产生的原因主要是蓄电池、发电机、供电线路、熔断器等元器件出现故障。

2. 车载网络节点故障

节点是汽车车载网络信息传输系统中的电控模块，因此节点故障就是电控模块的故障，包括软件故障和硬件故障两类。软件故障，即传输协议和软件程序有缺陷或冲突，从而使汽车多路信息传输系统通信混乱或无法工作，这种故障一般成批出现，且无法维修。

硬件故障一般由于通信芯片或集成电路故障，造成汽车多路信息传输系统无法正常工作。对于采用低版本信息传输协议，即点到点信息传输协议的汽车多路信息系统，如果节点有故障，将出现整个汽车多路信息传输系统无法工作的现象。

这类故障产生的原因主要是各类控制单元、传感器等元器件有故障。

3. 车载网络链路故障

当汽车车载网络信息传输系统的链路（或通信线路）出现故障时，如通信线路短路、断路，以及线路物理性质引起的通信信号衰弱或失真，会引起多个电控单元无法工作或电控系统错误，使多路信息传输系统无法工作。判断是否为链路故障时，一般采用示波器或汽车专用光纤维修仪来观察通信数据信号是否与标准通信数据信号相符。另外，当车载网络系统工作不稳定时，使用故障诊断仪可以检测出有关总线的故障码。

二、车载网络系统故障状态

车载网络系统有错误激活、错误认可和总线关闭3种故障状态。

1. 错误激活状态

错误激活状态是指正常参与总线通信的状态，当错误激活状态单元检测到错误时，输出错误激活标志。

2. 错误认可状态

错误认可状态是指容易出现错误的状态。处于错误认可状态的组件可以参与总线上的通信，但为了不妨碍其组件的通信，接收信息时不能发出错误激活的通知。处于错误认可状态的组件检测到错误，但其余处于错误激活状态的组件没有检测到错误，即可判断为整个总线没有错误。当处于错误认可状态的组件检测到错误时，输出错误认可标志。

此外，处于错误认可状态的组件在发出信号之后不能立刻发出下一次信息，在开始下次发出信息之前，在帧间间隔处要插入8位的隐性电平，挂起传送（暂停发送）的位场。

3. 总线关闭状态

总线关闭状态是指不能参与总线通信的状态。此时，有关信息发送与接收的所有动作被禁止。

上述3种故障状态由发送出错计数器与接收出错计数器管理，即进行故障界定。根据计数器的值将错误状态进行分类，错误状态与计数器数值的关系见表6-2。发送出错计数器的值与接收出错计数器的数值随条件而变化，见表6-3。但发送和接收1个数据时，有时多项条件相互重叠。出错计数器计数增加的时间为错误标志的第1位。

表 6-2　错误状态与计数器数值的关系

错误状态	发送出错计数器（TEC）	接收出错计数器（REC）
错误激活状态	0~127	0~127①
错误认可状态	128~255	128~255②
总线关闭状态	大于或等于 256	

① TEC、REC 二者同时满足，错误激活。
② TEC、REC 二者满足一条即可。

表 6-3　出错计数器数值的变化条件

条件变化	发送出错计数器（TEC）	接收出错计数器（REC）
当接收单元检测出有错误时（如果在发送错误标志或超载标志期间，接收单元检测到的错误为位错误时，接收出错计数器的值不增加）	—	加 1
当接收单元检测到发送错误标志之后的位为显性时	—	加 8
当发送单元输出错误标志时	加 8	—
当发送单元检测出发送错误激活标志或超载标志期间有位错误时	加 8	—
当接收单元检测出发送错误激活标志或超载标志期间有位错误时	—	加 8
当各单元检测出从错误激活标志、超载标志的第 1 位起有连续 14 位的隐性位时，以及此后每当检测出连续的 8 位显性位时	发送时加 8	接收时加 8
当检测到错误认可标志后追加有连续的 8 位显性时	发送时加 8	接收时加 8
当发送单元正常发送数据时（直至 ACK 返回帧结尾结束，也没有检测出错误）	减 1；但当 TEC = 0 时，为加/减 0	—
当接收单元正常接收数据时（直至 CRC 序列也没有检测出错误，ACK 可以正常返回）	—	当 1≤REC≤127 时，减 1；当 REC = 0 时，加/减 0；当 REC>127 时，调整为 REC = 127
当总线组件 128 次检测到有连续的 11 位隐性时	归零，即 TEC = 0	归零，即 REC+0

三、车载网络系统故障检修注意事项

1）线路或插接器需要维修时，都要采用汽车维修手册制定的方法进行维修。在检查控制模块所有的电源和搭铁电路后，才能确定该控制模块是否发生故障。首先识别该模块的电源和搭铁电路，然后采用数字万用表进行检查。

2）使用测试器时，其开放端电压应为 7V 或更低。不要在测量端施加 7V 或更高的电压。

3）导线维修必须焊接，不允许将导线拧接。

4）不要触摸动力系统接口模块线束插接器端子或动力系统接口模块电路板上的锡焊元件，以防静电放电造成损坏。

5）为避免损坏线束插接器端子，在对动力系统接口模块线束插接器进行测试时，务必使用合适的线束测试引线。

6）维修数据总线时，必须使用正确规格的导线，数据总线电路中的高阻抗会导致网络发生故障。

7）由于动力系统接口模块电路具有一定的敏感性，因此制定了专门的线路修理程序，要严格执行。

8）确保所有线束插接器正确固定。

9）所有的双绞线在每2.5cm内必须至少有一个扭绞（为了防止电磁干扰），并且在与模块连接的25cm范围内（最好不大于10cm）必须扭绞。

10）在安装新的动力系统接口模块前，确保要安装的类型正确，务必参照最新的备件信息。

11）当插头需要更换时，只能更换认可的电气插头，以保证正确配合并防止线路中电阻过大。在更换新的电控单元后，必须对新的电控单元进行重新编码，电控单元的编码工作可以用厂家专用的诊断仪进行，按菜单提示进行操作。

四、车载网络系统故障自诊断

1. 采用CAN的车辆对诊断仪的要求

（1）**能够自动识别汽车电控单元的型号和版本**　能够自动识别当前测试车型电控单元型号和版本，而不用人工选择车款、车型、诊断接口类型等信息。

（2）**能够完全访问汽车电控单元上开放的存储资源**　在汽车故障自诊断系统的设计过程中，预留了很多供外部诊断设备访问的存储单元，这些存储单元存放了反映汽车运行的非常重要的数据。

（3）**能够不失真地按照原厂要求显示从汽车电控单元上获取的数据**　完全按照诊断通信协议获得诊断数据之后，必须按照原厂要求显示这些数据。

（4）**支持以下功能**

1）读取故障码。

2）清除故障码。

3）动态数据分析。

4）执行元件测试。

5）对特定的车系/车型支持专业功能。

2. 自诊断系统能识别的故障码

1）一条或两条数据线断路。

2）两条数据线同时断路。

3）数据线对搭铁短路或对正极短路。

4）一个或多个电控单元有故障。

五、故障检修步骤与检测方法

1. 故障检修步骤

1）了解车载网络系统的结构形式，最好画出其网络结构基本框图。

2）了解该车型多路信息传输系统的特点。

① 传输介质，如双绞线、同轴电缆、光纤和无线电（蓝牙技术）等。

② 网络类型，如 CAN 网、LAN 网等。

③ 网络通信协议类型，如 CAN 协议、VAN 协议、CCD 协议、ABUS 协议、HBCC 协议和 DLCS 协议等。

3）了解车载网络系统的各种功能，如有无唤醒功能、休眠功能等。

4）检查汽车电源系统是否存在故障，检查交流发电机的输出波形是否正常等。

5）检查汽车多路信息传输系统的链路是否存在故障。

6）检查是否为节点故障。

7）利用车载网络系统的故障自诊断功能。

① 连接专用诊断仪，与出现故障的各电控系统进行通信，并读取故障码。

② 若有故障码，按故障码的提示进行检查。当车载网络系统的故障码与其他故障码同时出现时，应优先对车载网络系统进行故障诊断。若诊断仪具有电控单元诊断支持监视器功能，可充分利用该功能确定故障位置。

③ 检查电控单元的电源供应及搭铁回路是否良好。

④ 检查 CAN 总线的两根线路是否良好，最好用多通道示波器对其进行波形检测。若不正常，再用万用表检查其是否断路或短路。

⑤ 拔下电控单元线束插接器，对电控单元在 CAN 总线接口两端的数据传递终端电阻进行检测。若不符合要求，说明电控单元内部接触不良。

⑥ 拔下电控单元线束插接器，检查 CAN 总线接口的接触情况，并在该电控单元不接入车内网络系统的情况下观察故障现象的变化。若故障消失，则说明电控单元硬件损坏或内部软件故障（如未进行相应编程、设定等）。

⑦ 对该电控单元进行重新设定，若故障不消失，则换用新电控单元，再视情况进行重新设定。

2. 驱动 CAN 总线故障检测方法

（1）检测电控单元的功能故障　　在检查数据总线系统之前，应确保所有与数据总线相连的电控单元无功能故障。功能故障是指不会直接影响数据总线系统，但会影响某一系统的功能流程的故障。

（2）检测 CAN 数据总线故障

1）两个电控单元组成的双线式数据总线系统的检测，如图 6-45 所示。

2）三个电控单元组成的双线式数据总线系统的检测，如图 6-46 所示。

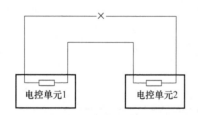

图 6-45　两个电控单元组成的双线式数据总线系统的检测

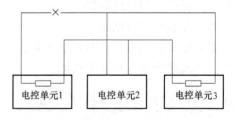

图 6-46　三个电控单元组成的双线式数据总线系统的检测

(3) 检测电控单元故障

1) 了解车载网络系统的输入/输出信号。当网络系统中无某些输出信号时，发送这些信号的电控单元可能存在故障。通过 CAN 系统的输入/输出信号表，可确定某个信号的发送流程。诊断故障时，可通过查看相应的数据流缩小故障范围。例如，在查找车速表无车速显示的故障时，要了解车速是由哪一系统发送到组合仪表的。

2) 检查汽车电源系统故障。若汽车电源系统提供的工作电压低于 10.5V，会使电控单元暂时停止工作，从而使整个车载网络系统无法通信。此时，除检查蓄电池电压、插接器连接情况、相关的熔丝、发动机与车身的搭铁、相应电控单元的电源供给等情况外，还应检查交流发电机的输出波形是否正常。若不正常，将产生信号干扰故障。

(4) 检查车载网络系统的链路故障　常见的网络故障现象如下：

1) 数据总线的两根导线短路。若两根导线之间短路，将导致整个网络失效。

2) 导线对搭铁短路。若两根导线中的某一根搭铁短路，则接上诊断仪诊断时，无电控单元响应。

3) 导线对电源短路。若两根导线中的某一根对电源短路，将导致整个网络失效。

4) 一根导线断路。若一根导线断路，则仍可进入"DATA LINK DIAGNOSTIC"（数据链接诊断）菜单并进行测试。

5) 两根导线都断路。若两根导线在靠近数据链接插头（诊断插接器）处发生断路，诊断仪和网络之间将无法通信。但网络的一个分支上两根导线都断路时，只有断点后面的电控单元无法与诊断仪通信。

6) 两根导线均对搭铁短路。若两根导线都对搭铁短路，将导致整个网络失效。各电控单元将按"故障模式"工作，汽车可以起动或行驶，但电控单元将只能使用与其直接连接的传感器。

7) 电控单元内部故障。若网关彻底损坏，将导致整个网络失效。

(5) 检查车载网络系统节点（电控单元）故障　节点故障包括软件故障和硬件故障。车载网络系统中每个电控单元的内部都有一个 CAN 控制器和一个 CAN 收发器，作为车载网络系统终端的两个电控单元，其内部还装有一个数据传递终端，即一个电阻。对于高速数据传输系统，该电阻通常为 120Ω 左右。因此，在检查这两个终端电控单元时，可先对其内部的数据传递终端电阻进行测量。

(6) 检查软件故障与电控单元编码　软件故障即传输协议或软件程序有缺陷或冲突，从而使车载网络系统通信出现混乱或无法工作。

在更换新的电控单元后，必须对电控单元进行重新编码，可用厂家专用的诊断仪进行编码，按菜单提示进行操作。

(7) 检查故障码

1) 手动检查法（使用诊断检查线）。

2) 使用手持检测仪检查。

(8) 数据总线的波形检测法

1) 检测前的准备工作。

2) CAN 总线的波形测量。

① 测量接线方法，如图 6-47 所示。

② 动力 CAN 总线的标准波形。驱动 CAN 数据总线的信号波形如图 6-48 所示，CAN-H 线上有信号传输时，总线上的电压值在 2.5~3.5V 之间高频波动。因此，CAN-H 线的主体电压应该是 2.5V，所有万用表的测量值为 2.5~3.5V，大于 2.5V 但接近 2.5V。同理，CAN-L 线信号在总线空闲时的电压约为 2.5V，总线上有信号传输时，总线上的电压值在 1.5~2.5V 之间高频波动，即 CAN-L 线的主体电压应该是 2.5V，所以，万用表的测量值为 1.5~2.5V，小于 2.5V 但接近 2.5V。

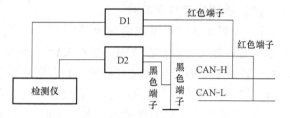

图 6-47　测量接线方法

③ 动力 CAN 总线的 CAN-H 与 CAN-L 之间的短路波形。CAN-H 与 CAN-L 之间短路时，CAN-H 与 CAN-L 的电压置于隐性电压，均为 2.5V 左右，如图 6-49 所示。

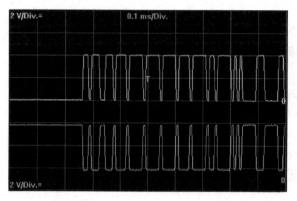

图 6-48　动力 CAN 总线的标准波形

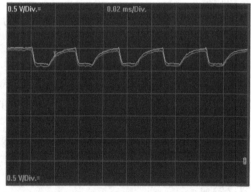

图 6-49　CAN-H 与 CAN-L 间短路波形

④ 动力 CAN 总线的 CAN-L 断路波形如图 6-50 所示。故障查寻的方法：

a) 拔下相应控制单元的插头，检查触点是否弯曲。

b) 再次插上插头，查看故障存储器。如果仍显示有故障，那么再次拔下通信有故障的控制单元插头。

c) 查看电路图，将与有故障的控制单元直接相连的控制单元插头拔下。

d) 对于 CAN-L 线来说，检查插头内针脚之间的连接是否断路。

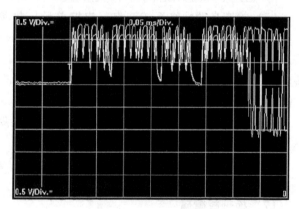

图 6-50　CAN-L 断路波形

⑤ 动力 CAN 总线的 CAN-L 短路波形。当解码仪上显示有 "Datenbus-Antrieb defekt"（驱动数据总线损坏）时波形如图 6-51 所示。故障存储器内记录的是所有控制单元的故障内容。

⑥ 动力 CAN 总线的 CAN-L 与正极短路波形。CAN-L 对蓄电池正极短路时波形如图 6-52 所示。CAN-L 的电压为 12V，CAN-H 的电压接近 12V。故障查寻的方法：

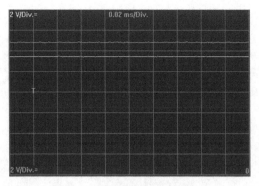
图 6-51　CAN-L 短路波形

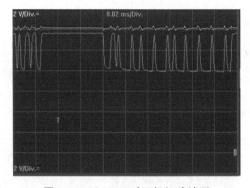
图 6-52　CAN-L 对正极短路波形

a) 检查接线柱 30 和 15 的导线是否有短路处。
b) 可目视检查导线，观察是否有短路处。
c) 分别拔下各个控制单元，观察短路是否仍然存在。
d) 尽可能将数据总线分成很多段，以便找出短路点。

⑦ 动力 CAN 总线接混波形。当线接混时，CAN-L 线上会出现一条高于 2.5V（静电平）的电压波形曲线，图中也正是利用这个事实来显示的，如图 6-53 所示，CAN-L 线电压高于 2.5V。VAS 5051 示波器上的诊断内容为"Motorsteuergeraet kein Signal/Kommunikation"（发动机控制单元无信号/通信）。

当一个控制单元或一组控制单元的 CAN-H 线与 CAN-L 线接混时，无法进行数据交换，CAN 信息中断导致控制单元彼此相互干扰，这

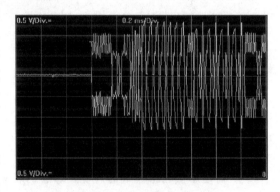
图 6-53　CAN 总线接混波形

种情况会导致"故障帧"（即 Error-Frames，即 CAN 数据总线上的故障记录）。

3. LIN 系统总线故障

（1）LIN 总线接地或电源短路　无论短路出现在何处，无论是发生在 LIN 线路上、在三个控制单元其中一个或是在两个控制单元中，也无论是否接地或者连接蓄电池，系统都将关闭且无法联络从机，如图 6-54 所示。

（2）LIN 总线断路故障　（图 6-55）

1）线路中断位置 1：从机 1 和从机 2 无法到达。
2）线路中断位置 2：从机 1 无法到达但从机 2 可到达。
3）线路中断位置 3：从机 1 可到达但从机 2 无法到达。

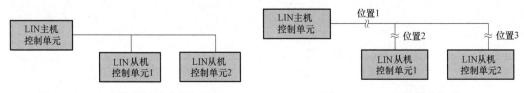

图 6-54　LIN 总线接地或电源短路　　　　图 6-55　LIN 总线断路故障

（扫码看故障分析）

【案例 6-1】

上海大众帕萨特（PASSAT）1.8T B5 轿车舒适总线故障。

1）中央门锁和电动玻璃升降器不能正常工作，初步检查时发现点火开关无论开与闭，都只有左前门的中央门锁和左前门的电动玻璃升降器可以正常工作，其他车窗的电动玻璃升降器都不工作。

2）按动其他门窗上的控制开关，各门窗开关均能正常工作。

3）如果将钥匙保持在开锁或闭锁位置，也只有左前门的电动玻璃升降器可以工作。

（扫码看故障分析）

【案例 6-2】

高尔夫（Golf）1.6L 轿车动力总线故障。

发动机不能起动，组合仪表盘上的机油警告灯及 ABS、ASR、SRS 等警告灯均发出警告。

习题

1. 简述采用车载网络的必要性。
2. 简述车载网络在车上的具体应用。
3. 简述车载网络总线的种类及各自的特点。
4. 简述 CAN 总线数据传输原理，并举例说明传输过程。
5. 简述车载网络故障诊断注意事项。
6. 简述 CAN 总线常见故障及诊断方法。
7. 简述 LIN 总线常见故障及诊断方法。

参 考 文 献

[1] 陈焕江. 汽车检测与诊断：上册 [M]. 3版. 北京：机械工业出版社，2012.
[2] 陈焕江. 汽车检测与诊断：下册 [M]. 3版. 北京：机械工业出版社，2014.
[3] 赵英勋. 汽车检测与诊断技术 [M]. 3版. 北京：机械工业出版社，2017.
[4] 吕红明，吴钟鸣. 汽车电器与电子技术 [M]. 北京：国防工业出版社，2012.
[5] 曲金玉，崔振民. 汽车电器与电子控制技术 [M]. 2版. 北京：北京大学出版社，2012.
[6] 凌永成. 汽车空调技术 [M]. 北京：机械工业出版社，2014.
[7] 王凯明. 现代汽车故障综合诊断技术：数据分析 [M]. 北京：北京理工大学出版社，2002.
[8] 胡光辉，仇雅莉. 汽车自动变速器原理与检修 [M]. 北京：机械工业出版社，2012.
[9] 凌永成. 汽车电子控制技术 [M]. 3版. 北京：北京大学出版社，2017.
[10] 唐明. 自动变速器故障诊断手册 [M]. 沈阳：辽宁科学技术出版社，2001.
[11] 郭淑清，吕金贺，盛雪莲. 汽车检测技术 [M]. 镇江：江苏大学出版社，2015.
[12] 刘仲国. 现代汽车检测与故障诊断 [M]. 北京：人民交通出版社，2006.
[13] 肖云魁. 汽车故障诊断学 [M]. 北京：北京理工大学出版社，2004.
[14] 张学利. 汽车燃油经济性检测 [M]. 北京：人民交通出版社，2010.
[15] 张雪莉. 机动车排气污染物检测技术 [M]. 2版. 北京：北京交通大学出版社，2014.
[16] 饶运涛，邹继军，王进宏，等. 现场总线CAN原理与应用技术 [M]. 北京：北京航空航天大学出版社，2007.
[17] 付百学，胡胜海. 汽车车载网络技术 [M]. 北京：机械工业出版社，2012.
[18] 吴海东. 汽车车载网络技术与检修 [M]. 北京：北京理工大学出版社，2010.